PATRICK LEIGH FERMOR

UM TEMPO DE DÁDIVAS

A PÉ ATÉ CONSTANTINOPLA:
DE HOEK DA HOLANDA AO MÉDIO DANÚBIO

PATRICK LEIGH FERMOR

UM TEMPO DE DÁDIVAS

A PÉ ATÉ CONSTANTINOPLA: DE HOEK DA HOLANDA AO MÉDIO DANÚBIO

Introdução de
Jan Morris

Tradução de
MV Serra
Maria Teresa Fernandes Serra

RIO DE JANEIRO
2018

Copyright © The Estate of Patrick Leigh Fermor, 1977
Copyright da tradução © Edições de Janeiro, 2018

EDITOR
José Luiz Alquéres

COORDENAÇÃO EDITORIAL
Dênis Rubra

REVISÃO
Irene Serra

PROJETO GRÁFICO DE CAPA, DE MIOLO E DIAGRAMAÇÃO
Estúdio Insólito

FOTO DO AUTOR NA ORELHA E IMAGENS NAS PÁGINAS XVII E 329
Reproduzidas com a permissão da National Library of Scotland

Agradecimentos a Artemis Cooper pela autorização para publicação das imagens pesquisadas no arquivo de Patrick Leigh Fermor, guardado pela National Library of Scotland; e a Helen Symington pela ajuda no resgate deste material.

CIP-BRASIL. CATALOGAÇÃO NA PUBLICAÇÃO
SINDICATO NACIONAL DOS EDITORES DE LIVROS, RJ

F396u
    Fermor, Patrick Leigh
    Um tempo de dádivas : a pé até Constantinopla: de Hoek da Holanda ao Médio Danúbio / Patrick Leigh Fermor ; introdução Jan Morris ; tradução Teresa Serra, Mozart Vitor Serra. - 1. ed. - Rio de Janeiro : Edições de Janeiro, 2017.
    392 p. : il.

    Tradução de: A time of gifts: on foot to Constantinople: from the Hook of Holland
    Inclui índice
    notas
    ISBN 978-85-9473-015-2

    1. Fermor, Patrick Leigh -- Viagens. 2. Europa - Descrições e viagens. I. Título.

17-45338   CDD: 914.04
                                                                            CDU: 913(4)

Todos os direitos reservados e protegidos pela Lei 9.610, de 19.2.1998.
É proibida a reprodução total ou parcial sem a expressa anuência da editora.
Este livro foi revisado segundo o Acordo Ortográfico da Língua Portuguesa de 1990, em vigor no Brasil desde 2009.

EDIÇÕES DE JANEIRO
Rua da Glória, 344/ 103
20241-180 Rio de Janeiro-RJ
Tel.:(21) 3988-0060
contato@edicoesdejaneiro.com.br
www.edicoesdejaneiro

❖ ❖ ❖

Jan Morris
Galesa, acadêmica e prolífica escritora, dedica-se a gêneros literários diversos – biografias, memórias, relatos de viagem e romances –, sobretudo com foco histórico. Com mais de 40 livros publicados, é conhecida em especial por sua trilogia Pax Britannica e seus retratos de cidades, como Oxford, Veneza, Trieste, Hong Kong e Nova York. Nasceu em 1926 e vive no País de Gales.

MV Serra
Maria Teresa Fernandes Serra
Brasileiros, viveram na Inglaterra e nos Estados Unidos um terço de suas vidas. Fizeram a primeira tradução de J.D. Salinger para o português em 1963. Trabalharam no Brasil e em países da America Latina, Ásia e África, na preparação de projetos de desenvolvimento urbano, ambientais e culturais. Dedicam-se a escrever sobre estes temas, dividindo seu tempo entre o Rio de Janeiro e o Vale das Videiras, na Serra de Petrópolis.

❖ ❖ ❖

SUMÁRIO

VII		Introdução
XII		Mapa, roteiro e passaporte de Paddy

5		Carta Introdutória a Xan Fielding
23	CAPÍTULO 1	Os Países Baixos
39	CAPÍTULO 2	Subindo o Reno
67	CAPÍTULO 3	Alta Alemanha Adentro
105	CAPÍTULO 4	*Winterreise*
140	CAPÍTULO 5	O Danúbio: Estações e Castelos
176	CAPÍTULO 6	O Danúbio: Aproximação a uma *Kaiserstadt*
207	CAPÍTULO 7	Viena
243	CAPÍTULO 8	A Fronteira do Mundo Eslavo
263	CAPÍTULO 9	Praga Debaixo de Neve
285	CAPÍTULO 10	Eslováquia: Enfim, Seguindo em Frente
303	CAPÍTULO 11	As Marcas da Hungria

330	Comentário: Traduzindo Fermor
333	Notas dos Tradutores
358	Índice Remissivo

INTRODUÇÃO

A inveja, como se sabe, é o pecado dos escritores, mas certamente serão poucos aqueles do mundo anglófono que se ressentem da primazia de Patrick Leigh Fermor como um dos grandes estilistas em prosa dos nossos tempos. Ele não tem rival e, portanto, está acima da inveja.

É difícil definir seu gênero literário. Embora classificados em geral como relatos de viagens, seus textos são infinitamente mais que isso. É certo que ele usa as experiências de viagem como um tema de sua literatura, mas é também memorialista, historiador, conhecedor de arte e arquitetura, poeta, humorista, contador de histórias, cronista social, um ser algo místico e um aventureiro divino. Estes variados talentos foram primeiro revelados como conjunto pleno e brilhante em Um Tempo de Dádivas, publicado em 1977, quando ele tinha sessenta e dois anos.

A esta altura já havia tido metade de uma vida repleta de eventos e publicado três apreciadíssimos livros de viagem. Um tipo incomum desde sempre, abandonou alegremente uma cara educação formal aos dezessete anos e, mais tarde, no início da Segunda Guerra Mundial, juntou-se ao Exército Britânico. A partir da ultraformal Guarda Irlandesa (ele é meio irlandês por descendência), gravitou naturalmente para a guerra de guerrilha, seu óbvio metiê militar. Em 1942, coroou sua carreira como um bandoleiro autorizado ao organizar o sequestro de um general alemão em Chipre, à época ocupada, despachando-o numa embarcação para o Egito.

Viver numa caverna cretense disfarçado de pastor provavelmente não apresentou grandes dificuldades para Leigh Fermor, e Um Tempo de Dádivas nos diz por quê. Era do seu feitio. Nove anos antes de o Major Patrick Leigh Fermor, encafuado nas montanhas cretenses com seus comparsas, fazer os planos finais para sequestrar o General Kreipe, o jovem e vigoroso Paddy Leigh Fermor, recém-saído da King's School, Canterbury, descia de um navio a vapor em Hoek da Holanda, preparando-se para atravessar a Europa a pé até Constantinopla. Ele se via como um 'estudioso errante'.[1] Estava só, pronto a dormir em qualquer lugar, falar com qualquer um, viver com quase nada, comer e beber qualquer coisa, experimentar qualquer língua, fazer amizade com estranhos, fossem ricos ou pobres, e enfrentar o pior que o calor ou o frio, acidente ou ferida, burocracia, preconceito ou política pudessem lhe propiciar. Que melhor preparo haveria para o banditismo subversivo em Creta?

Tampouco poderia haver melhor material, conforme veio a se demonstrar anos mais tarde, para um livro retrospectivo que voltasse o olhar sobre a Europa de antes da guerra, percorrendo aquela planície da história e da experiência que então ensombrecia. O jovem Leigh Fermor havia feito sua travessia do continente num momento fatídico da história europeia. Os anos 30 foram um tempo de relembrança e também de espera. Viva ainda na consciência pública estava a Europa antiga, a Europa de príncipes e camponeses, de Francisco José e do Kaiser Guilherme, de velhas e grandiosas cidades ainda intactas, e de antigas e respeitadas tradições. Mas também presente, de maneira intermitente na mente pública, ainda que abafada em geral, estava a apreensão de uma catástrofe por vir: 1933, o ano em que Leigh Fermor pisa na Alemanha pela primeira vez na vida, foi o ano em que Adolf Hitler chegou ao poder.

Como diz o próprio Leigh Fermor, à época isto pouco se lhe dava. Um dos aspectos fascinantes de *Um Tempo de Dádivas* é que esta viagem é evocada para nós, na realidade, por duas pessoas: o *dropout* jovem e despreocupado que a viveu e a armazenou na memória e em seu diário; e o autor imensamente experiente que, conhecendo melhor a história quarenta anos depois, transformou-a em arte.

◆ ◆ ◆ ◆

SENDO COMPLETAMENTE SUI GENERIS, Um Tempo de Dádivas se comporta como quer. Não segue precedente, não obedece a convenções. Os equivalentes mais próximos que me ocorrem são os relatos de Ibn Batuta, escritos ao longo de uma vida inteira, seis séculos antes, ou o Praeterita de John Ruskin, inqualificável obra de memória, filosofia e viagem. Predecessores mais óbvios – Eothen, de Alexandre Kinglake, e A Estrada para Oxiana, de Robert Byron – são de outro tipo, a meu ver, pois não refletem, como faz este livro, a um só tempo, o amadurecimento de uma mente e a condição de um continente. Além disso, Leigh Fermor é Leigh Fermor, e nem Kinglake nem Byron capturaram generais....

A aventura cretense de 1942 permeia a narrativa de 1933, assim como obviamente permeava o pensamento do escritor em 1977. Seu ensaio introdutório ao livro, dirigido a seu companheiro de armas Xan Fielding, alude a este *coup*, fazendo com que o episódio tome conta também de nossa imaginação. Isto porque o livro não é uma simples memória de viagem: está repleto de alusões, reflexões retroativas e referências cruzadas, para trás e para frente, entremeando-se à narrativa, que permanece aberta, intrigante – termina a meio caminho de Constantinopla, deixando o leitor à espera do segundo volume que o levará ao destino final.

O livro também se apresenta em camadas. Por vezes, é uma reminiscência explorada de forma imaginativa; por outras, puro impressionismo. Em alguns momentos, aponta para o que está por vir, ainda desconhecido do jovem viajante. Há demonstrações de virtuosismo acadêmico e percepção muito além da capacidade de qualquer jovem de dezenove anos, assim como há relatos de reações tão evidentemente espontâneas, tão generosas e encantadoras, que só poderiam surgir dos cadernos de notas de Paddy, rabiscados quando se sentava em algum monte de feno, sala de estar ou pub no caminho. Leigh Fermor está não só rememorando como olhando para si mesmo, tal qual nas pinturas cubistas em que vemos vista frontal e de perfil lado a lado.

Tampouco há rigidez na construção do livro. Tudo é fluido. A qualquer momento podemos ser rapidamente despachados para outra linha de pensamento, outro compasso, outro ambiente. Assim como nunca sabemos onde vamos passar a noite – numa estrebaria, num castelo, num quarto vago em casa de um desconhecido ou numa cela de delegacia policial –, tampouco sabemos que repentino delírio fantasioso e brilhante nos vai envolver pelas próximas páginas. O caminho escolhido por Paddy nada tem de sagrado. Considerava, ao mesmo tempo, racional e romântico atravessar toda a Europa a pé, do Mar do Norte ao Bósforo, pelo vale do Reno acima, descendo o Danúbio; mas, quando lhe foi comentado em Bratislava que valia a pena ver Praga, de pronto saiu, num desvio não antevisto de várias centenas de milhas (e um capítulo inteiro). E embora, de início, tivesse intenção de enfrentar duras condições por todo o percurso, quando chega à Europa Central, vamos encontrá-lo gozando de confortáveis interlúdios em castelos, graças a hospitaleiros amigos e amigos de amigos.

Quase qualquer parte de *Um Tempo de Dádivas* poderá ilustrar a riqueza de sua técnica. Considere o Capítulo 6, em que Paddy descreve sua aproximação a Viena. Contém uma discussão de canções populares europeias, uma passagem sobre direções de palco em peças de Shakespeare, uma aula sobre perambulações tribais, uma descrição da morte de Odoacro, duas páginas de conversa com a viúva de um funcionário dos correios, uma evocação magistral e lírica da Abadia Beneditina de Melk, papo acadêmico sobre Ricardo Coração de Leão, uma vinheta sobre um eco notável, visitas a um monge irlandês e a aristocratas austríacos, um presente de ovos de pato, a chegada a Viena em meio a uma tentativa de golpe de estado e, por fim, o sono numa hospedaria do Exército da Salvação. Tudo segue de maneira límpida, fácil, e justo como parece ter ocorrido ou ter sido percebido por seu autor, e, apenas quando se folheia o livro em retrospecto, é que se nota como surge a Abadia de Melk, aquela obra-prima arquetípica do ideário europeu, precisamente no ponto central da narrativa – ao meio-dia, sol a pino, na metáfora do próprio Leigh Fermor.

◆ ◆ ◆ ◆

OCASIONALMENTE, TUDO ISSO nos exige (e com prazer concedemos) a suspensão da descrença. É decididamente arte escondendo arte. A erudição é óbvia, assim como o poder de observação, mas o belo contorno do livro só se revela aos poucos. Se por desenho ou acidente Melk surge justo no centro dele, lá está, com toda a sedução da prosa de Leigh Fermor em sua expressão mais voluptuosa, e volta e meia percebemos com que arte se constroem os crescendos ou se dissipam os momentos de calma. Tais padrões, porém, nunca são gritantes, nunca intrusivos, o que em parte se deve ao fato de que toda a estrutura, em sua essência, está centrada no jovem e despretensioso inglês. É um livro caleidoscópico, mas o foco está sempre sobre P. Leigh Fermor, Esquire, aos dezenove anos, marchando através dos países com sua mochila nas costas.

Ele é cada um de nós, mas de um tipo especialmente atraente. Gente de toda sorte o aprecia. Ele faz amizade aonde quer que vá, é tão educado com vagabundos quanto o é com barões, paga todas as suas dívidas, mostra a justa dose de deferência aos mais velhos e de alegria com seus pares, flerta com moças que lhe dão ovos de patos, embebeda-se, detesta ofender os sentimentos alheios e, no todo, comporta-se como se espera que se comporte um jovem inglês, inteligente e cavalheiro, da década de 1930. Não nos surpreende saber que quando, dez anos mais tarde, o encontramos com o General Heinrich, seu prisioneiro, os dois trocam odes de Horácio, contemplando o Monte Ida através da boca de uma caverna.

É a atração central deste personagem, tão novo e esperançoso, em contraste com a majestade trágica de um continente antigo, que torna Um Tempo de Dádivas singular na literatura inglesa. O livro é erudito, fatídico, prodigiosamente talentoso, mas é também inocente. Que outra obra do repertório pode pretender gozar de tais atributos? Quando o livro primeiro saiu na Inglaterra em 1977, recebi logo uma cópia do editor, o lendário John Murray VI, caso eu quisesse comentá-lo. Dizia ele reconhecer que sua visão talvez fosse enviesada, "mas realmente acho que é uma obra genial".

Concordo com ele, e a posteridade também o fará.

Jan Morris

O ROTEIRO DE PADDY

CAP 1	**Os Países Baixos**
9 DEZ*	Sai de Londres no *Stadthouder Willem*
10 DEZ	Desembarca em Hoek da Holanda
	Roterdã
	Dordrecht (dorme num bar/estalagem)
11 DEZ	Sliedrecht
	Gorinchem (dorme no posto policial)
	Zaltbommel
12 DEZ	Tiel
13 DEZ	Nijmegen (dorme acima de uma serralheria)
14 DEZ	Entra na Alemanha

CAP 2	**Subindo o Reno**
14 DEZ	Goch (dorme numa hospedaria)
15 DEZ	Kevelaer
16 DEZ	Krefeld
17 DEZ	Düsseldorf (dorme no asilo público)
18 DEZ	Colônia (dorme numa pensão de embarcadiços)
19 DEZ	Colônia (dorme em casa de Hans)
20 DEZ	Toma carona numa barcaça subindo o Reno (dorme na barcaça)
21 DEZ	Bonn (dorme na barcaça)
22 DEZ	Bad Godesberg
	Andernach
	Desembarca em Coblenz
23 DEZ	Stolzenfels
	Oberlahnstein
	Boppard
24 DEZ*	Bingen (dorme numa estalagem)
25 DEZ*	Rüdesheim
	Geisenheim? Winkel? Ostrich? Hattenheim?

CAP 3	**Alta Alemanha Adentro**
26 DEZ	Mainz
27 DEZ	Oppenheim
28 DEZ	Worms

29 DEZ	Manheim	26 JAN	Frankenburg (celeiro)
30-31 DEZ*	Heidelberg	27 JAN	Ried (celeiro)
1 JAN	Heidelberg	28 JAN	Schloss St Martin (Graf Nando Arco-Valley ausente; dorme numa estalagem)
2 JAN*	Sai de Heidelberg		
2-3 JAN	Bruchsal (em casa do burgomestre)		
4 JAN	Em casa de uma família de camponeses	29 JAN	Celeiro perto de Riedau
		30 JAN	Schloss Hochscharten? (recebido por Graf Botho Coreth, esposa e nora)
5 JAN	Mühlacker, Pforzheim		
6-7 JAN*	Stuttgart		
8 JAN	Goppingen	31 JAN	Eferding
9 JAN	Ulm Chega ao Danúbio	1-2 FEV	Linz (quarto em cima de um café)
10 JAN	Augsburgo	3 FEV	Mauthansen
		4 FEV	Perg
CAP 4	**Winterreise**	5 FEV	Grein
11 JAN	Munique (dorme no abrigo de jovens)	6 FEV	Persenbeug (estalagem onde encontra o polímata)
12-17 JAN	Munique (vai para a casa do Barão Liphart)	CAP 6	**O Danúbio: Aproximação a uma Kaiserstadt**
18 JAN	Rosenheim		
19 JAN	Hohenaschau (dorme na hospedaria da prefeitura)	7 FEV	Ybbs, Persenbeug, Pöchlarn
		8 FEV	Melk, Aggstein, Mitter Arnsdorf (em casa da viúva Hübner)
20 JAN	Riedering		
21 JAN	Söllhuben		
22 JAN	Röttau		
23 JAN	Traunstein	9 FEV	Mautern, Krems, Dürnstein
24 JAN*	Entra na Áustria		
		10 FEV	Göttweig, Maidling im Tal (em casa de Paul, jovem sapateiro)
CAP 5	**O Danúbio: Estações e Castelos**		
24 JAN*	Salzburgo	11 FEV*	Schloss Pottenbrunn (19º aniversário de PLF)
25 JAN	Eigendorf (celeiro)		

XV

12 FEV	(recebido por Graf Josef Trautmannsdorff e esposa) Chega a Viena (dorme no Exército da Salvação)	CAP 10 19 MAR*	**Eslováquia: Enfim, Seguindo em Frente** Sai de Bratislava, Senec, Nagy-Magyar (em casa do burgomestre)
CAP 7	**Viena**	20 MAR*	Samorin, Sered, Kövecsespuszta (recebido pelo Barão Pips Schey von Koromla)
13-16 FEV	No Exército da Salvação (com Konrad)		
17-28 FEV	Em casa da inglesa Robin		
3 MAR*	Ainda em Viena	21-27 MAR	Kövecsespuszta
CAP 8	**A Fronteira do Mundo Eslavo**	CAP 11 28 MAR	**As Marcas da Hungria** Kissuijfalu, Nové Zamky (Érsekujvár ou Neuhäusl) (num quarto sobre o café)
5 MAR	Sai de Viena; Petronell; *Schloss* Deutsch-Altenburg (recebido por Graf Ludwigstorff e filha)	29 MAR*	Bajc, Perbete, Köbölkut (5ª Feira Santa) (em casa de um padeiro)
6 MAR	Hainburg; chega a Pressburgo/Bratislava	30 MAR	Karva, Čenke (dorme ao relento e depois numa fazendola) (6ª Feira Santa)
7-?? MAR	Bratislava (em casa do amigo Hans Ziegler)	31 MAR*	Parkan (Sturovo); entra na Hungria por Esztergom (Sábado de Aleluia)
CAP 9	**Praga Debaixo de Neve**		
?? MAR	Vai de trem para Praga; passa 3-4 dias em casa da família Ziegler		
18 MAR	Volta de trem para Bratislava		

* Datas mencionadas no texto

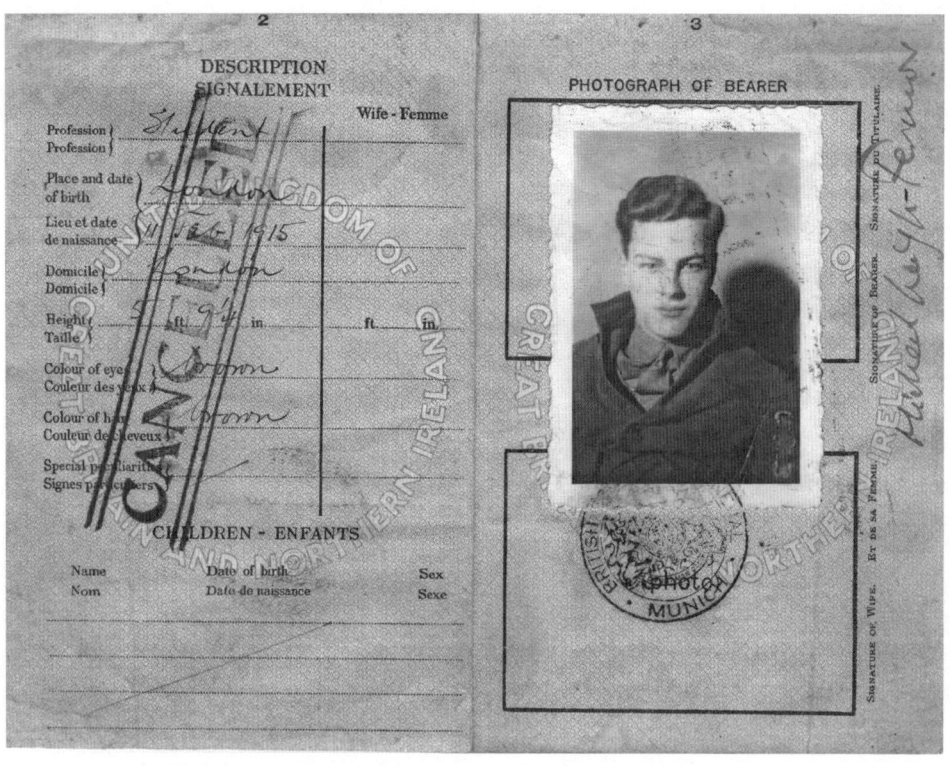

Facsímile das primeiras páginas do passaporte de Patrick (Michael) Leigh Fermor, emitido em Munique em janeiro de 1934, em substituição àquele com que saiu da Inglaterra, em dezembro de 1933. Paddy tinha, à época, 18 anos. (Fonte: Arquivos de Patrick Leigh Fermor, da National Library of Scotland)

PATRICK LEIGH FERMOR

UM TEMPO DE DÁDIVAS

A PÉ ATÉ CONSTANTINOPLA:
DE HOEK DA HOLANDA AO MÉDIO DANÚBIO

Linque tuas sedes alienaque litora quaere,
O juenis: major rerum tibi nascitur ordo.
Ne succumbe malis: te noverit ultimus Hister,
Te Boreas gelidus securaque regna Canopi,
Quique renascentem Phoebum cernuntque cadentem
Major in externas fit qui descendit harenas.
— Titus Petronius Arbiter

I struck the board and cry'd 'No more:
I will abroad'.
What, shall I ever sigh and pine?
My life and lines are free; free as the road,
Loose as the wind.
— George Herbert

For now the time of gifts is gone —
O boys that grow, O snows that melt,
O bathos that the years must fill —
Here is the dull earth to build upon
Undecorated; we have reached
Twelfth Night or what you will … and you will.
— Louis McNeice

Deixa tua casa e busca praias estrangeiras,
ó jovem: coisas maiores te aguardam.
Não cede ao infortúnio: irás conhecer o Danúbio distante,
o frio vento Boreal e o tranquilo reino de Canopus,
e os que contemplam o renascer ou o descansar de Febo:
Maior se torna aquele que desembarca em areias distantes.
— Titus Petronius Arbiter

Na mesa bati, e gritei: 'Basta;
Partirei para longe.'
Como? Para sempre suspirar e lamentar?
Minha vida e minhas linhas são livres; livres como o caminho,
Soltas como o vento.
— George Herbert

Pois agora o tempo de dádivas passou —
Ó jovens que crescem, ó neves que se esvaem,
Ó desencantos que os anos têm que ocupar —
Eis a terra baça sobre a qual construir,
Sem adornos; chegamos
À Noite de Reis ou o que quereis …. e vais querer.
— Louis MacNeice

Titus Petronius Arbiter, ou Petrônio (c.27-66 D.C.).
George Herbert (1593-1633), *The Temple: Sacred Poems and Private Ejaculations*, 1633
Louis MacNeice (1907-1963), *The Collected Poems*, 1966

CARTA INTRODUTÓRIA A XAN FIELDING

Caro Xan,

Como acabo de juntar os segmentos destas minhas viagens, estão muito vivos na memória os tempos em que se passaram e, mais ainda, os eventos posteriores; assim, custa acreditar que 1942 em Creta, quando primeiro nos conhecemos, foi há mais de três décadas – ambos de turbante negro, botas e cinturões, portando, como devido, adagas de prata e marfim, envoltos em capas de pelo de cabras brancas, e imundos. Muitos reencontros e aventuras seguiram-se àquele episódio nas encostas do Monte Kedros, e, por sorte, o tipo de intermitente atividade guerreira a que nos dedicávamos permitia longos períodos de inação nas montanhas onde nos abrigávamos: falávamos de nossas vidas de antes da guerra – em geral, recostados entre as rochas ao nível das águias, com galhos ou constelações ao alto, ou então, sob invernais e gotejantes estalactites.

De fato, as aptidões mais adequadas para a vida em Creta durante a ocupação pareceriam ser a indiferença à privação da vida nas cavernas e a rapidez ao ver o perigo se aproximar. Mas foi a escolha do obsoleto grego na escola que, de fato, surpreendente para uma guerra moderna, nos colocou sobre o calcário daquelas montanhas. Com rara perspicácia, o exército percebera que a língua antiga, mesmo que precariamente dominada, era um atalho para a moderna: daí o súbito aparecimento de muitas figuras estranhas entre a terra firme e as escarpas da ilha. Estranhas, posto que o grego, já de algum tempo, havia deixado de ser compulsório: era apenas a escolha entusiasmada de uma perversa e excêntrica minoria – provocada inconscientemente, suspeito eu, por ter ouvido Os Heróis de Kingsley[1] na infância, dando margem a devaneios joviais que deixaram marca vaga, mas agradável, em todos estes improvisados habitantes de cavernas.

Nem a minha nem a sua carreira escolar chegaram a termo: a sua foi interrompida por um infortúnio familiar e a minha por ter sido expulso, e ambos havíamos saído a sós mundo afora mais cedo do que a maioria de nossos contemporâneos. Estas primeiras andanças – sem dinheiro, irrequietas, olhadas com desagrado por nossas respectivas famílias, e tão prazerosas – haviam seguido linhas bastante similares; e, à medida que, para nosso mútuo entretenimento, reconstituíamos nossas vidas do pré-guerra, logo nos púnhamos de acordo que os desastres que suscitaram nossas partidas não haviam sido, de forma alguma, desastres e, sim, inesperados lances de boa sorte.

Este livro é uma tentativa de completar e colocar em ordem, com tanto detalhe quanto eu consiga recuperar, a primeira daquelas andanças sobre as quais falei de forma desconexa. A narrativa, que deveria terminar em Constantinopla, resultou mais longa do que eu esperava; eu a dividi em duas partes, e este primeiro volume para no meio de uma ponte, importante mas arbitrária, que atravessa o Médio Danúbio. O resto está por vir. Desde o começo quis dedicá-lo a você, o que faço agora com alegria e algo da formalidade de um toureiro atirando sua *montera* a um amigo antes da corrida. Posso tirar partido da ocasião, fazendo desta carta uma espécie de introdução? É que, ao começar a narrativa, quero que ela mergulhe direto sem se deter em muita explicação. Mas, de fato, ela precisa de um breve resumo de como estas andanças vieram a ocorrer.

◆ ◆ ◆ ◆

PRECISAMOS VOLTAR UM pouco no tempo.

No segundo ano da Primeira Guerra Mundial, pouco depois de eu nascer, minha mãe e minha irmã foram para a Índia (onde meu pai era funcionário do governo) e fiquei para trás a fim de que um de nós pudesse sobreviver, caso o navio fosse atingido por um submarino. Eu seria levado quando os mares estivessem menos perigosos e, se isto não ocorresse, permaneceria na Inglaterra até que a guerra chegasse a seu rápido e vitorioso fim. Mas a guerra se prolongou e os navios escassearam; passaram-se quatro anos; e, no interim, num arranjo temporário que forçosamente se estendeu, eu fiquei sob a guarda de uma família muito generosa e muito simples. Este período de separação foi o oposto da provação que Kipling descreve em *Berra, Berra, Ovelha Negra*. Permitiam que eu fizesse tudo o que queria. Não havia desobediência a ordens: elas não eram sequer dadas; menos ainda ocorriam palavras severas ou tapas de admoestação. Esta nova família, e um ambiente de cocheiras, medas e cardos-penteadores, surgindo em meio a pequenas matas e à ondulação de cristas e valas do arado, são as primeiras coisas das quais me lembro; e passei estes anos importantes, considerados tão formativos, criado solto e livre, mais ou menos como o filho de um pequeno fazendeiro: deixaram uma recordação da mais completa e pura felicidade. Mas quando minha mãe e minha irmã enfim retornaram, atravessei fugindo vários campos e, nos tons ásperos de Northhamptonshire, repudiei suas tentativas de aproximação; e compreenderam que tinham em mãos um pequeno e pouco amigável selvagem; a alegria do reencontro foi amortecida por uma consternação pungente. Ainda assim, fiquei secretamente atraído por estas belas desconhecidas: pairavam absurdamente além de qualquer voo de minha imaginação. Fiquei fascinado pelo desenho dos sapatos de crocodilo que uma delas usava e pela roupa de marinheiro da outra, quatro anos mais velha do que eu: a saia de pregas, as três listras brancas sobre a gola azul, o lenço de seda preta com seu cordão branco e apito, e o chapéu com as ainda indecifráveis letras douradas, indicando 'H.M.S. *Victory*' sobre uma fita que o contornava. Entre as duas, um pequinês preto de patas brancas que pareciam polainas se debatia e pulava na grama alta, latindo como um lunático.

Aqueles anos desregrados e maravilhosos haviam me deixado, ao que parece, pouco afeito à mais leve sombra de disciplina. Com tato, charme e habilidade, minha mãe conseguiu promover um completo deslocamento de afeto, tornando-me razoavelmente domesticado para fins familiares;

para isso, aproveitou-se de minha rápida traição frente a Londres e *Peter Pan* e *Where the Rainbow Ends* e *Chu Chin Chow*.² Mas chegada a hora, as primeiras iniciativas na educação terminaram todas em catástrofe – primeiro num jardim de infância, em seguida numa escola de minha irmã que também aceitava meninos pequenos, e finalmente numa horrível escola preparatória perto de Maidenhead, com nome de um santo celta. Inofensivo na aparência, a esta altura mais apresentável e com jeito descontraído e agradável, eu, de início, mereceria excelentes avaliações. Mas tão logo influências pregressas se revelavam, tais virtudes efêmeras devem ter sido vistas como o verniz de um Fauntleroy, cruel e cinicamente adotado para encobrir um demoníaco Charles Addams³ que de baixo espreitava: isto tingia de tons ainda mais escuros a soma de malfeitos que logo comecei a acumular. Quando, hoje em dia, vislumbro crianças parecidas, fico estarrecido de simpatia e de pavor.

De início, reinou a perplexidade, depois o desespero. Após um fracasso especialmente duro por volta dos dez anos, fui levado a dois psiquiatras. Numa biografia recente, li com entusiasmo que o primeiro destes, o mais simpático, havia sido consultado por Virginia Woolf; e pensei, por um momento, que talvez a tivesse visto do outro lado da sala de espera; infelizmente, isto teria sido antes de eu nascer. O segundo, de aspecto mais austero, recomendou uma escola coeducacional, muito evoluída, para crianças difíceis, perto de Bury St. Edmunds.

Salsham Hall, em Salsham-le Sallows, era uma casa senhorial, de difícil descrição mas atraente, que contava com uma mata e um lago rústico, numa área de Suffolk de amplos céus e muitos campanários. Era dirigida por um homem de cabelos grisalhos e olhos esbugalhados chamado Major Truthful. Tive certeza de que iria gostar da escola quando percebi duas barbas, então muito raras, entre a equipe de funcionários, variada e de aparência excêntrica, e as pesadas pulseiras e o âmbar e as borlas e os tecidos rústicos; e ao conhecer meus colegas – uns trinta meninos e meninas de quatro a quase vinte anos de idade, todos vestidos em coletes marrons e sandálias: o quase-gênio musical, que dava ataques ocasionais; o sobrinho do milionário que, munido de uma vara, corria atrás de carros pelas estradas; a filha bonita e ligeiramente cleptomaníaca do almirante; o filho do passavante, com seus pesadelos e uma contagiante paixão herdada por heráldica; os apalermados, os sonâmbulos e os mitômanos (ou seja, aqueles com uma produção inventiva mais acentuada do que os demais, e que, embora ninguém nos acreditasse, era inofensiva); e, finalmente, aqueles maus elementos como eu, que eram apenas muito levados. Os exercícios eurrítmicos, de adoração à natureza, realizados num celeiro, e as danças da roça, em que o major conduzia tanto os funcionários quanto as crianças, foram de início um tanto ou quanto desnorteantes, pois todos estavam nus. Ágil e gravemente, acompanhando o compasso dado por um piano caseiro e uma flauta doce, executávamos as várias figuras: *Juntando Favas de Ervilhas, Ronda de Sellinger, Catando Varetas* e *Velha Toupeira*.

Era alto verão. Havia jardins murados por perto, e gigantescos pés de groselha vermelha e dourada, e redes que protegiam de ataques de estorninhos – mas não dos nossos – os arbustos carregados de frutos; e, mais além, árvores e águas desciam em perspectivas apagadas e sedutoras. Logo entendi as sugestões da paisagem: uma vida debaixo das árvores da floresta.[4] Foi uma questão de dias escolher uma Lady Marion e um bando, conseguir que as meninas tecessem panos de Lincoln green[5] em teares terapêuticos e depois recortá-los para confeccionar capuzes rudimentares com colarinhos em forma de ameias, serrar arcos e dotá-los de cordas, usar varas de framboesa como flechas e fugir para o mato. Ninguém nos impediu: "*Fay ce que vouldras*"[6] era a norma geral. As escolas inglesas, assim que se distanciam da trilha convencional, são oásis de esquisitice e comédia, e é tentador por lá se demorar. Indícios discretos de impropriedades entre os funcionários ou entre as crianças mais velhas ou entre ambos – coisas de que pouco tomávamos conhecimento em nossos abrigos silvestres – levou à dissolução do estabelecimento; e logo eu estava de volta "para uma segunda chance", um foragido da floresta entre os cintos de pele de cobra e o lubrificante dos bastões de críquete, típicos das horríveis escolas preparatórias. Mas, como previsível depois desta temerária liberdade, não foi por muito tempo.

Coube à minha mãe lidar com estes transtornos. Eu por vezes aparecia em casa no meio do período escolar: certa vez, surgi em nosso chalé em Dodford – um minúsculo vilarejo de telhados de palha, no meio de uma colina arborizada, íngreme e repleta de dedaleiras e raposas, tendo um córrego como sua única rua – onde ela estava ao mesmo tempo escrevendo peças de teatro e, embora sem dinheiro, aprendendo a dirigir um biplano Moth num aeródromo a quarenta milhas de distância; outra vez, apareci nos estúdios de Primrose Hill, perto do Regent's Park, a curta distância dos leões do zoológico, onde ela havia persuadido Arthur Rackham,[7] um vizinho do mesmo claustro, a pintar incríveis cenas – ninhos de pássaros navegáveis em meio a uma ventania, duendes em atividade por debaixo de raízes salientes e camundongos bebendo em bolotas de carvalho – tudo sobre uma porta interna; e, mais de uma vez, surgi em Piccadilly 213, para onde nos mudamos mais tarde, e onde uma escada perigosa subia para um apartamento que era como uma maravilhosa caverna de Aladim, de onde se avistavam longas fileiras de postes de luz e os acrobáticos anúncios publicitários do Circus. Eu me via com ar culpado, em pé no tapete da porta, ao lado de um professor que desenrolava um relato deprimente. Embora aborrecida, minha mãe dispunha de demasiada imaginação e humor para deixar que a tristeza perdurasse muito. Ainda assim, enquanto isso, estes revezes me enchiam de um desespero suicida.

Mas este desastre específico coincidiu com uma rara folga que meu pai tirou da chefia do Serviço Geológico da Índia. A esta altura, ele e minha mãe já estavam separados, e, como estas licenças só ocorriam de três em três anos, quase não nos conhecíamos. De repente, como num aceno de vara de condão, eu me vi nas alturas acima do Lago Maggiore e depois em Como, tentando acompanhar sua passada gigante ao atravessar montanhas recobertas de gencianas. Ele era um naturalista consumado, justificadamente orgulhoso de ser um F.R.S;[8] com efeito, ele havia descoberto um mineral indiano que recebeu seu nome e um verme com oito fios de cabelo nas costas; e – frágil tesouro – uma configuração de floco de neve. (Muito mais tarde, quando via ciscos brancos revoando sobre os Alpes ou os Andes ou o Himalaia, eu me perguntava se qualquer destes era o seu.) Aquele corpo enormemente alto e magro, vestido numa jaqueta Norfolk sal e pimenta e em *knickerbockers*,[9] vinha ornamentado de apetrechos. Carregando seus binóculos e sua rede de borboleta, eu recuperava o fôlego enquanto ele batia de leve com seu martelo no quartzo e nos asbestos no pé do Monte Rosa e abria uma lente de bolso para inspecionar os fósseis e insetos do Monte della Croce. Sua voz em tais momentos era a um tempo cavernosa e entusiasmada. Ele guardava cuidadosamente flores silvestres numa váscula forrada de musgo, para posterior classificação, e por vezes parava, apoiando-se numa rocha, para fazer registros em aquarela. Que contraste, pensava eu, com os elefantes e as selvas cheias de macacos e tigres que, sem grande erro, eu imaginava serem seu modo de transporte e habitat usuais. Nas terras planas, eu o seguia, percorrendo a metade das galerias de arte do norte da Itália.

◆ ◆ ◆ ◆

SEGUIRAM-SE TRÊS ANOS tranquilos. Gilbert e Phyllis Scott-Madden viviam em Surrey, numa grande casa com um jardim espraiado, com três filhos e meia dúzia de meninos sob suas asas, estudando intensamente para os exames de *Common Entrance*.[10] (Sempre que penso neles, assim como na irmã de Mrs. Scott-Madden, Josephine Wilkinson, que viria a ter uma influência distinta e importante mais tarde, é com a máxima gratidão e afeto.) Ele era um excelente classicista e um professor completo, sempre generoso e paciente, e ela complementava o sólido arcabouço do marido com um grande amor pela literatura e poesia e pintura. Eu era ainda uma peste intermitente, mas uma existência mais calma teve início e avancei bem nas matérias das quais gostava: todas, na verdade, exceto a matemática, pela qual minha inaptidão se assemelhava à imbecilidade. Inventávamos peças e encenávamos Shakespeare e nos deitávamos na relva debaixo de uma azinheira, comendo ameixas e escutando Mr. Scott-Madden ler *Os Sapos* na tradução de Gilbert Murray; ele pulava para o original para explicar e pontuar as passagens cômicas e a onomatopéia. Construímos uma cabana numa enorme nogueira, subindo até meia altura por meio de escadas de corda, e a partir daí mão ante mão; e me permitiram nela dormir durante todo o período do último verão. Ao final, apesar da matemática, passei raspando nos exames e contemplava a vida numa *public school*[11] com infundada confiança.

♦ ♦ ♦ ♦

A LEITURA ABUNDANTE sobre a Baixa e a Alta Idade Média haviam colorido e floreado minha visão do passado, e a King's School, Canterbury, fez disparar emoções que estavam em nítido contraste com as de Somerset Maugham no mesmo ambiente; mais se aproximavam às de Walter Pater setenta anos antes, e eram provavelmente idênticas, eu me comprazia em achar, às de Christopher Marlowe, mais antigas ainda. Não conseguia me acostumar à idéia de que a escola havia sido fundada no comecinho do cristianismo anglo-saxão – ou seja, antes do final do sexto século: fragmentos de Thor e Woden[12] mal haviam cessado de arder em chamas nas florestas de Kent; a parte mais antiga dos edifícios era moderna em comparação, datando de apenas algumas décadas após o desembarque dos normandos. Havia uma sensação maravilhosa de que o tempo havia parado nessa antiguidade estonteante e embriagadora – um ambiente ao mesmo tempo altaneiro e obscuro que fazia com que famosos templos de saber, estabelecidos oitocentos ou mil anos mais tarde, parecessem cogumelos espalhafatosos. Uma aura de mito quase pré-histórico envolvia estes veneráveis recintos, assim como as amplas áreas verdes mais adiante, os enormes olmos, a Dark Entry,[13] e os arcos arruinados e os claustros – e, na minha fantasia, até mesmo os pináculos pujantes e entulhados de gralhas da grande catedral angevina, e o fantasma de São Tomás Becket e os ossos do Príncipe Negro.

Embora ao fim tenha sido um amor unilateral, tudo andou bem por um tempo. Eu gostava de quase todos, do diretor da escola e do coordenador da residência à qual eu estava alocado, aos menos graduados, e progredia erraticamente nas línguas mortas e vivas e em história e geografia – novamente, em tudo, exceto matemática. Durante os jogos eu devaneava; mas adorava e me saía bem no boxe; e no verão, tendo escolhido o remo em vez de críquete, eu me deitava calmamente às margens do Stour, bem a montante do rangido e da exortação ritmada dos barcos, e lia *Lily Christine*[14] e Gibbon e fofocava com colegas igualmente indolentes embaixo dos galhos dos salgueiros. Versos, imitativos e ruins, mas ainda assim publicados nas revistas da escola, vazavam como ectoplasma. Li e escrevi intensamente, cantei, debati, desenhei e pintei; tive alguns sucessos discretos atuando, dirigindo e pintando e projetando cenários; e fiz amigos talentosos e empreendedores. Um destes, um ano mais velho, era Alan Watts, brilhante estudioso dos clássicos, que, surpreendemente, ainda na escola, escreveu e publicou um competente livro sobre o zen-budismo – anos antes da seita virar moda. Mais tarde, tornou-se uma autoridade respeitada em religiões orientais e ocidentais. (Em sua autobiografia, *Em Meu Próprio Caminho*, publicada logo antes de sua morte prematura ocorrida há poucos anos, ele escreve, com algum detalhe, sobre minhas dificuldades na escola – especialmente seu final abrupto – com a dedicação calorosa de um campeão; e se, aqui ou acolá, não entendeu exatamente o que se passava, não foi por culpa sua.)

O que deu errado? Acho que agora sei. Uma tentativa livresca de tornar a vida mais semelhante à literatura foi provocada – só pode ter sido isso – por uma ressaca da anarquia dos tempos anteriores; traduzir ideias tão rápido quanto possível em atos se sobrepunha a qualquer pensamento de punição ou perigo; como, ao que parece, eu era excepcionalmente ativo e irrequieto, o resultado era o caos. A mim me iludia e aos demais deixava perplexos. "Você é louco!", exclamavam em conjunto os alunos-inspetores e monitores, suas testas franzidas em óbvio semiespanto à medida que novos malfeitos apareciam. Muitas de minhas transgressões envolviam romper limites físicos além de regras – pular o muro à noite e coisas similares, metade das quais jamais foram descobertas. Detenções frequentes se somavam à milhagem de hexâmetros latinos copiados como punição; perturbações menores preenchiam os vazios entre as repreensões mais sérias: distração, esquecimento e confusão sobre onde eu deveria estar; e perdas constantes: "esqueci meus livros debaixo dos arcos" era um pecado recorrente. Houve algumas brigas selvagens; e também comportamento errático que era visto, talvez justificadamente, como exibicionismo: "qualquer coisa por um riso" era o comentário usual no caso; e até mesmo quando eu tinha sucesso, ouvia um "tentando ser engraçado". Sempre aquele gerúndio humilhante! Estas descomposturas eram frequentes nos lábios dos monitores. Edis e lictores portadores de varas – guardiães de um código inflexível – respondiam a quaisquer desvios com sanções rápidas e sibilantes que zuniam na altura dos ombros e chegavam com força considerável em meio a salas de estudo apaineladas; porém, mesmo quando os resultados eram notáveis, estas sanções deixavam a psique ilesa e, embora desagradáveis – e, no meu caso, quebrando recordes em frequência –, não pareciam fazer efeito sob o aspecto clínico e moral. Quando estes eventos são levados com um grau adequado de indiferença, uma reputação sombria e sinistra começa a cercar sua vítima e acaba por torná-la uma presença daninha intolerável. Tudo ia mal e o penúltimo relatório do coordenador de residência, no meu terceiro ano, tinha um tom pouco auspicioso: "... algumas tentativas de melhora", dizia, "mas sobretudo para evitar ser descoberto. Ele é uma perigosa mistura de sofisticação e imprudência, que gera preocupação quanto à sua influência sobre outros meninos".

A catástrofe foi evitada por alguns meses. Como se considerou que eu havia me machucado esquiando no Berner Oberland logo antes de completar dezesseis anos, eu pulei um período escolar e meio, e, ao voltar, fui por um tempo dispensado dos esportes: quando todos saíam em grupo carregando bolas oblongas sob os braços, eu girava por Kent de bicicleta, visitando igrejas normandas em Patrixbourne e Barfrestone e explorando as partes mais longínquas de Canterbury. Este lazer e liberdade inesperados logo coincidiram com um período em que qualquer boa impressão veio a se dissipar devido a uma última série de malfeitos. Um olhar mais profético teria visto que a paciência nas alturas tinha afinal se esgotado e que qualquer confusão adicional seria recebida com uma dispensa há muito devida.

◆ ◆ ◆ ◆

ROMANCES INTRAMUROS SURGEM e se desenvolvem em estabelecimentos de ensino, mas uma exótica e fortuita ocorrência psicológica dirigiu meu olhar para fora dos muros e, mais uma vez, fora dos limites tolerados. Era um tempo em que nos apaixonávamos com intensidade e frequência, e minhas noções estéticas, inteiramente formadas pelos *Coloured Fairy Books* de Andrew Lang,[15] tinham se fixado havia anos nas meninas pré-rafaelitas, de pescoços longos e grandes olhos, das ilustrações de Henry Ford, que poderiam ser filhas de reis, donzelas do gelo, pastoras de gansos ou espíritos aquáticos; e minhas últimas andanças me haviam levado à visão exata de um tal ser, ao final de uma caverna verde e docemente perfumada, um tanto salpicada de flores e frutas e vegetais multicoloridos – na realidade, uma quitanda da qual ela tomava conta para seu pai. O impacto foi imediato. Ela tinha vinte e quatro anos, uma beleza arrebatadora, digna de sonetos, e consigo visualizá-la agora e ainda ouvir aquele sotaque derretido e profundo de Kent. Esta adoração repentina e incongruente pode ter sido aborrecida para ela, mas era generosa demais para demonstrá-lo, e talvez estivesse perplexa com a enxurrada de poemas que recebia. Eu sabia que este tipo de relacionamento local, ainda que inocente, rompia uma série de tabus demasiado enraizados e aceitos, dispensando qualquer veto explícito; ainda assim, eu me dirigia à loja adiante do Cattle Market sempre que podia escapar. Só que as roupas escuras que usávamos, aqueles rígidos colarinhos-asas e os chapéus de palha largos e salpicados, com suas fitas de seda azul e branca, eram tão conspícuos quanto o porte de armas antigas. Meus passos foram discretamente seguidos, meus truques descobertos e, após uma semana, fui apanhado em flagrante – segurando a mão de Nellie, ou seja, no momento de intimidade máxima a que este romance havia chegado; estávamos sentados no fundo da loja sobre cestas de maçã invertidas – e meus dias escolares se acabaram.

❖ ❖ ❖ ❖

O CAPITÃO GRIMES[16] estava certo. Alguns meses depois deste contratempo, a idéia de uma carreira no exército, que vinha pairando nebulosa no ar por algum tempo, começou a tomar forma mais definida; mas a perspectiva de ingressar em Sandhurst[17] passou a apresentar um obstáculo distante. E a expulsão? Quando consultado, meu ex-coordenador de residência, homem estranho e brilhante, compôs e enviou a carta de recomendação necessária; e, assim como a do capitão, foi uma carta esplêndida. (Não havia ressentimento; houvera desapontamento, assim como alívio, por parte das autoridades escolares; e total consternação do meu lado. Mas fiquei grato por terem chegado a razões para o meu eclipse mais confessáveis do que a acusação de ser um intolerável estorvo. O pretexto efetivo podia ser apresentado de modo a soar galante e romântico.)

Eu ainda não havia feito os exames de final de curso – nos quais, por conta da matemática, certamente não teria passado – e, como eram indispensáveis para candidatos a cadete, logo me vi em Londres, já aos dezessete, estudando com afinco para um exame de validação denominado London Certificate. Passei a maior parte dos dois anos seguintes em Lancaster Gate, depois em Ladbroke Grove, em aposentos só meus com vista por cima das árvores, sob a égide tolerante e amigável de Denis Prideaux. Estudei matemática, francês, inglês e geografia com ele; e latim, grego, inglês e história, frequentemente nas espreguiçadeiras de Kensington Gardens, com Lawrence Goodman. (Pouco convencional e poeta, ele me levou a todas as peças de Shakespeare que apareciam.)

Durante o primeiro ano, levei uma vida bastante sensata, tive muitos amigos, era convidado a passar dias no campo, persegui interesses simples, rústicos, e li mais livros do que jamais havia devorado num espaço de tempo similar. Passei com dignidade na maior parte das provas do London Certificate, e até mesmo sem dar vexame naquelas matérias que temia.

Mas um longo interregno ainda se apresentava à frente.

◆ ◆ ◆ ◆

UM DOS PRIMEIROS capítulos deste livro aborda em retrospecto demorado como as coisas começaram a mudar; como passei da companhia razoavelmente previsível de colegas candidatos ao exército a círculos mais velhos e ao mesmo tempo mais mundanos, mais boêmios e mais dissolutos; o que restava, mais ou menos, dos Bright Young People,[18] só que passados dez anos e vinte mil doses duplas de whisky do seu apogeu, e já com um olhar muito benevolente em relação ao regime. Este mundo novo e cativante me parecia brilhante e um tanto perverso; gostava de ser o mais jovem do grupo, em especial nas dissipadas andanças noturnas em que todos os encontros terminavam. ("Onde foi parar aquele rapaz meio barulhento? Melhor levá-

-lo conosco.") Eu havia chegado ao estágio em que mudamos muito rápido: um só ano contém cem avatares; e, enquanto estes explodiam qual caleidoscópio, a ideia de minha inadequação ao papel de soldado em tempos de paz começou a se impor. Mais grave ainda, com a aceitação de dois poemas e a publicação de um deles – admito, apenas sobre a caça à raposa – a possibilidade de ser escritor me entusiasmou.

No final do verão de 1933, com a permissão de Mr. Prideaux, eu me mudei, precipitado, para um quarto numa casa velha e ligeiramente torta em Shepherd Market onde vários amigos já haviam se estabelecido. Este pequeno recanto, isolado, com suas arcadas e lojinhas e pubs georgianos e vitorianos, tinha o charme, hoje em dia já dissipado, de um vilarejo esquecido no esplendor ainda intacto de Mayfair. De início, eu me imaginava sentando a escrever com a diligência e a objetividade quase de um Trollope. No entanto, para meu extremo desconforto, mas imediato deleite, a casa se tornou um palco de festas loucas e ininterruptas. Pagávamos pelos quartos quase nada e sempre atrasado a Miss Beatrice Stewart, nossa bondosa senhoria. Não se incomodava com isso mas nos implorava sempre, chegada a madrugada, que fizéssemos menos barulho. Amiga e modelo de pintores e escultores famosos no passado, estava acostumada à boemia mais decorosa de gerações anteriores. Havia posado para Sargent e Sickert e Shannon e Steer e Tonks e Augustus John[19] e suas paredes resplandeciam com mementos daqueles anos; mas a perda de uma perna num acidente de carro lhe havia atrapalhado a vida de forma cruel. Muito mais tarde, um amigo me contou que ela servira de modelo para a figura da Paz na quádriga em bronze de Adrian Jones no Wellington Arch de Decimus Burton. Desde então, jamais passo o topo de Constitution Hill sem pensar nela e olhar ao alto para aquela deusa alada com sua coroa de flores voando pelo céu. Em linha reta, ficava a menos de um minuto de sua janela.

◆ ◆ ◆ ◆

MEU PLANO NÃO ia bem. O abandono imprevidente dos aposentos e refeições e tudo mais de que eu gozava em casa de meu tutor haviam reduzido meus recursos a uma libra por semana e, do jeito que iam as coisas, parecia que a opulência que resultaria de minha produção autoral demoraria ainda algum tempo para se materializar. Toquei em frente de algum modo, mas a melancolia e a perplexidade chegaram com o início do inverno. Promessas e dificuldades e transtornos, em surtos espasmódicos, haviam marcado meu progresso até então; continuavam ainda, mas agora eu parecia flutuar rumo à desintegração num emaranhado de recifes submersos e mal sinalizados. A perspectiva se tornou cada vez mais sombria e mais carregada de nuvens. Ao acender das luzes, no final de um dia úmido de novembro, eu contemplava aborrecido as páginas enxovalhadas sobre a mesa de trabalho e depois, através da vidraça, os reflexos fluidos de Shepherd Market, à medida que *Night and Day* se seguia a *Stormy Weather* no gramofone no quarto do andar de baixo, pensando que *Lazybones* não tardaria; quando, de forma abrupta, quase como nas linhas de Herbert que se encontram no início destas páginas, veio a inspiração. Um plano se abriu, rápida e completamente, como uma flor de papel japonês num pequeno vaso.

Mudar de cena, abandonar Londres e a Inglaterra, e atravessar a Europa como um vagabundo – ou, como tipicamente me dizia, como um peregrino ou um monge itinerante, um estudioso errante, um cavaleiro sofrido ou o herói de *The Cloister and the Hearth*![20] De repente, isto já não era apenas a coisa óbvia, mas a única a ser feita. Eu viajaria a pé, dormiria sobre estacas de feno no verão, me abrigaria em celeiros quando chovesse ou nevasse e só me relacionaria com camponeses e vagabundos. Se eu vivesse de pão e queijo e maçãs, avançando na base de cinquenta libras por ano, como Lord Durham[21] com alguns zeros a menos, sobraria até algum dinheiro para comprar papel e lápis e uma ocasional caneca de cerveja. Uma vida nova! Liberdade! Algo sobre o que escrever!

Antes mesmo de olhar um mapa, dois grandes rios já haviam delineado o itinerário na minha cabeça: o Reno se desenrolava, os Alpes se erguiam e depois as bacias dos Cárpatos com seus abrigos de lobos e as cordilheiras dos Bálcãs; e aí, no final dos meandros do Danúbio, o Mar Negro começava a estender sua forma misteriosa e distorcida; e quanto ao meu destino principal não tive um momento sequer de dúvida. O perfil levitante de Constantinopla surgia da névoa marinha, marcado por feixes de finos cilindros e hemisférios; mais adiante, pairava o Monte Atos; e o arquipélago grego já se afigurava como uma 'caça ao tesouro' pelas ilhas do Egeu. (A certeza deste roteiro surgia de ter lido os livros de Robert Byron;[22] Bizâncio surgia verde-dragão, assombrada por serpentes e atormentada pelo soar de gongos; eu havia até conhecido o autor, rapidamente, numa boate nevoenta, escura como o Tártaro, e tomada pelo som de um saxofone.)

Pensei durante os primeiros dias se deveria convocar um companheiro; mas sabia que a empreitada teria que ser solitária e o rompimento completo. Queria pensar, escrever, parar ou ir adiante no meu próprio ritmo e sem embaraço, ver as coisas com outros olhos e ouvir novas línguas, sem a mácula de qualquer palavra familiar. Com alguma sorte, as circunstâncias modestas da viagem não dariam margem ao inglês ou francês. Revoadas de sílabas desconhecidas em breve estariam mergulhando em ouvidos purificados e atentos.

A ideia enfrentou barreiras no começo: por que não esperar até a primavera? (Londres a esta altura tremia sob os véus da chuva decembrina.) Mas quando compreenderam que tudo estava decidido, a maioria dos opositores se tornou aliada. Gostando do esquema, após uma relutância inicial, Mr. Prideaux se incumbiu de escrever para a Índia apresentando minhas diligências sob uma luz favorável; decidi que anunciaria o *fait accompli* por carta quando já estivesse a caminho, talvez em Colônia... Aí planejamos o envio de libras semanais – cada vez, se possível, após chegarem a um total de quatro por mês – por carta registrada para *postes restantes* devidamente espaçadas. (Munique seria a primeira delas; aí eu escreveria sugerindo uma segunda.) Em seguida tomei emprestado quinze libras do pai de um colega de escola, em parte para comprar equipamento e em parte para ter algo em mãos ao partir. Telefonei para minha irmã Vanessa, que havia retornado da Índia alguns anos antes, se casado e ido morar em Gloucestershire. Minha mãe, de início, estava cheia de apreensão; mas nos debruçamos sobre o atlas e, pouco a pouco, divertidas possibilidades começaram a se desdobrar em absurdas cenas imaginárias a ponto de rolarmos de tanto dar risada; e quando tomei o trem para Londres, no dia seguinte, ela já havia sido contagiada por minha animação.

◆ ◆ ◆ ◆

NOS ÚLTIMOS DIAS, reuni rapidamente minha tralha. A maior parte veio da Millet's, uma loja de excedentes do exército no Strand: um velho sobretudo, suéteres de diversas espessuras, camisas de flanela cinza, umas duas de linho branco para ocasiões especiais, uma jaqueta de couro mole, perneiras, botas cravejadas, um saco de dormir (que seria perdido dentro de um mês, sem fazer falta ou ser substituído); cadernos de notas e blocos de desenho, borrachas, um cilindro de alumínio cheio de lápis Vênus e Golden Sovereign; um velho *Oxford Book of English Verse*. (Igualmente perdido e, para minha surpresa – ele havia sido uma espécie de Bíblia –, lamentado pouco mais do que o saco de dormir.) A outra metade de minha biblioteca de viagem, muito convencional, era o primeiro volume do *Horace* da coleção de clássicos da Loeb, que minha mãe, após perguntar o que eu queria, havia comprado e despachado em Guilford. (Na folha de guarda, ela escreveu a tradução de um pequeno poema de Petrônio, que encontrou por acaso e copiou de um outro volume na mesma prateleira, segundo mais tarde me contou:* "Deixa tua casa e busca praias estrangeiras, ó jovem: coisas maiores te aguardam/ Não cede ao infortúnio: irás conhecer o Danúbio distante,/ o frio vento Boreal e o tranquilo reino de Canopus,/ e os que contemplam o renascer ou o descansar de Febo..." Ela era uma leitora voraz, mas Petrônio não fazia parte do seu território habitual, e havia apenas recentemente entrado no meu. Fiquei impressionado e sensibilizado.) Por fim, comprei uma passagem numa pequena embarcação a vapor, holandesa, que zarpava de Tower Bridge para Hoek da Holanda. Tudo isso foi como uma mordida de tubarão em minhas reservas emprestadas, mas ainda assim sobrou um maço de notas.

Por fim, com um pouco de dor de cabeça, resultado de uma festa de despedida na véspera, saí da cama no grande dia, vesti meus novos trajes e caminhei em direção a sudoeste debaixo de um céu que se fechava. Eu me senti anormalmente leve, como se já estivesse longe e, como um *djinn* saído de seu frasco, flutuando numa estonteante atmosfera, enquanto a Europa

---

* Citado no original no começo deste volume.

se abria à frente. Mas os grampos barulhentos das botas só me levaram até Cliveden Place, onde apanhei uma mochila que Mark Ogilvie-Grant havia deixado para mim. Ao inspecionar minha tralha, ele havia olhado com pena para a que eu comprara. (A dele era um esplêndido modelo Bergen que se apoiava num semicírculo de metal suspenso por uma estrutura triangular, e o havia acompanhado – geralmente, ele admitia, dependurada nas costas de uma mula – em torno do Atos com Robert Byron e David Talbot-Rice quando *The Station* estava sendo escrito. Envelhecida e desbotada pelo sol da Macedônia, estava repleta de maná.) Aí, na loja de tabaco perto da esquina de Sloane Square, comprei por nove vinténs um cajado de freixo bem equilibrado e me dirigi para Victoria Street e Petty France para apanhar meu novo passaporte. Ao preencher o formulário no dia anterior – nascido em Londres, 11 de fevereiro de 1915; altura 1,77 metros; olhos castanhos; cabelo castanho; nenhum sinal distintivo – eu havia deixado o campo superior vazio, não sabendo o que escrever. Profissão? "Bem, o que colocamos aqui?", perguntou o funcionário, apontando a lacuna. Minha cabeça continuava vazia. Alguns anos antes, era bem conhecida uma canção americana sobre vagabundos chamada *Hallelujah I'm a bum!*; ao longo dos últimos dias, ela me perseguia como um *leitmotif* particular e, sem perceber, acho que eu estava cantarolando a melodia enquanto pensava, pois o funcionário riu e disse: "Isto você não pode colocar, não é mesmo?". E depois de um momento, acrescentou: "Eu escreveria apenas 'estudante'"; e foi o que fiz. Com o novo e rígido documento no bolso, carimbado 8 de dezembro de 1933, rumei para o norte, atravessando o Green Park sob um acúmulo de nuvens escuras. Ao cruzar Piccadilly e entrar no tortuoso vazio de White Horse Street, caíam alguns respingos esporádicos e, reluzente no outro extremo, Shepherd Market era perfurado por gotas de chuva. Eu chegaria justo na hora de um almoço de despedida com Miss Stewart e três amigos – dois outros inquilinos e uma moça; depois, era zarpar. A chuva estava chegando.

♦ ♦ ♦ ♦

A SEGUIR, DEU-SE meu primeiro ato independente e, em retrospecto – numa maré de boa sorte –, o primeiro sensato. O resto você conhece, caro Xan, mas contado de maneira desconexa; portanto, aqui está, numa tentativa de lhe dar coerência. Espero que as menções a Creta suscitem lembranças, tão vívidas para você quanto são para mim, das matas de azinheiros e cavernas e relevos onde primeiro falamos de nossas aventuras.

P.
Kardamyli, 1977

CAPÍTULO 1

OS PAÍSES BAIXOS

❦ ❦ ❦

"Tarde perfeita para partir", disse um dos amigos em meu bota-fora, esquadrinhando a chuva e levantando a janela.

Os outros dois concordaram. Abrigados sob o arco de Shepherd Market na Curzon Street, tínhamos, enfim, encontrado um táxi. Na Half Moon Street, todos os colarinhos estavam levantados. Mil guarda-chuvas reluzentes se inclinavam sobre mil chapéus-coco em Piccadilly; as lojas da Jermyn Street, desfiguradas pela água que escorria, tinham se transformado numa galeria submarina; e os membros dos clubes de Pall Mall, pensando em chá e torradas com pasta de anchova, buscavam apressadamente um abrigo, escada acima de seus clubes. Deformada pelo vento, a água das fontes de Trafalgar Square se retorcia como cabeleiras desgrenhadas, e nosso táxi, parado por uma horda de passageiros de Charing Cross, que, desorientados, corriam sob o aguaceiro, arrastou-se até o Strand. O veículo foi trançando através do fluxo de tráfico. Espalhamos água Ludgate Hill acima, enquanto a cúpula da Saint Paul afundava cada vez mais sobre ombros rodeados por pilares. Os pneus derraparam, afastando-nos da catedral que se afogava e, um minuto mais tarde, a silhueta liquefeita do Monument,[1] mal percebida através da cortina de chuva, parecia tão fora de esquadro que a rua inclinada poderia estar a quarenta braças de profundidade. O motorista, dando uma guinada em meio à enxurrada para entrar na Upper Thames Street, virou-se para trás e disse: "Tempo bom para patinhos".

Um odor de peixe pairou no ar por um momento, logo desaparecendo. Impondo urgência, os sinos de Saint Magnus the Martyr e de Saint

Dunstan's-in-the-East soavam a hora; lâminas de água saltavam de nossas rodas dianteiras enquanto o táxi navegava entre o Mint e a Tower of London. Complexos sombrios de ameias e copas de árvores e torreões se amontoavam indistintos de um lado; e, logo em frente, os pináculos e parábolas de metal da Tower Bridge surgiam ameaçadores. Paramos na ponte, um pouco antes da primeira barbacã, e o motorista nos indicou os degraus de pedra que desciam para Irongate Wharf. Baixamos num átimo e, entre os paralelepípedos do calçamento e os cabeços de amarração, o *Stadthouder Willem* oscilava ancorado, com a tricolor holandesa, molhada, batendo na sua popa e um leque esgarçado de fumaça se esvaindo sobre o rio. Ao final de uma corrente de muitas braças, a maré, em redemoinhos, o havia levantado, num arfar, quase que ao nível do piso de pedra: reluzente na chuva, com as caldeiras prontas para a partida, ele boiava entre um estridente rodeio de gaivotas. A pressa e o mau tempo abreviaram nossas despedidas e nossos abraços e eu desci rapidamente a passarela, agarrando minha mochila e meu cajado, enquanto os demais – quatro pernas de calças encharcadas e dois saltos altos pulando as poças – corriam de volta para a escada, subindo em direção ao táxi que os esperava; e, meio minuto mais tarde, lá estavam eles, no alto, junto à balaustrada da ponte, se esticando e acenando sobre os tetrafólios de ferro fundido. Para proteger seu cabelo da chuva, a portadora dos saltos altos se cobria com uma capa de chuva à maneira de um carregador de carvão. Eu acenava freneticamente em resposta, enquanto as amarras eram liberadas e a passarela recolhida. E aí eles desapareceram. A corrente da âncora chacoalhava ao passar pelas vigias, e o barco virou em direção ao fluxo d'água com um lamento de seu apito. Ao me abrigar no pequeno salão, fiquei subitamente desolado, mas por um momento apenas. Pareceu estranho zarpar do coração de Londres! Nada de protuberantes despenhadeiros, nada do estrépito de seixos como descritos por Arnold.[2] Eu poderia estar saindo para Richmond, ou para um jantar de camarões e carapaus em Gravesend, em lugar de Bizâncio. Segundo o camareiro, somente os navios maiores oriundos dos Países Baixos atracavam em Harwich: as embarcações holandesas menores, como o *Stadthouder*, sempre ancoravam por aqui; barcos vindos do Zuider Zee desembarcavam enguias entre London Bridge e a Tower desde o reinado da Rainha Elizabete.

Milagrosamente, depois das horas impiedosas de dilúvio, a chuva parou. Acima da deriva da fumaça havia ainda, quase desaparecendo, um vislumbre de pombos incansáveis e algumas cúpulas e muitas flechas e alguns campanários palladianos, brancos como ossos, lavados pela chuva, arremetendo contra um céu metálico, manchado de prata e latão. A estrutura de vigas ao alto emoldurava a forma escurecida da London Bridge; mais adiante, a água densa era cruzada pelos fantasmas de Southwark e Blackfriars. Enquanto isto, Saint Catherine's Wharf e logo Execution Dock e Wapping Old Stairs e o Prospect of Whitby[3] saíam de cena em direção a montante e, quando estes marcos já ficavam para trás, o sol se punha rapidamente e as fissuras entre os grupos de nuvens a ocidente se esmaeciam, passando de um carmesim esfumaçado para o violeta.

Entre os armazéns, nos canais atravessados por passarelas, a noite também chegava, e as fileiras de frestas que davam passagem à carga mais pareciam cavernas bocejantes. Guindastes, carregados de correntes e cabos lastreados, projetavam-se, a partir de dobradiças, do alto das paredes dos armazéns, e os letreiros gigantes com os nomes dos embarcadouros, encardidos por um século de fuligem, tornavam-se menos decifráveis a cada segundo. Pairava um fedor de lama, alga marinha, lodo, sal, fumaça e escória de carvão e refugo de toda sorte, e as barcaças semiafundadas e as paliçadas alagadas liberavam um cheiro envolvente de madeira apodrecida. Sentia-se talvez uma lufada de especiarias? Já era tarde para dizer: o navio se distanciava da margem e ganhava velocidade; e os detalhes, para além da vasta extensão de água e das evoluções dos pássaros, ficavam cada vez mais imprecisos. Rotherhite, Millwall, Limehouse Reach, o West Indian Docks, Deptford e a Isle of Dogs[4] corriam para montante em manchas escuras. Chaminés e gruas emplumavam as margens, mas os campanários escasseavam. Um rosário de luzes piscava numa colina. Era Greenwich. O observatório pairava na escuridão e o *Stadthouter* reverberava em sua rota, despercebido, ao atravessar o meridiano zero.

As luzes das margens se refletiam na correnteza em espirais e ziguezagues, volta e meia desordenadas pelas silhuetas das vigias luminosas das embarcações que passavam; as formas funéreas das barcaças se identificavam pelas luzes de bombordo e estibordo; e os *cutters* da polícia fluvial batiam de onda em onda, com tanta determinação e rapidez quanto aguilhões. Certa vez demos passagem a um transatlântico que se elevava das águas como um festivo prédio de apartamentos. "De Hong Kong", disse o camareiro, enquanto o navio deslizava ao nosso lado; e as diferentes notas dos apitos ressoavam rio acima e rio abaixo como se mastodontes ainda assombrassem os pântanos do Tâmisa.

Um gongo soou e o camareiro me conduziu de volta ao salão. Eu era o único passageiro. "Não recebemos muitos em dezembro", disse ele. "É muito tranquilo por agora." Quando saiu, tirei da minha mochila um diário novo e lindamente encadernado, abrindo-o em cima da baeta verde, sob uma luminária de cúpula rosa, e escrevi o primeiro registro enquanto o galheteiro e a garrafa de vinho tilintavam ativamente em seus suportes. Aí me dirigi ao convés. As luzes em ambos os bordos haviam escasseado, embora se pudesse discernir o longínquo brilho de outras embarcações e cidades do estuário que a distância havia reduzido a pálidas constelações. Viam-se boias dispersas e o esquadrinhar da luz de um farol. Escondida atrás de inúmeras curvas do rio, Londres havia desaparecido e uma névoa amarelada era, agora, a única indicação de onde se encontrava.

Perguntei a mim mesmo quando voltaria. A excitação descartava a ideia de dormir; achei que a noite era especial demais. (E como tal se provou, por várias razões. Estava terminando 9 de dezembro de 1933, e só retornei em janeiro de 1937 – à época, era como se toda uma vida houvesse passado e me sentia como Ulisses, *"plein d'usage et de raison"*,[5] e, para melhor ou pior, profundamente transformado por minhas andanças.)

Mas, apesar destas emoções, devo ter cochilado, pois, quando acordei, o único brilho à vista era nosso próprio reflexo nas ondas. O reino tinha deslizado em direção ao ocidente e à escuridão. Um vento rígido agitava o cordame e o continente europeu estava a menos da metade de uma noite à frente.

◆ ◆ ◆ ◆

FALTAVAM AINDA UMAS duas horas até o amanhecer quando atracamos em Hoek da Holanda. A neve cobria tudo e os flocos voavam enviesados através dos cones das luminárias e tornavam confusos os reluzentes discos de luz que se distribuíam pelo cais vazio. Não sabia que Roterdã estava a algumas milhas da costa. Também no trem era eu o único passageiro, e esta entrada solitária, na calada da noite e no silêncio da neve, fortaleceu a ilusão de que eu adentrava Roterdã, e a Europa, por uma porta secreta.

Vaguei exultante pelas vielas silenciosas. Ao alto, pavimentos salientes quase se juntavam; adiante, os beirais se afastavam uns dos outros e canais congelados abriam caminho através de uma sucessão de pontes em corcova. A neve estava se acumulando nos ombros de uma estátua de Erasmo. Amontoados dispersos de árvores e mastros e as seções poligonais de um enorme e elaborado campanário gótico planavam acima de telhados íngremes. Enquanto eu observava, lentamente soaram cinco horas.

As vielas se abriam sobre o Boomjes, um longo cais coberto por árvores e cabrestantes que, por sua vez, se abria para um amplo braço do Maas e uma infinidade de barcos ensombrecidos. Gaivotas estrilavam e rodopiavam nas alturas, mergulhavam na luz dos postes, espalhando suas diminutas pegadas nos paralelepípedos silenciosos, e pousavam no cordame dos barcos ancorados com pequenas explosões de neve. Os cafés e as tavernas de marujos, localizados a alguma distância do cais, estavam todos fechados, exceto um que mostrava uma promissora fieira de luzes. Uma persiana foi levantada e um homem corpulento de tamancos abriu uma porta de vidro, depositou um gato tigrado sobre a neve e, reentrando, começou a acender um fogão. O gato também logo entrou; eu o segui, e o café e ovos quentes que surgiram, solicitados através de sinais, foram os melhores que até então eu havia comido. Fiz um segundo e longo registro em meu diário – estava se tornando uma paixão – e enquanto o proprietário polia os copos e xícaras e os arrumava em fileiras reluzentes, amanheceu, com a neve ainda caindo contra o céu que se iluminava. Vesti meu sobretudo, dependurei a mochila, apanhei o cajado e me dirigi à porta. O proprietário me perguntou para onde eu ia. Respondi: "Constantinopla". Suas sobrancelhas se arquearam e ele indicou que eu esperasse; aí apanhou dois copos e os encheu com um líquido transparente, de uma comprida garrafa de pedra. Brindamos; ele esvaziou seu copo de um gole e fiz o mesmo. Com seus votos de boa viagem nos meus ouvidos, queimando por dentro por conta do Bols, e a mão ressentindo-se do forte aperto de despedida, eu me pus a caminho. Foi o começo formal de minha jornada.

Não havia ido longe quando a porta aberta da Groote Kirk – a catedral anexa ao enorme campanário – me convidou a entrar. Saturada da luz fraca do dia que raiava, a concavidade de alvenaria cinza, pintada de cal, fechava-se muito acima em arcos pontiagudos, enquanto o piso se afunilava ao longo da nave num tabuleiro de lajes pretas e brancas. Esta visão coincidia tão fortemente com um bom número de quadros holandeses, meio esquecidos, que minha imaginação logo dotou o vazio com aqueles grupos do século XVII que estariam sentados ou passeando por ali, sob os imensos pilares adornados com símbolos heráldicos: burgueses com barbas cor de milho – e ímpios cães d'água que se recusavam a permanecer do lado de fora – conferenciando gravemente com suas esposas e seus filhos, parados como peças de xadrês, vestidos em pesado tecido negro e idênticos colarinhos altos. Com exceção desta igreja, a cidade seria bombardeada em frangalhos anos mais tarde. Se eu tivesse sabido, teria me demorado mais por lá.

Em menos de uma hora eu estava marchando firmemente ao longo dos sulcos gelados de uma estrada sobre um dique, e os arredores de Roterdã já haviam desaparecido na neve que caía. Suspensa no ar e ladeada por salgueiros, a estrada seguia reta, em frente, até onde os olhos alcançavam; mas não tão longe quanto se veria em tempo límpido, pois a escolta de árvores logo se assemelhava a fantasmas em quaisquer das direções, dissolvendo-se, por fim, na palidez envolvente. Apareceria, de vez em quando, um ciclista, de tamancos e com quepe dotado de pequenas almofadas pretas visando proteger as orelhas de queimaduras do frio, e seu charuto às vezes deixava pairar no ar o odor de Java ou Sumatra, mesmo após o desaparecimento do fumante. Eu estava satisfeito com meu equipamento. A mochila se equilibrava com facilidade e o colarinho levantado de meu sobretudo de segunda mão, fechado com uma aba semidestacável que eu acabara de descobrir, formava um túnel aconchegante; e com minhas velhas calças de veludo cotelê, sua cintura amortecida pelo longo uso, e as caneleiras cinzas e as pesadas botas cravejadas, eu estava protegido, de maneira impenetrável, de alto a baixo – peito, pernas e pés; nenhuma fissura ficara exposta a uma rajada. Logo eu estava recoberto de neve e minhas orelhas começavam a formigar, mas estava determinado a não me rebaixar jamais ao uso daquelas horrendas orelheiras.

Quando a neve passou, a luz clara da manhã revelou a magnífica geometria plana de canais, pôlderes e salgueiros; e as velas de inúmeros moinhos giravam sob um vento que também mantinha em movimento todas as nuvens – e não só nuvens e moinhos; porque, logo, nos canais, patinadores até então escondidos pela neve que caía, foram subitamente espalhados por um gigante que, carregado pelo vento, chegou de longe rodopiando e arremeteu entre eles como um dragão alado. Era um iate do gelo – uma balsa sobre quatro rodas de borracha e sob uma vela triangular distendida, manejada por quatro garotos imprudentes. Corria literalmente com a velocidade do vento, enquanto um deles puxava a vela e o outro dirigia com a ajuda de uma barra. O terceiro jogava todo seu peso sobre um freio no formato de uma queixada de tubarão, que distribuía nuvens de fragmentos pelo ar. O iate passou zunindo em meio a um escarcéu de gritos à medida que seus dentes mordiam o gelo, produzindo o ruído do rasgar de uma centena de camisas de chita que chegou a mil quando a balsa fez uma curva aguda, entrando em ângulo reto num braço de canal. Um minuto mais tarde, não passava de um cisco longínquo e a paisagem silenciosa parecia ainda mais mansa, os patinadores, como numa pintura de Brueghel, circulando tão lentamente quanto moscas ao longo dos canais e pôlderes. A paisagem estava recoberta de uma camada reluzente de neve e o matiz ardósia do gelo só se tornava visível quando os patinadores, rodopiando em arabesco, o colocava à mostra. Acompanhando os paralelogramos brancos, as fileiras de salgueiros desapareciam sem materialidade, como se fossem rastros de vapor. A brisa que impelia aquelas nuvens apressadas não encontrara obstáculo por muitas e muitas milhas, e um viajante, caminhando a pé ao longo da corcova de um dique, acima das sombras das nuvens e do campo plano, era tomado de elocubrações quanto à infinidade do espaço.

◆ ◆ ◆ ◆

meu ânimo, já grande, aumentou ainda mais à medida que eu caminhava. Mal podia acreditar que eu realmente estava lá; sozinho, em movimento, avançando pela Europa adentro, cercado por todo este vazio, tão diferente, com mil maravilhas me aguardando. Por isto mesmo, os eventos concretos dos dias que se seguiram talvez surjam do brilho circundante de uma maneira desarticulada e aleatória. Parei junto a uma placa da estrada para comer um naco de pão com uma cunha de queijo amarelo, fatiada de uma bala vermelha de canhão por um merceeiro local. Um braço da placa apontava para Amsterdã e Utrecht, o outro para Dordrecht, Breda e Antuérpia, e eu obedeci este último. O caminho acompanhava um rio com corrente rápida demais para que o gelo se formasse, e espinheiros e aveleiras e juncos cresciam espessos ao longo das margens. Debruçado sobre uma ponte, fiquei olhando uma fileira de barcaças deslizando corrente abaixo, na esteira de um rebocador que roncava penosamente a caminho de Roterdã, e um pouco adiante uma ilha, tão delgada quanto a lançadeira de um tecelão, dividia a corrente ao meio. Parecia um pequeno bosque flutuante, rodeado de caniços; um pequeno castelo, com um íngreme telhado de ardósia e torreões com terminações cônicas, surgiu romanticamente da malha de galhos. Campanários de altura estonteante se espalhavam aleatoriamente pela paisagem. Eram visíveis durante muito tempo e, no final do entardecer, escolhi um deles como marco e como meta.

Era tarde quando cheguei próximo o suficiente para ver que a torre e a cidade de Dordrecht, que se aninhava aos seus pés, assentavam-se do outro lado de um largo rio. Eu havia perdido a ponte; mas uma balsa me deixou na outra margem logo após escurecer. Debaixo das gralhas do campanário, uma agitada cidade anfíbia se espraiava; era construída de tijolo envelhecido, encimada por frontões acoplados e serrilhados e por telhas cerâmicas cobertas de neve, fragmentada por canais e remendada por pontes. Um grande número de barcaças ancoradas, carregadas de madeira, formava uma precária extensão do cais e balançavam de uma ponta à outra quando agitadas pela marola dos barcos que passavam. Depois do jantar, em um bar à beira-rio, adormeci entre os canecos de cerveja e, quando acordei, não conseguia me lembrar de onde estava. Quem eram estes embarcadiços com seus quepes, suéteres e botas de marinheiro? Jogavam uma variante de whist em meio a uma névoa de fumaça de charuto, e as cartas amarfanhadas que eles atiravam sobre a mesa eram decoradas com cálices, espadas e lanças; as rainhas usavam coroas em pontas e os reis e os valetes eram atravessados por barras diagonais e portavam plumas de avestruz, como Francisco I e o Imperador Maximiliano. Meus olhos devem ter se fechado novamente, porque ao final alguém me acordou e me dirigiu sonâmbulo, escada acima, para um quarto de teto baixo e inclinado e com um edredon tal qual uma gigantesca travessa de ovos nevados. Logo me achei debaixo dele. Antes de apagar a vela, tomei conhecimento de um retrato da Rainha Guilhermina na cabeceira e de uma cópia do Sínodo de Dort[6] aos pés da cama.

O *tlaque-tlaque* de tamancos nos paralelepípedos – som enigmático até que espiei pela janela – me acordou pela manhã. A gentil e idosa proprietária aceitou pagamento pelo jantar, mas nenhum pelo quarto: viram que eu estava cansado e me colocaram sob sua guarda. Este foi o primeiro maravilhoso exemplo da gentileza e hospitalidade que ocorreria tantas outras vezes nesta viagem.

◆ ◆ ◆ ◆

EXCETO PELA PAISAGEM recoberta de neve e as nuvens e o fluxo do Merwede, rodeado de árvores, os dois dias seguintes deixaram pouco mais de si do que os nomes das cidades em que dormi. Devo ter saído tarde de Dordrecht: Sliedrecht, minha próxima parada, fica só algumas milhas adiante, e Gorinchem, a que lhe segue, não está a muito mais. Algumas velhas muralhas permanecem em minha memória, ruas em paralelepípedos e uma barbacã e barcaças atracadas ao longo do rio; porém, mais nítido do que todo o resto, está a cadeia da cidade. Alguém havia me dito que, na Holanda, viajantes humildes podiam se abrigar nas estações de polícia, e era verdade. Um policial me acompanhou até uma cela sem dizer palavra, e eu dormi, enfurnado até as orelhas, sobre uma prancha de madeira basculante, presa à parede por duas correntes, e sob uma floresta de murais libertinos e grafiti. Até me deram uma xícara de café e um quarto de pão antes que eu partisse. Graças a Deus eu havia posto 'estudante' em meu passaporte: provou-se um amuleto e um "Abra-te, Sésamo!". Na tradição europeia, a palavra sugeria um personagem jovem, necessitado e sério, empurrado pelas estradas do Ocidente afora pela sede de conhecimento – portanto, um candidato a merecer apoio, apesar da alegria exagerada e de uma tendência à cantoria em baixo vernáculo acompanhando a bebida.

Durante estes três primeiros dias jamais me afastei dos caminhos de sirga,[7] mas tantas e tão confusas são as vias navegáveis que eu inconscientemente mudei de rio três vezes: o Noorwede foi o primeiro deles, em seguida o Merwede, depois veio o Waal; e, em Gorinchem, o Waal juntou-se ao Maas. Pela manhã eu podia ver o enorme fluxo do Maas se enroscando pela planície em direção a este *rendezvous*; nascera na França sob o nome mais conhecido de Meuse e então fluído por toda a Bélgica; um rio que só era menos imponente do que o próprio Waal, a cujas margens me agarrei pelo resto do trajeto holandês. O Waal é tremendo; o que não merece espanto, já que, na verdade, ele é o Reno. O Rijn, na Holanda, rio nativo de Rembrandt, é, ao norte, um ramo menor do canal principal, que se subdivide múltiplas vezes, perde-se no delta e finalmente entra no Mar do Norte através de um canal de drenagem; enquanto o Waal, engorgitado com as neves alpinas e as águas do Lago Constança e da Floresta Negra e a contribuição de um milhar de riachos do Reno, rola rumo ao mar numa magnificência usurpada e imponente. Enquanto isso, em meio a este emaranhado de rios – cujas defecções e encontros formavam ilhas tão grandes quanto os condados ingleses – o despotismo geométrico dos canais e pôlderes e moinhos de vento se impunha firme; aquelas velas giratórias serviam à drenagem, não à moagem de milho.

Todo o terreno que eu havia atravessado até então ficava abaixo do nível do mar, e sem esta disciplina, que corrigia permanentemente o equilíbrio entre sólido e líquido, a região inteira teria sido mar aberto ou uma vasta extensão inundada de água salobra. Quando se olhava de cima de um dique, a infinidade de pôlderes e canais e os meandros dos muitos riachos ficavam claros aos olhos; de um ponto de vista mais baixo, só se discerniam as águas próximas. Mas, ao nível do chão, todos desapareciam. Eu estava fumando, sentado sobre uma mó junto a um celeiro perto da velha cidade de Zaltbommel, quando o lamento de um apito chamou minha atenção. No campo, à distância de um quarto de milha, entre uma igreja e uma mata, flutuando sereno, mas invisível no Maas encoberto, um grande navio branco recoberto de flâmulas tremulantes parecia abrir caminho mugindo através de prados sob uma nuvem de gaivotas.

O Maas avançou e recuou ao longo de todo o dia, e por volta do entardecer desapareceu ao sul. Uma vez fora de vista, seu largo leito subia os gradientes invisíveis de Brabante e Limburgo, em direção ao longínquo interior carolíngio para além das Ardenas.

Escureceu enquanto eu marchava ao longo de um interminável caminho junto ao Waal. Estava coberto de esqueletos de árvores; as poças congeladas rangiam sob os cravos de minhas botas; e, para além dos galhos, a Ursa Maior e uma comitiva de constelações invernais ardiam num céu límpido e frio. Finalmente, as distantes luzes de Tiel, pairadas sobre a primeira colina que eu vira na Holanda, surgiam cintilantes na outra margem. Uma oportuna ponte me permitiu atravessar o rio e alcancei a praça do mercado logo após as dez, sonâmbulo de fadiga depois de percorrer uma vasta extensão de território. Não consigo me lembrar sob qual volumoso edredom ou úmida cela dormi à noite.

◆ ◆ ◆ ◆

DEU-SE UMA MUDANÇA na região. Pela primeira vez, no dia seguinte, o solo estava acima do nível do mar e, a cada passo dado, o equilíbrio dos elementos se inclinava mais decisivamente a favor de terra firme. Uma paisagem suavemente ondulante de prados molhados, terras aráveis e campos não cultivados, com a neve derretendo aqui e ali, estendia-se em direção ao norte através da província de Guelderland e ao sul para o Brabante. Os calvários na beira das estradas e o cintilar das lâmpadas dos santuários das igrejas mostravam que eu havia cruzado uma linha de contorno religiosa e não apenas cartográfica. Surgiam casas de fazenda abraçadas confortavelmente por olmos, castanheiras e bétulas, e alamedas de árvores invernais, tais quais pinturas de Hobbema, terminando nos portões de dignos solares – o abrigo de discretos *jonkheers*, imaginava eu. Os frontões, em semicírculos e ângulos retos recortados, eram feitos de tijolos envelhecidos delimitados com pedra branca. Pombais se sobrepunham às telhas em escama e a brisa mantinha os cataventos dourados girando; e, quando as janelas reticuladas, com contornos em chumbo, acendiam-se ao entardecer, eu explorava seus interiores em minha imaginação. Um *chiaroschuro* preciso iluminava o piso de pedras negras e brancas, viam-se mesas pesadas com pés bulbosos e tapetes turcos sobre elas jogados; espelhos convexos distorciam as imagens refletidas; mapas murais esmaecidos figuravam nas paredes; havia globos terrestres e cravos e alaúdes incrustados elegantemente espalhados aqui e acolá; e cavalheiros de Guelderland com pálidos bigodes – ou suas esposas com toucas apertadas e colarinhos plissados – levantavam cálices de vinho da finura de uma agulha para avaliar sua cor à luz dos candelabros de latão, com seus glóbulos e múltiplos braços, presos por correntes nas vigas e tetos em caixotão.

Interiores imaginários... Não é de se admirar que tomassem a forma de pinturas! Desde aquelas primeiras horas em Roterdã, uma Holanda tridimensional vinha surgindo ao meu redor e se expandindo ao longe conforme outra Holanda que já existia e se apresentava completa em todos os seus detalhes. Porque, se existe, por aproximação, uma paisagem estrangeira familiar aos olhos ingleses, é esta; quando estes veem o original, centenas de manhãs e tardes em museus, galerias de arte e casas de campo já deram conta da tarefa. As comparações e os cenários reconhecidos encheram a viagem de animação e prazer. A natureza mesma da paisagem, a cor, a luz, o céu, a transparência, a amplidão e os detalhes das cidades e vilarejos se juntam para tecer um encanto miraculoso, confortador e curativo. A melancolia é exorcizada, o caos afugentado e o bem-estar, a espontaneidade e uma contemplação tranquila ocupam seu lugar. No meu caso, a relação entre a paisagem familiar e a realidade levaram a uma especulação adicional.

Um segundo tipo de cenário – o italiano – é quase tão bem conhecido na Inglaterra quanto o holandês, e pelas mesmas razões relacionadas à visita frequente a galerias de arte. Como nos são familiares as *piazzas* e arcadas retratadas! As torres e as cúpulas nervuradas dão lugar às pontes em alças de rios, e os rios se retorcem, sombreados ao longe, entre colinas encasteladas e cidades muradas; aparecem casebres e cavernas de pastores; o pelame de florestas os sucede e o panorama morre na distância em montanhas estriadas, ofuscadas ou reverberantes sob céus com menos nuvens do que uma grinalda decorativa de vapor branco. Mas este cenário é apenas uma tela de fundo para anjos portadores de lírios que voam em direção à terra ou tocam violinos e alaúdes em cenas da Natividade; diante dele, martírios tomam forma e têm lugar milagres e matrimônios místicos, cenas de tortura, crucificações, funerais e ressurreições; procissões se arrastam, exércitos inimigos se atracam num impasse de lanças listradas, um ascético de barba grisalha bate no peito com uma pedra ou escreve sobre um atril, enquanto um leão adormece a seus pés; um adolescente santificado é cravejado de flechas e prelados enluvados desmaiam, olhos voltados para cima e espadas penetrando em suas tonsuras. Agora, todas estas ocorrências captam o olhar demandando exclusividade; por cinco séculos ou mais, em muitos milhares de molduras, elas vêm roubando a cena; e quando estas incomuns façanhas estão ausentes, o reconhecimento é muito mais lento do que o é nos Países Baixos, onde a precedência é invertida. Na Holanda, a paisagem é a protagonista, e eventos meramente humanos — até mesmo um tão extraordinário quanto Ícaro caindo de cabeça no mar porque a cera de suas asas artificiais derretera — são detalhes secundários: num Brueghel, diante dos campos arados e árvores e barco à vela e lavrador, o aeronauta que cai se torna insignificante. É tão convincente a identidade entre pintura e realidade que, por todo o caminho, minhas inúmeras tardes vadias em museus eram ressuscitadas e revividas. Cada passo as confirmava. Cada cena invocava seu eco. Os mastros e cais e frontões de um porto de rio, o quintal dos fundos com uma vassoura encostada numa parede de tijolos, o piso em xadrez das igrejas — lá estavam todos eles, toda a gama de temas holandeses, terminando em tavernas onde eu esperava encontrar tipos rústicos farreando, e os encontrei; e, em cada caso, como num passe de mágica, o nome do pintor logo se impunha. Os salgueiros, os telhados e os campanários, as vacas pastando semiconscientes nos prados em primeiro plano — não era preciso perguntar de quem seriam os cavaletes pelos quais esperavam enquanto mastigavam.

Estas cismas vagas me trouxeram – provavelmente em algum lugar entre Tiel e Nijmegen – ao pé de um destes vertiginosos campanários que são tão transparentes a distância e tão maciços de perto. Entrei e subi meia dúzia de lances de escada num minuto, para olhar através de uma grelha em teia de aranha. O reino inteiro se desvendava. Através dele, os dois grandes rios vadiavam, salpicados de navios, procissões de barcos e tributários. Lá estavam os pôlderes e os diques e os longos canais ladeados por salgueiros; os campos vazios e as terras aradas e pastos pontilhados por gado parado e confiante; moinhos de vento e fazendas e campanários ressonantes; aviários singelos qual poeira espalhada, quase inaudíveis à distância; e um castelo ou dois, semiescondidos em meio ao preguedo de uma mata. Por aqui, a neve havia derretido ou então caído mais levemente: azul e verde e estanho e castanho-avermelhado e prata compunham a enorme vista de relva, áreas inundadas e céu. Havia uma linha de colinas baixas a leste, e por toda parte o brilho da água que penetrava, e mesmo, distante ao norte, um débil reflexo do Zuyder Zee. Recoberta de uma luz estranha, a terra pacífica e harmoniosa deslizava para o infinito sob um amontoado de nuvens.

No que eu saía, no espaço abaixo, um octeto de sineiros, de tamancos, se reunia e cuspia na palma de suas mãos antes de agarrarem os tirantes das cordas; e o clamor de suas escalas e a progressão de seus acordes, a distância emudecidos numa melancolia suave, me acompanharam pelas poucas milhas que se seguiram sob o anoitecer e um frio crescente.

◆ ◆ ◆ ◆

ESCURECEU MUITO ANTES que eu tivesse alcançado o cais de Nijmegen. Então, pela primeira vez em dias, eu me percebi andando ladeira acima e depois descendo. Ao longo da beira-rio, lances de escada subiam do amontoado de navios; entre o clarão dos postes e a escuridão, surgiam altas torres e fachadas em ziguezague. As luminárias do cais se enfileiravam a perder de vista, ladeando o escuro fluxo do Waal, e, rio acima, uma grande ponte de ferro se dirigia, por milhas, rumo ao interior, ao norte e para longe. Jantei e, depois de escrever meu diário, saí à procura de um abrigo de marujos na beira-rio, terminando num quarto sobre a oficina de um serralheiro.

Sabia que era minha última noite na Holanda e estava pasmo de tê-la cruzado tão rapidamente. Era como se meus calcanhares tivessem asas. Estava pasmo também com a impressionante beleza do país, límpida e variada, e com a luz deslumbrante, de impacto curativo e conspiratório encanto. Nada surpreendente que tivesse produzido tantos pintores! E quanto aos holandeses? Embora tivéssemos, reciprocamente, a língua presa, o contato não foi tão ligeiro quanto estas páginas possam sugerir. Diferente de outras formas de viajar, quando se está a pé, é impossível se manter distante; e durante esta breve jornada, nossos intercâmbios foram suficientes para deixar um sedimento de simpatia e admiração que dura até hoje.

O sono veio tão rápido e vazio de sonhos que, quando acordei às seis da manhã seguinte, a noite parecia ter passado em poucos minutos. Foi o martelo do serralheiro, logo abaixo das placas de madeira do chão, que me acordou. Fiquei deitado como num transe, ouvindo os rebotes alternados que se intercalavam com as notas ressonantes de uma ferradura na ponta da bigorna; e quando as batidas rítmicas pararam, pude ouvir foles arfantes e o silvo do vapor e a inquietação de enormes cascos; e logo o cheiro de chifre chamuscado ascendendo através das frestas do piso, seguido novamente dos retinidos e do rangido de uma lima. Meu anfitrião estava ferrando um grande cavalo de carroça, alourado, de crina e rabo claros e desgrenhados. Ele acenou quando entrei em sua serralharia e resmungou um bom-dia com a boca cheia de pregos.

◆ ◆ ◆ ◆

NEVAVA. UMA PLACA apontava para Arnhem do outro lado da ponte, mas me mantive no lado sul e segui a estrada em direção à fronteira da Alemanha. Em pouco tempo, ela se afastou do rio e, algumas milhas adiante, percebi duas figuras a distância: foram as duas últimas pessoas que vi na Holanda antes de chegar à fronteira. Eram duas irmãs vicentinas esperando um ônibus local. Calçavam tamancos, tinham xales de lã preta sobre seus ombros, e seus hábitos de pano azul, presos na cintura, abriam-se em muitas pregas. Rosários de madeira de buxo caíam dando voltas, e crucifixos apareciam nos cintos, enfiados qual adagas. Mas seus dois guarda-chuvas eram de pouca serventia – a neve que caía inclinada invadia seus barretes e se acumulava nas grandes asas triangulares.

Os funcionários na fronteira holandesa devolveram meu passaporte, devidamente carimbado, e logo eu cruzava o último trecho da Terra de Ninguém, com a cabine da fronteira alemã se aproximando através da neve em revoada. O preto, o branco e o vermelho estavam pintados em espirais em torno à barreira da estrada, e logo pude divisar a bandeira escarlate marcada com disco branco e suástica em negro. Emblemas similares vinham recobrindo a Alemanha nos últimos dez meses. Mais além, pairavam árvores cobertas de neve e os primeiros acres da Vestfália.

CAPÍTULO 2

SUBINDO O RENO

※ ※ ※

Nada mais resta daquele primeiro dia na Alemanha além de uma lembrança confusa de matas e neve e vilarejos esparsos na paisagem sombria da Vestfália e pálidos raios de sol amortecidos pelas nuvens. O primeiro marco é a cidade de Goch, na qual cheguei ao anoitecer; e aqui, numa pequena tabacaria, a névoa começa a se levantar. A compra de cigarros se deu sem qualquer dificuldade, mas quando o dono da loja disse: "*Wollen Sie einen Stocknagel?*", fiquei perdido. De uma gaveta cuidadosamente arrumada, tirou uma pequena placa de alumínio recurvada, de mais ou menos uma polegada de comprimento, com uma vista da cidade e seu nome estampado em relevo. "Custa um *pfennig*", disse ele. Pegou meu cajado e inseriu uma tacha no furo de cada extremo da pequena medalha. Cada cidade na Alemanha tem a sua, e quando, um mês mais tarde, perdi o cajado já ornado com vinte e sete destas placas, ele brilhava como uma varinha de condão prateada.

A cidade estava recoberta de bandeiras nacional-socialistas e, ao lado, a vitrine de uma loja de vestuário e apetrechos vários exibia material partidário: braçadeiras com suásticas, adagas para a Juventude Hitlerista, blusas para as Donzelas Hitleristas e camisas-marrom para marmanjos da SA; botoeiras com suásticas estavam dispostas num desenho em que se lia 'Heil Hitler' e um manequim andrógino, com um sorriso lustroso, vestia um uniforme completo do *Sturmabteilung*. Consegui identificar alguns dos rostos nas fotografias expostas; a conversa dos demais observadores revelava o nome dos outros. "Olhe, lá está Roehm cumprimentando o Führer!", alguém disse, ao apontar para o líder da SA, que apertava a mão que o iria purgar no junho seguinte; Baldur von Schirach recebia a saudação de uma parada de *Hitlerjugend*; Goebbels sentava à sua mesa; e Goering aparecia em vestimentas da SA – uniforme branco, volumosas calças curtas de couro – dando mamadeira a um filhote de leão, vestindo casaca e gravata branca, e num colarinho de pele e chapéu de caça emplumado, apontando uma arma esportiva. Mas as que correspondiam a Hitler – como um camisa-marrom de cabeça descoberta, ou em capa de chuva cintada, ou em uniforme de lapela trespassada e quepe, ou dando tapinhas na cabeça de uma menininha banguela e de tranças louro-acinzentadas que lhe oferecia um buquê de margaridas – superavam em número as demais. "*Ein sehr schöner Mann!*", disse uma mulher. Seu companheiro concordou suspirando e acrescentou que ele tinha olhos maravilhosos.

O soar de pisadas regulares e o ritmo de uma canção marcial ecoavam numa rua lateral. Liderada por um porta-estandarte, uma coluna da SA entrava marchando na praça. A canção que marcava o tempo das passadas, *Volk, ans Gewehr!*[*] – frequentemente ouvida durante as semanas seguintes – era sucedida pela batida agressiva da *Horst Wessel Lied*:[1] uma vez ouvida, nunca esquecida; e quando terminou, os cantores se detiveram, alinhando-se em três lados de um quadrado, em posição de descanso. Já estava escuro e flocos espessos de neve começaram a cair através da luz da rua. Os homens da SA vestiam culotes e botas e toucas de esqui, rígidas e marrons, com os cordões de queixo baixados como os de motociclistas, e cinturões com coldre e correias em diagonal sobre o peito. Suas camisas, com braçadeira vermelha na manga esquerda, pareciam papel de embrulho marrom; enquanto ouviam um discurso de seu comandante, mantinham ar ameaçador e determinado. Ele se pôs de pé no meio do lado vazio da formação, e o som áspero de suas palavras, mesmo roubadas de seu significado, provocava calafrios. Crescendos irônicos eram intercalados com as devidas pausas para risadas, e cada estrondo de risadas precedia uma queda de tom, sério

---

[*] 'Povo, às armas!'

e exprobatório. Quando sua peroração terminou, o orador segurou a fivela do cinto com sua mão esquerda, seu braço direito alçou-se no ar, e uma floresta de braços respondeu com um triplo "*Heil*", harmonicamente, ao seu "*Sieg*" introdutório e curto. Desfizeram a formação e atravessaram a praça, limpando a neve de seus chapéus e reajustando os cordões de queixo, enquanto o porta-estandarte enrolava seu emblema escarlate e saía, a grandes passadas, com o mastro sobre os ombros.

♦ ♦ ♦ ♦

ACHO QUE A hospedaria onde me refugiei se chamava '*Zum Schwarzen Adler*'. Era o protótipo de tantas outras em que terminei depois de um dia de caminhada – e por isso preciso tentar reconstruí-la.

A sucessão opaca de vidraças em suas molduras de chumbo escondia a neve que caía e os carros que se debatiam na lamaceira do lado de fora, e uma cortina de couro pendurada numa vara semicircular sobre o quadro da porta protegia o aposento de lufadas de frio. Bancos se distribuíam ao longo de pesadas mesas de carvalho, corações e losangos perfuravam o encosto das cadeiras, um maciço fogão de louça se elevava até às vigas do teto, achas de madeira formavam altas pilhas e, sobre as cerâmicas avermelhadas do piso, espalhava-se serragem. Canecões de cerveja com tampas de estanho desfilavam nas prateleiras em ordem ascendente de altura. Pendurada na parede, uma reprodução colorida e emoldurada mostrava Frederico, o Grande, com bicórnio caído de lado, num inquieto cavalo de batalha; Bismarck, peitoral branco e elmo encimado por uma águia, aparecia ao lado com seus olhos esbugalhados e suas olheiras; Hindenburg, de mãos cruzadas sobre o punho da espada, tinha a solidez entorpecida de um hipopótamo; e de uma quarta moldura, Hitler, ele mesmo, nos fixava com um franzir de testa de grande perversidade. Cartazes de corações escarlate propagandeavam Kaffee Hag. Fixados em varas rígidas, uma dúzia de jornais dependuravam-se em fila; e, ao longo de toda a extensão das paredes, rimas engraçadas estavam pintadas com destaque, na cor preta da escrita gótica.

> Wer liebt nicht Wein, Weib und Gesang,
> Der bleibt ein Narr sein Leben lang!*

Cerveja, semente de cominho, cera de abelhas, café, achas de pinho e neve derretendo combinavam-se com a fumaça de charutos grossos e curtos num aroma cordial através do qual, de tempos em tempos, o fantasma do *sauerkraut* flutuava.

Abri espaço entre o suporte dos *bretzel*, as garrafinhas de molho Maggi e meu canecão com tampa, pousado sobre um descanso redondo com o desenho de uma águia, e comecei a trabalhar. Eu terminava as impressões do dia com uma dramática descrição da parada, quando uma dúzia de homens da SA entraram e se aboletaram numa mesa longa. Pareciam menos ferozes sem suas horrendas toucas. Um ou dois, portando óculos, poderiam ser burocratas ou estudantes. Depois de algum tempo, cantavam:

> Im Wald, im grünen Walde
> Da steht ein Försterhaus...

Descrevendo a bela filha de um silvicultor nas verdes matas, as palavras saltitavam alegres, terminando num estrondoso coro marcadamente sincopado. Lore, Lore, Lore, como se chamava a canção, fazia furor na Alemanha naquele ano. Foi seguida a toda por outra que se tornaria igualmente familiar e obsessiva. Como muitas canções alemãs, descrevia o amor sob as tílias:

> Darum wink mein Mädel, wink! wink! wink!**

---

* 'Aquele que não ama o vinho, as mulheres e a música,
Mantém-se um bobo por toda a vida!'
Os pontos de exclamação explosivos e os metafóricos tapas nas costas sempre conseguiam tecer uma nota de obscura melancolia nestes lugares, de resto, charmosos. Falavam de vinho mas eram canecas de cerveja, e não taças, que se cumprimentavam, enfáticas, nas mesas.

** 'Então acena, minha donzela, acena, acena, acena.'

A linha que rimava com esta era "*Sitzt ein kleiner Fink, Fink, Fink*". (Demorei semanas para aprender que 'fink' era um tentilhão; ele estava empoleirado num daqueles galhos de tília). Batidas acentuavam o ritmo; se a cantoria não fosse tão boa teria feito lembrar um clube de rugby depois de uma partida. Mais tarde, o volume diminuiu e as batidas pararam à medida que o canto se tornou mais macio, e harmonias e contraponto começaram a urdir padrões mais complexos. A Alemanha tem uma rica antologia de canções regionais, e estas, acho, eram celebrações idílicas das florestas e planícies da Vestfália, suspiros profundos de saudades da família, transpostos musicalmente. Era encantador. E o encanto tornava impossível, naquele momento, associar os cantores com o bullying organizado e o quebra-quebra de janelas de lojas judaicas e as fogueiras noturnas de livros.

❖ ❖ ❖ ❖

AS PLANÍCIES VERDES da Vestfália, intermitentemente cobertas de matas, abriram-se no dia seguinte, deixando entrever charcos gelados e uma ameaça de mais neve. Um bando de trabalhadores com chapéus à Robin Hood marchava cantando por uma vereda lateral, suas enxadas inclinadas em posição marcial: um grupo similar, organizado em fila, cavava um campo de nabos em alta velocidade e quase como se prescreve. Pertenciam ao Arbeitsdient, ou Corporação Laboral,[2] um camponês me contou. Ele vestia um daqueles tamancos que sempre associei aos holandeses; mas eram o calçado universal no campo alemão até muito mais ao sul. (Ainda me lembrava de algumas frases em alemão que tinha aprendido em férias de inverno na Suíça, de maneira que eu não estava tão completamente de língua presa na Alemanha quanto estivera na Holanda. Como não falei outra coisa a não ser alemão nos meses seguintes, estes remanescentes desabrocharam, rapidamente, numa fluência que dispensava a gramática, e é quase impossível precisar, em qualquer momento destas páginas, o exato grau de minha minguante desarticulação.)

No início da noite, parei na pequena cidade de Kevelaer. Ficou gravada em minha memória como a capela lateral de uma igreja gótica entupida de ex-votos. Uma imagem do século XVII de Nossa Senhora de Kevelaer cintilava em seu santuário, esplendidamente vestida para o Advento em veludo púrpura, rendas em rígidos fios de ouro, com pesada coroa e auréolas em leque por detrás de um rosto como a pintura de uma pequena infanta. Em outras épocas do ano, peregrinos da Vestfália chegavam em bandos à sua capela e pequenos milagres se multiplicavam. Sua imagem aparecia estampada em meu segundo *stocknagel* na manhã seguinte.

Uma placa apontava para Kleve, de onde veio Ana de Cleves, e outra para Aachen: se tivesse entendido que se tratava de Aix-la-Chapelle, meramente o nome da capital de Carlos Magno em alemão, teria para lá me dirigido a toda velocidade. No caso, segui a estrada de Colônia através da planície. Nada memorável e sem características marcantes, ela prosseguiu até onde, sobre as margens do Ruhr, levantava-se uma paliçada distante de chaminés industriais ao longo do horizonte, fechando o céu com uma massa única de fumaça.

◆ ◆ ◆ ◆

ALEMANHA!... MAL CONSEGUIA acreditar que eu lá estava.

Para alguém nascido no segundo ano da Primeira Guerra Mundial, estas sílabas tinham uma pesada carga. Enquanto eu penosamente caminhava, noções subconscientes, adquiridas em tempos remotos, quando confundíamos germânicos com germes e sabíamos que ambos eram maus, ainda produziam uma névoa de apreensão; apreensão que, além do mais, nos anos subsequentes, havia se expandido, formando nuvens tão negras e sinistras como a fumaça do Ruhr ao longo do horizonte e potente o suficiente ainda para sobrepor à paisagem um sentimento – de quê, exatamente? Algo por demais fugidio para ser captado e logo compreendido.

Preciso voltar quatorze anos no tempo, ao primeiro acontecimento de que eu consigo me lembrar por completo. Estava sendo levado por Margaret, a filha da família que cuidava de mim,* através dos campos de Nor-

---

*   Veja *Carta Introdutória*.

thamptonshire ao final da tarde de 18 de junho de 1919. Era o Dia da Paz e acho que ela tinha doze anos e eu quatro. Em um dos prados molhados, um tropel de vilarinhos havia se juntado em torno a uma enorme fogueira, pronta para ser acesa, tendo sobre ela figuras do Kaiser Guilherme II[3] e do príncipe herdeiro. O kaiser vestia um elmo alemão autêntico, espeto no topo, e uma máscara de pano com um bigodão; o Pequeno Willy dispunha de um monóculo de papelão e um barrete de pele feito de um tapetinho de lareira, e ambos usavam autênticas botas alemãs. Todos estavam deitados no gramado, cantando It's a long, long trail a-winding, The only girl in the world e Keep the home fires burning; depois, Good-byee, don't cryee, e K-K-K-Katie. Esperávamos até que escurecesse o suficiente para acender a fogueira. (Um irrelevante detalhe lembrado: quando já estava quase escuro, um homem chamado Thatcher Brown gritou: "Segurem as pontas!" e, colocando a escada contra a pilha, subiu e puxou as botas, deixando tufos de palha saltando para fora, abaixo dos joelhos. Houve protestos. "Boas demais para desperdiçar", disse ele.) Por fim, alguém colocou fogo no tojo seco e as labaredas se levantaram numa grande chama. Todos se deram as mãos e dançaram ao redor, cantando Mademoiselle from Armentières e Pack up your troubles in your old kitbag. Todo o campo estava iluminado e quando as labaredas chegaram às figuras, houve uma saraivada irregular de estrondos e estalos; elas na certa estavam recheadas de fogos. Rojões e estrelinhas banharam a noite. Todo mundo aplaudiu e deu vivas, gritando: "Lá vai o Kaiser Bill!". Para as crianças que lá estavam, levantadas sobre ombros, como eu, foi um momento de êxtase e terror. Iluminados pelas chamas, os dançarinos, agora parados, lançavam pelo gramado raios concêntricos de sombras. As duas figuras ao alto começavam a se desfazer, tais quais fantasmagóricos espantalhos de cinza vermelha. Gritando, brandindo bengalas e jogando bombinhas, os meninos corriam para dentro e para fora do anel formado pelos que contemplavam o fogo, quando a alegre algazarra mudou de tom. Gritos foram ouvidos e, em seguida, pedidos de ajuda. Um enxame de gente se juntou num único ponto, e olhou para baixo. Margaret se agregou a eles, e logo voltou. Pôs suas mãos sobre meus olhos, e saímos correndo. Quando estávamos a certa distância, ela me colocou em suas costas. "Não olhe para trás", disse, e disparou tão rápido quanto podia através dos campos escuros e entre montes de feno e escadas sobre muros. Mas, ainda assim, olhei para trás por um momento; a fogueira abandonada iluminava a multidão que havia se amontoado sob os salgueiros. Tudo, de alguma maneira, indicava desastre e infortúnio. Quando chegamos em casa, ela correu escada acima, tirou minha roupa e me enfiou em sua cama; entrou e me abraçou junto à sua camisola de flanela, chorando e tremendo, e se recusando a responder perguntas. Foi somente depois de muita insistência que me contou, dias mais tarde, o que tinha acontecido. Um dos meninos do vilarejo dançava no gramado com sua cabeça para trás e uma vela romana na boca. A vela tinha escorregado entre seus dentes e por sua garganta abaixo. Levaram-no em agonia para o riacho – "cuspindo estrelas", disseram. Mas foi tarde demais...

Foi um começo tétrico. Um pouco depois, Margaret me levou para ver passar caminhões cheios de prisioneiros alemães que partiam; posteriormente, para ver *Os Quatro Cavaleiros do Apocalipse*, que me deixou uma confusa impressão de cápsulas explodindo, corpos sobre arame farpado, e uma orgia de oficiais alemães num castelo. Muito mais tarde, velhas cópias do *Punch* e do *Queen Mary's Gift Book*[4] e álbuns de caricaturas do tempo da guerra alimentaram estes mitos sinistros com novo conjunto de adereços teatrais: histórias de atrocidades, casas de fazenda incendiadas, catedrais francesas em ruínas, zepelins e passos de ganso; ulanos galopando através de bosques outonais, hussardos Cabeça de Morte, oficiais de corpete com Cruzes de Ferro e floretes de esgrima, monóculos e risadas em *staccato*... (quão diferente dos nossos próprios despreocupados suboficiais em similares ilustrações! Fox-terriers e perneiras Fox e cremes de cabelo Anzora e cigarros Abdullah; e Old Bill[5] acendendo seu cachimbo sob bombardeios estrelados!) As figuras militares da Alemanha exercem certo fascínio apavorante, mas as civis, não. O pater-família de cabelo eriçado, sua mulher de colete apertado, as crianças de óculos, cheias de si, e o raivoso *dachshund* recitando o *Hino do Ódio*[6] entre salsichas e canecões de cerveja – nada aliviava a alienante estranheza destas visões. Mais tarde ainda, os vilões dos livros (quando não eram chineses) eram sempre alemães – espiões ou cientistas megalomaníacos buscando a dominação do mundo. (Quando foi que estas visões substituíram o estereótipo do começo do século XIX, com seus principados pitorescos e exclusivamente povoados – exceto no caso da Prússia – por filósofos e compositores e músicos e camponeses e estudantes, bebendo e cantando em harmonia? Talvez depois da Guerra Franco-Prussiana.) Mais recentemente, *Nada de Novo no Front* tinha aparecido; contos da vida noturna em Berlim vieram à tona logo após... Não surgiu nada muito diferente disso até que os nazistas tomaram o poder.

Como eu via os alemães, agora que estava em meio a eles?

Nenhuma nação podia corresponder a uma visão tão melodramática. De maneira anticlimática, mas previsível, não levaria muito tempo até que eu me visse gostando deles. Existe na Alemanha uma velha tradição de benevolência com relação aos jovens errantes: a própria humildade de meu status agia como um "Abra-te, Sésamo!" para a gentileza e a hospitalidade. Um tanto surpreendente para mim, o fato de ser inglês parecia ajudar: eu era um pássaro raro e um objeto de curiosidade. Mas, mesmo que houvesse menos do que gostar, eu teria tido simpatia por eles: eu estava finalmente no estrangeiro, longe de meu habitat familiar e separado, pelo mar, dos emaranhados do passado; e tudo isto, combinado com a desabrida e crescente alegria da viagem, provia um dourado resplendor.

Até mesmo o plúmbeo céu e a paisagem embaçada no entorno de Krefeld tornaram-se uma região de mistério e encanto, embora esta grande cidade industrial, em si, só sobreviva em mim como marco do abrigo de uma noite. Mas, ao final do dia seguinte, a animação de Düsseldorf ao entardecer significava que eu estava de volta ao Reno! Lá, novamente, o grande rio corria flanqueado por taludes, repleto de barcaças, e atravessado por uma moderna e enorme ponte (chamada, de maneira um tanto ou quanto vexatória, de Skagerrakbrücke, em referência à batalha de Jutland), sem parecer nem um pouco mais estreito do que quando tínhamos nos separado. Grandes bulevares se afunilavam em perspectiva na outra margem. Havia jardins e um castelo e um lago ornamental, onde um bando de cisnes, quase estáticos e necessariamente narcisistas, estavam refletidos em buracos que haviam sido abertos no gelo para eles; mas nenhum deles era preto, que eu me lembre, como os de Thomas Mann nesta mesma porção de água.

Perguntei a um policial onde ficava o asilo público. Uma hora de caminhada me levou a um bairro pobremente iluminado. Armazéns e fábricas e pátios silenciosos se encontravam debaixo da neve imaculada. Toquei uma sineta e um franciscano, barbado e em tamancos, destrancou a porta e me encaminhou ao dormitório repleto de um ar abafado avassalador e de suspiros dispersos, e onde se enfileiravam colchões de palha sobre pranchas de madeira. Uma lâmpada de rua mostrava que todas as camas em torno à estufa estavam tomadas. Tirei as botas e me deitei, fumando para me defender. Não havia dormido em um quarto com tanta gente desde que deixara o colégio. Neste exato momento, alguns de meus contemporâneos ainda lá estariam, no final de seu último período (assim pensava eu quando adormeci), confortáveis nos seus cubículos separados por cortinas verdes,*,[7] muito depois das rondas dos coordenadores de residência e do apagar das luzes, com o Bell Harry[8] dobrando as horas e a voz do vigia da noite, nas redondezas, anunciando uma noite tranquila.

Uma longa nota estertorante e uma mudança de tom gutural na cama ao lado me acordaram de repente. A estufa havia se apagado. Roncos e gemidos e suspiros formavam um coro. Embora todos estivessem dormindo a sono solto, havia frases interrompidas e risos ocasionais; explosões ocorriam aqui e acolá. Alguém cantarolou algumas linhas de uma canção e de repente parou. Na espreita junto aos caibros, todos os pesadelos da Renânia baixaram sobre os que dormiam.

Estava escuro no pátio e ainda nevava quando o monge de plantão nos forneceu machados e serras. À luz dos lampiões, começamos a trabalhar numa pilha de toras e, quando já estavam cortadas, passamos em fila frente a um segundo monge silencioso, cada um restituindo as ferramentas em troca de uma caneca de estanho com café. Outro distribuiu fatias de pão preto e, quando as canecas foram devolvidas, meu companheiro de trabalho quebrou os pingentes de gelo da bica de uma bomba manual e, um a um, movemos a alavanca, espalhando água para afugentar o sono de nossos rostos. As portas foram então destrancadas.

---

*   Nunc mihi, mox hujus, sed postmodo nescio cujus.

Meu companheiro de trabalho era um saxão de Brunswick e se dirigia a Aachen, onde, depois de ter deixado para trás, sem resultado, Colônia, Duisburg, Essen e Düsseldorf e ter vasculhado todo o Ruhr, ele esperava encontrar trabalho numa fábrica de alfinetes e agulhas. "*Gar kein Glück!*",[9] disse ele. Curvou os ombros no seu casaco de lenhador e desceu as abas de seu boné sobre as orelhas. Algumas pessoas já estavam na rua, vergando-se, como nós, contra os flocos que caíam. Havia neve em todos os ressaltos e peitoris, e os pisos estavam cobertos por um tapete sem pegadas. Um bonde passou barulhento com suas luzes ainda acesas, embora o dia já estivesse amanhecendo; e, quando alcançamos o coração da cidade, os jardins de um branco imaculado e as árvores congeladas se alargaram em torno à estátua equestre de um eleitor.[10] "Que tal o governo? Deram alguma ajuda?", perguntei. "*Ach, Quatsch!*" ("Todos podres!"), respondeu, e deu de ombros como se fosse um tema excessivamente desafiador para nosso linguajar unilateral. Ele tinha tido problemas e não tinha esperança de uma virada para algo melhor... O céu se abria ao cruzarmos a ponte Skagerrak, uma luz limão escorria por entre as frestas das nuvens prenhes de neve, e lamentos rio abaixo anunciavam que um navio de grande calado lançava âncora. No cruzamento do outro lado, acendemos os dois últimos charutos de um maço que eu havia comprado no *Stadthouder*. Ele lançou uma baforada comprida e deu uma gargalhada: "*Man wird mich für einen Graften halten!*" ("Vão pensar que sou um conde!"). Depois de andar alguns passos, ele se virou e gritou com um aceno: "*Gute Reise, Kamerad!*", e se lançou a oeste, em direção a Aachen. Eu me dirigi ao sul e rio acima para Colônia.

◆ ◆ ◆ ◆

DEPOIS DE UMA primeira mirada a distância, as duas famosas torres foram ficando cada vez mais altas à medida que diminuíam as milhas que nos separavam. Por fim, dominaram a planície nublada como cabia às flechas de uma catedral, desaparecendo quando a periferia da cidade se interpôs, e, mais adiante, elevando-se novamente no entardecer, quando, já de perto, eu olhava para os santos agrupados sobre as três portadas góticas.

Para além delas, no interior, embora já estivesse tarde demais para ver as cores dos vitrais, sabia que estava dentro da maior catedral gótica do norte da Europa. Exceto pela pequena constelação de círios nas sombras de uma capela lateral, tudo estava esmaecido. Mulheres se ajoelhavam em meio a freiras e murmuravam a segunda metade do *Gegrüsset seist Du, Maria*, que cresceu num coro em resposta ao solo inicial do padre; um discreto bater de contas mantinha o registro das preces que se acumulavam. Em igrejas com flechas abertas, como Colônia, era fácil entender por que as congregações acreditavam que suas orações tinham vantagem frente às que eram feitas sob uma cúpula, onde as sílabas podiam ficar rodeando durante horas. No caso das flechas, as preces sobem lancetas acima e imediatamente se soltam.

Cordões de ouropel e estrelas brilhavam em todas as lojas, e estandartes com os dizeres 'Fröhliche Weihnacht!' atravessavam as ruas ao alto. Vilarinhos em tamancos e mulheres em botas de borracha forradas de lã deslizavam pelos pavimentos congelados com saudações em tom exclamatório e gritinhos, seus braços transbordando de pacotes. A neve se acumulava por toda parte e o ar cortante e as luzes davam à cidade uma verdadeira atmosfera de cartão natalino. Finalmente, a coisa autêntica! Faltavam apenas cinco dias para o Natal. Portais renascentistas perfuravam paredes de velhos tijolos, andares superiores se lançavam em saliências de madeira trabalhada e vidro, triângulos serrilhados delineavam frontões íngremes, e águias e leões e cisnes oscilavam de rebuscados suportes de ferro ao longo de um labirinto de vielas. À medida que cada quarto de hora batia, as torres encrustadas de santos desafiavam umas às outras através da neve, a disputa entre aqueles pesados sinos deixando o ar trêmulo.

Detrás da catedral e logo abaixo dos arcos botantes da ábside, uma rua descia íngreme para o cais. Vapores a frete e rebocadores e barcaças e navios de bom tamanho estavam ancorados sob os vãos da ponte, e os cafés e bares tocavam música barulhenta. Eu andava brincando com a ideia de que, se conseguisse fazer os amigos adequados, poderia mendigar uma carona numa barcaça e navegar em estilo rio acima por uns tempos.

Sem dúvida que fiz amigos. Era impossível não fazê-los. O primeiro lugar foi num refúgio de marujos e embarcadiços calçados em botas impermeáveis de cano alto viradas abaixo dos joelhos, com forro de feltro e grossas solas de madeira. Eles derrubavam *schnapps* garganta abaixo em ritmo animado. Cada gole era seguido por um trago de cerveja, e eu os imitei. As garotas que entravam e saíam eram bonitas, mas uma turma da pesada; e havia uma delas chamada Maggi, apelido de Magda – grandalhona e um terror, explodindo dentro de um suéter de marinheiro, com um chapéu de embarcadiço tombado para o lado, sobre um ninho de cabelo de algodão doce –, que cumprimentava todo recém-chegado com um grito de "*Hallo, Bubi*" e um beliscão malandro, afiado, retorcido e muito doloroso, nas bochechas. Gostei do lugar, especialmente depois de vários *schnapps*, e logo me tornei amigo do peito de dois sorridentes embarcadiços cuja fala em baixo-alemão, mesmo quando sóbrios, teria escapado do alcance do mais hábil dos linguistas. Chamavam-se Uli e Peter. "Não diga '*Sie*'", insistia Uli, com a testa preocupada e apontando um indicador instável e admoestador: "Diga '*Du*'". Este caminhar do plural para a maior intimidade do singular foi seguido de um gole celebratório de Brüderschaft. Bebemos em sincronia, copos na mão, com o braço direito de um torcido através dos braços dos outros dois, na complexidade das Três Graças numa fonte de praça parisiense. A seguir, invertemos o processo usando o braço esquerdo, isso em preparação para um final em que nos demos um beijo trino em ambas as bochechas, numa manobra tão elaborada quanto a de ser feito cavalheiro ou investido com o Tosão de Ouro. A primeira metade da cerimônia ocorreu sem qualquer contratempo, mas um desequilíbrio na segunda, enquanto nossos braços ainda estavam entrelaçados, derrubou os três na serragem, num monte embriagado. Mais tarde, com a inconstância dos que muito beberam, saíram cambaleantes noite adentro, abandonando seu recém-feito irmão que dançava com uma garota que se agregara ao nosso trôpego grupo: minhas botas cravejadas, pensei eu, não podiam fazer mais dano aos seus reluzentes sapatos de festa do que as botas que socavam o piso ao redor de nós. Ela era muito bonita, não fosse a falta de dois dentes frontais. Segundo me contou, ela os havia perdido numa pancadaria na semana anterior.

◆ ◆ ◆

ACORDEI NUMA PENSÃO de embarcadiços, com vista por cima de um agrupamento de mastros, e decidi ficar mais um dia nesta maravilhosa cidade.

Ocorreu-me que poderia aprender alemão mais rapidamente lendo Shakespeare na famosa tradução alemã. O jovem da livraria falava um pouco de inglês. "Era mesmo assim *tão boa?*", perguntei. Ele se entusiasmou: "A versão de Schlegel e Tieck", disse, "era *quase* tão boa quanto o original". Por isso, comprei *Hamlet, Prinz von Dänemark* numa edição de bolso, de capa mole. Ele foi tão prestativo que lhe perguntei se havia maneira de viajar Reno acima de barcaça. Convocou para uma consulta um amigo que era mais fluente em inglês: expliquei que era estudante, em viagem a pé até Constantinopla, e sem muito dinheiro, e que não tinha a menor preocupação com conforto. O recém-chegado perguntou: "Estudante de quê?". Bem – de literatura: eu queria escrever um livro. "So! Você está viajando pela Europa como Childe Harold!",[11] afirmou ele. "Sim, sim! Exatamente como Childe Harold!" Onde eu estava hospedado? Eu lhes contei. "Pfui!" Ficaram horrorizados, mas acharam engraçado. Ambos eram muito agradáveis e, como resultado de tudo isto, um deles me convidou para ficar em sua casa. Combinamos de nos encontrar no início da noite.

Passei o dia a explorar igrejas e galerias de pintura e examinado velhas edificações, com um guia tomado emprestado.

Hans, meu anfitrião, havia sido colega de Karl, o livreiro, na Universidade de Colônia. Durante o jantar, contou que, se eu quisesse, tinha me arranjado uma carona para o dia seguinte numa cadeia de barcaças que seguiria rio acima, até a Floresta Negra. Bebemos um delicioso vinho do Reno e falamos da literatura de língua inglesa. As figuras-chave na Alemanha, ao que parecia, eram Shakespeare, Byron, Poe, Galsworthy, Wilde, Maugham, Virginia Woolf, Charles Morgan e, mais recentemente, Rosamund Lehmann. "E Priestley", perguntaram. *The Good Companions?* E *O Livro de San Michele?*[12]

Era a primeira vez em que me aventurava numa casa alemã. O interior era composto de mobília vitoriana, cortinas de contas, um fogão com azulejos verdes e muitos livros com as típicas encadernações alemãs. A senhoria do Hans, risonha viúva de um chefe de departamento na universidade, juntou-se a nós para um chá com conhaque. Respondi a muitas perguntas diretas sobre a Inglaterra: como eu era sortudo e digno de inveja, disseram, por pertencer àquele reino afortunado onde tudo era tão justo e sensato! A ocupação aliada da Renânia tinha acabado havia apenas dez anos, e os britânicos tinham deixado excelente impressão, segundo ela. Atribuía-lhes uma vida que girava em torno do futebol, lutas de boxe, caçadas à raposa e encenações teatrais. Naturalmente que os *tommies*[13] se embebedavam e brigavam uns com os outros nas ruas – ergueu as mãos na postura de quem se prepara para lutar –, mas quase nunca se intrometiam com os locais. Quanto ao coronel que tinha se alojado em sua casa durante anos, com seu cachimbo e seus fox-terriers – que cavalheiro! Quanta gentileza e tato e senso de humor! "Ein 'gentleman' durch und durch!" E seu ordenança – um anjo! – havia se casado com uma moça alemã. Este mundo idílico de alegres *tommies* e Coronéis Bramble[14] parecia quase bom demais para ser verdade, mas me banhei por procuração em sua luz. Os franceses, porém, todos concordavam, eram outra história. Tinha havido, ao que parece, muito atrito, e até perda de sangue, e um desconforto ainda agora perdurava. Nascera principalmente da presença de unidades senegalesas entre as tropas de ocupação: sua inclusão tinha sido interpretada como um ato de vingança calculada. Tocou-se no colapso do *reichsmark* e nas reparações de guerra; o nome de Hitler surgiu. A viúva do professor não o aturava: "So ein gemeines Gesicht!" ("Uma cara tão má!") – e aquela voz! Os outros dois também eram contra ele e contra todo o movimento nazista: não era uma solução para os problemas da Alemanha; e errado... a conversa foi caindo num baixio deprimente. (Suspeitei ser este um tema de constante discussão e de que eram da oposição, mas de diferentes maneiras e por diferentes razões. Era um tempo em que amizades e famílias se desfaziam por toda a Alemanha.) A conversa se reanimou ao falarmos de literatura alemã: fora Remarque, o único livro que eu havia lido era uma tradução do *Zarathustra*. Nenhum deles dava muita pelota para Nietzsche. "Mas ele nos entendia, a nós, alemães", disse Hans num tom ambíguo. Surgiu a questão da pronúncia erasmiana do latim, seguida de um rival recitar de passagens em línguas antigas: uma exibição inocente por parte de todos, sem que qualquer um de nós esgotasse seu repertório. Ficamos cada vez mais excitados e barulhentos, e nossa anfitriã encantada.

Como seu marido teria gostado de estar presente! Despedimo-nos com uma terceira rodada de apertos de mão. (A primeira havia ocorrido na chegada e a segunda no começo do jantar, quando a palavra '*mahlzeit*'[15] fora pronunciada ritualmente. Os dias na Alemanha são marcados por tais formalidades.)

A noitada terminou, para mim, coroada pelo prazer de um banho, o primeiro desde que saíra de Londres. Eu me perguntei se o comprido aquecedor de cobre tinha sido discretamente aceso como consequência do animado relato da noite em que passei no asilo público, potencialmente repleto de parasitas... "O escritório de meu marido", suspirou minha anfitriã ao indicar meu quarto. E aqui, sob outro daqueles gigantescos edredons de ovos nevados, entre lençóis limpos, por fim me deitei num enorme sofá de couro, com um abajur de cúpula ao meu lado e abaixo de fileira sobre fileira de clássicos gregos e latinos. Os trabalhos de Lessing, Mommsen, Kant, Ranke, Niebuhr e Gregorovius alcançavam o teto decorado em estêncil com esfinges e musas. Havia bustos em gesso de Péricles e Cícero, e uma vista vitoriana da Baía de Nápoles por trás de uma pesada escrivaninha; e, nas paredes, em brechas entre os livros, esmaecidas e ampliadas, enormes fotos de Paestum, Siracusa, Agrigento, Selinunte e Segesta. Comecei a perceber que a vida da classe média alemã tinha encantos de que eu nunca ouvira falar.

❖ ❖ ❖ ❖

OS FRONTÕES DOS cais do Reno passavam ao largo e, à medida que ganhávamos velocidade e navegávamos sob um dos vãos da primeira ponte, todas as luzes de Colônia se acenderam simultaneamente. Num clarão, a cidade que desaparecia emergiu da escuridão e expandiu-se numa infinidade geométrica de lâmpadas. Surgiam nas margens esqueletos, cada vez menores, de pontinhos amarelos que se davam as mãos, atravessando a corrente, numa sucessão de pontes dependuradas de luzes. Colônia deslizava a jusante. As flechas foram o último que se viu da cidade e, quando também começaram a sumir, um sol vermelho escuro se despejou por entre faixas de âmbar, sobre um difuso *Abendland* que rolava brilhando em direção às Ardenas. Da proa da barcaça principal, eu olhava o crepúsculo.

A nova placa de meu cajado comemorava os três Reis Magos — seus ossos haviam sido trazidos de uma cruzada por Frederico Barbarossa — e a lenda de Santa Úrsula e sua comitiva de onze mil virgens.*

As barcaças levavam uma carga de cimento para Karlsruhe, onde deveriam apanhar madeira da Floresta Negra e retornar rio abaixo, possivelmente até à Holanda. Já navegavam pouco acima da linha d'água: as sacas de cimento haviam sido amarradas sob um encerado para que uma chuva não as transformasse em pedra. Próximo à popa da barcaça principal, a chaminé soprava uma quantidade fedorenta de fumaça de diesel e, mais adiante desta ameaça, oscilava a cana do leme, pintada em cores brilhantes.

A tripulação consistia de meus camaradas do bar! Fui o primeiro a se dar conta disso. Os outros se aperceberam aos poucos, com gritos apreensivos de reconhecimento, à medida que de tudo se recordavam, gradual e aflitivamente. Quatro leitos desarrumados se alinhavam nas paredes das cabines, com um braseiro instalado no meio. Cartões postais de Anny Ondra, Lilian Harvey, Brigitte Helm e Marlene Dietrich[16] estavam pregados nas pranchas desta toca; lá estava Max Schmeling,[17] com as luvas para cima, agachado na ofensiva, e dois chimpanzés montados sobre uma girafa. Uli e Peter e o maquinista do motor diesel eram todos de Hamburgo. Sentamos nos leitos de baixo e comemos batatas fritas misturadas com *speck*: pedaços frios de gordura de porco que me pareceram a pior coisa que jamais havia comido. Dei minha contribuição na forma de uma linguiça de alho e uma garrafa de *schnapps* — presentes de despedida de Colônia — e, ao ver a garrafa, Uli uivou como um beagle em agonia. Colônia tinha sido um período difícil para todos eles; estavam sob efeito de uma ressaca coletiva; mas, apesar disto, a garrafa logo se esvaziou. Pouco depois, Peter surgiu com uma gaita de boca muito elaborada. Cantamos *Stille Nacht*, e eu aprendi as palavras de *Lore, Lore, Lore* e *Muss i denn, muss i denn zum Städtele 'naus*: disseram que esta tinha sido o equivalente de *Tipperary* durante a guerra; aí veio uma canção

---

* Eram todas da Grã-Bretanha. Haviam navegado Reno acima num comboio nupcial, vindo a ser martirizadas em Colônia — talvez por Átila, talvez pelo imperador pagão Maximiano — e, mais tarde, canonizadas *en masse* e finalmente imortalizadas por Carpaccio.

de Hamburgo sobre Sankt Pauli e o Reeperbahn.[18] Puxando para baixo uma onda de seus cabelos e segurando o extremo de um pente de bolso sob o nariz para simular um bigode na forma de escova de dentes, Uli imitou Hitler fazendo discurso.

Era uma noite estrelada, brilhante, mas muito fria, e disseram que eu morreria congelado sobre as sacas de cimento; eu planejara por lá me aninhar em meu saco de dormir, olhando as estrelas. Então me instalei num dos leitos, levantando de vez em quando para fumar um cigarro com quem estivesse de plantão na cana do leme.

Cada embarcação tinha uma luz de bombordo e outra de estibordo. Quando outra fileira de barcaças descia o rio, ambas as flotilhas sinalizavam com suas lanternas e as duas longas filas indianas se cruzavam, embaladas na esteira uma da outra durante um ou dois minutos. A certa altura, ultrapassamos um rebocador puxando nove barcaças, cada uma delas com o dobro do comprimento das nossas; e, mais tarde, avistamos a manchinha brilhante de um barco a vapor cintilando na distância. Cresceu à medida que avançava até se agigantar sobre nós, para então diminuir e desaparecer. Fundas pedreiras haviam sido escavadas nas margens entre vilarejos que, iluminados pelas estrelas, flutuavam rio abaixo. Através da planície, havia um débil brilho de pequenas cidades e vilarejos. Mesmo levando em conta que viajávamos contra a corrente, movíamos mais lentamente do que o devido; o mecânico não estava satisfeito com o barulho do motor; se quebrasse de todo, nossa pequena procissão começaria a flutuar caoticamente para trás e rio abaixo. Filas de barcaças frequentemente nos ultrapassavam. Assim que amanheceu, em meio a um balançar de cabeças, atracamos no cais de Bonn.

O céu estava nublado, e os prédios clássicos, os jardins públicos e as árvores desfolhadas da cidade pareciam desbotados contra a neve; mas não ousei vagar muito longe, caso, de repente, estivéssemos prontos para partir. Meus companheiros estavam crescentemente besuntados de óleo diesel a cada vez que eu retornava; o motor jazia desmembrado sobre o convés, por entre chaves inglesas e arcos de serra, num caos que parecia irreparável e, ao cair da noite, muito além da redenção. Ceiamos ali por perto e Uli, Peter e eu, deixando o mecânico a sós com seu maçarico, nos despachamos para um filme do Gordo e Magro – havíamos ficado de olho nele durante todo o dia – e rolamos de rir, em paroxismos, até que a cortina desceu.

Ao raiar do dia, tudo estava bem! O motor soava com uma nota diferente e cheia de vida. O campo corria rio abaixo a passo rápido e o Siebengebirge e os Drachenfels, assombrados por Siegfried, começaram a se elevar na manhã reluzente, os dentes de serra de seus picos lançando alternadamente raios de sombra e luz sobre a água. Navegamos por ilhas recobertas de tufos de árvores. O Reno se enrugava entorno a nós em locais onde a corrente andava mais rápido, e as proas das embarcações plissavam a superfície em largas flechas; por entre linhas que se alongavam, cada hélice trilhava seu próprio sulco. Entre as bandeiras tricolores tremulando de cada cabine de popa, a vermelho, branco e azul holandesa era quase tão frequente quanto a preto, branco e vermelho alemã. Outras poucas mostrando as mesmas cores que a holandesa, mas com as listras na perpendicular em lugar de na horizontal, voavam nas embarcações francesas de pouco calado vindas do cais de Estrasburgo. As cores mais raras entre todas eram o preto, vermelho e amarelo, da Bélgica. Estes barcos, manejados por valões de Liège, tinham se juntado ao grande rio via o Meuse, logo abaixo de Gorinchem. (Como me parecia longe, no tempo e na distância, esta pequena cidade!). Uma etiqueta rígida imperava sobre todo este ir e vir. Muito antes de cruzar ou ultrapassar um ao outro, bandeiras próprias eram agitadas, num número prescrito de vezes, por cada embarcação; e cada troca era seguida de longas rajadas dos apitos. Uma nota respondia outra; e estas saudações e réplicas e cores reciprocamente tremulantes transmitiam ao tráfego do rio uma encantadora atmosfera de cerimônia, similar ao descobrir de cabeças entre altos personagens. Muitas vezes, um *schleppzug* – uma fileira de embarcações– se assentava tão pesadamente sob sua carga que a onda coleante, levantada a partir da proa, escondia as sucessivas embarcações como se elas estivessem afundando, uma após outra; ressurgia por alguns segundos quando a onda cedia, desaparecendo com o seguinte rolar de água; e assim ao longo de toda a fileira. Gaivotas ainda passavam rente à água e mergulhavam, pairavam batendo asas à espera de migalhas jogadas e se aboletavam na amurada da barcaça pensativamente, por um minuto ou dois.

Eu observava tudo isto de um ninho por entre os sacos, com uma caneca do café feito por Uli numa das mãos e uma fatia de pão na outra.

Como era estimulante estar longe da planície! A cada minuto que passava, as montanhas se elevavam com mais determinação. Pontes ligavam as pequenas cidades de margem a margem, e a água se atropelava em torno de cada pilar, à medida que enveredávamos rio acima. Hotéis surgiam sobre os telhados das cidades, suas janelas trancadas para o inverno, e cais para vapores de passageiros se jogavam corrente adentro. Ainda sem a notoriedade que viria a ter, Bad Godesberg deslizou de passagem. Castelos ruíam sobre pináculos. Emergiam de seus espigões como os torreões do Cavaleiro Verde frente a Sir Gawain;[19] e um deles – assim informava meu mapa desdobrado – poderia ter sido construído por Orlando. Carlos Magno estava associado ao próximo. Assentados entre altas árvores, os palácios de eleitores e príncipes e arcebispos amantes do prazer refletiam a luz do sol em muitas janelas. O castelo dos príncipes de Wied saiu da cochia, deslocou-se para o centro e depois derivou de novo, vagarosamente, para fora de cena. Foi nele que cresceu o mpret da Albânia de breve reinado? Teriam sido quaisquer destes castelos residência daqueles nobres com nomes de uma sonoridade romântica, Rheingrafen e Wildgrafen – Condes do Reno ou Condes da Floresta, ou da Selva ou do Corço? Se tivesse que ser alemão, pensei, não me importaria de ser um Wildgrave; ou um Rhinegrave... Um grito vindo da cabine interrompeu estes pensamentos: Uli me passou um prato de estanho com deliciosos feijões cozidos, guarnecidos com mais do detestável *speck*, que foi rapidamente escondido e despachado para se juntar ao ouro do Reno quando ninguém olhava.

Nas dobras de acordeão do meu mapa, este litoral cheio de anotações parecia um engarrafamento da história. Prosseguíamos pelas *limes* de César com os francos. "César lançou uma ponte sobre o Reno..." Sim, mas onde?* Mais tarde, imperadores moveram a fronteira em direção a leste até as montanhas para além da margem esquerda, onde, diziam eles, a floresta herciniana, moradia dos unicórnios, era densa demais para uma coorte se dispor, quanto

---

* Bem por aqui! Acabei de olhar, um minuto atrás, no *Comentários sobre a Guerra da Gália*.

mais uma legião. (Basta olhar para o que aconteceu com as legiões de Quintílio Varo, uma centena de milhas a nordeste! Estas eram regiões indefinidas, absolutamente diferentes das margens do brilhante Reno: era o Frigund da mitologia alemã, um matagal que, após sessenta dias de viagem, ainda se estendia, e, quando os unicórnios se dissolveram no domínio da fábula, tornou-se refúgio de lobos e alces e renas e auroques. Quando a Idade das Trevas os alcançou, não encontrou luzes para apagar, já que nenhuma jamais ali brilhara.) Em direção a oeste, o mapa indicava os contornos do reino de Lotário, depois de rompido o Império Carolíngio. Fragmentações posteriores eram ilustradas heraldicamente pelo encontro de espadas cruzadas e cruzeiros e escudos com coroas fechadas e diademas e mitras ao alto, e barretes dos eleitores, em arminho virado para cima. Em alguns casos, os chapéus de cardeais levitavam acima de pirâmides duplas de borlas e um desajeitado surto de penachos saltava de elmos de cavalheiros ladrões. Cada um destes emblemas simbolizava uma peça de um quebra-cabeças de feudos soberanos, diminutos, mas sólidos, que deviam homenagem somente ao Sacro Imperador Romano; cada um deles exigia portagem dos desaventurados navios que passava sob suas ameias; e quando o avanço de Napoleão exorcizou o longevo fantasma do reino de Carlos Magno, eles sobreviveram, e ainda sobrevivem, num confete de mediatizações. No terraço de um *schloss* à beira d'água, um descendente perambulava numa jaqueta Norfolk e acendia seu charuto matinal.

A surpreendente procissão perdurou o dia inteiro.

A cidade murada de Andernach aproximava-se pelo alto sobre nós. O maquinista roncava em seu leito, Peter fumava junto ao cabo do leme e eu me refestelava ao sol no teto da cabine, enquanto Uli soltava de sua gaita floreios e notas graciosas em cascata. Duas ou três pontes e meia dúzia de castelos mais tarde, depois de mais ou menos uma última hora de encostas recobertas de neve, perdíamos velocidade a sotavento do Ehrenbreitstein. Este colossal forte, de aparência extremamente moderna e funcional, era uma escarpa de alvenaria repleta de casamatas e fendas para canhoneiras. A cidade de Coblenz elevava-se da outra margem numa nobre amplidão.

Quebramos em direção ao cais na margem oeste; aos poucos, para evitar que as barcaças batessem umas contra as outras ou se empilhassem na medida em que perdíamos velocidade. A manobra toda se deu em meu exclusivo interesse, pois os outros tinham que seguir adiante. Foi uma despedida triste: "Du kommst nicht mit?",[20] eles gritaram. Quando já estávamos devagar o suficiente e perto o bastante do talude, pulei em terra. Enquanto voltavam para o meio da corrente, acenamos uns para os outros, e Uli soltou uma sucessão de penetrantes guinchos do apito e, depois, um longo urro de despedida que ecoou, de forma surpreendente, ao longo das escarpas de Coblenz. Então se endireitaram e deslizaram sob uma ponte de barcos, com seção levadiça, correndo em direção ao sul.

◆ ◆ ◆ ◆

UMA PONTA NA forma de um ferro de engomar entrava rio adentro e um plinto em seu extremo erguia uma estátua colossal do Kaiser Guilherme I, muitas jardas céu acima entre os pardais e gaivotas. Esta projeção de rocha e alvenaria tinha sido um isolado assentamento sulino dos Cavaleiros Teutônicos – para minha surpresa: sempre imaginara estes guerreiros cortando os moscovitas em pedaços, imersos numa incessante tempestade de neve, às margens do Báltico ou dos Lagos Masurianos. A Guerra dos Trinta Anos assolou o lugar. Metternich havia nascido poucas portas adiante. Mas uma cronologia mais antiga, mais cósmica, distinguia o local. Dois grandes rios, correndo cega e apressadamente através de gargantas convergentes, colidem sob a extremidade do ferro de engomar, e o embolado fluxo da corrente se agita e sossega, rio abaixo, até que o imenso e assoreado volume do Reno subjuga as águas mais claras do recém-che gado. O Mosela! Eu sabia que este meandro, guinando sob pontes e para fora do alcance da vista, era o último trecho de um longo vale da maior importância e beleza. Uma gaivota, voando rio acima, veria vinhedos de terraços sinuosos por dezenas de milhas e, se desejasse, poderia precipitar-se através do grande e negro portão romano de Trier e, logo após, sobre o anfiteatro e, através da fronteira, entrar na Lorena. Em voo rasante através dos cataventos da velha cidade merovíngia de Metz, ela pousaria entre as rochas de Vosges, onde o rio começa. Por um momento, fiquei tentado a segui-lo: mas seu curso apontava para oeste; eu nunca chegaria a Constantinopla por ali. Ausônio, se o tivesse lido então, talvez tivesse virado a balança.

Coblenz fica numa encosta. Todas as ruas eram inclinadas e eu estava sempre olhando através de torres e chaminés e, para baixo, sobre os dois corredores de montanhas que conduziam os rios para seu encontro. Era um lugar alegre, sob um céu claro; tudo no ar sussurrava que as planícies estavam muito para trás e a luz do sol criava reflexos, tremidos e brilhantes, a partir da neve; e mais duas linhas invisíveis e importantes haviam sido cruzadas: o sotaque mudara e as adegas de vinho tomaram o lugar das cervejarias. Ao invés daqueles canecões cinza e mastodônticos, cálices brilhavam sobre o carvalho. (Foi sob uma visão de velhos tonéis numa *weinstube* que me estabeleci com meu diário até a hora de dormir.) As copas simples destas taças de vinho pairavam sobre delgados pés de vidro, ou sobre pequenos globos, que diminuíam de tamanho à medida que, a partir da base, um se sobrepunha ao inferior, tal como num pagode; ambos os tipos de haste eram coloridos: um verde profundo para o Mosela e, para o do Reno, um marrom dourado esfumaçado, quase âmbar. Quando mãos ásperas as levantavam, cada uma soltava sua mensagem colorida, brilhando na luz. Quando se bebe por taça naquelas hospedarias e adegas de nomes encantadores, é impossível não exagerar. De maneira enganadora e traiçoeira, aqueles cálices de aspecto inocente continham quase meia garrafa; e, simplesmente ao bebericar, era possível explorar os dois grandes rios, e o Danúbio, e também, por procuração, toda a Suábia e a Francônia, e os vales do Imhof e as longínquas colinas de Würzburg: viajando no tempo, de ano para ano, sorvendo goles tão refrescantes quanto o fundo de um poço, limpidamente variando de ouro escuro para prata pálido, e sentindo o odor de clareiras e pradarias e flores. Inscrições góticas ainda se exibiam nas paredes, mas eram inofensivas por aqui, e estavam livres da melancolia imposta pelas exortações de letras negras, barulhentas e ritmadas, das cervejarias do norte. E o estilo era melhor: menos enfático, mais lúcido e lacônico; e, a um tempo, consolador e profundo no conteúdo; ou pelo menos assim me parecia, à medida que passavam as horas. "*Glaub, was wahr ist*", impunha uma mensagem do outro lado de um salão cheio de galhadas,

"*Lieb, was rar ist: Trink, was klar ist*".* Só quando cambaleei para a cama foi que percebi o quão docilmente eu havia obedecido.

Era o dia mais curto do ano e os sinais da estação tornavam-se mais pronunciados a cada hora. Nas ruas, a cada duas pessoas, uma se dirigia para casa carregando nos ombros uma muda de pinheiro, alta, cortada há pouco; e foi sob uma trama de enfeites de Natal que me vi atraído para a Liebfrauenkirche no dia seguinte. A nave romanesca estava lotada e um hino de grande esplendor coral surgiu dos bancos góticos do coro, enquanto nuvens de incenso acompanhavam o cantochão através de raios de sol inclinados. Um dominicano com óculos de aros de chifre fez um vigoroso sermão. Vários camisas-marrons – eu tinha, até então, me esquecido deles – estavam espalhados pela congregação, seus olhos para baixo e chapéus nas mãos. Pareciam um pouco estranhos. Deveriam estar lá fora, na floresta, dançando em torno de Odin e Thor, ou talvez, Loki.[21]

◆ ◆ ◆ ◆

COBLENZ E SUA imensa fortaleza ficaram para trás e as montanhas deram mais um passo à frente. Vinhedos compactos cobriam agora as margens do rio, subindo até o ponto mais alto em que encontrassem apoio. Prateleiras, cuidadosamente sustentadas por muros de pedra, se sobrepunham umas às outras em varreduras fluidas e curvas. Podados até os ossos, os brotos escuros das vinhas furavam a neve tal como fileiras de punhos esqueléticos; à medida que os vinhedos subiam, reduziam-se a quincunces de vírgulas negras seguindo linhas de contorno recobertas de neve; até que, por fim, lá em cima, as ondas íngremes de saliências e reentrâncias falhavam e expiravam entre as rochas selvagens e nuas. Nas montanhas que se projetavam sobre estes contornos fluidos, era raro o pico que não tivesse seu castelo. Em Stolzenfels, onde parei para comer algo, uma torre neogótica subia aos céus sobre uma escadaria de vinhedos, e, a partir de Oberlahnstein na outra margem, outro castelo a ecoava. Logo outro se levantou, e outro e ainda outro:

---

* 'Acredite no que é verdadeiro; ame o que é raro; beba o que é claro.'

ruína após ruína e vinhedo após vinhedo... Pareciam rodar em torno de si na medida em que se deslocavam rio abaixo, e aí pairavam no ar. Finalmente, uma curva do rio os levava para longe, até que a penumbra do anoitecer os ofuscava a todos, e as luzes das margens começavam a cintilar entre suas formas escurecidas. Logo no início da noite, parei em Boppard. Ficava pouco acima do pé da montanha, de maneira que, na manhã seguinte, um novo trecho do rio se descortinava em direção ao sul, e os sinos dominicais respondiam aos nossos próprios carrilhões, a montante e a jusante.

Quando os penhascos acima ficavam demasiado íngremes para conter a neve, pequenos bosques surgiam enfeitando os rebordos de xisto, e leques de arbustos dividiam os raios de sol numa infinidade de filamentos. Mais alto ainda, as onipresentes torres banguelas – entupidas de árvores e amarradas por hera – se lançavam agudas nos ares seguindo os impulsos das escarpas onde se empoleiravam; e, muito adequadamente, os nomes de todas terminavam nas palavras alemãs para 'ângulo' ou 'rocha' ou 'penhasco' ou 'torre': Hoheneck, Reichenstein, Stolzenfels, Falkenburg... Cada curva do rio permitia ver um novo conjunto de cochias e, às vezes, uma tropa de ilhas que o perpétuo desfilar das águas havia afinado e moldado ao capricho da corrente. Pareciam flutuar abaixo de um emaranhado de galhos desnudos e uma carga de ruinas monásticas ou seculares. Algumas destas ilhotas eram encaixes para torres a partir das quais se podia barrar o rio, lançando correntes para as duas margens e segurando barcos para fins de peagem ou saque ou resgate. Abundam relatos funestos.*,22

Fragmentos de muralhas, perfurados por velhas portadas, formavam cintas entorno à maioria das cidadezinhas. Parei em muitas delas para um copo de vinho num daqueles cálices de haste colorida e uma fatia de pão preto com manteiga, bebericando e mastigando perto da estufa enquanto, a

---

* Um deles se refere a uma torre de pedágio, situada no meio do rio, logo adiante de Bingen, onde dormi: a Mauseturm. É o lendário local da morte de Hatto, arcebispo de Mainz, no século X. Diz a lenda que, como recompensa por sua tirania, foi devorado na torre por camundongos; a história inspirou o poema de Southey. Os roedores têm lugar de destaque nas lendas alemãs, por exemplo, em O Flautista de Hamelin.

cada poucos minutos, soltava-se dos cravos de minhas botas molhadas uma placa a mais de neve, de várias polegadas de espessura. O rio, nesse ínterim, vinha se estreitando com rapidez e as montanhas se aproximavam, inclinando-se mais acentuadamente, até que pouco espaço sobrasse para a estrada. Na outra margem, um imenso contraforte se erguia em resposta e, em seu topo, ajudado pela explicação do estalajadeiro, eu apenas discernia a imagem da Lorelei que havia dado à rocha o seu nome. Aqui, o rio, depois de se estreitar de forma tão abrupta, mergulha a uma grande profundidade e se agita perigosamente, a ponto de dar colorido às histórias de navios e marinheiros atraídos à destruição. O apito de uma barcaça provocou um longo eco; e a estrada, explorada em breves paradas, me trouxe a Bingen ao entardecer.

Cliente único, soltei minha mochila num pequeno *gasthof*. De pé sobre cadeiras, as filhas bonitas do estalajadeiro, que tinham de cinco a quinze anos, ajudavam seu pai a decorar a árvore de Natal; penduraram bolas de vidro, lançaram cordões de ouropel, fixaram velas nos ramos, e coroaram o topo com uma magnífica estrela. Convidaram-me para ajudá-los e, quando quase tudo estava terminado, seu pai, um homem alto e pensativo, desarrolhou uma delgada garrafa dos vinhedos de Rüdesheim, que ficavam logo do outro lado do rio. Bebemos juntos a garrafa e tínhamos quase esvaziado uma segunda, quando os últimos toques na árvore foram dados. Aí a família se juntou em torno a ela para cantar. A única luz vinha das velas e as faces das meninas por elas iluminadas — e suas belas e claras vozes — tornaram memorável esta cerimônia solene e encantadora. Fiquei um tanto surpreso de que não tivessem cantado *Stille Nacht*: estivera muito presente nos últimos dias; mas trata-se de um hino luterano e acho que esta margem do Reno era, em sua maioria, católica. Duas das canções natalinas que entoaram ficaram gravadas na minha memória: *O Du Heilige* e *Es ist ein Reis entsprungen*. Ambas eram envolventes, especialmente a segunda, muito antiga, segundo me explicaram. Por fim, fui com eles à igreja e permaneci ali à noite. Alguns flocos começaram a cair quando, já de madrugada, os habitantes de Bingen trocavam cumprimentos, uns com os outros, do lado de fora da igreja. No dia seguinte, os membros da família se abraçaram, apertaram as mãos novamente e desejaram uns aos outros um feliz Natal.

A menor das filhas me deu uma tangerina e um pacote de cigarros, lindamente embrulhado em ouropel e papel prateado. Eu gostaria de ter tido alguma coisa para lhe dar, cuidadosamente enfeitada com fitas em padrões de azevinho – pensei mais tarde no meu estojo de alumínio contendo um novo lápis Vênus ou Royal Sovereign, embrulhado em papel de seda, mas tarde demais. O tempo de dádivas.*

O Reno logo faz um ângulo agudo em direção a leste, e as paredes do vale novamente recuam. Cruzei o rio para Rüdesheim, bebi um copo de *hock* junto ao famoso vinhedo e segui em frente. A neve estava funda, firme e uniforme. Marchando sob os flocos que caíam levemente, perguntei-me se fora acertado deixar Bingen. Meus gentis benfeitores, várias vezes, haviam me convidado para ficar; mas esperavam parentes e, apesar de sua hospitalidade e insistência, senti que um rosto estranho poderia ser demais em sua festa de família. Assim, aqui estava eu numa manhã natalina de sol, vencendo mais uma nova camada de neve. Nenhum barco se deslocava no Reno, dificilmente passava um carro, ninguém surgia do lado de fora e, nas cidadezinhas, nada se mexia. Todos estavam dentro de casa. Solitário e algo arrependido da fuga, considerei o que estariam fazendo meus familiares e amigos, e, um tanto melancólico, descasquei e comi a tangerina. A casca atirada não chegou a alcançar o gelo das margens e virou alvo de uma súbita revoada de gaivotas do Reno. Olhando-as mergulhar, desembrulhei e fumei um de meus cigarros natalinos, e me senti melhor.

Na estalagem onde parei ao meio dia – onde foi mesmo? Geisenheim? Winkel? Östrich? Hattenheim? – uma longa mesa estava esplendidamente montada para uma festa e uma árvore de Natal iluminada cintilava numa das extremidades. Mais ou menos trinta pessoas começavam a se sentar, fazendo um bocado de barulho jovial, quando uma alma de coração mole descobriu a figura solitária junto ao bar vazio. Sem relutar, fui puxado para a festa; e aqui, pelo que me lembro, à medida que as garrafas de Johannisberger e Markobrunner se acumulam, as coisas começam a ficar embaçadas.

---

* Ver poema de MacNeice no início do volume.

Um corpanzil sedento e escandaloso continuava a beber, ao extremo da mesa, quando o sol se pôs. Então, aparece um carro lotado de gente, uma viagem curta, um cômodo repleto de rostos e o Reno cintilando muito abaixo. Talvez estivéssemos num castelo... Algum tempo mais tarde, a cena muda: outro passeio se dá, desta vez através da escuridão, com as luzes se multiplicando e a neve se transformando em lama debaixo dos carros; aí, mais rostos flutuam à superfície, e música e dança e copos se enchem e se esvaziam e derramam.

Na manhã seguinte, acordei tonto no sofá de alguém. Para além das cortinas de renda e a alguma distância abaixo, de cada lado dos trilhos de bonde, a neve enlameada e suja parecia inoportuna para a festa de Santo Estêvão.

CAPÍTULO 3

ALTA ALEMANHA ADENTRO

❦ ❦ ❦

Com exceção de uma leve lembrança das linhas de bonde e da neve lamacenta, é como se as brumas de *A Canção dos Nibelungos* tivessem surgido do leito do Reno e abraçado a cidade; e não apenas Mainz: estas mesmas névoas do esquecimento coleiam rio acima, envolvendo em seu caminho Oppenheim, Worms e Mannheim. Passei uma noite em cada uma delas, mas permanecem na memória apenas uns poucos e dispersos fragmentos: uma ou duas torres, uma fila de gárgulas, algumas pontes e pináculos e contrafortes e a perspectiva de uma arcada desaparecendo nas sombras. Há uma estátua de Lutero que só pode pertencer a Worms; mas há também claustros e as páginas em escrita gótica de uma Bíblia de Gutenberg, uma pintura de São Bonifácio e colunas jesuíticas retorcidas. A luz brilha através de cúpulas de vidro carmesim estampadas com crescentes douradas e contornadas por fios de chumbo; porém, a moldura que envolvia estas recordações já se foi. E há rostos perdidos: um limpador de chaminés, um bigode de morsa, o cabelo longo e louro de uma menina sob um *tam o'shanter*.[1] É como reconstruir um brontossauro a partir da cavidade de um olho e de uma cesta cheia de ossos. A nuvem finalmente se dissipa em meio à ponte de Ludwigshafen a Mannheim.

A partir do momento em que coloquei os pés em terra firme, eu seguira o Reno, de perto ou de longe, mas agora iria abandoná-lo definitivamente. Após Bingen, o vale havia se alargado e mesclado com o campo nevado de Hess; as montanhas ainda mantinham sua distância, enquanto o rio coleava em direção ao sul e para longe da vista. Mas o mapa do Reno que abri sobre a balaustrada traçava seu curso rio acima por centenas de milhas e muito além do meu alcance. Depois de Spires e Estrasburgo, a Floresta Negra, na outra margem, encarava sisuda a linha azul do Vosges. Haviam me contado que, em invernos como este, nos quais se passa fome, os lobos desciam da mata de coníferas e trotavam pelas ruas. Friburgo vinha em seguida, depois a fronteira suíça e as cataratas de Schaffhausen, onde o rio se derramava do Lago Constança. Para além, o mapa terminava em um último e ininterrupto caos branco de glaciares.

◆ ◆ ◆ ◆

NO EXTREMO DA ponte, abandonei o Reno em favor de seu afluente e, depois de algumas milhas ao longo do Neckar, as luzes de Heidelberg se agrupavam ao alto. Estava escuro quando subi a rua principal e, logo, sob o cartaz pendente de um 'Boi Vermelho', janelas de vidro colorido, delicadamente iluminadas, acenavam para que eu entrasse. Com as bochechas geladas e o cabelo endurecido pela neve, entrei desajeitado num fascinante refúgio de vigas de carvalho e talhas e alcovas e pisos de níveis variados. Uma floresta de parafernália recobria o interior: canecões e garrafas e copos e galhadas – anos de inocente acumulação e não adereços, convivendo por imposição, numa cena teatral – e o lugar, como um todo, reluzia sob uma pátina universal. Mais parecia o cômodo de um castelo e, excetuando um gato que dormia em frente à estufa, estava completamente vazio.

Este era o momento pelo qual eu ansiava todos os dias. Descongelando, formigando, com vinho, pão e queijo à mão, e meus papéis, livros e diário, todos dispostos sobre uma pesada mesa de estalagem, eu escrevia sobre os acontecimentos do dia, caçando palavras no dicionário, desenhando, lutando com os versos, ou meramente me deixando entrar num transe inconsequente e satisfeito, enquanto a neve se soltava de minhas botas. Uma senhora de idade desceu as escadas e se instalou junto à estufa com sua costura. Vendo meu cajado e mochila e a poça de neve que derretia, disse com um sorriso: "*Wer reitet so spät durch Nacht und Wind?*". Meu alemão, velho de quinze dias, já me permitia entender: "Quem caminha tão tarde através da noite e do vento?". Mas fiquei intrigado pela palavra 'reitet'. (Como saberia então que era a primeira linha do famoso Erlkönig de Goethe, feito ainda mais famoso pela música de Schubert?) "O quê, um *estrangeiro?*" Já sabendo o que dizer neste momento, respondi prontamente... "Englischer Student... zu Fuss nach Konstantinopel..." Eu já decorara o texto. "Konstantinopel?", retrucou. "Oh Weh! Coitado! Tão longe! E em meio ao inverno além do mais." Perguntou onde eu estaria no dia seguinte, na noite de Ano Bom. "Em algum lugar da estrada", eu disse. "Você não pode vagar sob a neve em *Sylvesterabend!*", respondeu. "E, se me permite: onde vai ficar hoje à noite?" Eu ainda não havia pensado nisto. Seu marido tinha acabado de entrar e ouviu nossa conversa. "Fique conosco", ele disse. "Você é nosso convidado."

Eram eles o proprietário e sua esposa, Herr and Frau Spengel. No andar de cima, por ordem de minha anfitriã, catei umas coisas para lavar – era a primeira vez que lavava roupas desde Londres – e as entreguei à empregada: questionando-me, enquanto cumpria a tarefa, como seria recebido um alemão em Oxford se desse as caras no The Mitre numa noite nevada de dezembro.

◆ ◆ ◆ ◆

UM DOS ESCUDOS armoriais no vitral da janela portava o ziguezague inclinado de Franken. Este velho baluarte dos francos sálios é agora parte do norte da Baviera e a Estalagem do Boi Vermelho era o quartel-general da liga estudantil da Francônia. Todas as velhas estalagens de Heidelberg tinham estas associações regionais, e a mais proeminente delas, a Saxo-Borússia, era o Bullingdon[2] de Heidelberg e seus membros os mais altivos da Prússia e da Saxônia. Realizavam suas sessões logo ao lado, no Seppl, onde as paredes estavam recobertas de daguerreótipos esmaecidos retratando os rebentos do Hochjunkertum, com seus rostos marcados por cicatrizes e suíças embrionárias, desafiantes em botas de cano alto e faixas tricolores. Suas luvas agarravam floretes com empunhaduras de cesto. Nestas esmaecidas cabeças, pequenos chapéus, como se fossem quepes comprimidos, eram colocados de lado, para que as iniciais da corporação, bordadas na coroa, melhor aparecessem – um monograma gótico retorcido e um sinal de exclamação, feitos em fio de ouro. Importunei Fritz Spengel, o filho de meus anfitriões, com perguntas sobre a vida dos estudantes: canções, rituais de bebida, e, sobretudo, duelos, que não eram, naturalmente, de todo, duelos, mas práticas de escarificação tribal. Aquelas galantes cicatrizes eram gravatas de colégio que não podiam ser removidas jamais, emblema e selo de dez anos de culto às humanidades.* Com um sabre retirado da parede, Fritz demonstrou a pose e a pegada e descreveu como os participantes tinham mãos, pescoços e olhos recobertos, de modo a fazer com que cada veia e artéria visível e cada polegada de tecido insubstituível estivessem acolchoados e protegidos de dano. A distância era medida; os sabres cruzados ao final de braços distendidos; só os punhos se moviam; recuar significava vergonha; e as lâminas batiam-se de acordo com regras específicas, até que suas pontas, afiadas como navalhas, cortassem talhos, depois cuidados com fricções de sal, mas fundos o suficiente para que durassem toda a vida. Eu havia observado estes estigmas acadêmicos nos rostos de médicos e advogados já necessitados de óculos; testa, bochecha ou queixo, e às vezes os três, eram rasgados por esta cirurgia fortuita em linhas pregueadas ou reluzentes, estranhamente em desacordo com as rugas que a meia idade lá havia inscrito. Penso que Fritz, mais humano, sério e civilizado, e alguns anos mais velho do que eu, desprezava este costume tradicional, e respondia às minhas perguntas com amigável compaixão. Sabia muito bem do fascínio sombrio que o *Mensur*[3] tinha entre os estrangeiros.

O charme um tanto ou quanto triste de uma universidade em férias permeava a linda cidade. Exploramos os prédios acadêmicos e as bibliotecas e o museu, e perambulamos pelas igrejas. Antes, um baluarte da Reforma, a cidade agora abriga as duas fés rivais em justaposição pacífica e, aos domingos, o cantochão gregoriano escapa através das portas de uma igreja e, da próxima, ouve-se a melodia luterana do *Ein' feste Burg*.

---

* Hitler havia recentemente suprimido tudo isto, não por antipatia a esportes sanguinários, mas porque estas cliques e seus animados costumes possivelmente competiriam com os movimentos oficiais de jovens e estudantes.

Naquela tarde, com Fritz e um amigo, subi através da mata para ver as ruínas do palácio que paira sobre a cidade: um enorme complexo de pedra, vermelho escuro que se transmuta em rosa, castanho avermelhado ou roxo com as variações da luz e da hora. O volume básico é medieval, mas o Renascimento salta repetidas vezes em portais e pátios e galerias, e se expande na delicada talha do século XVI. Tropas de estátuas posam em seus nichos terminados em concha. Um cerco e uma explosão os destruíram parcialmente quando os franceses devastaram a região. Quando? Na Guerra dos Trinta Anos; era de se esperar... Mas quem o havia construído? *Eu não sabia? Die Kurfürsten von der Pfalz!* Os eleitores palatinos... Nós estávamos na velha capital do Palatinado...

Sinos distantes, tocando em longínquas salas de aula inglesas, tentavam me passar uma mensagem esquecida; mas não conseguiam. "Adivinhe como é chamado este portão!", disse Fritz, dando tapas numa coluna vermelha. "O Portão de Elizabete ou o Portão Inglês! Nomeado em honra da princesa inglesa." Lógico! Finalmente me lembrei! A Rainha do Inverno! Elizabete, a agitada filha de Jaime I, eleitora palatina e, por um ano, rainha da Boêmia! Aqui chegou, noiva aos dezessete, e durante os cinco anos de seu reinado, disseram meus companheiros, Heidelberg jamais vira coisa semelhante a suas mascaradas, divertimentos e bailes. Mas logo, quando o Palatinado e a Boêmia estavam ambos perdidos e a cabeça de seu irmão foi cortada e o *Commonwealth*[4] a reduziu ao exílio e à pobreza, foi celebrada como a Rainha de Copas por uma galáxia de campeões. Sua sobrinha-neta, a Rainha Ana, terminou a linha reinante dos Stuart e o neto de Elizabete, Jorge I, subiu ao trono em que seu descendente ainda se senta. Meus companheiros sabiam muito mais sobre estas questões do que eu.*

---

* Havia muitas razões para pensar neste castelo mais tarde, entre outras, pela *Antologia Palatina*, que era muito apreciada por lá; e pelos fascinantes embora nebulosos laços entre a princesa e os rosacruzes. Ela se preocupava com o desenho dos jardins do palácio, com engenhos como estátuas falantes, fontes musicais, órgãos movidos à água e coisas do tipo. Havia crescido entre as peças de Shakespeare e Ben Johnson e as imagens poéticas de Donne, e atuava em mascaradas em que os cenários haviam sido projetados por Inigo Jones.

Apesar de sua beleza, a visão da cidade, neste momento, era cinza e fria. Aprisionadas em sacos para o inverno, roseiras tristonhas perfuravam os terraços abafados pela neve. Estes estavam livres de quaisquer pegadas que não fossem as nossas e as pisadelas em flecha de um pisco. Abaixo da última balaustrada, aglomeravam-se os telhados da cidade e, adiante dela, fluía o Neckar e depois o Reno, e as Montanhas Haardt, e, mais à frente, a Floresta Palatina, que se distanciava, ondulante. Um sol semelhante a um enorme balão carmesim, prestes a afundar na paisagem pálida, me fez lembrar, como ainda o faz, a primeira vez em que vi este prodígio. Vestido de marinheiro, com 'H.M.S. *Indomitable*' na fita do boné, eu era levado apressadamente, através de Regent's Park, de volta para casa e para o chá, enquanto os vigias avisavam que era hora de fechar. Vivíamos tão perto do zoológico que se podia ouvir os leões urrando à noite.

Este sol palatino era o pavio de 1933 que se extinguia; o último vestígio daquele final sem dono das estações que vai do solstício de inverno ao Ano Novo. "É a meia-noite do ano... toda a seiva do mundo se acabou."[5] No caminho de volta, passamos por um grupo de jovens sentados num muro baixo, batendo seus calcanhares, enquanto assobiavam entre dentes a *Horst Wessel Lied*. Fritz disse: "Acho que já ouvi esta canção...".

Naquela noite, na estalagem, percebi que um jovem de cabelo cacheado, sentado numa mesa próxima, me fixava com um olhar gélido. Exceto pelos olhos azuis rentes à cabeça como os de uma lebre, ele seria um albino. De repente, levantou-se tropeçando, veio até nós e, com um sorriso sardônico, disse: "*So? Ein Engländer? Wunderbar!*". E aí seu rosto mudou para uma máscara de ódio. Por que havíamos roubado as colônias alemãs? Por que não podia a Alemanha ter uma armada e um exército adequados? Acreditava eu que a Alemanha iria receber ordens de um país administrado por judeus? Seguiu-se um catálogo de acusações, em tom não muito alto, mas articulado de maneira clara e intensa. Seu rosto, que quase tocava o meu, jorrava longas baforadas de *schnapps* sobre mim. "Adolf Hitler vai mudar tudo isto", terminou. "Talvez você já tenha ouvido este nome?" Fritz fechou os olhos com um resmungo aborrecido e murmurou: "*Um Gottes willen!*". Pegou-o pelo cotovelo, dizendo: "*Komm, Franzi!*"; e, de maneira um tanto surpreendente, meu acusador aceitou ser conduzido à porta. Fritz sentou-se novamente, dizendo: "Sinto muito. Veja só como estão as coisas". Felizmente, nenhuma das outras mesas tinha tomado conhecimento do incidente e este momento detestável foi logo suplantado por boa comida e conversa e vinho e, mais tarde, pelas canções para anunciar a vigília de São Silvestre; e, quando os primeiros sinos de 1934 bateram do lado de fora, tudo tinha se fundido numa névoa luminosa de música e brindes e cumprimentos.

♦ ♦ ♦ ♦

FRAU SPENGEL INSISTIU que era absurdo partir no primeiro dia do ano; assim passei outras vinte e quatro horas vagando pela cidade e pelo castelo e lendo e escrevendo e conversando com esta família generosa e civilizada. (Mais tarde, a estadia no Boi Vermelho veio a ser um de muitos pontos altos dentre recordações que jamais sucumbiram ao clima obliterante da guerra. Frequentemente pensava nela.)*

"Não se esqueça do seu *treuer Wanderstab*", disse Frau Spengel, ao me entregar o cajado reluzente quando eu me preparava para a partida no dia dois de janeiro. Fritz me acompanhou até o limite da cidade. Havia roupa passada cuidadosamente arrumada na minha mochila; também um pacote grande de *gebäck*, uns biscoitos amanteigados típicos da festa de São Silvestre, parecidos com *shortbread*, que eu comi enquanto marchava pela neve. Minhas expectativas não poderiam ser melhores, pois a próxima parada – em Bruchsal, ainda um bom estirão à frente – já estava devidamente combinada.

---

* Após registrar estas palavras e me perguntando se havia escrito corretamente o nome Spengel – e também para descobrir o que tinha acontecido à família – num impulso súbito, mandei uma carta para o Boi Vermelho, dirigida: "Ao proprietário". Uma simpática carta do filho de Fritz – nascido em 1939 – me informa que, não só meu anfitrião e anfitriã faleceram, mas que Fritz tinha sido morto na Noruega (onde o primeiro batalhão de meu próprio regimento, na época, estivera profundamente envolvido) e enterrado em Trondheim em 1940, seis anos depois que nos havíamos encontrado. O atual Herr Spengel é a sexta geração da mesma família a ser proprietária e administradora desta agradável estalagem.

Antes de deixar Londres, um amigo que lá estivera no verão anterior, e que descera o Neckar de *faltboot* com um dos filhos da casa, havia me dado uma carta de apresentação ao prefeito. Fritz lhes telefonara; e, ao crepúsculo, eu já estava sentado com Dr. Arnold e sua família, bebendo um chá batizado com conhaque, num dos imensos cômodos barrocos do Schloss Bruchsal. Não consegui parar de contemplar o ambiente magnífico ao meu redor. Bruchsal é um dos mais belos palácios barrocos de toda a Alemanha. Foi construído no século XVIII pelos príncipes-arcebispos de Spires, mas não consigo me lembrar de quando seus sucessores deixaram de habitá-lo; talvez após a perda de seu poder secular. Mas, já há muitas décadas, tornara-se residência dos burgomestres de Bruchsal. Aqui fiquei duas noites, dormindo no quarto de um filho ausente. Depois de um longo banho, explorei sua coleção de edições Tauchnitz e achei exatamente o que queria ler na cama – *Leave it to Psmith* – e logo não mais estava num *schloss* alemão, e sim sentado no canto de um vagão de primeira classe no trem das 3h45, indo de Paddington para Market Blandings, em direção a outro castelo.[6]

♦ ♦ ♦ ♦

ERA A PRIMEIRA vez que eu estava diante de arquitetura como aquela. Durante todo o dia seguinte, zanzei pelo prédio; hesitando a meio caminho ao subir escadarias rasas cujas balaustradas tinham magníficos desenhos de ramagens em metal forjado; vagando através de portas duplas que levavam de salão nobre a salão nobre; e, com olhos maravilhados e pouco educados, contemplando perspectivas atravessadas pelas declividades cada vez menores dos raios de sol invernais. Cenas pastorais se desdobravam em cores alegres por tetos arrematados, em estudada assimetria, por uma cobertura glacê de rolos e feixes; conchas e festões e folhagem e fitas retratavam mitos tão extravagantes que poderiam fazer parar abruptamente um observador desprevenido. A sensação de um espaço interior invernal mas resplandecente, a delicadeza das circunvoluções nevadas, o retorcido da folhagem de metal e o dourado dos arabescos tornavam-se todos ainda mais etéreos pelos reflexos que vinham da neve que, de fato, se assentava límpida do lado de fora; brilhantes, entrando em ângulo através das janelas, difundiam uma luminosidade tranquila e suave: uma variante nórdica (pensei muitos anos mais tarde) dos reflexos tremidos que, durante minhas sestas venezianas, os canais arremessavam aos tetos recobertos de estupros e apoteoses sobre nuvens. Só as estátuas e os esqueletos das árvores – e uma colônia de gralhas calvas – rompiam a brancura do lado de fora.

Na Inglaterra, o burgomestre, com seu cabelo branco e bigode, sua postura ereta e roupa de *tweed* cinza, poderia ser o coronel de um bom regimento de linha. Depois do jantar, enfiou um charuto na piteira feita de um cone de papelão e do cálamo de uma pena, trocou de óculos e, vasculhando uma pilha de partituras para piano, sentou-se e atacou a *Sonata Waldstein* com autoridade e verve. O prazer era reforçado pelo gozo que tinha o instrumentista em sua própria competência ao dominar a peça. Sua expressão de alegria, ao espreitar as notas através de um véu de fumaça de charuto e da ponta de cinza que caía, contrastava com a solenidade da música. Foi uma surpresa: tão diferente de uma noite passada com seu equivalente inglês; e quando o último acorde foi tocado, ele pulou do banco com um sorriso jovial e de gozo quase delirante, em meio ao aplauso bem humorado de sua família. Deu-se um surto de apreciação e um debate acalorado sobre possíveis interpretações alternativas.

♦ ♦ ♦ ♦

NÃO HAVIA QUAISQUER dúvidas, pensei no dia seguinte: tomara o caminho errado. Em lugar de atingir Pforzheim por volta do entardecer, ainda me arrastava através de campos abertos, com a neve e a noite, ambas, caindo rapidamente. Meu novo objetivo era uma luz que logo se mostrou ser a janela de uma fazenda na beira da mata. Um cachorro começou a latir. Quando atingi a porta, a silhueta de um homem apareceu na soleira, ordenou que o cachorro se aquietasse e gritou: "*Wer ist da?*". Concluindo que eu era inofensivo, deixou que eu entrasse.

Uma dúzia de rostos surpresos se levantou, colheres paradas a meio caminho; suas feições, iluminadas de baixo para cima por uma lanterna sobre a mesa, eram tão sulcadas e ásperas quanto a própria prancha sobre a qual comiam. Os tamancos se escondiam abaixo, na escuridão, e o resto do cômodo fora engolido pela sombra, com exceção do crucifixo na parede. O feitiço se quebrou devido à inesperada intrusão: Um *estranho de Ausland*! Uma tímida e atônita hospitalidade substituiu os temores anteriores e, pouco depois, eu estava sentado no banco entre eles e também ocupado com uma colher.

O hábito de buscar compreender e falar alemão tinha sido ultrapassado durante os últimos dias por mais uma mudança de sotaque e dialeto. O fraseado desta gente do campo estava quase fora do meu alcance. Mas havia outra coisa neste ambiente que era enigmaticamente familiar. As articulações brutas das imensas mãos, ainda meio apertadas no agarrar de arados e pás e podadeiras, misturavam-se à vontade com as cebolas cortadas e as jarras lascadas e um pão preto partido. A fumaça tinha enegrecido a terrina de cerâmica e a luz atingiu a concha de estanho e acentuou as faces enrugadas e as bochechas avermelhadas de jovens grandalhões e de cabelos de cânhamo... Uma velhota, numa touca plissada, sentava-se ao extremo da mesa, seus olhos cintilantes e tímidos nos vazios de sua ossada, e todas estas feições perplexas eram postas em relevo, a partir de baixo, por um único pavio. Cena em Emaús ou em Betânia? Pintada por quem?

Esgotada pela faina do campo, a família começou a se esticar e a se levantar da mesa assim que a refeição terminou, e logo se dirigiu para a cama arrastando seus tamancos. Um neto, desculpando-se porque não havia quarto disponível dentro da casa, jogou um travesseiro e dois cobertores sobre o ombro, pegou a lanterna e me conduziu através do quintal. No celeiro do outro lado, grades, relhas de arados, foices e peneiras emergiram por um momento, e, mais adiante, amarradas a uma manjedoura que corria por toda a extensão do celeiro, chifres e testas desgrenhadas e olhos aquosos brilharam sob o faixo da lanterna. A cabeça de um cavalo de carroça, de crina clara e rabo e orelhas que se levantaram com nossa chegada, quase tocava os caibros.

Quando a sós, deitei na cama de feno picotado, como um cruzado em seu túmulo, confortavelmente envolto no casacão e cobertores, uma perna sobre a outra, ainda de perneiras e botas. Podia ouvir duas corujas. O odor combinado de neve, madeira, poeira, teias de aranha, beterraba forrageira, feno, bolos de ração e o bafo das vacas juntava-se com um cheiro pungente de amoníaco e o ploft-ploft e as borrifadas que volta e meia quebravam o ritmo do mastigar e as batidas de chifres. Havia um ocasional ranger de traves e cabrestos através de seus anéis de ferro, um mugido de tempos em tempos, ou um forte raspar ou bater de ferraduras nas pedras. Agora sim – é por isso que eu esperava!

Na manhã seguinte, os beirais estavam rígidos com pingentes de gelo. Todos, exceto a velha senhora de touca, tinham saído da cozinha e estavam trabalhando. Ela me deu uma tigela de café com leite escaldante e, dentro, migalhas de pão preto. Ponderei se uma oferta de pagamento seria meter os pés pelas mãos: e aí, tentativamente, eu a fiz. Não houve ofensa; mas, igualmente, foi declarado que estava fora de questão: "*Nee, nee!*", disse ela, com uma pequena batida de sua mão transparente. (Soava como o '*nay*' inglês.) O sorriso de suas gengivas completamente destruídas tinha a inocência de um bebê. "*Gar nix!*" Depois das despedidas, ela me chamou de volta com um grito estridente e colocou em minha mão uma fatia de *butterbrot*, de um pé de comprimento; comi todo este gigantesco e delicioso pão amanteigado enquanto caminhava, e, um pouco adiante, vi a todos os demais. Acenaram e gritaram: "*Gute Reise!*". Cortavam com enxadão o capim congelado, cavando num campo que parecia e soava tão duro quanto ferro.

O fetichismo das placas de cajado me levou a Mühlacker, duas milhas fora de meu caminho, de maneira a obter e prender mais um *stocknagel*, o décimo sétimo. Estava virando uma obsessão.

Da cidade de Pforzheim, onde passei a noite seguinte, não me lembro de absolutamente nada. Mas no próximo entardecer, eu estava no coração de Stuttgart por volta da hora do acender das luzes, cliente solitário de um café do outro lado da massa cubista do Hotel Graf Zeppelin. Neve, chuva misturada com neve e ventos cortantes haviam esvaziado as ruas, exceto por umas poucas figuras que caminhavam em passo rápido, e dois desafortunados meninos chacoalhando obstinadamente uma caixa de esmolas. Em pouco tempo, eles também tinham desaparecido e o proprietário e eu éramos as únicas pessoas à vista em toda a capital de Württemberg. Eu escrevia sobre os acontecimentos do dia, ponderando vagamente onde encontrar alojamento, quando duas garotas bem humoradas e obviamente bem educadas entraram e começaram a comprar mantimentos no balcão. Estavam vestidas de maneira engraçada, com capuz de esquimó, botas forradas e luvas que pareciam patas de urso pardo, cujas palmas elas batiam para afugentar o frio. Fiquei com vontade de conhecê-las... A neve misturada com chuva, a caminho de virar granizo, chacoalhava na janela como metralha. Uma das garotas, usando óculos com aros de chifre, percebendo meu dicionário alemão-inglês, disse ousadamente: "Como vai, Senhor Brown?". (Este era o único verso, repetido *ad infinitum*, de uma canção boba e agora misericordiosamente esquecida que, tal como *Lloyd George Knew My Father*, varrera o globo dois anos antes.) Aí riu, encabulada com sua própria ousadia, sob uma suave repreenda de sua companheira. Levantei-me e implorei que tomassem um café, ou o que fosse... Subitamente se fizeram mais reservadas: "*Nein, nein, besten Dank, aber wir müssen weg!*". Fiquei desapontado; e depois de uma troca de vários "*Warum nicht?*", consentiram em ficar cinco minutos, mas recusaram o café.

O verso da canção era quase tudo que conheciam do inglês. A primeira interlocutora, que havia tirado os óculos, perguntou minha idade. Respondi: "Dezenove", embora não fosse inteiramente verdade ainda por outras cinco semanas. "Nós também!", disseram. "E o que você faz?" "Estudo." "Nós também! *Wunderbar!*" Chamavam-se Elizabeth-Charlotte, apelidada Liselotte ou Lise – e Annie. Lise era de Donaueschingen, onde o Danúbio nasce na Floresta Negra, mas vivia na casa dos pais de Annie em Stuttgart, onde ambas estudavam música. As duas eram bonitas. Lise tinha uma cabeleira castanha volumosa e um rosto cativante e vivo, do qual um sorriso não se ausentava por muito tempo; seu olhar, sem os óculos, era amplo, sem foco e cheio de um encanto confiante. O cabelo louro de Annie era trançado e enrolado como se fossem fones de ouvido, uma moda que sempre detestei; mas que se adequava à sua palidez e longo pescoço e lhe dava o ar de uma efígie gótica pertencente à porta de uma abadia. Elas me contaram que estavam comprando coisas para uma reunião de amigos em celebração do *Dreikönigsfest*. Era a Epifania, seis de janeiro, a festa dos Três Reis Magos. Depois de alguma confabulação entre murmúrios, decidiram ter dó de mim e me levar com elas. Lise, de forma despachada, sugeriu que poderíamos inventar uma ligação com a família dela — "*falls sie fragen, wo wir Sie aufgegabelt haben*" ("apenas caso perguntem de onde você surgiu"). Pouco depois, no confortável banheiro da casa dos pais ausentes da Annie — ele era um diretor de banco e estavam fora, em Basel, a negócios —, eu tentava me fazer apresentável: penteei os cabelos, e vesti a camisa limpa e as calças de flanela que antes havia retirado da mochila deixada sob a guarda do café. Quando as reencontrei, comentaram que, como eu ainda não tinha acomodações para a noite, será que eu gostaria de me aboletar no sofá — embora fosse pouco ortodoxo e desconfortável? "Não, não, não!", respondi. "Seria um estorvo excessivo, depois de toda sua gentileza." Mas não permaneci na negativa por muito tempo. "Não comente que você está ficando aqui!", disse Annie. "Você sabe como as pessoas são bobas." Havia um sentimento de segredo e conspiração na coisa toda, como na preparação de uma festa surpresa à meia-noite. Estavam radiantes com sua imprudência. E eu também.

A conspiração parecia que iria se dissipar quando chegamos à festa. "Posso apresentar", começou Annie. "*Darf ich Ihnen vorstellen...*" Sua testa se contraiu alarmada; não tínhamos nos dito nossos sobrenomes. Lise intrometeu-se rapidamente com: "Mr. Brown, um amigo da família". Ela poderia ter sido um capitão dos hussardos, virando a maré de uma batalha por meio de um golpe brilhante. Mais tarde, um bolo foi cerimoniosamente cortado, e coroaram uma garota com papelão dourado. Canções foram entoadas em comemoração da Epifania e dos Reis Magos, algumas em conjunto, outras em solo. Perguntado sobre canções inglesas (como eu aliás esperava, para poder mostrar a Lise e Annie que eu não era um bárbaro sem deus), cantei *We Three Kings of Orient Are*. Depois, foi entoada outra canção, de complexa harmonia, celebrando o vale do Neckar e a Suábia. Não consigo me lembrar de todas as palavras, mas desde então ficou gravada em minha memória. Faço o registro aqui, já que nunca encontrei alguém que a conhecesse.

> *Kennt Ihr das Land in deutschen Gauen,*
> *Das schönste dort am Neckarstrand?*
> *Die grünen Rebenhügel schauen*

> *Ins Tal von hoher Felsenwand*
> *Es ist das land, das mich Gebar,*
> *Wo meiner Väter Wiege stand.*
> *Drum sing ich heut' und immerdar:*
> *Das schöne Schwaben ist mein Heimatland!*

Por fim, alguém colocou *Couchés dans le foin* no gramofone, e *Sentimental Journey*, e todos dançaram.

❖ ❖ ❖ ❖

QUANDO ACORDEI NO sofá – já bem tarde – não tinha a menor ideia de onde estava, fenômeno, aliás, frequente nesta viagem; tínhamos conversado até altas horas, bebendo o vinho do pai de Annie antes de nos deitarmos. Mas quando descobri minhas mãos encobertas como as de um pierrô nas mangas de seda escarlate dos pijamas do pai da Annie, todas as lembranças retornaram. Ele devia ser um gigante (sobre o piano, uma fotografia de um bem apessoado trio em botas de esqui na neve – meu anfitrião com os braços em torno da esposa e da filha – corroborou minha suposição). As cortinas ainda estavam fechadas e duas figuras em *robes de chambre* caminhavam nas pontas dos pés entre as sombras. Quando, afinal, perceberam que eu estava acordado, trocamos saudações e as cortinas foram abertas. O cômodo pareceu ficar apenas um pouco mais claro. "Olhe", disse Lise, "não é dia para caminhadas!". Era verdade: impiedosas rajadas de chuva golpeavam a paisagem de telhados lá fora. Tempo bom para patinhos. "Armer Kerl!" ("Pobre rapaz!"), disse ela. "Você terá que ser nosso prisioneiro até amanhã." Ela colocou mais uma tora de lenha na lareira e Annie entrou com o café. Em meio ao desjejum, os sinos de domingo começaram a desafiar uns aos outros, de campanário a campanário. Era como se estivéssemos num submarino entre catedrais afundadas. "O Weh!", Lise exclamou. "Eu deveria estar na igreja!" E logo, espiando através da água que escorria pela janela: "Agora é tarde demais". "Zum *Beichten*, talvez", Annie disse. ('*Beichten*' é 'confissão'.) Lise perguntou: "Por quê?". "Por aliciar estrangeiros." (Lise era católica, Annie protestante; havia na troca um pouco de zombaria facciosa.) Insisti que tinham direito a todas as dispensas de praxe, já que haviam abrigado os necessitados, vestido os despidos – um floreio com as mangas carmesim ilustrava o argumento – e dado de comer aos famintos. Através do estrondo de todos aqueles sinos, um maravilhoso carrilhão soou. É das coisas mais famosas de Stuttgart. Ficamos ouvindo até que seu complexo arranjo reduziu-se ao silêncio.

A noite apresentava um problema a ser resolvido de antemão. Estavam presas, inevitavelmente, a um jantar na companhia de um conhecido do mundo de negócios do pai da Annie e, embora dele não gostassem, não podiam lhe 'dar um bolo'. Mas o que seria de mim? Por fim, reunindo toda sua coragem, Annie ligou para a esposa do anfitrião: será que poderiam levar um jovem amigo da família de Lise – informalmente vestido, porque estava numa viagem a pé através da Europa, no meio do inverno? (Soava pouco convincente.) Houve do outro lado um pipilar de concordância; o braço do telefone foi recolocado com um gesto triunfal. Ela, ao que parecia, era muito simpática: ele era um industrial – *steinreich*, laminados. "Você vai comer e beber bastante!" Annie declarou que ele era um grande admirador da Lise. "Não, não! Da Annie!", exclamou Lise. "Ele é horrível! Você vai ver só! Terá que nos defender a ambas."

Estaríamos tranquilos até as dez da manhã seguinte, quando o ônibus da empregada da casa chegava; ela havia ido até sua vila na Suábia para o *Dreikönigsfest*. Fechamos as cortinas para bloquear a visão do dilúvio e acendemos as luzes – era melhor tratar a sombria cena do lado de fora como se fosse noite – e nos refestelamos em *deshabillé* por toda a manhã, conversando em frente à lareira. Coloquei o gramofone para tocar – *St. Louis Blues, Stormy Weather, Night and Day* – enquanto as garotas passavam seus vestidos para o jantar e a inundada manhã corria; até que chegou a hora em que Annie e eu tivemos que encarar o mau tempo lá fora: ela, para o almoço – um compromisso semanal com parentes – eu, para pegar minhas coisas e comprar ovos para um omelete. Do lado de fora, mesmo numa calmaria momentânea, a chuva era feroz e hostil e o vento ainda pior. Quando Annie retornou, por volta das cinco, eu fazia um croqui da Lise; seguiu-se uma tentativa com a Annie; depois, eu as ensinei a jogar *Heads-Bodies-and-Legs*.[7] Apegaram-se à brincadeira com febril intensidade e nela continuamos até que os sinos nos lembraram como era tarde. No meu caso, tudo o que um ferro de passar e uma escova e pente poderiam fazer já estava feito. Mas as meninas surgiram dos seus quartos tais quais dois maravilhosos cisnes. A campainha da porta tocou. Era o primeiro sinal do mundo externo desde minha invasão, e um tanto ameaçador. "É o carro! Ele sempre manda nos apanhar. Tudo com estilo!"

Na rua, um chofer em polainas segurava ao alto seu quepe, enquanto abria a porta de um comprido Mercedes. Após entrarmos farfalhando carro adentro, cobriu-nos com uma pele de urso da cintura para baixo. "Você vê?", as meninas disseram. "Vida de luxo!"

Voamos através da cidade em liquefação e por colinas florestadas adentro, até chegarmos a um casarão de concreto e grandes vidraças. Nosso anfitrião era um homem forte e louro, com olhos injetados e uma cicatriz ao longo da testa. Saudou minhas companheiras galantemente; a mim, com mais reserva. Seu traje a rigor fez com que eu me sentisse ainda mais maltrapilho. (Eu me preocupava demais com este tipo de coisa; mas o fato de ser chamado de Michael Brown[*] – tivemos que manter a impostura – induziu-me a um consolador desapego emocional.) Talvez para justificar minhas roupas modestas entre aqueles personagens recobertos de joias, ele me apresentava às mulheres como "o *globetrotter* inglês", do que não gostei muito. Os convidados masculinos circulavam pela sala e se faziam conhecer à maneira alemã, apertando as mãos e se apresentando mutuamente: fiz o mesmo. "Muller!" "Brown!" "Ströbel!" "Brown!" "Tschudi!" "Brown!" "Röder!" "Brown!" "Altmeier!" "Brown!" "von Schroeder!" "Brown!"... Um senhor de idade – um professor de Tübingen, acho eu, com óculos de grossas lentes e barba – conversava com Lise. Apertamos a mão um do outro, latindo "Braun!" e "Brown!" simultaneamente. *Opa!* Evitei o olhar das meninas.

---

[*] Algum tempo antes, eu havia abandonado temporariamente o uso de meu nome de batismo, e, por razões hoje esquecidas, adotei meu segundo nome, Michael; reverti ao normal quando esta viagem terminou.

Fora o panorama de Stuttgart iluminada, que se via através das grandes vidraças, a casa era hedionda – próspera, nova em folha, lustrosa e desalentadora. Madeiras claras e plástico haviam sido agregados com um vorticismo[8] mofado e pretensioso, e as cadeiras lembravam luvas de boxeador acetinadas sobre encanamento de níquel. Anões talhados com narizes vermelhos tampavam todas as garrafas no bar oval, e bailarinas de vidro davam piruetas em cinzeiros de ágata que se erguiam, em hastes cromadas, sobre tapetes beges. Havia pinturas – ou fotografias esfumaçadas – dos Alpes ao entardecer, e de bebês pelados montados em cães dinamarqueses. Entretanto, tudo me pareceu melhor depois que bati dois *White Ladies* retirados de uma bandeja levada por um mordomo de luvas brancas. Eu me servi de cigarros que se encontravam num Dante do século XVII, encadernado em velino, com as páginas coladas e escavadas de maneira a ficar oco, o único livro à vista. Ao longo da mesa de jantar, além de guardanapos que eram uma mistura de mitras e turbantes do Rajput, brilhava um promissor arsenal de copos, e, após termos passado por todos, a cena ficou deliciosamente indefinida. Durante o jantar, volta e meia, eu interceptava um perplexo escrutínio de cão farejador, vindo da outra ponta da mesa. Meu anfitrião obviamente me achava um ponto de interrogação; possivelmente, quem sabe, um pulha, um mal-intencionado; tampouco gostei dele. Pensei: Deve ser é um tremendo nazista. Mais tarde, perguntei às meninas, e ambas exclamaram, em veemente uníssono: "*Und wie!*" ("E como!"). Acredito que ele também ficou desconfiado por eu usar 'Du' com suas relutantes favoritas, enquanto ele, muito formal, ainda estava restrito ao 'Sie'. (Na noite anterior, havíamos tomado três vezes *Brüderschaft* e nos beijado à maneira de Colônia.)[9] Quando voltamos ao salão – os homens carregando seus charutos como se porretes fossem, e conhaque girando em copos parecidos com bolas transparentes de futebol – a festa começou a perder interesse. O anfitrião buscou animá-la com uma risada áspera e ainda mais sonora do que o incessante gramofone, enquanto tentava manobrar, primeiro Lise e depois Annie, para uma sacada de onde cada uma, a sua vez, se desenredou como se fossem bem humoradas Siringes.[10] Eu as vigiava enquanto ouvia meu homônimo Dr. Braun, um velho anacrônico, erudito e agradável, que me contava tudo sobre os suevos e alamanos e os Hohenstaufen e Everardo, o Barbudo. Quando a noitada acabou e Lise e Annie voltaram ao carro, nosso anfitrião postou-se inclinado contra seu teto, dizendo-lhes tolamente que pareciam duas Graças. Passei sob seu braço e me esgueirei entre as duas. "Agora três!", disse Lise. Ele me olhou com desagrado. "Ah! E onde devo dizer ao chofer para deixá-lo, *junger Mann?*"

"No Graf Zeppelin, por favor." Senti um tremor de respeito em ambos os lados: nem mesmo Lise teria feito melhor. "*Ach so?*" Sua opinião a meu respeito subiu. "E o que você acha de nosso melhor hotel?" "Limpo, confortável e quieto." "Se você tiver quaisquer queixas, diga ao gerente. Ele é um bom amigo." "Direi! E muito obrigado."

Foi preciso tomar cuidado com nossa conversa por causa do chofer. Poucos minutos mais tarde, com floreios do seu quepe, ele abria a porta do carro, diante da entrada do hotel; e depois de falsas despedidas, passeei pelo salão de entrada do Graf Zeppelin dando uma última baforada num charutão. Quando ninguém mais estava à vista, disparei pelas ruas; e, pegando o elevador, subi para o apartamento. Elas me esperavam com a porta aberta e começamos a dançar.

◆ ◆ ◆ ◆

NO DIA SEGUINTE, às nove e meia, dizíamos adeus através da maré de tráfego da segunda-feira de manhã. A toda hora, eu olhava para trás e para cima, fazendo floreios com meu cintilante cajado e dando encontrões na gente apressada de Stuttgart, até que os torsos, cada vez menores, que acenavam freneticamente da janela do sétimo andar, desapareceram de vista. Eu me senti como Ulisses deve ter se sentido, olhando pela popa enquanto alguma ilha de feliz estadia se afundava no horizonte.

◆ ◆ ◆ ◆

SEGUI AS MARGENS do Neckar, cruzei-o, e finalmente deixei-o para trás definitivamente. Súbito, quando já era demasiado tarde, lembrei-me do

Museu do Kitsch em Stuttgart; um museu, digamos, do mau gosto alemão e internacional, que as garotas haviam dito que eu não devia perder. (A decoração na noite anterior – motivo pelo qual o assunto havia surgido – poderia lhe ter sido incorporada tal como estava.) Dormi em Göppingen e tentei, com a ajuda do dicionário, escrever três cartas em alemão: para Heidelberg, Bruchsal e Stuttgart. Mais tarde, recebi uma divertida carta conjunta de Lise e Annie; houve um tumulto quando os pais de Annie voltaram; não no tocante a minha estadia no apartamento, o que permaneceu em segredo para todo o sempre. É que as garrafas que, incautos, havíamos esvaziado eram as últimas de uma raríssima e maravilhosa safra, cuja fruição o pai da Annie antecipava com especial interesse. Só os deuses sabiam que tesouro era este *spätlese* das margens do Alto Mosela: um néctar incomparável. Elas, prudentemente, colocaram a culpa da escolha em mim. A indignação finalmente se abrandou, reduzindo-se a: "Bem, seu amigo sedento deve entender muito de vinhos." (Totalmente falso.) "Espero que ele tenha gostado." (Sim.) Passaram-se anos até que ficasse claro para mim a enormidade de nossa estrepolia.

◆ ◆ ◆ ◆

O CAMINHO AGORA corria em direção sul-sudeste através da Suábia. Surgiram coníferas dispersas e, de vez em quando, a estrada era sombreada por matas ao longo de muitos trechos. Separados por léguas de pastagem e terras aráveis, tratava-se de casuais postos avançados da grande massa escura da Floresta Negra, que se encontrava a sudoeste. Depois dela, o terreno ondulava para os Alpes.

Nos trechos retos da estrada, onde o cenário se modificava com lentidão, eu me socorria, com frequência, no canto; e, quando não havia mais canções, na poesia. Em casa, e em minhas várias escolas e entre as pessoas que me acolheram depois dos fiascos escolares, sempre houvera muita leitura em voz alta. (Minha mãe era muito bem dotada nesta exigente habilidade e fazia escolhas imaginativas e de amplo alcance; havia também muita cantoria ao som do piano.) Na escola, alguma decoreba era compulsória, o que não chegava a me aborrecer. Mas, como sempre ocorre entre gente que precisa de poesia, esta absorção era muitas vezes ultrapassada por uma antologia privada, contendo tanto poemas que são absorvidos sem muito pensar quanto aqueles conscientemente escolhidos e memorizados como se preparássemos um estoque para uma permanência numa ilha deserta ou para um período numa solitária. (Eu estava na idade em que, para a poesia ou para línguas – na realidade, para qualquer coisa –, a memória absorve impressões como se fosse cera e, até certo ponto, as retém como se fosse mármore.)

A gama é bastante previsível e completamente reveladora da amplitude, dos entusiasmos e das limitações de um tipo específico de educação para a vida adulta, avaliada aos dezoito anos de idade. Havia muito Shakespeare: inúmeras falas, a maior parte dos coros de *Henrique V*, longos trechos de *Sonhos de uma Noite de Verão* (absorvido subconscientemente e compreendido apenas pela metade, por quem, aos seis anos de idade, havia feito Starveling, o menor papel da peça); alguns dos *Sonetos* e muitos fragmentos soltos; e, geralmente, uma larga familiaridade com este material. Seguiam-se diversas falas de Marlowe e trechos do *Prothalamion* e *Epithalamion* de Spenser; quase todas as *Odes* de Keats; as partes habituais de Tennyson, Browning e Coleridge; muito pouco de Shelley, nenhum Byron. (Espantoso para mim hoje, eu mal o considerava um poeta.) Nada do século XVIII, exceto a *Elegy* de Gray e parte do *Rape of the Lock*; alguma coisa de Blake; *The Burial of Sir John Moore*; pedacinhos do *The Scholar Gipsy*; algo de Scott; fragmentos de Swinburne; grande quantidade de Rossetti, pelo qual eu tinha uma imensa paixão, agora praticamente esgotada; algum Francis Thompson e algum Dowson; um soneto de Wordsworth; pedacinhos de Hopkins; e, como todos os ingleses com quaisquer ligações com a Irlanda, a tradução de *The Dead of Clonmacnois* por Rolleston; uma quantidade de Kipling; e alguns dos versos do *Hassan* de Flecker. Agora entramos em 'Aquisições Recentes': passagens de Donne e Herrick e Quarles, um poema de Raleigh, um de Sir Thomas Wyatt, um de Herbert, dois de Marvell; algumas das baladas de Border; um monte de A.E. Housman; alguns trechos impróprios de Chaucer (dominados principalmente em busca de popularidade na escola); um bocado de Carroll e Lear. Nada de Chesterton ou Belloc, além de uns pedacinhos de *Cautionary Tales*. De fato, fora os autores mencionados, quase nada do presente século. Nenhum Yeats mais tardio do que a paráfrase de Ronsard e *Innisfree* e *Down by the Salley Gardens*; mas estes pertenciam mais ao cantar do que ao recitar; de Pound ou Eliot, nem uma palavra, aprendida ou lida; e dos então jovens poetas modernos, agora veneráveis, nada. Se alguém tivesse me perguntado, no ato, quais eram meus poetas preferidos entre os contemporâneos, teria respondido: Sacheverell, Edith e Osbert Sitwell, nesta ordem: (*Dr. Donne and Gargantua* e *The Hundred and One Harlequins* haviam aparecido em panfletos enquanto eu estava na escola; foi como se tivesse entrado num território novo e deslumbrante). Escritores de prosa teriam sido Aldous Huxley, Norman Douglas e Evelyn Waugh. Este é o final da minha lista para trechos curtos; mas se a estrada se encompridasse interminavelmente, coisas mais longas assomariam à superfície: o *Horatius* de Macaulay completo, e muito do *Lake Regillus*, sobreviventes sólidos de uma fixação anterior; *Grantchester*; e o *Rubaiyat* de Omar Khayyam – então intactos, agora um amontoado de fragmentos que mal consigo reagrupar. O padrão cai vertiginosamente depois disto: enquanto caminhava em frente, limericks[11] apontavam para o planeta, da Sibéria ao Cabo Horn, com atos impróprios e imaginativos; e, quando acabavam, temas semelhantes floresciam numa dezena de variadas métricas. Este é um domínio no qual a Inglaterra pode encarar quaisquer desafios.

Minha ponta de lança em matéria de poesia francesa não chegava muito longe: algumas canções de ninar, um poema de Theodore de Banville, dois de Baudelaire, parte de um de Verlaine, o original do soneto de Ronsard que fora traduzido por Yeats, e outro de Du Bellay; por fim, mais do que o resto todo junto, grandes quantidades de Villon (uma descoberta muito recente, e uma paixão. Eu havia traduzido várias baladas e rondós do *Grand Testament*, que, em verso, em inglês, resultaram bem mais respeitáveis do que quaisquer de minhas tentativas similares). A maior parte da contribuição originada do latim é tão previsível quanto o resto: passagens de Virgílio, assimiladas principalmente, mas não inteiramente, através de linhas escritas em tempos escolares: elas saíam mais rápido se o texto fosse conhecido de cor. Como ninguém parecia se importar com quem as tivesse escrito, desde que fossem hexâmetros, utilizei o *Farsália* de Lucano por uns tempos; eles pareciam ter exatamente a fluência necessária para a tarefa; mas logo reverti a Virgílio, corretamente convencido de que perdurariam mais; meus refúgios principais eram o segundo e o sexto livros da *Eneida*, com investidas pelas *Geórgicas* e as *Éclogas*. Outros romanos chaves eram Catulo e Horácio: Catulo – uma dúzia de poemas curtos e trechos do *Atis* – porque os jovens (pelo menos era o meu caso) tendem a se identificar com ele quando se sentem zangados, solitários, mal compreendidos, enlouquecidos, azarados ou frustrados no amor. Eu provavelmente adorava Horácio pela razão oposta; e memorizei várias *Odes* e traduzi algumas delas num inglês de desajeitada métrica sáfica ou alcaica. Fora seus outros encantos, eram infalivelmente capazes de modificar estados de espírito.

(Uma delas – I. ix. *Ad Thaliarchum* – veio me salvar na mais estranha das circunstâncias alguns anos mais tarde. Os azares da guerra me puseram entre os penhascos de Creta, então ocupada, junto com um bando de guerrilheiros cretenses e um prisioneiro alemão, um general, que, três dias antes, havíamos emboscado e carregado para as montanhas. A guarnição alemã da ilha nos fazia uma perseguição acirrada, mas, felizmente, mal direcionada por algum tempo. Foi um período de ansiedade e perigo; e, para nosso prisioneiro, de privação e agonia. Durante um momento de calma na perseguição que nos moviam, acordamos entre as rochas justo no momento em que uma alvorada brilhante rompia acima do cume do Monte Ida. Pelos dois últimos dias, estivéramos caminhando arduamente montanha acima, através da neve e da chuva. Contemplando o cintilante cume do outro lado do vale, o general murmurou para si mesmo:

> *Vides ut alta stet nive candidum*
> *Soracte...*

Era uma das que eu sabia de cor! Continuei, de onde ele tinha parado:

> *...nec jam sustineant onus*
> *Silvæ laborantes geluque*
> *Flumina constiterint acuto,*[12]

e por aí em diante, até o final, através das cinco estrofes restantes. Os olhos azuis do general se deslocaram do topo da montanha para mim – e quando terminei, após um longo silêncio, ele disse: "Ach, so, Herr Major!". Foi muito estranho. Como se, por um longo momento, a guerra tivesse deixado de existir. Há muito tempo, ambos havíamos bebido nas mesmas fontes; e, pelo resto do período em que estivemos juntos, as coisas foram diferentes entre nós.)

Rapidamente, após Horácio, vinham as linhas de Adriano para sua alma – The Oxford Book of Latin Verse foi o único prêmio acadêmico que eu obtivera na escola – e, em contraponto, os dez versos de Petrônio, girando em torno da maravilhosa linha: "*sed sic, sic, sine fine feriati*";[13] logo algumas passagens do *Pervigilium Veneris*. Depois disto, com uma mudança de clave, vinham um ou dois hinos e cânticos do latim primitivo; então o *Dies Iræ* e o *Stabat Mater*. (Dos poetas latinos dos dois séculos entre o mundo clássico e o mundo cristão, eu mal conhecia os nomes; era uma região a ser invadida e explorada sozinho, e muito mais tarde e com grande satisfação.) Por último, vieram algumas poucas letras profanas do latim medieval, muitas delas do mosteiro de Benediktenbeuern.* Numa breve coda grega para tudo isto, já se ouve o raspar de um tacho. Começa com o movimento de abertura da *Odisseia*, como acontece com todos que já se interessaram por esta língua, seguido por pedaços da fuga de Odisseu da caverna de Polifemo; surpreendentemente, nada de Heráclito; nada dos dramaturgos trágicos (difícil demais); fragmentos de Aristófanes; alguns epitáfios de Simonides; dois poemas à lua de Safo; e aí o silêncio.

Uma coleção reveladora. Cobre os treze anos entre os cinco e os dezoito, já que nos meses que precederam à minha partida, oscilando entre longas noitadas e períodos de recuperação, desacelerei a ingestão deste tipo de material até chegar a uma paralisação total. Coisa demais é oriunda dos limites estreitos dos *Oxford Books*. Mistura de uma fixação romântica em feitos heroicos e aventuras, com traços de mania religiosa, em suspensão temporá-

---

* Se então soubesse, o mosteiro ficava, em linha reta, apenas quarenta milhas a sudeste do ponto onde eu estava na estrada da Suábia.

ria, e de languidez pré-rafaelita e medievalismo típico da prosa de Wardour Street;[14] ligeiramente corrigida – ou, pelo menos, alterada – por ser um pouco tosco e ter tendência a mau comportamento. Um retrato justo, na verdade, de minha condição intelectual: voltada para o passado, aleatória, sem erudição e, especialmente em grego, maculada por um prematuro rompimento. (Venho tentando superar o atraso desde então, com resultados mistos.) Mas existiam um ou dois raios de esperança e me sinto obrigado a declarar, em autodefesa, que Shakespeare, tanto em quantidade quanto em recorrência, lançava sombra sobre todo o resto deste material rolante. Muita coisa desapareceu por desuso; alguma permanece; adições foram apensadas, mas esta quantidade posterior é menor, pela triste razão que o dom de aprender de cor diminui. A cera endurece e o estilete arranha em vão.

Volto à estrada da Suábia.

Na Alemanha, o canto é universal, não causa consternação; *Shuffle Off to Buffalo*; *Bye, Bye, Blackbird*; ou *Shenandoah*; ou *The Raggle Taggle Gypsies*, cantadas enquanto eu caminhava, nada mais provocavam do que sorrisos tolerantes. Mas a poesia era diferente. Murmurar na estrada provocava o levantar de sobrancelhas e um olhar de piedosa ansiedade. Passagens proferidas junto com gestos, e às vezes bem alto, provocavam expressões de alarme, caso eu fosse apanhado em flagrante. Regulus pedia um modesto floreio para empurrar de lado a multidão que o retardava quando se dirigia para o verdugo cartaginês, como se fosse para Tarento da Lacedemônia ou para os campos venafrianos;[15] mas, exortar a tropa de ataque em Harfleur a que barrasse a muralha usando cadáveres ingleses,[16] automaticamente, trazia um tom de voz exaltado e atuação mais enfática, e duplicava o embaraço se eu fosse apanhado no ato. Quando isto acontecia, procurava dissimular num tossido ou tecer as palavras num murmúrio sem melodia e reduzir toda a gesticulação à de uma arrumação fingida dos cabelos. Mas algumas passagens, antes que se lhes possa dar asas, pedem uma estrada vazia até onde alcançam os olhos. Por exemplo, nos jogos funerários de Anquises, a terrível luta corporal em que Entelus manda Dares, rodopiando e cuspindo sangue e dentes, pela costa siciliana abaixo, – *"ore ejectantem mixtosque in sanguine dentes!"* – e depois, quando, com seu punho envolto em tiras de couro, espalha os miolos de um novilho, dando-lhe um murro entre os chifres – isto requer cuidado.[17] No tocante à estocada de espada que faz o grande senhor de Luna espatifar-se, na cabeça de ponte, entre os áugures, assim como cai um carvalho no Monte Alverno[18] – aqui, os gritos, os rasgos encenados pelo cajado, a postura cambaleante e os braços lançados para cima não deveriam jamais ser ensaiados se existisse, neste momento, alguém a algumas milhas de distância. Para um olhar estranho, poderia parecer tratar-se de um bêbado ou de um lunático.

Pois hoje foi assim. Eu estava no exato momento do crescendo e clímax, quando uma velha senhora saiu cambaleante de uma mata onde colhia gravetos. Deixou que caíssem espalhados e deu no pé. Desejei que a terra tivesse me engolido, ou que eu tivesse sido pinçado para as nuvens.

Herrick teria sido mais prudente; Valéry, se eu o conhecesse então, seria perfeito: "*Calme...*".[19]

◆ ◆ ◆ ◆

A CHUVA HAVIA revirado a neve, transformando-a em lama; e, em seguida, rajadas vindas das montanhas a congelaram numa desordem desfigurada e sulcada. Agora, após uma breve lufada de alerta, o vento espalhava flocos aos milhões. Eles obscureciam a paisagem, acumulando sobre um dos lados do corpo do viajante uma camada de neve, cobrindo sua cabeça com uma crosta branca e enredando seus cílios em escamas pegajosas. O trajeto corria ao longo de uma corcova desprotegida e o vento parecia, alternadamente, quer uma mão paralisante sobre meu peito, quer, de repente, mudando de quadrante, um pontapé que me mandava rodopiando ou catando cavacos ao longo do caminho. Nenhuma aldeia tinha sido avistada, mesmo antes deste devastador ataque. Quase nenhuma viatura passava. Eu detestava caronas e tinha regras muito claras a este respeito: evitá-las com todo rigor, isto é, até que caminhar fosse literalmente intolerável; e então não utilizá-las além do correspondente a um dia de marcha. (E me mantive nisso.) Mas agora sequer um veículo passava; nada além de flocos de neve e vento; até que, por fim, surgiu ao meu lado uma mancha escura com uma batida metálica, chacoalhando até parar. Era um pesado caminhão diesel, com correntes nos pneus e uma carga de perfis metálicos. O motorista abriu a porta e estendeu a mão para me ajudar, dizendo: "*Spring hinein!*". Quando estava sentado ao seu lado na cabine fumegante, ele disse: "*Du bist ein Schneemann!*" – um boneco de neve. Era o que eu era, de fato. Continuamos em frente, barulhentos. Mostrando os flocos que cobriam o para-brisa tão rapidamente quanto os limpadores os removiam, ele disse: "*Schlimm, niet?*" ("Horrível, não?"). Ele sacou uma garrafa de *schnapps* e tomei um longo trago. A alegria dos viajantes! "*Wohin gehst Du?*" Eu lhe respondi. (Acho que foi mais ou menos nesta altura da viagem que comecei a notar a mudança na pergunta: "Para onde você vai?". No Norte, na Baixa Alemanha, todos diziam: "*Wohin laufen Sie?*" e "*Warum laufen Sie zu Fuss?*" ("Por que você caminha a pé?"). Até recentemente, o verbo usado tinha sido '*gehen*'. Isto porque '*laufen*', no Sul, quer dizer 'correr' – provavelmente vindo da mesma raiz de '*lope*' em inglês. O sotaque também vinha se alterando rapidamente; na Suábia, a mudança mais notável era a substituição de '*le*' ao final de um substantivo em lugar de '*chen*', como um diminutivo; '*häusle*' e '*hundle*', no lugar de '*häuschen*' e '*hundchen*', como em casinha e cachorrinho. Tive a sensação de que caminhava em frente, tanto linguística quanto geograficamente, mergulhando mais e mais no coração da Alta Alemanha... O '*Du*' utilizado pelo motorista era um sinal de companheirismo, típico dos membros da classe trabalhadora, ao qual já tinha sido apresentado várias vezes. Denotava uma aceitação amistosa e camaradagem.)

◆ ◆ ◆ ◆

QUANDO ELE ME deixou em Ulm, sobre as pedras geladas da rua, eu sabia que tinha alcançado um marco divisório de minha viagem. Porque lá fluía o Danúbio, a sotavento das ameias, por debaixo dos flocos de neve que caíam, escuro e já descolorido pelo sedimento.

Foi um encontro solene. Uma enorme ponte vencia a largura do rio e, a partir de cada margem, o gelo avançava, encontrando-se e eventualmente se juntando em meio à corrente. Em direção ao interior, a partir da muralha colada ao rio, os telhados, recuando desordenadamente, eram íngremes demais para segurar a neve; os flocos se aglomeravam, ganhavam volume e então escorregavam sibilantes sobre as vielas. No coração deste labirinto, erguia-se a Abadia de Ulm, literalmente encilhada pelo mais alto campanário do mundo, assentado sobre um octógono montado no extremo ocidental da enorme nave, sua flecha transparente desaparecendo num evanescente edredom de nuvens.

Terminava um dia de mercado. A neve era sacudida das lonas impermeáveis e cestas eram encaixadas sobre cestas. Cataratas de vegetais retumbavam no fundo das carroças, e seus cavalos, muitos dos quais dotados daquelas belas crinas e rabos claros, eram conduzidos, com impropérios, para o entre eixos das carroças. Mulheres com bochechas rosadas, vindas de dezenas de vilarejos, portavam toucas engomadas com fitas pretas, certamente terríveis depósitos de neve. Elas se juntavam em torno aos braseiros e pisoteavam com botas incomuns, no formato de baldes, que eu nunca vira antes e jamais vi desde então; eram cilindros elefantinos, tão largos quanto o calçado dos postilhões do século XVII, forrados por dentro com feltro e estufados com palha. Gritos em dialeto obscuro iam e vinham por entre as bufadas e os relinchos. Havia um agito de aves e o guincho de porcos, e o gado era empurrado de seus abrigos já meio desmanchados, à medida que as cercas eram empilhadas. Vilarinhos com chapéus largos e chatos e coletes vermelhos e chicotes em mãos socializavam em meio às colunatas e ao longo da escadaria de degraus rasos. Havia um zumbido de confabulação, barulhento e brincalhão, e fumaça entre os sólidos pilares; e as abóbadas sobre estes pilares formavam os pisos de salões medievais, tão grandes e massivos quanto os tithe barns[20] em que se guardava o dízimo devido em espécie pelos agricultores.

Uma atmosfera da tardia Idade Média permeava a famosa cidade. A vigorosa interpretação teutônica do Renascimento explodia nas mísulas e nos mainéis de janelas salientes e proliferava no entorno dos portais. Na terminação de cada um dos altos edifícios cívicos, levantava-se, ziguezagueante, um triângulo isósceles, enquanto águas-furtadas e frontões planos erguiam suas guelras ao longo de telhados cerâmicos enormes que pareciam estar cobertos com escamas de pangolins. Escudos entalhados em alto-relevo saltavam das paredes. Muitos mostravam águias de duas cabeças. O pássaro era emblemático do status do lugar. Ulm – diferente das cidades e províncias vizinhas, que haviam sido feudos de soberanos menos importantes – estava sujeita apenas ao imperador. Era uma Cidade Imperial: uma *Reichstadt*.

Um lance de escadas levava à parte mais baixa da cidade. Aqui, os andares se projetavam para fora e quase se tocavam. Uma das vielas mais largas continha um labirinto de carpinteiros, seleiros, ferreiros e oficinas cavernosas. Pelo meio dela, visível apenas através de uns poucos buracos escavados, corria um rio, coberto por uma carapaça de gelo e um acolchoado de neve, sob uma sucessão de pontes estreitas; subdividia-se em torno a uma ilha, onde um salgueiro chorão crescia em direção a beirais com pingentes de gelo, juntando-se, de novo, perto de um moinho d'água, – tão profundamente imerso em gelo que parecia que jamais voltaria a moer – e, a partir daí, correndo até se lançar no Danúbio.

Esta parte da cidade continha nada mais do que a Idade Média, ou assim me parecia. Em frente a um fabricante de arreios, uma velhota simpática viu que eu examinava um buraco no gelo. "Está cheio de *forellen!*", ela disse. "Truta?", perguntei. "*Ja, Forellen! Voll, voll davon.*" Como é que se arrumavam sob aquela grossa capa de gelo? Pairavam suspensas no escuro? Ou corriam através dos seus cursos schubertianos, escondidas e determinadas? Seria a estação de pesca? Caso fosse, estava decidido a esbanjar, conseguindo uma para o jantar, com uma garrafa de vinho da Francônia. Enquanto isto, a noite chegava rápido. Ao alto, em meio à neve cadente, um sino começou a retumbar lentamente: "*Funera plango!*", uma nota profunda e solene. "*Fulgura frango!*" Poderia estar dobrando pela morte de um imperador, pela guerra, por um cerco, ou uma revolta, praga, excomunhão, interdição judicial, ou pelo Juízo Final: "*Excito lentos! Dissipo ventos! Paco cruentos!*".[21]

◆ ◆ ◆ ◆

LOGO QUE A abadia abriu, labutei pelos degraus do campanário acima e parei, com o coração batendo, sobre o sótão onde aqueles sinos estavam dependurados. Vistos através das cúspides de uma potentilha – e em meio ao estardalhaço de gralhas cinzentas, e de uma ou outra gralha calva, que minha subida havia deslocado – os telhados da cidade, em perspectiva, reduziam-se a um labirinto rasteiro. Ulm é o mais alto ponto navegável do Danúbio, e filas de barcaças estavam ali ancoradas. Eu me perguntei se o gelo teria avançado durante a noite e para onde as barcaças seriam arrastadas. Água é a única matéria que se expande, ao invés de se contrair, quando congela, e uma queda súbita de temperatura pode arrebentar barcos desavisados como se fossem cascas de ovo. Ao sul do rio, o território recuava numa vastidão branca, encostando-se no Jura suabiano. O rebordo oriental da Floresta Negra obscurecia as montanhas; mas elas se levantavam mais adiante e se fundiam com o sopé dos Alpes e, em algum lugar entre elas, invisível numa calha, ficava o Lago Constança, o Reno para ele fluindo a partir do sul e dele saindo em direção ao norte. Claramente discernível, pico após pico, a convulsão topográfica da Suíça brilhava na pálida luz do sol.

Era uma visão deslumbrante. Poucas partes da Europa Central têm sido palco para tanta história. Além de qual bacia ficava a passagem onde os elefantes de Aníbal escorregaram morro abaixo? Apenas poucas milhas adiante, começava a fronteira do Império Romano. No fundo daquelas florestas míticas que o rio refletia ao longo de muitos dias de caminhada, as tribos germânicas, a nêmesis de Roma, esperaram pela oportunidade de atacar. O *limes* romano seguia a margem sul do rio até chegar ao Mar Negro. Pelo mesmo vale, funcionando ao reverso, metade dos bárbaros da Ásia se esgueirou pela Europa Central adentro, e logo abaixo de meu poleiro, rio acima, os hunos apareceram, e saíram novamente, antes de fazerem seus pôneis nadar através do Reno – ou então trotar sobre o gelo – até que, frustrados por um milagre, puxaram suas rédeas um pouco antes de Paris. Carlos Magno vasculhou este canto de seu império até destruir os ávaros na Panônia; e, poucas léguas a sudoeste, as ruínas de Hohenstaufen, casa da família que fez imperadores e papas mergulharem em séculos de vendeta, ainda aparecem amontoadas. Sucessivas vezes, exércitos de mercenários, carregando máquinas de assédio e escadas de assalto, arrastaram-se por todo este mapa. A Guerra dos Trinta Anos, a pior de todas, estava se tornando uma obsessão para mim: um sinistro, ruinoso e malfadado conflito de crenças e dinastias, inútil e sem solução, cujas motivações se faziam e desfaziam o tempo todo, os atores, como num jogo de cartas, embaralhados e reposicionados constantemente. Porque, independente dos eventos – as defenestrações e batalhas frontais e cercos históricos, as carnificinas e fomes e pragas – os augúrios astrológicos e o rumor de canibalismo e bruxaria ocorriam fugidios nas sombras. Os capitães poliglotas de hostes facínoras e multilíngues ocupam a maioria das galerias da Europa, encarando-nos, quer queiramos ou não, com seus olhos duros e seus bigodes de Velasquez. Exibindo-se emplumados contra um fundo de tendas e tropas em colisão, apontam serenamente seus bastões; ou então, aparecem de cabeça despida e a pé, magnânimos, em meio a uma floresta de lanças, aceitando chaves ou uma espada a título de capitulação! Seus cachos escorrem e suas rendas ou colarinhos engomados se dobram sobre armaduras negras com incrustações em dourado; de suas molduras, almas altaneiras e distantes, eles nos encaram com melancolia, enigmáticos e inesquecíveis. Tilly, Wallenstein, Mansfeld, Bethlen, Brunswick, Spinola, Maximiliano, Gustavo Adolfo, Bernard de Saxe-Weimar, Piccolomini, Arnim, Königsmarck, Wrangel, Pappenheim, o cardeal-infante dos Países Baixos espanhóis, o Grand Condé. Os estandartes da destruição se movem pela paisagem como bandeiras num mapa de campanha: as águias do imperador, aureoladas e de dupla cabeça, os losangos azul e branco de Wittelsbach para o Palatinado e a Baviera, o leão rampante da Boêmia, as listras pretas e douradas da Saxônia, as três coroas de Vasa da Suécia, o xadrez preto e branco de Brandenburgo, os leões de Castela e Aragão, o azul e dourado dos lírios franceses. Desde aqueles tempos, o quebra-cabeças da distribuição territorial de católicos e protestantes permaneceu como estabelecido pela Paz de Vestfália. Cada enclave, um após o outro, dependia da fé de seu soberano e, ocasionalmente, como consequência de uma peculiaridade sucessória, um príncipe de outra fé reinaria tão pacificamente como o Nizam muçulmano sobre seus súditos hindus em Hyderabad. Se a paisagem fosse realmente um mapa, estaria pontilhada com aquelas pequenas espadas cruzadas que indicam campos de batalha. A apenas um dia de caminhada nesta mesma margem, ficava o vilarejo de

Blenheim,* onde Napoleão derrotou o exército austríaco na rampa logo além de sua barbacã. Os canhões se afundaram nos campos inundados enquanto as carretas, os canhoneiros e suas equipes eram carregados pela corrente. Olhando para baixo, numa das pistas, eu via uma esvoaçante bandeira escarlate com uma suástica em seu disco branco, indicando que ainda haveria encrenca à frente. Alguém com habilidades proféticas e de interpretação dos símbolos poderia ter previsto que três quartos da velha cidade, logo abaixo, iriam explodir em chamas poucos anos mais tarde; para se erguer novamente numa geometria de arranha-céus de blocos de concreto.

A primeira visão do Danúbio! Algo espetacular. Na Europa, somente o Volga é mais longo. Se um dos corvos que se agitava entre os florões abaixo tivesse voado para meu próximo ponto de encontro com o rio, teria pousado duzentas milhas a leste desta torre. Uma rajada de vento assoviava mais alto através da pedra rendilhada da flecha do campanário e as nuvens avançavam rapidamente.

Em contraste, a nave vazia estava escura, iluminada apenas pela maravilhosa tonalidade profunda e triste dos vitrais. Um organista, arrebatado numa improvisação, sibilava e trovoava do alto de seu ninho, à luz de um abajur, ao pé de uma gigantesca coleção de tubos. Os grupos de pilares, que pareciam delgados para um espaço tão imenso, dividiam a nave em cinco alas e se elevavam até uma rede de arestas, nervuras e liernes, que, com uma pequena liberalidade arquitetônica, teriam se transformado num leque rendilhado. Mas eram as baias do coro que clamavam por atenção. Uma audaciosa explosão de humanismo tridimensional havia forjado suas terminações, em madeira escura, na forma de torsos de sibilas de tamanho real: na verdade, eram senhoras vestidas em toucas e véus e mangas rasgadas, com as cabeças cobertas como a Duquesa em *Alice no País das Maravilhas*. Esticavam-se, ansiosas, até o outro lado do coro, em direção a Platão e Aristóteles, e a uma atenta academia de filósofos pagãos, ataviados como burgomestres e liderados por Ptolomeu, empunhando um astrolábio de

---

* Na Alemanha e na França, a batalha é conhecida como Höchstädt – nome tomado do vilarejo seguinte.

madeira. O hexágono em abóbadas sob a flecha era usado como capela memorial. As coroas de louros e os estandartes em seda dos regimentos de Württenberg e Baden de 1914 a 1918 estavam dependurados em filas: bandeiras sustentando cruzes negras sobre um fundo branco. As homenagens militares, inscritas em ouro em fitas tremulantes, eram todas familiares: o Somme, Vimy, Verdun e Passchendaele.

As janelas coloridas da cidade morreram como fogueiras que se apagam. As nuvens tinham se fechado novamente e o céu pressagiava neve.

◆ ◆ ◆ ◆

EU ANDAVA PERSEGUINDO catedrais por estes dias. Poucas horas mais tarde, já estava dentro de mais uma, mastigando pão e queijo e uma cebola em um dos transeptos. A caminhada do dia tinha sido uma repetição da do dia anterior: atravessara a ponte sobre o Danúbio; nuvens baixas me seguiram com uma fumaça irritante; abriram-se e o vento leste, novamente, num turbilhão de flocos, deixando tudo indefinido, tinha quase me feito parar. Foi quando um benfeitor veio em meu socorro e me deixou em Augsburgo no final da manhã. Não esperava alcançá-la até muito depois do cair da noite, se tanto.

Nas baias do coro de Augsburgo, abundavam cenas bíblicas, separadas e fortemente lustradas, de derramamento de sangue. Em termos de realismo e impacto, deixavam as talhas de Ulm muito para trás. Na primeira cena, Jael, mangas soltas e cabeça coberta como um margrave, agarrava um martelo e fixava um cravo de ferro entre os cachos de Sísera adormecido. Judite, igualmente vestida na melhor moda dos Plantageneta, segurava numa das mãos a cabeça decepada de Holofernes, enquanto com a outra enterrava a espada em sua região lombar. O machado de Caim estava a ponto de partir ao meio as têmporas de Abel, e Davi, recurvado sobre a figura de Golias em malha de metal, já praticamente arrancara sua cabeça. Estes duos em madeira eram um tanto grotescos. Os flamengos e os borgonheses competem com os alemães em matéria de talha de madeira, mas não conseguem alcançá-los neste duro realismo. Nos túmulos e lápides, as figuras de leigos bem nascidos – homens de caras largas e duras, em armaduras de corpo inteiro, com o cabelo aparado em franja – eram em número inferior às dos príncipes-bispos e dos langraves mitrados que outrora governaram esta belicosa sé. Alguns vestiam cotas de malha, outros se apresentavam em casulas; e as mãos de pedra, juntadas em oração, eram cobertas por manoplas ou por luvas episcopais com losangos de pedras preciosas para marcar os pontos dos estigmas. Olhares severos de superioridade se estampavam naquelas cabeças quadradas, quer exibissem tonsuras, deitadas sobre almofadas, ou estivessem levemente erguidas, dentro de elmos; ao lado, lanças e cruzeiros eram intercambiáveis. Sob um prelado em pesadas roupas pontifícias, estendia-se uma efígie de seu esqueleto depois que os vermes lhe deram cabo. Mais adiante, de uma queixada dependurada sob as cavidades das bochechas e dos olhos de um aquilino zelote, o estertor da morte era quase audível.

Mementos desoladores. Mas, em compensação, quatro deslumbrantes cenas da vida da Virgem estavam dependuradas atrás de altares laterais. 'Hans Holbein', a placa de latão indicava; mais pareciam Memling nos trajes e sentimento, antecedendo de longa data os personagens da realeza, embaixadores e nobres que todos conhecemos. Resultaram ser do pai e homônimo do Holbein mais conhecido, patriarca de toda uma dinastia de pintores de Augsburgo.

◆ ◆ ◆ ◆

PRECISO RESISTIR à tentação de falar mais amplamente da fascinante cidade lá fora: de sua abundância de prédios magníficos, da fachada em afrescos da casa Fugger, dos poços com dossel em ferro forjado. Enquanto comia, eu buscava uma presa maior: nada menos do que a totalidade do sentimento e caráter das cidades alemãs pré-barrocas. Passamos por um bom número delas; outras mais virão. Eu andava articulando uma teoria cujas notas mal afinadas já soaram em páginas anteriores; assim é melhor que a tire do peito.

As características que tinha em mente, embora logicamente não conhecesse então seus detalhes, se estendem muito adiante da Alemanha Meridional:

avançam pelo Danúbio abaixo, cruzando a Áustria e adentrado pela Boêmia; através das montanhas do Tirol até a fronteira da Lombardia; e pelos Alpes suíços e através do Alto Reno rumo ao interior da Alsácia; e o real segredo da arquitetura destas cidades é que são medievais na estrutura e renascentistas – ou a interpretação teutônica do Renascimento – apenas nos detalhes. Uma grande onda se formou na Lombardia e em Veneza. Cresceu, ganhou velocidade e, por fim, jogou-se em direção ao norte através de desfiladeiros, descendo para as planícies, quebrando-se sobre a grande massa medieval da Alemanha, e se espalhando de maneira ampla e dispersa. Curvas como as frestas de violinos passaram a complicar e suavizar os ziguezagues dos frontões, e, no alto das terminações em degraus, pináculos floridos e elaborados obeliscos logo surgiram. Estruturalmente, as novas arcadas ainda eram claustros medievais, mas a proliferação de detalhes que sobre elas surge transformam-nas em lógias, rebuscados abrigos de leigos prósperos. Permaneceram os telhados medievais, similares a celeiros, mas, das arcadas aos beirais, janelas salientes elevaram-se em filas sobrepostas de mainéis e vidros blazonados, tão ornamentadas quanto a popa de um galeão. Chegavam a se projetar sobre as esquinas das ruas em polígonos e cilindros espiralados, apoiados em sua extravagância por emaranhados de pedra e de madeira entalhada. A mesma entusiástica tendência explodiu por tudo quanto é lugar...

Vinha buscando um símbolo que pudesse expressar adequadamente esta idiossincrasia, e subitamente o encontrei! No apartamento das garotas em Stuttgart, folheando um livro ilustrado da história alemã, parei numa estampa colorida representando três cativantes figuras. O título era *Lansquenês*[22] *no tempo do Imperador Maximiliano I*. Eram três gigantes louros. Bigodões desafiantes regalavam-se sobre a saliência de suas barbas peludas. Seus chapéus moles eram usados em ângulos briosos e, sob um retorcido de penas de avestruz, as abas segmentadas se espalhavam, incongruentes como as pétalas de uma pervinca. Dois destes homens agarravam piques com elaboradas lâminas, o terceiro levava um mosquete; mãos nos punhos de suas espadas levantavam as bainhas por trás de si. Gibões rasgados ampliavam seus ombros e mangas acolchoadas inflavam seus braços como zepelins; mas, por cima de tudo isso, seus torsos estavam embrulhados em largas faixas enviesadas, folgadamente presas a seus troncos por uma fileira de laços numa inclinação oposta, e fitas de colorido vivo, em espirais similarmente contrapostas, tremulavam em torno de seus já volumosos braços: escarlate, vermelhão, laranja, canário, azul da Prússia, verde grama, violeta e ocre. Das nádegas e das culhoneiras aos joelhos, suas pernas estavam submetidas ao mesmo tratamento de fitas num jogo de opostos, e, com assimétrica astúcia, as faixas coloridas eram arrumadas em diferentes inclinações em cada perna. Os três pareciam gaiolas tremulantes de cores entrecruzadas, como paus de fitas prontos para serem desenrolados. Mais abaixo, os leotardos listrados e variegados terminavam em sapatos bico de pato, com dedão separado. Um dos soldados, usando uma placa peitoral sobre seus adereços, dispensou todas as fitas abaixo da virilha. Ao invés, suas pernas eram adornadas com fiadas de franjas que iam até a panturrilha – fitas de terminação quadrada que saltavam para fora, como os anéis umbelíferos de folhagem naquelas plantas de brejo chamadas 'cavalinha'.

Eram vestimentas de fanfarrões, exuberantes e estapafúrdias, e, no entanto, nada havia de adamado nos usuários: debaixo da ofuscante excitação de seus trajes, eram severos soldados teutônicos, e ainda medievais. Estes rasgos que pareciam aplicar-se por toda parte eram uma coisa teutônica. Começaram no fim do século XV, quando milhas e milhas de seda saqueada foram cortadas em pedaços para remendar os farrapos de campanha de alguns mercenários sortudos; eles foram à loucura por entre os fardos; e aí, fora de controle, começaram a puxar os tecidos de baixo através das fendas e a deixá-los salientes. Uma vez lançada, a moda se espalhou pelas cortes dos Valois, dos Tudor e dos Stuart, e, por fim, culminou na sua flor mais refinada no Campo do Pano de Ouro.*,[23] Mas os lansquenês eram objeto de pavor. Praguejando e mutilando, participaram de todas as guerras religiosas e dinásticas do império; e, enquanto diligentemente usavam seus piques, prédios começavam a ser levantados. Quando Carlos V sucedeu a Maxi-

---

* As cartas altas no baralho europeu são uma versão moderada de tudo isto, e o uniforme da Pontifícia Guarda Suíça no Vaticano é a tentativa de Miguelângelo de padronizá-lo. Ainda existe um jogo de cartas francês chamado *lansquenet*.

miliano em 1519, o esplendor meridiano dos lansquenês coincidiu com uma geração de glória que o Sacro Império Romano não via desde Carlos Magno e nunca mais veria. Através de herança, conquista, casamento e descoberta, o império de Carlos avançou para o norte até os estabelecimentos bálticos dos Cavaleiros Teutônicos e para o velho mundo hanseático e para a Holanda; deslocou-se para o sul, incluindo o ducado de Milão e engoliu os postos avançados constituídos pelos reinos de Nápoles e da Sicília; marchou com a Turquia no Médio Danúbio e expandiu para a Borgonha Ocidental; então, deixando de lado a França – cujo rei, entretanto, era mantido prisioneiro do imperador em Madri – a partir dos Pireneus, pulou sobre o Atlântico até a costa do Peru, no Pacífico.

Tendo achado a fórmula do lansquenê – solidez medieval adornada por uma floresta de detalhes inorgânicos renascentistas – nada me segurava! Aparecia onde quer que eu olhasse: não só em frontões, sinos, poços, janelas salientes e arcadas, e nos gigantes da floresta que, pintados em têmpera colorida, escalavam cinquenta pés de fachada – mas em tudo mais. Era onipresente na heráldica que assombra todas as cidades alemãs. Os brasões incrustados naquelas paredes das cidades do sul da Alemanha haviam sido, em certo momento, tão simples quanto ferros de engomar de cabeça para baixo com cestos invertidos por cima: ao toque da nova fórmula, cada escudo se transformara na metade inferior de um violoncelo seccionado na horizontal, recortado em floreios para receber uma lança inclinada; sobre estes, um arranjo em treliça de uns vinte capacetes coroados por folhas de morango, cada elmo carregado de chifres ou asas ou penas de avestruz ou pavão, e todos eles subitamente cercados por uma ramagem tão desordenada, retorcida e recortada como um redemoinho de folhas espatuladas. Asas de águias se expandiam em leques de plumas negras, rabos bifurcados em múltiplas pendentes, as línguas saltando para fora dos bicos e presas em chamas; armaduras se desconstruíam em nervuras e caneluras e labaredas e arabescos incrustados. Tudo era ondulante. Teria sido também o princípio do lansquenê que, espalhando-se para a tipografia, contorcera as maiúsculas, fizera as serifas rodopiarem, e soltara, no entorno do texto em escrita gótica pós-Gutenberg, aqueles impetuosos, refluentes, intermináveis floreios negros, como fitas movimentadas em pontas de varetas por um mágico? Tipografia, *ex libris*, páginas de abertura, títulos, xilogravuras, estampas em metal... Dürer, encastelado na Nuremberg medieval no seu retorno da Veneza renascentista, meteu-lhe as esporas. O contorno duro na arte alemã, o amor da complexidade... E Holbein? (Cranach não, eu tinha estado diante de seus trabalhos àquela manhã no museu.) Seguindo as pistas daqueles soldados – subconscientemente, talvez – os pedreiros e ferreiros e marceneiros devem ter se juntado para conspirar; tudo que pudesse ser forquilhado, ramificado, enrolado, tremulado, dobrado ou enredado, subitamente se pôs a mover. Relógios, chaves, dobradiças, sanefas de porta, empunhaduras de espada e guarda-matos... suaves movimentos centrífugos e retrações! O princípio ainda está ativo.

    Todos inventamos uma idade de ouro um tanto falsa para nos envolver quando comemos e bebemos fora de casa. A se julgar pelos pubs, isto é expresso na Inglaterra pelo reinado de Elizabete, com a Regência seguindo de perto. A terra dos sonhos das ceias na França é a Abadia de Thélème de Rabelais e o mundo da 'galinha na panela' de Henry IV;[24] o paraíso perdido do sul da Alemanha cobre mais ou menos a mesma época: que, a propósito, é o período dos lansquenês. Seus exércitos marchavam e contramarchavam; mas não era apenas uma época de triunfo militar e territorial. O estimulante bate-boca da Reforma estava em curso. A Contrarreforma se preparava para um repique. Lutero fulminava; Erasmo, Reuchlin, Melanchthon e Paracelsus recurvavam-se sobre suas mesas de trabalho; os maiores pintores da Alemanha estavam ocupados em seus estúdios; livros e ideias estavam em andamento. Aí, quando a Guerra dos Trinta Anos eclodiu e os anos de mortandade se alongaram por décadas, toda construção parou e artistas e escritores se eclipsaram. O império logo se afundou em caducidade entre as cinzas. O ponto alto dos lansquenês se fora. A fagulha penúltima, Maria Teresa, foi apenas uma prorrogação, e logo murcharam as perversas e cerebrinas maravilhas do Barroco, que floresciam entre os príncipes como uma primavera de outono. (A morte veio com a Revolução; e a única esperança de renascimento do mundo teutônico estaria no norte distante, com a estrela ascendente do Margraviado de Brandenburgo. Mas os alemães do sul e os austríacos nunca deram muita importância para a Prússia.) Não é surpresa, portanto, que os reinos de Maximiliano e Carlos V permaneçam como a despreocupada terra dos sonhos do mundo de fala alemã. (Definitivamente não é Valhalla ou Asgard; estes sempre os fazem descarrilhar.) Adegas de vinho, tavernas, cervejarias, cafeterias – centenas delas, autênticas, permaneciam intactas; e as novas as evocavam de pronto. Portanto, não é apenas o besteiro a vomitar, personagem de uma era anterior, que assombra estas instalações; e menos ainda o ébrio introspectivo de depois da Guerra dos Trinta Anos. Este personagem de chinó esperava, taciturno, pelas pastorais coloridas que viriam a se juntar no teto entre as gavinhas de gesso, e pelos quartetos de cordas que começariam sua afinação.

Não. É o comilão barbado no seu traje de arlequim, recrutado na Suábia, retorcendo seu bigode e gritando por outra garrafa. Ele é a epítome ambulante e sua influência está em toda parte: nos globos coloridos que se afunilam, formando as hastes dos cálices de vinho, nos rótulos das garrafas de cor verde ou âmbar, nas placas de metal dependuradas em escoras de ferro fundido, rangendo do lado de fora; no desdobramento dos consolos talhados e nos complexos trabalhos de ferro das balaustradas, nas dobras das paredes apaineladas e nos floreios caligráficos dos motes sobre os murais; no pesado tumulto báquico das talhas, em que a hera se entrelaça com brotos de vinhas e folhas e cachos. Ele está presente na perfuração dos encostos de bancos, nos tirantes das mesas, e nos tetos encofrados de madeira e estuco; nas tampas escalonadas, nas dobradiças e nas asas dos canecões de pedra, na serpentina de chumbo que amarra em colmeia os painéis de vidros circulares das janelas, nas cerâmicas dos fogões roubados da Holanda espanhola, nas tampas dos bojos dos cachimbos de louça pintada – tudo é dele. É o detalhe que corrobora a terra dos sonhos.

Terra dos sonhos para mim também, por um tempo. Era no aconchego desta parafernália, com pó de serra sob meus pés, escondido numa manta e pela fumaça de charuto barato, que eu vertia estas ideias no meu diário. *A pedra de toque dos lansquenês!* (Novidade rançosa, suponho eu. Estas descobertas quase sempre o são.) No transepto da catedral, a noção subitamente tomou forma, detonando sobre minha cabeça e se atirando para cima em direção ao trifólio como um gigantesco ponto de exclamação numa tira de cartum.

CAPÍTULO 4

WINTERREISE[1]

❀ ❀ ❀

O ar gelado estimulava e mordia penetrante, mas a neve e o vento obliteraram todos os detalhes da viagem a Munique. Quando a cena clareia num final da tarde, a neve ainda cai forte.

No balcão da *poste restante* do Hauptpost,[2] apanhei um envelope registrado, riscado com giz azul; dentro, rígidas e novas, estavam quatro notas de libra. Na hora exata! Animado, eu me dirigi ao Jugendherberge – um dos poucos albergues para jovens que ainda restavam – onde a palavra mágica 'estudante' me garantiu uma cama num dormitório comprido e vazio. Havia acabado de nela colocar minha mochila e meu cajado em sinal de posse quando um recém-chegado, de cara deprimente e espinhenta, entrou e arrogou-se o direito sobre a cama ao lado; irritantemente: todas as demais estavam disponíveis. Pior ainda, sentou-se, disposto a papear, e eu ansioso para ver a cidade: eu tinha um objetivo especial em mente. Apresentei uma desculpa qualquer e corri escada abaixo.

♦ ♦ ♦ ♦

LOGO ME ACHEI batalhando por uma avenida de enorme largura, que parecia se estender ao infinito através da cidade mais ventosa do mundo. Um arco triunfal avultou em meio à bruma de flocos de neve, lentamente passou ao meu lado e novamente desapareceu por trás de mim, enquanto o frio penetrava até os ossos, e quando, finalmente, uma bem-vinda fila de bares apareceu, eu me atirei porta adentro do primeiro, entornei um copo de *schnapps* por entre dentes que tiritavam sem cessar, e perguntei: "Falta muito para o *hofbräuhaus*?" Uma risada de pena percorreu o bar: eu tinha andado duas milhas na direção errada; estava num subúrbio que se chamava Schwabing. Engolindo mais dois *schnapps*, refiz meu caminho através da Friedrichstrasse num bonde, dele descendo junto a um monumento onde um rei da Baviera montava um cavalo metálico, de frente para outra portada colossal, escarranchado sobre o tráfego.

Eu esperava outro tipo de cidade, mais parecida com Nuremberg talvez, ou Rothenburg. Neste clima boreal e turbulento, a arquitetura neoclássica, os bulevares gigantescos, a pompa seca – tudo golpeava friamente o coração. A proporção de Tropas de Assalto e da SS pelas ruas era excepcionalmente alta e continuava a aumentar, e a saudação nazista se repetia nas calçadas como um *tic douloureux*. Do lado de fora do Feldherrnhale, com seu memorial aos dezesseis nazistas mortos ali perto, numa briga de rua em 1923, dois sentinelas SS com baionetas caladas e capacetes negros montavam guarda como figuras de ferro fundido, e o braço direito de cada passante se erguia como em reflexo a um choque elétrico. Era perigoso se abster desta homenagem. Ouviam-se histórias de estrangeiros não familiarizados sendo fisicamente agredidos por fanáticos. A partir daí, as vias começavam a se encolher. Percebi que havia uma ruela de alvenaria gótica e lancetas e contrafortes, e que, mais adiante, cúpulas de cobre se assentavam em convoluções barrocas. Uma Virgem no topo de uma coluna presidia uma praça inclinada, um dos lados da qual era formado por um alto edifício gótico-vitoriano cuja galeria inferior, em grandes arcos, abria para um emaranhado de ruas menos importantes. Em seu coração assentava-se um prédio massivo; o *hofbräuhaus*, meu objetivo. Uma pesada porta em arco despejava na neve pisoteada um cambaleante e estridente grupo de camisas-marrons.

◆ ◆ ◆ ◆

EU ESTAVA DE volta ao território da cerveja. A meio caminho de um lance de escada abobadado, um camisa-marrom, aos gemidos, encostado numa parede, seu braço mostrando uma suástica, despejava escada abaixo, num jorro hesitante, aquilo que havia absorvido nas horas precedentes. Trabalhos do amor perdidos.[3] Cada novo andar se abria em salões dedicados à comilança. Num dos aposentos, uma mesa de homens da SA cantavam mecanicamente *Lore, Lore, Lore*, marcando a lenta batida com o fundo de seus canecões, e depois dobrando o andamento ao correr pelas sílabas, como as carruagens de um trem expresso: "UND - KOMMT – DER – FRÜHLINGINDASTAL! GRÜSS – MIR – DIE – LORENOCHEIMAL". No entanto, o que chamou e fixou minha atenção foram uns paisanos sentados a comer.

É preciso viajar em direção a leste por cento e oitenta milhas a partir do Alto Reno e por setenta ao norte do divisor alpino de águas para se formar uma ideia do impacto sobre o arcabouço humano que pode exercer a cerveja, quando associada ao hábito de comer quase incessantemente – refeição após refeição ocupando as horas do dia de tal forma a quase não deixar um momento sequer livre. O conflito intestinal e o choque sem trégua entre absorção e digestão destroem muitas índoles alemãs, fazem testas se torcerem em caretas, e provocam palavras e gestos duros.

Os troncos destes festivos burgueses eram largos como barris. A amplitude de suas nádegas sobre os bancos de carvalho era pouco menor do que uma jarda. Ramificavam-se a partir de seus lombos em coxas tão grossas quanto o torso de um menino de dez anos; e seus braços, em escala similar, explodiam como almofadas dentro das sarjas que os confinavam. Queixo e peito formavam uma coluna única, e cada compacta nuca se vincava em três sorrisos enganosos. Cada cerda havia sido aparada e raspada de seu embolotado couro cabeludo. Estas superfícies, tão polidas quanto ovos de avestruz, refletiam a luz das luminárias do ambiente, exceto a partir das cinco da tarde, quando as sombras as cobriam. Os cabelos frisados de suas mulheres, repuxados de pescoços escarlates e presos por passadeiras, eram cobertos por *trilbys*[4] bávaros de feltro verde; sobre um par de ombros elefantinos, uma pequena estola de raposa estava afivelada. O mais volumoso do grupo era também o caçula que mais parecia um ídolo de matinê vítima de um feitiço cruel. Sob cachos louros que caíam, seus olhos de porcelana azul saltavam de bochechas que poderiam ter sido infladas por uma bomba de bicicleta, e lábios de cor cereja deixavam à mostra dentes do tipo que faz as crianças guincharem de medo. Nada havia de turvo ou atordoado nos olhos dos comensais. A situação podia reduzir seu tamanho, mas dava a seus olhares um foco mais agudo. Mãos como pacotes de salsicha voavam agilmente, botando para dentro garfada sobre garfada de presunto, salame, *frankfurter*, *krenwurst* e *blutwurst*, e os canecões de cerâmica eram levantados para longos tragos de líquido que instantaneamente tornava a brotar em bochechas e testas. Era como se estivessem competindo com cronômetros; suas vozes, em parte amordaçadas pela quantidade de coisas gostosas que enchiam suas bochechas, ficavam mais altas; suas risadas, carentes de modulação, ofendiam os ouvidos com frequentes pancadas. *Pumpernickel* e pãezinhos de anis e *bretzels* preenchiam todos os momentos vazios, mas os suprimentos sempre chegavam antes que uma calmaria de fato os ameaçasse. Enormes pratos ovais, carregados de *schweinebraten*, batatas, chucrute, repolho roxo e bolinhos cozidos[5] eram colocados em frente a cada comensal. Seguiam-se quantidades colossais de juntas de carne – porções inqualificáveis que, quando consumidas, deixavam em destaque sobre os pratos limpos ossadas que pareciam a pélvis de um bezerro ou partes do esqueleto de um elefante. Garçonetes, cujos físicos lembravam levantadores de peso ou praticantes de luta livre, circulavam estas provisões pelo ambiente, e as feições gotejavam e brilhavam como rostos num banquete de ogro. Mas logo, logo, a mesa outra vez se tornava um vazio campo de ossos, os sons esmoreciam, um olhar de perda enevoava aqueles olhos miúdos e havia no ar um breve sentimento de tristeza. Mas a salvação estava sempre por perto; velhotas surgiam a galope para prover socorro, com novas partidas de canecas e mais pratos cheios de coisas a consumir; e as úmidas testas destes lestrigonianos[6] se desenrugavam na renovação feliz da algazarra e da comilança.

Por engano, entrei num cômodo cheio de oficiais da SS, *gruppen* e *sturmbannführer* em negro, desde seus colarinhos com as insígnias de relâmpagos até a floresta de botas de cano alto sob a mesa. A reentrância da janela estava empilhada até o alto com chapéus marcados com o símbolo da caveira e ossos cruzados. Eu ainda não havia achado a parte desta Bastilha pela qual procurava, mas, por fim, um barulho como o do fluxo de um rio me guiou novamente para baixo e para o fim de minha jornada.

❖ ❖ ❖ ❖

AS ABÓBADAS DA grande câmara desapareciam no infinito através de camadas de fumaça azul. Cravos de botas raspavam, canecas batiam umas contra as outras e o cheiro combinado de cerveja e corpos e roupas velhas e pátios rurais tomava de assalto o recém-chegado. Eu me espremi numa mesa cheia de camponeses, e logo bebia de uma daquelas *masskruge*. Era mais pesada do que um par de halteres de ferro, mas a cerveja loura que vinha dentro era fresca e maravilhosa, um litro cilíndrico reminiscente de mitos teutônicos. Este era o combustível que havia transformado em zepelins os barulhentos comensais dos andares de cima, fazendo-os flutuar muito além do que seria desejável. Os cilindros de cores metálicas levavam estampados um HB azul debaixo da coroa da Baviera, tal como a marca de uma fundição num canhão. As mesas me pareciam se transformar em baterias onde cada canhoneiro manobrava uma peça de artilharia silenciosa e sem coice que, para ele mesmo apontada, atirava metodicamente. O fogo em massa das *masskruge*! Aqui e ali nas mesas, um ou outro combatente, cabeça caída sobre uma poça de cerveja, havia sido abatido em sua posição. As abóbadas reverberavam com a trovoada de uma barragem rasante. Deviam estar envolvidas mais de mil peças! – Big Berthas,[7] uma pálida ninhada de Krupp, bateria sobre bateria colidindo aleatoriamente ou dando salvas, à medida que os operadores ajustavam a elevação e o movimento transversal e, em seguida, apertavam o guarda-mato de pedra. Apoiados pelos companheiros, os feridos caminhavam cambaleantes através da fumaça da batalha, enquanto um novo canhoneiro se aboletava no lugar que havia ficado vago.

Meu canhão tinha dado seu último tiro e eu queria passar para um explosivo de tom mais escuro. Logo, uma nova *mass* foi colocada ruidosamente sobre a mesa. Em harmonia com sua cor, logo tocou uma nota mais escura, um longo acorde wagneriano de semibreves em escrita gótica: *Nacht und Nebel!*[8] Formaram-se em minha cabeça extensas paisagens bávaras, abrindo-se em visões de estacas agrupadas em pirâmide, sobre as quais o lúpulo flutuava sem rumo, carregado de flores sombrias como papoulas.

Os camponeses e fazendeiros e os artesãos de Munique que enchiam estas mesas eram muito mais simpáticos do que os cidadãos glutões do andar de cima. Comparados com as figuras firmes e adestradas dos poucos soldados presentes, os membros das Tropas de Assalto pareciam mal amarrados embrulhos de papel marrom. Havia até um marinheiro com duas fitas de seda preta que, da parte posterior do seu boné, caíam sobre o colarinho, e nas quais, pelo lado da frente, em letras douradas, estava escrito 'Unterseeboot'. O que estaria fazendo aqui no interior, tão longe de Kiel e do Báltico, este submarinista hanseático? Meus companheiros de mesa eram gente do campo, homens grandes de mãos calosas, um ou outro com suas mulheres. Alguns dos homens mais velhos vestiam jaquetas de *loden*[9] verdes ou cinza com botões de osso, e escovinhas de texugo ou penas de galos silvestres na parte posterior da fita de seus chapéus. A embocadura de osso dos compridos cachimbos de cerejeira se perdia sob seus bigodões, e no vasilhame de porcelana esmaltada, pinturas de castelos, clareiras em florestas de pinheiro e *chamois*[10] brilhavam alegremente enquanto a fumaça de tabaco ordinário vazava pelas perfurações das suas tampas de metal. Alguns deles, enrugados e mumificados, fumavam charutos baratos através dos quais canudinhos de palha eram enfiados, facilitando a saída da fumaça. Ganhei um destes e adicionei um asfixiante tributo à nuvem que nos envolvia. O sotaque havia mudado novamente, e eu nada mais alcançava do que o significado das frases mais simples. Muitas palavras tinham suas consoantes finais cortadas; 'bursch' ('um cara'), por exemplo, passou a 'bua'; 'a' era transformado em 'o'; 'ö' virou 'e'; e cada 'o' e 'u' parecia ter apensado um 'a' final, virando um dissílabo. Tudo isto estabelecia uma espécie de mugir universal, ferozmente distorcido pela ressonância e pelo eco; pois que as milhões de vogais, prolongadas e dobradas como bumerangues, voavam ricocheteando através da névoa, engrossando a maré de trovoadas. Esta sensação ecoante e fluente, o repique de sons e sílabas e a quantidade de líquido acre que esparrinhava por entre as mesas e manchavam a serragem do chão, devem ter sido responsáveis pelo nome deste enorme salão. Era conhecido como 'Schwemme', ou 'Bebedouro de Cavalos'. O oco dos canecões amplificava o volume do barulho da mesma maneira que as ânforas que os gregos embutiam na alvenaria adicionavam ressonância ao seu cantar. A minha própria nota, à medida que o canecão esvaziava, ia desafinando para um dó central.

Colunas gigantescas tinham suas raízes no piso lajeado e na serragem. Arcos voavam em largos aros, de capitel em capitel; cruzando em diagonal, nervuravam as abóbadas de canhão que pendiam obscurecidas acima da fumaça. O lugar deveria ter sido iluminado por tochas de pinheiro em suportes. Começava a se transformar, sob meu olhar enevoado, no cenário de alguma terrível saga germânica, em que a neve desaparecia sob a respiração de dragões cujo sangue vermelho-quente derretia lâminas de espada como se fossem pingentes de gelo. Era um local adequado para machados de batalha e derramamento de sangue, como nas últimas páginas de *A Canção dos Nibelungos*, quando a capital da terra dos hunos pega fogo e todos no castelo são retalhados em pedaços. As coisas ficaram rapidamente mais escuras e mais fluidas; o eco, o espadanar, o estrondo e o urro de rápidas correntes afundaram a cervejaria sob o leito do Reno; ela virou um caverna cheia de mais dragões, guardiães deformados de um grande tesouro; ou talvez o cenário assustador onde Beowulf, após ter arrancado o braço de Grendel de seu soquete, ainda o perseguiu seguindo manchas de sangue na neve e, chegando ao limite do lago, mergulhou a muitas braças de profundidade, aí destruindo aquela repugnante bruxa d'água que era sua mãe, em meio a espirais escurecidas de sangue coagulado.[11]

Ou assim me parecia, quando chegou o terceiro canecão.

◆ ◆ ◆ ◆

EU NUNCA TINHA visto aquela oleografia antes, certo? Sob uma auréola de estrelas, a Virgem Abençoada voava em direção aos céus através de arcos de nuvens cor de rosa e querubins, e embaixo, em letras douradas, corriam as palavras '*Mariä Himmelfahrt*'. E aqueles amarrados de pernas de cadeiras, o gato tigrado num ninho de raspas de madeira e o banco com braçadeiras? Plainas, marretas, formões e grampos e outras miudezas estavam espalhadas em desordem pelo cômodo. Havia um cheiro de cola, e serragem se acumulava espessa em teias de aranha na luz da manhã. Um homem alto lixava travessões de cadeiras e uma mulher andava nas pontas dos pés através das aparas com um bule de café e pão com manteiga e, ao colocá-los ao lado do sofá onde eu estava deitado sob um cobertor, ela me perguntou com um sorriso como ia minha *katzenjammer*. Ambos eram completos desconhecidos.

Uma *katzenjammer* é uma ressaca. Havia aprendido a palavra com as garotas em Stuttgart.

Enquanto tomava o café e os ouvia, fui me lembrando lentamente de suas feições. Em algum momento, sem querer, tal qual os que eu havia notado, com desprezo, desmoronei sobre a mesa do *hofbräuhaus* num estupor do qual não fora possível me despertar. Não cheguei a vomitar, graças a Deus; nada mais grave do que a insensibilidade total; e o samaritano pesadão no banco ao meu lado simplesmente me recolheu e me colocou num carrinho de mão cheio de pernas de cadeiras torneadas; e aí, protegendo-me da neve com meu sobretudo, empurrou-o através de Munique e me pôs na cama, mudo como uma pedra. Esta calamidade deve ter sido ocasionada pela mistura da cerveja com o *schnapps* que eu havia bebido em Schwabing; havia me esquecido de comer qualquer coisa, a não ser uma maçã, desde o café da manhã. "Não se preocupe", disse o carpinteiro. "Em Praga, as cervejarias mantêm cavalos amarrados a caixões de vime sobre rodinhas, só para levar as baixas para casa às custas da cervejaria..." O que eu precisava, continuou, abrindo um armário de comida, era um *schluck* de *schnapps* para me colocar de pé. Dei uma corrida até o pátio e coloquei minha cabeça sob a bomba d'água. Então, penteado e com aparência externa respeitável, agradeci aos meus salvadores e logo me pus a caminhar rápido, com sentimento de culpa, através destas ruas de periferia.

Eu passava mal. Em várias ocasiões havia bebido muito e a excitação me levado a atos imprudentes; mas nunca a esta catalepsia suína.

No Jugendherberge minha mochila havia sido retirada da cama que me coubera e na qual não havia dormido. O zelador olhou em vão num armário e chamou pela faxineira. Não, disse ela, a única mochila que havia no prédio tinha saído logo pela manhã nas costas do único hóspede que ali passara a noite... "O quê! Era por acaso um jovem sarapintado?" Eu puxei pelo meu inadequado alemão com algumas cutucadas pontilhistas. Sim, ele era um tanto espinhento: um *"pickeliger Bua"*.

Fiquei estarrecido. As consequências eram mais do que eu, de início, podia absorver. Por um breve momento, a perda de meu diário se sobrepôs a todas as outras considerações. Aquelas milhares de linhas, as descrições floreadas, os *pensées*, os voos filosóficos, os croquis e os versos! Tudo perdido. Compartilhando minha aflição, o zelador e a faxineira me acompanharam ao posto de polícia, onde um *schupo* compreensivo tomou nota de todos os detalhes, estalando a língua. "*Schlim! Schlim!*" ("Mal!") De fato era; mas vinha coisa pior. Quando pediu meu passaporte, busquei no bolso do meu colete: não estava mais lá a familiar capa fendida e azul; e me lembrei, num novo acesso de desespero, que, pela primeira vez nesta viagem, o tinha metido na parte de trás de um bolso de minha mochila. O policial ficou muito sério, e eu mais sério ainda, pois, dentro do passaporte, por medo de perdê-las ou de gastar demais, eu havia dobrado o envelope de lona com as quatro novas libras, o que me deixava no mundo com três marcos e vinte e cinco *pfennigs*, e minha corda salva-vidas cortada pelas próximas quatro semanas. Fora isto, tomei conhecimento de que andar pela Alemanha sem passaporte era um grave delito. O policial, pelo telefone, passou os detalhes para a central de polícia e disse: "Temos que ir ao Consulado Britânico". Pegamos um bonde e fui sacolejando ao seu lado. Vestido num sobretudo com braços cintados e numa barretina laqueada em preto com uma presilha de queixo, sua aparência impressionava. Comecei a imaginar que poderia ser despachado para casa como cidadão britânico em perigo, ou conduzido para a fronteira como estrangeiro indesejável, e me senti como se a bebedeira da noite anterior estivesse estampada na minha testa. Era como se houvesse voltado há dois anos no tempo e me aproximado, cheio de culpa, da porta de algum temido escritório.

O escrivão do consulado sabia tudo sobre o problema. O Hauptpolizeiamt[12] lhes havia telefonado.

O cônsul, sentado junto a uma enorme escrivaninha num confortável escritório, sob retratos do Rei Jorge V e da Rainha Maria, era uma figura austera e de aspecto erudito, com óculos de aros de chifre. Numa voz cansada, perguntou o motivo de toda aquela confusão.

Eu lhe expliquei e esbocei por alto, empoleirado na beira de uma poltrona de couro, meu plano de chegar a Constantinopla e minha ideia de escrever um livro. Aí, apanhado por um impulso de loquacidade, embarquei numa espécie de desconexa e prudentemente censurada autobiografia. Quando terminei, ele quis saber onde estava meu pai. Na Índia, eu lhe disse. Ele balançou a cabeça, e deu-se uma pausa diplomática. Inclinou-se para trás, juntando as pontas dos dedos, olhando vagamente para o teto, e disse: "Tem uma fotografia?". Fiquei um tanto confuso. "De meu pai? Infelizmente não." Ele riu e disse: "Não, sua". E aí entendi que as coisas começavam a melhorar. O escrivão e o policial me levaram a uma loja, pouco adiante da esquina, onde havia uma máquina de fotos instantâneas, o que me deixou com apenas uns poucos *pfennigs*. Assinei, na antessala, os documentos que me aguardavam, e fui convocado de volta à sala do cônsul. Ele me perguntou o que eu pretendia fazer com relação a dinheiro. Ainda não havia pensado nisto e respondi que talvez pudesse arrumar trabalho avulso em fazendas, caminhando dia sim, dia não, até que tivesse passado tempo suficiente para mais algum dinheiro se acumular... "Muito bem!", disse ele. "O governo de Sua Majestade vai lhe emprestar cinco libras. Mande de volta quando você estiver menos quebrado." Depois de meus surpresos agradecimentos, ele indagou como eu havia deixado minhas coisas sem proteção no Jugendherberge; eu lhe contei tudo: a narrativa provocou outro sorriso cansado. Quando o funcionário trouxe o passaporte, o cônsul-geral o assinou e secou cuidadosamente, tirou algumas notas de uma gaveta, colocou-as entre as páginas e o empurrou para o meu lado da escrivaninha. "Aí está. Tente não perdê-lo desta vez." (Eu o tenho na minha frente agora, esmaecido, rasgado, com dobras e manchas de viagens, cheio de visas de reinos desaparecidos e carimbos de entrada e saída em tipos latinos, gregos e cirílicos. O rosto na foto esmaecida tem um jeito um tanto impertinente e dissoluto. O selo consular traz '*gratis*' atravessado sobre ele e a assinatura é de D. St. Clair Gainer.)

"Você conhece alguém em Munique?", disse Mr. Gainer, levantando-se. Respondi que sim – quer dizer, não exatamente, mas que eu tinha uma apresentação para uma família. "Procure-os", disse ele. "Tente não se meter em confusão, e eu evitaria cerveja e *schnapps* da próxima vez que estiver de estômago vazio. Ficarei à espera do seu livro."*

Saí para a nevada Prannerstrasse como um malfeitor que recebera um indulto.

◆ ◆ ◆ ◆

FELIZMENTE, A CARTA de apresentação havia sido enviada alguns dias antes. Eu me lembrava do nome – Barão Rheinhardt von Liphart-Ratshoff – e assim telefonei e fui convidado a ficar com eles; e naquela mesma tarde, em Gräfelfing, nos arredores de Munique, eu me vi sentado à mesa, com uma família da mais extrema gentileza e charme. Parecia um milagre que um dia que começara de maneira tão sinistra pudesse terminar tão bem.

Os Liphart eram uma família de russos brancos: mais especificamente, eram da Estônia e, como muitos proprietários de terras do Báltico, haviam fugido, através da Suécia e da Dinamarca, após a perda de suas terras no final da guerra. O castelo no qual viveram – chamado Ratshoff? – foi convertido num museu nacional na Estônia, e a família se estabeleceu em Munique. Nada tinham da austeridade que se poderia associar a descendentes dos Cavaleiros Teutônicos – na realidade, não tinham nada de teutônicos – e a mudança visual da corpulência maciça para estes rostos de ossos delicados, quase latinos, era bem-vinda. Certo ar grego marcava esta bonita família que recebia com o coração leve as mudanças de seu destino.

Karl, o primogênito, era pintor, uns quinze anos mais velho do que eu, e como lhe faltava um modelo nos poucos dias em que ali estive, vim a calhar. Íamos para Munique todas as manhãs e passávamos tranquilas horas papeando em seu estúdio. Ouvia anedotas, escândalos e histórias engraçadas

---

* Nunca mais vi a mochila: tinha esperança de que o diário houvesse sido jogado fora e devolvido. Estranhamente, o cajado, com suas vinte e duas placas, também desapareceu. A perda do diário, de vez em quando, ainda dói como uma velha ferida em época de mau tempo. Não houve novidades tampouco do *"pickeliger Bua"*. Quase um ano mais tarde, já em Constantinopla, devolvi as cinco libras.

sobre a Baviera, enquanto a neve se acumulava na claraboia e a pintura elegantemente tomava forma.* Quando a luz começava a desaparecer, esperávamos num café por Arvid, o irmão mais novo de Karl, que trabalhava numa livraria. Ali socializávamos com seus amigos por uma ou duas horas, ou tomávamos um drinque na casa de alguém. Num dia em que ele não foi ao estúdio, explorei o mais que pude as igrejas e os teatros barrocos e passei toda a manhã na Pinakothek. No começo da noite, sempre tomávamos o trem de volta para Gräfefing.

Seus pais eram encantadores sobreviventes das décadas nas quais Paris e o sul da França e Roma e Veneza estavam abarrotados de notáveis vindos do norte, por ali procurando refúgio das bétulas e coníferas e lagos gelados de suas extensas e brancas terras. Eu os imaginava iluminados pelos conjuntos de luminárias a gás, nas escadarias de teatros de ópera e trotando ao longo de avenidas de tílias, puxados por parelhas tordilhas cuidadosamente combinadas – eu quase podia captar o cintilar dos raios escarlate e canário das rodas. Passeavam a meio-galope entre as tumbas da Via Ápia ou deslizavam de palácio em palácio, em roupas maravilhosas, sob um labirinto de pontes. Boa parte da vida do pai de Karl havia sido passada em estúdios de pintores e gabinetes de escritores, e a casa estava repleta de livros em meia dúzia de idiomas. No meu quarto, encontrei uma velha foto que me fascinou. Mostrava meu anfitrião enquanto jovem, garbosamente vestido e montado num belo cavalo, em meio a uma matilha de perdigueiros. Por trás das cartolas e do grupo de carruagens de seus convidados, aparecia o castelo perdido. A história de minha mochila, agora recontada como piada, fez com que se desmanchassem em simpatia. "O quê!? Perdeu tudo?" Eu não estava tão mal, respondi, graças às cinco libras de Mr. Gainer. "Meu caro rapaz, você vai precisar de cada centavo!", o barão exclamou. "Segure-se a eles! Karl, Arvid! Precisamos vasculhar o sótão depois do jantar." O sótão e vários armários produziram uma mochila esplendida, um suéter, e camisas, meias e pijamas, uma pequena montanha de coisas. A operação toda foi conduzida com rapidez e risos, e em dez minutos eu estava praticamente

---

* Foi destruído por uma bomba na Guerra.

equipado. (Comprei o que me faltava no dia seguinte em Munique por menos de uma libra.) Foi um dia de milagres. Fiquei atordoado por esta imediata e transbordante generosidade; mas seu amigável desprendimento afastou qualquer relutância que eu deveria ter sentido.

Fiquei por cinco dias. Quando chegou a hora de partir, parecia que eu era um filho da casa se despedindo. O barão abriu mapas e apontou cidades e montanhas e mosteiros e casas de campo de amigos para os quais escreveria, de maneira que, de vez em quando, eu pudesse ter uma noite de conforto, e um banho. "Cá estamos! Nando Arco em Sankt Martin! E meu velho amigo Botho Coreth em Hochschatten. Os Trautmanndorff em Pottenbrunn!" (Ele escreveu para todos, o que deu uma nova dimensão à viagem.) Ele e a baronesa estavam preocupados com a Bulgária: "Está cheia de ladrões e *comitadjis*.[13] Você precisa tomar cuidado! Eles são terríveis. E quanto aos turcos!". A natureza da sugerida ameaça era obscura.

As noites eram de conversas e livros. O barão se estendia sobre a influência de *Don Juan* e *Eugênio Oneguin* e a decadência da literatura alemã e as mudanças de gosto na França: lia-se muito Paul Bourget? Henri de Regnier? Maurice Barrès? Gostaria de ter podido responder. Agora meu único livro, salvo da perda geral por haver sido guardado em um pequeno bolso, era a tradução alemã de *Hamlet*: seria mesmo, como se pretendia, tão boa quanto o original? "Absolutamente, não é verdade!", disse o barão: "Mas é melhor do que a de qualquer outra língua estrangeira. Ouça!". E pegou quatro livros e leu o discurso de Marco Antônio em russo, francês, italiano e alemão. Em russo, soava esplendidamente, como sempre acontece. Em francês ficava sem graça e, no italiano, bombástico e empolado; injusto, mas divertido, ele exagerava os estilos à medida que lia. O alemão, no entanto, tinha uma consistência totalmente diferente de qualquer elocução que eu tivesse ouvido nesta viagem: lento, pensado, claro e musical, destituído de sua dureza e excesso de ênfase e efusão; e naqueles minutos, com a luz de abajur refletindo-se nos cabelos grisalhos do leitor e em suas sobrancelhas e vasto bigode branco, e cintilando no anel-sinete da mão que segurava o volume, entendi, pela primeira vez, quão magnífica esta língua podia ser.

Todas estas gentilezas foram coroadas com um deslumbrante arremate. Havia lhes dito que meus livros, depois do diário perdido, era do que mais sentia falta. Por agora, eu já deveria saber que qualquer menção de perda tinha apenas um resultado nesta casa... Que livros? Eu os tinha mencionado; quando chegou a hora das despedidas, o barão disse: "Não podemos fazer muito no tocante aos demais, mas aqui está o Horácio para você". Colocou em minha mão um pequeno volume em formato de duodécimo. Eram as *Odes* e as *Epodes*, em texto lindamente impresso em papel fino em Amsterdã em meados do século XVII, e encadernado em couro duro verde com letras douradas. O couro da lombada havia desbotado, mas os lados brilhavam como grama depois da chuva, e o livrinho abria e fechava tão compactamente quanto um estojo chinês. Havia terminações douradas nas páginas e um marcador esmaecido de seda escarlate cruzando os compridos 's' do texto e das encantadoras vinhetas gravadas: cornucópias, liras, flautas de Pan, guirlandas de folhas de oliveira, louro e murta. Pequenas meias-tintas mostravam o Fórum e o Capitólio e imaginárias paisagens sabinas; Tibur, Lucretilis, a fonte bandusiana, Soracte, Venusia... Simulei recusar este tesouro, tão acima das condições dos duros percursos à minha frente. No entanto, vi, com alívio, que haviam se prevenido mediante uma dedicatória: "Para nosso jovem amigo", etc., na página oposta a um emblemático *ex libris* com o nome de sua casa báltica marcada por mata-cães.[14] Aqui e acolá, entre as páginas, o esqueleto de uma folha lembrava aquelas florestas perdidas.

◆ ◆ ◆ ◆

ESTE LIVRO TORNOU-SE um fetiche. Percebi, ao longo dos dias seguintes, que ele provocava em todos o mesmo sentimento de admiração que eu lhe dedicava. Na segunda tarde – Rosenheim foi a primeira – colocado na mesa da estalagem de Hohenaschau, ao lado do novo diário que eu abordava com determinação, fez com que eu parecesse, de imediato, algo mais do que o vagabundo que de fato era. "Que lindo livrinho!", diziam vozes embevecidas. Dedos calosos reverentemente passavam as páginas. "*Lateinisch*? Bem, bem..." Uma aura de espúria erudição e respeitabilidade surgia.

❖ ❖ ❖

TENDO EM MENTE o conselho que o prefeito de Bruchsal havia me dado, procurei o burgomestre no momento em que cheguei a este pequeno vilarejo. Eu o achei na Gemeindeamt,[15] onde ele preencheu um pedaço de papel que apresentei na hospedaria: dava direito ao jantar e a uma caneca de cerveja, uma cama pela noite, e pão e uma tijela de café pela manhã; tudo por conta da paróquia. Hoje, isto me parece surpreendente, mas assim era, e não havia qualquer espécie de estigma associado ao costume; sempre apenas uma amigável acolhida. Eu me pergunto quantas vezes me beneficiei desta generosa e, aparentemente, velhíssima tradição? Prevalecia por toda a Alemanha e a Áustria, um remanescente talvez de alguma antiga caridade com peregrinos e estudantes ambulantes, e que agora se estendia a todos os viajantes pobres.

O *gastwirtschaft* era um chalé de telhado amplo, de toras de madeira empilhadas até os beirais. Um balcão rebuscado corria por toda sua volta; trabalhos em madeira entalhada e cinzelada marcavam-no em todos os pontos, e dois pés de neve, como o enchimento de algodão que embrulha um tesouro frágil, abafavam a pouca inclinação do enorme telhado de largos beirais.

Do vilarejo, na escuridão nevada do lado de fora, nada ficou em minha lembrança. Mas pelo menos figura nos mapas, diferentemente das três paradas noturnas que se seguiram – Riedering, Söllhuben e Röttau.

Em retrospecto, cada uma destas pequenas aldeias sem registro no mapa me parece menor do que as outras duas, e mais remota, e mais profundamente engastada nas montanhas, na neve e no dialeto. Deixaram a lembrança de mulheres espalhando grãos para aves agitadas em seus quintais, e de crianças encapuçadas retornando da escola com sacolas de couro peludo e orelhas protegidas: duendes de volta a casa, marchando pelo caminho em seus esquis, tão curtos e largos quanto as aduelas de um barril, e se impulsionando com ajuda de paus lisos de aveleira. Quando nos cruzávamos, elas chiavam: "Grüss Gott!", num coro estridente e educado. Um ou dois ficavam semicalados, suas bochechas cheias dos nacos que haviam tirado de compridas fatias de pão preto com manteiga.

Tudo estava congelado. Eu tinha singular prazer em atravessar poças endurecidas. Os discos cinza e os casulos de gelo rangiam, sob cravos de botas e tamancos, com o misterioso suspiro de ar preso; aí se subdividiam em estrelas e se esbranquiçavam à medida que suas fissuras, parecendo teias de aranha, se expandiam. Fora dos vilarejos, o cabo de telégrafo havia se tornado um fio contínuo de flocos de neve, interrompido por pássaros que nele pousavam; e eu seguia pela trilha embaixo dele, quebrando a crosta nova e brilhante e penetrando nas profundezas fofas. Viajei por veredas e sobre escadas em muros e através dos campos e ao longo de estradas rurais que corriam por florestas escuras, indo dar novamente em terra arável e pastos brancos. Os vales eram pontuados por vilarejos que se abraçavam em torno de igrejas com telhados de ardósia, e todos os campanários se adelgaçavam, e depois inflavam novamente, em cúpulas com nervuras negras. Estas cúpulas em forma de cebola tinham um ligeiro ar russo. Fora isso, em especial quando as madeiras de lei eram substituídas por coníferas, o décor pertencia aos contos de fadas dos Grimm. "Era uma vez um velho lenhador que morava à beira de uma floresta escura, com uma única e linda filha" – era este tipo de região. Chalés, de aparência tão inocente quanto relógios cuco, transformavam-se, depois do escurecer, em moradias de bruxas, feitas de pão de gengibre. O peso da neve espessa e encrustada empurrava os ramos das coníferas para o chão. Quando eu os tocava com a ponta de meu cajado novo, subiam em brilhantes explosões. Corvos, gralhas calvas e pegas eram os únicos pássaros à vista, e as flechas de suas passadas eram, às vezes, atravessadas pelos rastros mais fundos das patas de lebres. Vez ou outra, eu cruzava com uma delas, sentada solitária num campo, parecendo enorme; aí ela saltava, sem jeito, em busca de proteção, atrapalhada pela neve que a tudo retardava, especialmente quando cercas e postes ao longo do caminho ficavam enterrados. Lenhadores eram as únicas pessoas que eu via fora dos vilarejos. Eram anunciados, muito antes de aparecerem, pelos sulcos largos e duplos de seus trenós, por entre os quais vinham os rastros dos cavalos, em formato de luas crescentes, fundamente marcados. Surgiam depois numa clareira ou nas margens de um distante capão de mato, e eu ouvia o som dos machados e o raspar das serras de dupla empunhadura um segundo depois dos meus olhos captarem a queda vertical ou o deslizar horizontal das lâminas. Sempre que eu me aproximava deles, se uma árvore alta estivesse a ponto de cair, era impossível seguir em frente. Os cavalos dos trenós, com seus boletos gelados e focinhos afundados em bornais, eram protegidos por sacaria, e eu batia com os pés para me manter aquecido enquanto observava. Equipados com malhos, trabalhando em meio a cavacos e serragem e neve pisada, rústicos homenzarrões martelavam cunhas nos lugares devidos. Eram tipos rudes e amigáveis, e sempre um deles, usando como pretexto a presença de um estranho, sacava uma garrafa de *schnapps* com um conivente piscar de olhos. Goles, seguidos de baforadas de ardente bem-aventurança, soltavam fiadas de névoa através do ar frio. Tentei uma ou duas vezes, desajeitadamente, fazer uso da serra, até que peguei o jeito da coisa, não conseguindo deixá-la de lado antes que a árvore tombasse num estrondo. Certa vez, chegando ao local assim que se completara o carregamento de uma árvore desmembrada, consegui uma carona no trenó, zunindo por detrás de dois destes colossais alazões com crinas e rabos alourados e pescoceiras ornadas a tilintar. A viagem terminou com mais *schnapps* numa *gastwirtschaft* e uma retirada, apressada por despedidas em dialeto. Passou pela minha cabeça que, se tivesse, mais adiante, uma crise financeira, não seria má ideia me atrelar a uma destas turmas da floresta e sair dando machadadas para me sustentar, como havia sugerido, meio jocosamente, um dos lenhadores.

À exceção dos pássaros e dos lenhadores, a maior parte destas paisagens brancas estava vazia, e eu seguia em frente, adicionando pegadas dos cravos das minhas botas ao riscado de pequenos tridentes. Insuflado pelo exemplo do barão, tentei memorizar, a partir da tradução de bolso de Schlegel e Tieck, as passagens de *Hamlet, Prinz von Dänemark* que eu sabia em inglês. "Será mais nobre suportar na mente..."[16] saiu ribombando sobre a neve em seu novo formato:

> Ob's edler im Gemüt, die Pfeil' und Schleudern
> Des wütenden Geschicks erdulden, oder,
> Sich waffnend gegen eine See von Plagen,
> Durch Widerstand sie enden

Até que cheguei a "Se o medo do que vem depois da morte/O país ignorado de onde nunca/Ninguém voltou":[17]

> Nur dass die Furcht vor etwas nach dem Tod –
> Das unentdeckte Land, von des Bezirk
> Kein Wandrer wiederkehrt

Novamente, qualquer desavisado, como a velhota na estrada de Ulm, que tivesse se deparado comigo, acharia que eu estava bêbado; em sentido literário, estariam certos.

Mais ou menos a cada milha, calvários de madeira, entalhados e pintados com veleidades rústicas de barroco, assentavam-se inclinados ao longo do caminho. Feridas gotejantes rasgavam as delgadas figuras, e a exposição ao tempo as tinha distorcido ou rachado ao longo dos veios da madeira. Por trás das cabeças, saíam raios a partir de auréolas de latão manchado; em torno às testas, assentavam-se desajeitadas tranças de espinhos verdadeiros, protegidos por coberturas pontiagudas cobertas de neve. Poderiam ser os substitutos lineares, trocados a cada conjunto de gerações, das primeiras representações cristãs que São Bonifácio, apenas chegado de Devonshire, havia implantado na Alemanha. Converteu o país cem anos depois de Santo Agostinho[18] haver chegado a Kent; e não muito mais de dois séculos depois que Hengist e Horsa[19] desembarcaram nas Ilhas Britânicas enquanto seus compatriotas alemães explodiam por dentro da Gália e destas florestas transdanubianas. Este santo de Devonshire não foi o único inglês que ajudou a expulsar os velhos deuses; monges do sudeste da Inglaterra, do West Country e dos Shires logo ocuparam todos os primeiros tronos episcopais da Alemanha.

Num tempo como este, prosperam conjecturas indefinidas. O mundo está agasalhado em branco, estradas de rodagem e postes de telégrafo somem, alguns castelos aparecem a meia distância; tudo retroage centenas de anos. Os detalhes da paisagem – as árvores sem folhas, os telheiros, as torres das igrejas, os pássaros e os animais, os trenós e os mateiros, os montes de feno ceifado e os ocasionais tratadores dirigindo uma manada de bois que chafurda de celeiro em celeiro – todos se destacam, escuros, isolados e significativos contra a neve. Os objetos se alargam ou encolhem e a mudança faz com que o cenário se assemelhe a antigas xilogravuras de atividades agrícolas no inverno. Algumas vezes, a paisagem recua ainda mais no tempo. Imagens de manuscritos com iluminuras tomam forma; elas se tornam as cenas que aparecem no 'o' de "Orate, frates", dos velhos breviários e Livros das Horas. A neve cai; o clima é carolíngio... Estimulado pela minha paixão por Villon, eu havia descoberto e devorado, no ano anterior, o *Mediaeval Latin Lyrics* e o *Wandering Scholars*, de Helen Waddell, e tinha descoberto o Arquipoeta[20] e o *Carmina Burana*; e, nas circunstâncias presentes, eu não tardei em me identificar com um daqueles escrivães itinerantes da Idade Média. Numa estalagem ou num abrigo de vacas, quando, pela manhã, raspava samambaias de gelo das janelas, o cenário do inverno se ampliava e a ilusão era completa:[21]

> *Nec lympha caret alveus,*
> > *nec prata virent herbida,*
> *Sol nostra fugit aureus*
> > *confinia;*
> *Est inde dies niveus,*
> > *nox frigida*

Era esse o mundo entorno a mim! "*De ramis cadunt folia...*" – elas tinham caído há muito tempo. "*Modo frigescit quidquid est...*" – pingentes de gelo, escondendo a cena do lado de fora, pingavam dos beirais em confirmação.

Algo, neste pálido inverno, induzia à meditação e era consolador, exceto próximo ao entardecer, quando o sol começava a se por – invisível através das nuvens, reduzido a uma mancha prateada ou ampliado a um globo laranja como o botão de uma cereja-de-inverno. Aí as gralhas-calvas se aquietavam; o resplendor róseo desaparecia nos picos distantes; a luz diminuía sobre os campos cinza; e a vida vazava com um estremecimento, como uma alma que deixa o corpo. Tudo ficava subitamente quieto e fantasmagórico, e eu ansiava pela primeira visão de luzes aparecendo entre as janelas do vilarejo a que me dirigia. De vez em quando, eu me perdia, por não haver compreendido as instruções colhidas numa fazenda ou chalé; às vezes o dialeto ou a falta de dentes ou o vento as tornava ininteligíveis. Ao me dirigir, no crepúsculo, rumo a uma daquelas três aldeias não mapeadas, tive um momento de pânico. Havia passado, há muito, o último sinal da estrada: apontava para Pfaffenbichl e Marwang – eu me lembro destes dois nomes porque o primeiro era ridículo e o segundo um tanto sinistro.[22] De repente, ficou escuro e a neve caía rapidamente. Tenteava pelo caminho ao longo de uma cerca de madeira quando perdi contato e caí, tropeçando e escorregando, e me debati à deriva em círculos, sem conseguir achar a cerca. Devo ter me desviado campo adentro. Felizmente, encontrei um celeiro em ruínas e consegui chegar à porta. Acendi um fósforo e limpei de um canto a neve, os velhos montículos deixados pelas vacas e as pelotas de coruja; saquei da mochila cada pedacinho extra de roupa, me resignando à ideia de aí ficar até o raiar do dia. O sol tinha apenas se posto.

    Costumava trazer uma maçã e um pedaço de pão e um frasco, mas desta vez nada. Não havia luz que me permitisse ler ou madeira seca para um fogo, o frio piorava e o vento empurrava a neve por dezenas de frestas. Envolvi os joelhos, como se eu fosse uma bola, e me mexi com frequência, batendo os pés e sacudindo os braços. Baixo demais para lobos, pensei, melodramático; ou será que não era? Depois de um tempo, parei com a cantoria com a qual tentava passar as intermináveis horas. Não havia mais o que fazer senão ficar sentado, encolhido e tremendo, nesta pré-histórica posição funerária e ouvir os meus dentes chacoalhando. De tempos em tempos, eu me sentia cair numa espécie de catalepsia. Mas, de repente – era meia-noite ou uma da manhã? ou talvez mais tarde? – o vento parou e ouvi vozes bem perto; de um salto me levantei e corri para fora aos gritos. Houve um silêncio, e aí alguém respondeu. Consegui distinguir duas pálidas manchas. Eram vilarinhos que retornavam a casa. O que é que eu fazia ali a esta hora da noite? Eu lhes contei. "*Der arme Bua!*" Foram pura solidariedade. Eram apenas oito e meia e o vilarejo ficava a uns meros duzentos ou trezentos metros dali, logo após a curva da colina... E dentro de cinco minutos, apareceram os telhados e o campanário e a porta iluminada.

Um tapete de luz se abria sobre a neve, e os flocos, flutuando ao passar pelas janelas, se transformavam em lantejoulas. No interior da estalagem, os tipos rústicos iluminados em volta da mesa, bêbados e encobertos pela fumaça de seus cachimbos tampados, murmuravam em vogais arrastadas por cima de canecões. Não valia a pena tentar explicar.

◆ ◆ ◆ ◆

"Hans!"
"O quê?"
"Consegue me ver?"
"Não."
"Bem, os bolinhos cozidos são suficientes."

A esposa do estalajadeiro, que era de Munique, ilustrava as dificuldades do dialeto local através de uma imaginária conversa entre dois camponeses bávaros. Estão sentados, um de cada lado da mesa, servindo-se de um grande prato de knödel, parando apenas quando o prato de um deles se enche de bolinhos, a ponto de escondê-lo da visão do outro. Em alemão comum, este diálogo seria assim: "Hans!" "Was?" "Siehst Du mich?" "Nein." "Also, die Knödel sind genug." Mas no falar da Baixa Baviera, se me lembro direito, vira: "Schani!" "Woas?" "Siahst Du ma?" "Na." "Nacha, siang die Kniadel knua." Estes mugidos e roncos foram como ruídos de fundo ao longo de toda minha marcha pela região.

As estalagens, nestes remotos e invernais lugarejos, eram quentes e confortáveis. Havia quase sempre um retrato de Hitler e um ou dois cartazes mandatórios, mas eram desbancados por símbolos pios e mementos mais veneráveis. Talvez porque eu fosse um estrangeiro, a política raramente entrava na conversa das quais participava; bastante surpreendente, considerando a proximidade destas aldeias com o local de origem do Partido Nazista. (Era diferente nas cidades.) A conversa nestas estalagens, quando se referia às esquisitices regionais da Baviera, era repleta de um viés semi-humorístico. Mesmo então, muitas décadas após Bismarck ter incorporado o reino bávaro ao Império Germânico, a Prússia era o alvo principal. Uma frequente vítima nestas histórias era um hipotético visitante prussiano à província. Disciplinado, de antolhos, turrão e de língua afiada, com vogais finas e consoantes secas – cada 'sch' virando 's' e cada 'g' duro 'y' – esta figura ridícula era uma presa infalível para os descontraídos mas argutos bávaros. Persistia ainda uma afeição pela família que previamente reinava. Lembravam com orgulho das velhas origens e da presença de mil anos dos Wittelsbach, e perdoavam seus desvarios de antanho. Uma dinastia tão augusta, talentosa e bela tinha todo direito, estes velhos concluíam, de bater pino de vez em quando. A aparência desafetada do atual pretendente, Príncipe Ruprecht – igualmente o último pretendente Stuart ao trono britânico –, era enaltecida com frequência; ele era um destacado médico de Munique e muito querido. Tudo isto cheirava a saudades de um passado agora duplamente desaparecido e pesadamente encoberto pela história recente. Eu os respeitava por suas velhas lealdades. Nem todo mundo gosta dos bávaros; sua reputação é mista, tanto dentro da Alemanha quanto fora, e ouvem-se relatos condenatórios de uma desumana agressividade. Eles pareciam ser uma raça mais rude do que os civilizados renanos ou os diligentes e modestos suábios. Seriam, talvez, de aspecto mais áspero e de maneiras mais inflexíveis; e – detalhe trivial! – fica a impressão, talvez errônea, de cabelos mais escuros. Mas nada havia de sinistro neste povo do campo e na gente da floresta e nos lenhadores com os quais passei estas noites. Deixaram uma recordação de suíças e rugas e olhos afundados, de fala arrastada e amigável simpatia e generosa hospitalidade. Madeira entalhada proliferava em cada detalhe de suas moradias, pois, dos fiordes da Noruega ao Nepal, acima de certas curvas de nível, o resultado de longos invernos, noites que caem cedo, madeiras leves e facas cortantes é o mesmo. Cresce até um zênite febril na Suíça, onde cada novo inverno dá origem a uma proliferação de milhões de relógios cuco, *chamois*, anões e ursos pardos.

    Numa destas noites, um acordeonista fez todos cantarem à tirolesa. Atualmente, não consigo aturar este tipo de canto, mas naquele momento escutei enlevado. No último destes vilarejos, eu me vi rolando no chão, metido numa luta amigável com um garoto local de mais ou menos a minha idade. Terminou num inextricável abraço e num empate, do qual nos levantamos cobertos de suor e serragem, mancando sob aclamação em direção aos reanimadores canecões de cerveja.

Em agradecimento pelo abrigo em fazendas, ou pela estadia facilitada pela paróquia, eu desenhava os camponeses e estalajadeiros e suas mulheres e lhes presenteava com os resultados, e por delicadeza ou falta de sofisticação, eles se mostravam satisfeitos. Mais tarde, entrarei no mérito desta produção. Em dado momento, ela desempenha um importante papel nesta história.

◆ ◆ ◆ ◆

ERA DIFERENTE NAS CIDADES.

Em todas estas conversas casuais em cafés e cervejarias e adegas de vinho, eu me mostrava um esgrimista muito inábil. Preciso tentar transmitir o *quão* inábil, mesmo que retarde as coisas por um par de páginas.

"Uma perigosa mistura de sofisticação e imprudência..." Tais palavras constantes do relatório do meu coordenador de residência estariam mais perto da verdade se 'sofisticação' tivesse sido substituída por 'precocidade e atraso'. Em todo caso, a mistura não produzira qualquer coisa que vagamente se assemelhasse a um domínio de temas políticos, e devo confessar que, neste tocante, fora alguns poucos preconceitos, previsíveis e quase inconscientes, eu pouco me importava. Claro que era possível as pessoas se conhecerem bastante bem sem que tivessem a menor ideia de suas opiniões; e, na King's School, Canterbury, as discussões cobriam todos os temas à exceção da política.

Desnecessário dizer que numa *public school*[23] pequena, assombrada pela tradição e tão improvavelmente antiga — fundada algumas décadas após Justiniano fechar a academia pagã em Atenas —, era de se esperar que a atmosfera fosse muito conservadora, e era; mas o conservadorismo era de uma espécie inexplícita e nada agressiva, já que reinava sem desafio — ao menos, para quem tinha dezesseis anos e meio, quando saí de cena, como foi meu caso; mas, de qualquer maneira, corria fundo no sangue. Nos escalões mais altos, havia rumores de atos esporádicos de heterodoxia, mas eram poucos, e nada ferozes; e nunca, jamais, agitadores como Esmond Romilly e Philip Toynbee,[24] que constituíram aquela *jacquerie* a dois, haviam lá penetrado para distribuir manifestos e fugir com um carregamento de chapéus de palha. O comunismo, neste tipo de ambiente, ainda evocava as barbas, os gorros de pele e as bombas fumegantes dos cartuns à moda antiga; era um conceito quase exótico demais para ser levado a sério. Os poucos rapazes com inclinações socialistas eram considerados inofensivos, embora um tanto esquisitos; e, ainda que, um par de anos mais tarde, pudessem ser tidos como audaciosos, eram então vistos como meio chatos. O socialismo soava como algo cinza e sem encanto, e os parlamentares do Partido Trabalhista invocavam imagens de óculos de aros de metal, tecidos rústicos, xícaras de chocolate e bolo de sementes e caras compridas de desmancha-prazer, inclinadas à destruição – de quê? Uma miscelânea estranha de alvos despontava nos trabalhos da quinta série: mas, o quê? Bem, só para começar, o império! A armada! O exército! A religião consagrada – "exceto as capelas metodistas"; Gibraltar, os lordes, as perucas de juízes, saiotes escoceses, os chapéus militares de pelo de urso, as *public schools* ("Não, alto lá!"), latim e grego, Oxford e Cambridge – "as corridas de barco também, muito provavelmente"; "o críquete dos condados, certamente" –, a *steeplechase*, tiro ao alvo, caça à raposa, corridas de cavalos, o Derby, apostas, a vida gentil no campo, a agricultura. ("Aposto que passariam o arado em tudo para fazer crescer couves-nabo e beterrabas se tivessem a oportunidade!") E quanto a Londres? Naturalmente que o Palladium e o Aldwych seriam transformados em salas de aula ou malditas cantinas assistenciais. (As noções precedentes eram importadas, e não formadas localmente. Eram fragmentos que restavam de explosões ou lamentos ocorridos em casa. O padrão talvez tivesse sido mais alto; mas acho que esta reconstrução é bastante razoável.) Acontecia da conversa definhar e de baixarem pensamentos melancólicos. A esta altura, alguém talvez dissesse: "É lamentável que algo não possa ser feito por estes pobres coitados vivendo da esmola do governo"; e o pessimismo se aprofundava; então: "É uma desgraça o que está acontecendo com todos estes mineiros". Um embaraçoso silêncio se prolongava enquanto estes pensamentos liberais tremulavam no ambiente. E aí, alguém habilmente colocava no gramofone *Rhapsody in Blue* ou *Ain't Misbehavin'*, conduzindo a conversa por canais mais felizes: comédias musicais, escândalos domésticos, Tallulah Bankhead, as técnicas do boliche ou as passagens picantes de Juvenal.

Meus primeiros dias em Londres viram poucos avanços neste tocante; muito antes pelo contrário. Os rapazes vindos de outros estabelecimentos de ensino, companheiros com os quais de início eu vagueava, eram quase todos um ano mais velhos do que eu, ou mais até; e sua saída precoce da escola havia sido ocasionada mais por serem lentos do que por algum mal feito. Eram meninos inocentes, de olhos espantados, bochechas rosadas e cabelo arrumado; estavam na fase larval de aspirantes a oficial de cavalaria e de marinha, estudando penosamente para seus exames e ansiosos para dominar precocemente os costumes de seus futuros regimentos. Evitavam as calças de flanela, substituindo-as por ternos completos, e ficavam felizes em se enforcar com gravatas de seda autobiográficas, cujos nós adornavam colarinhos altos e engomados. Lock lhes havia vestido com chapéus duros, tais quais elmos, até depois de Goodwood.[25] Brigg, ou Swaine & Adeney, lhes dotara de guarda-chuvas, tais quais espadas, que nenhuma pancada d'água jamais faria abrir, e – ah! quão invejável! – Lobb, Peel e Maxwell, na conta de seus pais, os tinham calçado com sapatos que brilhavam, encerados por ossos de veado. Os sobrolhos cerrados, faziam por não carregar embrulhos em Londres e por tragar cigarros turcos ou egípcios em lugar das versões ordinárias – mesmo que não quisessem de todo fumar. Mantinham-se longe da misteriosa lista negra das expressões verbais condenadas pelas tradições regimentais. Havia conversas sérias, mas giravam em torno de alfaiates, armeiros e fabricantes de esporas e barbeiros e suas loções; e do uso alternativo, à noite, de cravos ou gardênias nas lapelas. Ansiedades típicas dos personagens de Arlen![26] Eram absurdas e até saborosas. Eu ficava deslumbrado com todo este janotismo juvenil; parecia o máximo da maturidade mundana e fiz o que pude para me colocar e me manter à altura. Recorrendo ao conselho de especialistas em padrões e cortes, em lojas tão silenciosas quanto palácios cavernosos no fundo do mar, eu me punha a considerar alternativas diversas enquanto as contas subiam. Com o passar do tempo, houve uma discussão entre Simla e Londres,[27] sobre estes gastos, na qual Simla se manifestou mais perplexo do que zangado; como podia eu ser tão tolo? Algumas contas só vieram a ser pagas anos após o término desta viagem. Um perfeito começo para o dia eram cavalgadas elegantes, como as dos grã-finos de Orsay, com os novos amigos, sob os plátanos – em especial quando Hyde Park ainda estava coberto de orvalho; e, no inverno, eu corria pelos campos em corcéis emprestados. Tinha a simpatia dos amigos, porque era o mais jovem e porque uma temeridade genuína, associada a certo grau de exibicionismo burlesco, cujos truques eu, há tempos, havia aprendido e cultivado diligentemente, sempre me garantia uma dúbia popularidade. Fui até perdoado por só me lembrar que meu fraque era emprestado depois de pular num lago durante um baile e sair coberto de lodo e lentilha d'água.

Foi por esta época que começaram minhas primeiras dúvidas quanto a ser soldado em tempos de paz. Cantos de sereia – o mundo da literatura e das artes – me acenavam secretamente. Meus amigos, não importa o quanto reclamassem da falta de dinheiro, teriam mais tarde o suficiente para animar suas vidas de soldado com as ocupações campestres que tanto amavam, e ainda sobraria para pintar e bordar em Londres, e em estilo mais sofisticado e decoroso do que o de nossas simplórias farras semanais. Estas começavam por entre os bancos de latão com cortinado de baeta e as paredes cobertas de gravuras na Stone's Chop House em Pantom Street – ilustrada por Leach para Surtees[28] e destruída numa blitz – e duas vezes terminaram em Vine Street.[29] ("Você se divertiu ontem à noite, Richard?" "Muito, Tia Kitty. Exatamente como eu gosto: uma vomitada e um encontro com a polícia.") Além do mais, caso cansassem do exército, poderiam deixá-lo. Mas que tal viver com seu próprio salário, como seria o meu caso? Poderia ter dado certo caso me sentisse completa e exclusivamente vocacionado à vida militar. Mas, subitamente, a idéia toda parecia haver surgido por *faute de mieux*; e, evidentemente, eu estava tão mal preparado para poupar, em face à tentação de gastar, quanto para a disciplina. Como fazer, ano após ano, sem guerras à vista, sem, talvez, jamais viajar para o exterior? Tal como aconteceu, deste pequeno grupo apenas um se destinava à infantaria; numa voz ainda incompletamente formada, preparado em todas as situações com negativas oriundas dos critérios ocultos das tropas de infantaria, era ele o mais estrito de todos em questões de vocabulário e vestuário; mas, os demais estavam consagrados, por uma lealdade dinástica, praticamente desde o berço, aos regimentos de cavalaria paternos e, de vez em quando, deixavam-se abater pela consideração de que, hussardos ou lanceiros que viessem a ser, a cavalaria estava sendo motorizada rapidamente. Rodas, chapas blindadas, arruelas, parafusos, e esteiras de lagarta estavam fechando o cerco e, em breve, com exceção da Household Cavalry e dos dois primeiros regimentos de pesados Dragoons,[30] não haveria sequer um relincho ao alcance de seus ouvidos que não viesse de suas cavalariças pessoais. Mas todas as suas aspirações permaneciam fiéis a botas e selas, e estes sentimentos eram contagiosos. Eu estava infectado por seus anseios equestres e momentos de esperança podiam surgir: Por que não a Índia? Há muitos cavalos por lá. E com os abonos adicionais, por que não?

Depois disto – suscitados por minha relação com a Índia, oriunda de conversas entreouvidas no quarto ao lado, e fomentados por ficar olhando demoradamente para fotografias esmaecidas –, surgiram, em intervalos regulares, sonhos inconfessáveis, inebriantes e fugazes, e quase totalmente desligados da realidade. Assim, envolto numa faixa, com dragonas de cotas de malha e uma fita listrada e retorcida em torno a uma touca cônica típica dos multani cuja cauda em franjas esvoaçava com a velocidade da carga, eu apontava um sabre ao longo de um desfiladeiro, enquanto um esquadrão irregular de cavalaria, suas lanças e galhardetes abaixados, estrondeava por detrás; enquanto isto, as balas de dez rúpias dos *jezails*,[31] jamais conseguindo acertar os alvos, assobiavam por nossos ouvidos. Numa outra cena nesta secreta *camera obscura*, eu era destacado para tarefas especiais, tal como Strickland Sahib,[32] graças ao domínio fácil de uma dúzia de línguas nativas e seus dialetos: irreconhecível sob meus andrajos, eu desaparecia por meses nas ruelas e bazares das fervilhantes cidades da fronteira. O cenário do próximo diapositivo ficava além dos Himalaias: quantas semanas levava de Yarkand para Urumchi? Lá, protegido das nevascas dos Pamirs, sob a aba preta e coberta de neve de uma tenda, com os olhos semicerrados sobre um *hookah* e indistinguível dos caciques cabeludos em volta de mim, com suas pernas cruzadas, eu jogava a última *chukkah* do Grande Jogo[33]... Invariavelmente, à medida que se dissolviam, estas cenas secretas e perigosas faziam espaço para um diapositivo final, mais convincente que o resto todo e de foco muito mais nítido. A pouca distância, exercícios de pelotão eram conduzidos aos gritos, recrutas formavam em quatro com uma batida tripla e desigual, um corneteiro tocava *Defaulters*,[34] e por milhas entorno, a garoa de Hampshire encharcava os tojos e os pinheiros e corria por sobre as janelas de Aldershot.[35] O ajudante de ordens, enquanto isto, apontando cansado para as contas de refeitório e os cheques sobre sua mesa, dizia: "Você se dá conta de que isto não pode continuar? O coronel vai vê-lo agora. Está lhe esperando".

◆ ◆ ◆ ◆

ASSIM QUE ABANDONEI a ideia de me fazer soldado, fui subjugado pelas vozes das sereias – suaves, e depois menos suaves – que, todo este tempo, estiveram me chamando para longe daqueles amigáveis aspirantes a oficial de cavalaria. O mundo da Literatura e da Arte... Não o encontrei. Mas acredito que, com os novos amigos e os encontros no Hotel Cavendish, sentia que havia dado um passo através de um espelho mágico e vagava por uma região nova e estimulante. Neste jovial clima pós-Strachey,[36] afirmava-se, de forma alegre e explícita, que a totalidade do modo de vida, pensamento e arte dos ingleses era irremediavelmente provinciana e desastradamente chata; e a expulsão da escola, para minha surpresa, era exaltada como um feito altamente louvável; não haver entrado para o exército era ainda melhor: "O exército! Claro que não. Que ideia!". Eu tentava explicar que não era por razões ideológicas, e sim porque eu acreditava que estar a serviço do rei era uma honraria de peso; mas, derrotado pela galhofa, na discussão seguinte, fiquei em silêncio, sentindo-me um traidor. Um brilho extravagante cobria este mundo novo. Luminoso como fogos de artifício e repleto de fagulhas de enxofre, tudo isso era uma extensão para a vida real de uma meia dúzia de livros que eu acabara de ler. As opiniões da esquerda que eu ouvia, aqui ou acolá, eram proferidas de tal maneira que pareciam meramente uma parte, e uma parte menor, de uma emancipação mais ampla. Esta era composta de senhas e símbolos ecléticos – uma compreensão fluente de pintura moderna, por exemplo, ou uma familiaridade com novas tendências da música; nem mais nem menos importante do que o conhecimento da vida noturna de Paris ou Berlim, e um pouquinho das línguas por lá faladas. A atmosfera passava ao léu de xícaras de chocolate e do metodismo; princípios nunca deveriam interferir com um hedonismo meticuloso – roupas caras e gravatas elaboradas –, e as únicas inclinações proletárias que eu podia discernir provavelmente surgiam mais de uma necessidade fisiológica de gozar de companhia tosca do que de dogma. Quão brilhantemente o autor de *Where Engels Fear to Tread**,37 retrata o protagonista deste aspecto particular da Londres dos anos 30! Ele salta das páginas como um gênio saindo de uma garrafa, e os símbolos que ele deixa ao evaporar-se não são martelos e foices, mas um punhado de joias e a pena do rabo de um pássaro-lira. Nenhuma surpresa que a 'esquerda' e o 'comunismo' parecessem pouco mais do que leves peças de assalto apontadas para o ranço de tudo que é velho. Este era o alvo, e a tática era o ataque ao longo da linha de frente formada pelo Ritz-Café Royal–Gargoyle e por um extenso bastião de casas de campo. Claro que eu sabia que estes lampejos eram os frívolos sintomas de um enorme movimento político. Mas não tinha qualquer pressentimento da incomensurável influência que estava a ponto de ter sobre pessoas de minha idade; nem qualquer aviso do ardor incondicional e das palinódias desiludidas que estariam aguardando a maioria dos meus amigos de mais tarde. Nunca ouvi o comunismo sendo proposto ou argumentado com seriedade; talvez eu estivesse preocupado demais com minha própria dispersão; e, tal como acabou acontecendo, era uma maneira de pensar que me foi negada ou da qual fui poupado por uma casualidade geográfica. Do final desta viagem até a Guerra, com a

---

* Em *The Condemned Playground*, de Cyril Connolly.

interrupção de um ano, vivi na Europa Oriental, entre amigos aos quais devo me referir como liberais da velha guarda. Detestavam a Alemanha nazista, mas era impossível olhar em direção ao leste em busca de inspiração ou esperança, como seus equivalentes ocidentais puderam fazer – espiando de longe, e com o pesadelo de apenas um tipo de totalitarismo a lhes incomodar. É que a Rússia começava a apenas alguns campos de distância, do outro lado do rio; e lá, como todos os seus vizinhos sabiam, enormes equívocos estavam sendo cometidos e terríveis perigos estavam à espreita. Todos os seus medos se tornaram realidade. Viver entre eles fez com que eu compartilhasse destes medos e fizeram de mim terreno pedregoso para certo tipo de grão.[38]

Uma longa ladainha, mas mostra como eu estava mal preparado para qualquer forma de discussão política. Neste tocante, pode-se dizer que eu era um sonâmbulo.

◆ ◆ ◆ ◆

AS CONVERSAS NAS estalagens da Baviera refletiam opiniões que iam da convicção absoluta de membros do partido à oposição total de seus oponentes e vítimas; com a diferença que os primeiros eram loquazes e falavam alto enquanto os segundos permaneciam silenciosos ou não se comprometiam até que estivessem a sós com um único interlocutor. Ser inglês contava porque, embora a atitude dos alemães em relação à Inglaterra variasse, não era jamais indiferente. Uns poucos, como o quase albino em Heidelberg, mostravam aversão. A guerra inevitavelmente surgia: eles se ressentiam de que estivéssemos do lado vencedor, mas não pareciam nos culpar – sempre com a ressalva de que a Alemanha jamais teria perdido se não houvesse sido esfaqueada pelas costas; e, em certa medida, admiravam a Inglaterra por razões que, a esta altura, eram raramente ouvidas em círculos ingleses respeitáveis. Ou seja, pelas conquistas passadas, a extensão das colônias e o poder do império, ainda aparentemente inalterado. A esta altura, eu insistia que, quando, com educação e prática, as colônias pudessem se governar, teriam sua independência. Não imediatamente, é lógico; levaria tempo...

(Esta era a teoria com a qual todos havíamos crescido.) A invariável resposta eram olhares de admiração, em parte pesarosos, em parte irônicos, ante o que consideravam o tamanho da mentira e a extensão da hipocrisia.

Nestes intercâmbios eu ficava atado por minha ignorância e a ansiedade em escondê-la; e um parco alemão, embora fosse sempre um tropeço, algumas vezes servia para mascarar outras limitações. Como gostaria de estar mais bem preparado! Quando perguntavam, como sempre faziam, o que os ingleses achavam do Nacional Socialismo, eu me atinha repetitivamente a três objeções principais: a queima de livros, da qual lúgubres fotografias haviam ocupado os jornais; os campos de concentração que haviam sido implantados alguns meses antes; e a perseguição aos judeus. Eu percebia que este procedimento os irritava, mas não deixava de envolvê-los. Em todo caso, as reações e argumentos são demasiado familiares para serem repetidos.

Havia uma abertura, nestas conversas, que, em especial, eu sempre temia: Eu era inglês? Sim. Estudante? Sim. Em Oxford, não? Não. Naquele momento eu sabia o que me esperava.

No verão anterior, a Oxford Union[39] havia votado que "sob nenhuma circunstância lutariam pelo Rei e pela Pátria". A agitação que isto ocasionara na Inglaterra não era nada, entendi, quando comparada à sensação na Alemanha. Não sabia muito sobre a questão. Na minha explicação – e sempre me pressionavam por uma –, eu retratava a coisa toda como meramente outro ato de desafio à geração mais velha. O próprio fraseado da moção – "Lutar pelo Rei e pela Pátria" – era um clichê obsoleto de um velho cartaz de recrutamento: ninguém, nem mesmo o patriota mais ardente, o usaria agora para descrever algo profundamente sentido. "Por que não?", perguntavam meus interlocutores. "*Für Köning und Vaterland*" soava diferente aos ouvidos alemães: era um clamar de corneta que não perdera nada de sua ressonância. O que exatamente eu queria dizer? E eu titubeava: a moção provavelmente era "*pour épater les bourgeois*". Aqui, alguém que falasse um pouco de francês tentava ajudar. "*Um die Bürger zu erstaunen? Ach, so!*" Uma pausa se seguiria. "Uma espécie de piada, nada mais", eu prosseguia. "*Ein Scherz?*", perguntavam. "*Ein Spass? Ein Witz?*" Eu estava rodeado por olhos esbugalhados e dentes à mostra. Alguém dava de ombros e ria em *staccato* como se fossem três giros na matraca de um vigia. Eu percebia um cintilar crescente de desdenhosa pena e de triunfo nos olhos em torno, que declaravam, sem hesitação, a certeza de que, tivesse eu razão, a Inglaterra estava demasiadamente perdida em sua degeneração e frivolidade para lhes constituir um problema. Mas a aflição que eu percebia no rosto de um silencioso oponente do regime era ainda mais duro de aguentar: sugeria que faltava ânimo ou capacidade para salvar a civilização logo de onde se poderia por isso esperar. Veteranos da guerra mostravam uma espécie de pesar não partidário ante este declínio. Nascia da relação ambígua de amor e ódio pela Inglaterra que muitos alemães sentiam. Lembravam-se das trincheiras e das obstinadas qualidades de combate dos *tommies*, e então nos comparavam aos pacifistas que votaram na Union, e balançavam suas cabeças. Havia nisto uma nota horaciana de pesar. Não fora deste tipo de linhagem, estes veteranos pareciam dizer, que haviam saído os jovens que tingiram o mar de vermelho com o sangue púnico e derrubaram Pirro e o poderoso Antíoco e o severo Aníbal.

Os universitários haviam colocado seus compatriotas errantes numa encalacrada. Eu maldisse seu voto; e nem era verdadeiro, como os eventos vieram a provar. Porém ficava mais mordido ainda pela tácita e injusta insinuação de que o voto havia sido induzido por falta de caráter. Eu afirmava que sempre existira um veio antimilitarista entre os ingleses em tempos de paz; e que, quando a rajada da guerra soprava em seus ouvidos, imitavam a ação do tigre, endureciam os tendões, o sangue fervia, e disfarçavam a dócil natureza com um feio ódio, etc.[40] Mas eu não chegava a convencer ninguém.

◆ ◆ ◆ ◆

COISAS HORRENDAS ESTAVAM acontecendo desde que Hitler tomara o poder dez meses antes; mas a extensão do horror ainda não havia se revelado completamente. No país, a disposição predominante era de uma aquiescência perplexa. Ocasionalmente, transformava-se em fanatismo. Frequentemente, quando ninguém podia ouvir, encontrava expressão no pessimismo, na desconfiança e em maus pressentimentos, e, algumas vezes, em vergonha e medo, mas isto apenas quando se estava a sós. Os rumores quanto aos campos de concentração não eram mais do que murmúrios; mas apontavam para um sem número de inconfessáveis tragédias.

Numa destas cidades perdidas da Renânia, não me lembro qual, tive um vislumbre de como a mudança da situação tinha sido rápida para muitos alemães. Num bar de trabalhadores, tarde da noite, fiz amizade com vários operários vestidos em macacão, que haviam saído de um turno tardio. Eram aproximadamente da mesma idade que eu, e um deles, um personagem engraçado, meio palhaço, perguntou por que eu não me aboletava em sua casa na cama de campanha de seu irmão. Após subir a escada para o sótão, o quarto revelou-se um santuário dedicado a Hitler. As paredes estavam recobertas de bandeiras, fotografias, cartazes, *slogans* e emblemas. Seu uniforme da SA, pendurado num cabide, estava cuidadosamente passado. Ele explicava estes objetos de culto com entusiasmo fetichista, deixando por último a peça central de sua coleção. Era uma pistola automática, uma *parabellum* Luger, acho eu, cuidadosamente lubrificada e embrulhada em pano impermeável, acompanhada por uma pilha de caixas de papelão verde, cheias de balas. Desmontou e remontou a pistola, carregou, recolocou e ejetou novamente o pente, vestiu o cinto e uma braçadeira com coldre, do qual tirou e repôs a pistola no estilo de um cowboy, jogou-a para cima e a agarrou, girou-a pelo guarda-mato e jingou pelo quarto com um olho fechado, imitando os movimentos de quem mira e atira, acompanhado de estalidos fortes da língua... Quando comentei que todas aquelas coisas na parede deviam tornar o ambiente um tanto claustrofóbico, riu, sentou-se na cama e disse: "*Mensch*! Você devia ter visto como era no ano passado! Teria gargalhado! Eram só bandeiras vermelhas, estrelas, foices e martelos, retratos de Lênin e Stalin e 'Trabalhadores do Mundo, Uni-vos!'. Eu costumava esmurrar a cabeça de qualquer um que cantasse a *Horst Wessel Lied*! Mas naquela época, só valia a *Bandeira Vermelha* e a *Internacional*! Eu não era apenas um *sozi*, mas um *kommi, ein echter Bolschewik*!". Ele fez a saudação dos punhos cerrados. "Você deveria ter me visto! As brigas de rua! Costumávamos acabar com os nazistas, e eles retribuíam do mesmo jeito. Nós nos acabávamos de tanto rir (*Man hat sich tot-gelacht*). Aí, de repente, quando Hitler assumiu o poder, entendi que aquilo era tudo besteira e mentiras. Percebi que Adolf era o homem a seguir. De repente!" Estalou os dedos no ar. "E aqui estou eu!" Perguntei por seus velhos camaradas. "Eles também mudaram! – toda aquela turma no bar. Todos eles! Estão todos na SA agora." Muita gente fez o mesmo, então? "Muita?" Seus olhos se esbugalharam. "Milhões! Eu te digo, fiquei espantado como todos facilmente trocaram de lado!" Por um momento, balançou a cabeça como em dúvida. Aí, um sorriso amplo e imperturbável tomou conta de seu rosto, enquanto derramava as balas, como se fossem contas de um rosário, através dos dedos de uma mão para a palma da outra. "*Sakra Haxen noch amal!* Quase não temos mais *sozis* ou *kommis* com os quais sair na mão!" Riu alegremente. O que pensavam os seus pais disto tudo? Eu os havia conhecido ao subirmos para o quarto – um casal de velhos até simpático e de aspecto puído, ouvindo rádio ao lado do fogão. Ele deu de ombros e pareceu deprimido. "*Mensch!* Não entende nada. Meu pai é antiquado: só pensa no kaiser, em Bismarck e no velho Hindenburg – que agora está morto também, mas, pelo menos, ajudou o Führer a chegar onde está! E minha mãe não sabe nada de política. Só quer saber de ir à igreja. Também é antiquada."

◆ ◆ ◆ ◆

NA ESTRADA QUE seguia para leste a partir de minha última parada na Baviera, em Traunstein, subitamente, o tempo claro mostrou como eu estava chegando perto dos Alpes. As nuvens tinham desaparecido e a grande cordilheira surgia da planície tão abruptamente quanto uma parede se levanta de um campo. As massas recobertas de neve subiam e brilhavam, cortadas por sombras azuis; laços escuros de abetos e os picos dos Alpes de Kitzbühel e do Tirol Oriental se sobrepunham no céu por cima de uma malha profunda de vales ensombrecidos. Um sinal na estrada apontava para o sul e para um vale ao final do qual ficava Bad Reichenhall. No rebordo acima, empoleirava-se Berchtesgaden, por hora conhecida apenas por sua abadia e seu castelo e sua vista sobre as amplas planícies da Baviera.[41]

Mas me dirigi para o leste e alcancei as margens do Salzach no final da tarde. Uma barreira vermelha, branca e preta fechava a estrada. Dentro da alfândega estava pendurado o último retrato do Führer. As mangas dos uniformes estavam rodeadas pelas últimas braçadeiras com a suástica e, em poucos minutos, ao lado de uma barreira listrada de vermelho e branco, um funcionário austríaco carimbava meu passaporte: 24 de janeiro de 1934.

Ao anoitecer, eu contemplava as estátuas e vagava entre as colunatas barrocas de Salzburgo à procura de um café. Quando o encontrei, percebi que suas janelas davam para uma fonte adornada por cavalos em debandada, recoberta por pingentes de gelo.

CAPÍTULO 5

O DANÚBIO: ESTAÇÕES E CASTELOS

Restam apenas alguns vislumbres de Salzburgo: torres-sineiras, pontes, praças, fontes, uma ou duas cúpulas; e uma sensação de que todos os claustros poderiam ter sido transportados para cá por djinns e remontados como uma cidade do Renascimento italiano no lado errado dos Alpes.

Mas não me demorei – porque fiquei deprimido. O cheiro sugestivo de cera quente de esquis emanava de várias janelas; e enxames de pessoas, pouco mais velhas do que eu e todas se dirigindo às montanhas, marchavam pesadamente pelas ruas com esquis sobre seus ombros. Enchiam as galerias e os cafés e gritavam alegres uns para os outros como se já estivessem deslizando pelas altas encostas; pior ainda, alguns deles eram ingleses. Eu gostava muito de esquiar e tudo isto fez com que me sentisse só e por fora da farra. Assim, cedo na manhã seguinte, fugi, dando as costas ao Salzkammergut e aos lagos e aos atraentes picos da Estíria e do Tirol; e logo estava me arrastando através das florestas da Alta Áustria, em direção noroeste e cada vez mais longe da tentação. Dormi num celeiro no vilarejo de Eigendorf – uma aldeia pequena demais para figurar em qualquer mapa – e as duas noites seguintes em Frankenburg e Ried. Uma delas, passada num sótão onde todas as prateleiras estavam cheias de maçãs, exalava um odor que, de tão doce, quase fazia desmaiar. Pouco ficou dos primeiros dias na Áustria, exceto o encanto destas montanhas de menor altitude.

• • • •

SANKT MARTIN DEU inicio à sequência de casas de amigos para as quais o Barão Liphart escrevera me apresentando, e foi, de fato, o primeiro ponto marcante do trajeto. Para não chegar sem aviso, telefonei antes de sair, e soube que o proprietário estava em Viena; mas havia pedido a seu encarregado que tomasse conta de mim se eu aparecesse. Graf Arco-Valley, popular entre muitos ingleses, e chamado de Nando (mas não por mim, já que nunca nos encontramos),* havia estado em Oxford ou Cambridge um par de gerações atrás. O *schloss* estava fechado, informou o amigável agente. Mas vagamos por seus cômodos iluminados pelo crepúsculo e caminhamos por entre as árvores do parque. Por fim, ele me ofereceu um belo jantar na alegre e bonita estalagem, recomendando que eu fosse logo me deitar, com a diligência de um tio simpático que leva o sobrinho para um passeio após a escola. Havia uma dupla de músicos, um tocador de cítara e um violinista, e todos cantaram. Durante o café da manhã, ele me contou que tinha telefonado para o próximo *schloss* marcado no itinerário de Liphart: eu seria bem-vindo a qualquer hora, disseram eles. (As coisas começavam a melhorar! Eu daria tudo para saber o que o meu generoso patrono de Munique havia escrito. Era uma novidade ter relatórios favoráveis em circulação.) Como resultado, após outra estadia num celeiro perto de Riedau, duas noites mais tarde, eu me encontrava na torre de canto de um outro castelo, descansando numa banheira de formato antigo, envolto na fragrância de cones e de toras de pinheiro que rugiam como leões enjaulados na enorme fornalha de cobre.

◆ ◆ ◆ ◆

A PALAVRA 'SCHLOSS' engloba qualquer variação entre um castelo fortificado e um palácio barroco. Esta era uma casa senhorial de tamanho considerável. Fiquei acanhado – não sei bem por que motivo – ao me deslocar na neve pela comprida avenida naquele entardecer. A julgar pela solicitude do trio acomodado ao lado da estufa na sala de estar – o velho

---

* Infelizmente! Agora é tarde. Ele morreu na década de 1960.

conde, sua esposa e sua nora – era como se, novamente, eu fosse um colegial convidado para um passeio ou, melhor ainda, um explorador polar à beira de expirar. "Você deve estar morto de fome depois desta caminhada toda!", disse a jovem Gräfin, ao dar entrada um chá completo: ela era uma linda húngara de cabelos negros e falava um excelente inglês. "Sim", acrescentou a senhora mais velha, com um sorriso preocupado. "Foi-nos dito que deveríamos alimentá-lo muito bem!" Seu marido irradiava uma benevolência silenciosa à medida que mais uma travessa de prata aparecia. Passei manteiga e mel num terceiro *croissant* quentinho e bendisse, em silêncio, meu benfeitor de Munique.

O conde estava velho e fraco. Ele se parecia um pouco com Max Beerbohm[1] no entardecer da vida, com um toque de Francisco José sem as suíças brancas. (No dia seguinte, escreveu uma notinha para uma galeria privada em Linz no verso de um cartão de visitas. Em sequência a seu nome estava impresso 'K.u.K. *Kämmerer* u. *Rittmeister i.R.*',* ou seja, 'Camareiro Imperial e Real e Capitão de Cavalaria, aposentado'. Por toda a Europa Central as iniciais 'K.u.K.' – '*Kaiserlich und Königlich*' – eram, em sua aliteração, a epítome da velha monarquia dual. Mais tarde me foi explicado que apenas os candidatos com dezesseis ou trinta e dois costados nobres eram elegíveis para a chave de ouro simbólica que os camareiros da corte portavam por trás de seus uniformes de gala. Mas agora o império e o reino haviam sido desmembrados e seus tronos esvaziados; nenhuma porta se abria para as chaves de ouro: os arautos se dispersaram, os regimentos debandaram e os cavalos há muito estavam mortos. As palavras gravadas não passavam de bazófia de glórias passadas. Raros naqueles tempos, cada um destes símbolos, hoje em dia, é o equivalente ao botão vermelho translúcido, ao roupão bordado com o unicórnio e ao broche de rubi e jade portados por um mandarim de primeira ordem na corte dos Manchus: "*Finis rerum*, e um fim aos nomes e às honrarias e ao que mais for terreno...").[2] Admirei sua fatiota, os culotes de camurça macia e os brilhantes *brogues*[3] e a jaqueta de *loden* cinza e verde com botões de osso e lapelas verdes. Ao ar livre, isto era acompanhado

---

*   Ruhenstand.

de um chapéu de feltro verde com uma ondulante pena de rabo de galo silvestre, que eu já havia detectado entre dúzias de cajados no hall de entrada. Foi em Salzburgo que comecei a apreciar as roupas campestres austríacas. Eram similares em tipo, mas menos esplêndidas nos detalhes, às librés dos lacaios que entravam a todo instante com aquelas travessas de prata. Havia neles certo ar *Lincoln green*,[4] uma elegância rural que o conde levava com o à vontade de um cortesão e um *cuirassier*.

Tentei me arrumar o melhor possível depois do banho. No jantar, o conde, puxando por uma memória farta, mas que começava a falhar, lembrou-se de antigas viagens que havia feito como um jovem ajudante de ordens, adjunto a um arquiduque, apaixonado caçador. Em consideração a mim, acredito, suas reminiscências se relacionavam todas às Ilhas Britânicas. *Grandes battues* no condado de Meath foram lembradas, e as caças de faisões, quase antediluvianas, em Chatsworth, e de galinhas bravas ao final do período vitoriano, em Dunrobin; recepções de impensável magnificência. "*Und die Herzogin von Sutherland!*", ele suspirava. "*Eine Göttin!* Uma deusa!" Bailes do passado e jantares na Marlborough House foram evocados; houve claras sugestões de escândalos já quase esquecidos; e eu, na imaginação, via carruagens de dois lugares a caminho de encontros amorosos, subindo por St. James's e dobrando numa Jermyn Street iluminada por lampiões a gás. Quando o nome de um notável de antanho lhe fugia à memória, sua esposa o ajudava. Suas divagações caminharam para trás e para longe, até as terras de um primo na Boêmia – "Os tchecos as tomaram", disse ele com outro suspiro –, e recordou a caça de javali lá ocorrida em honra de Eduardo VII, quando este era apenas o Príncipe de Gales: "*Er war scharmant!*". Fiquei fascinado por tudo isto. Enquanto eu escutava, o lacaio em *Lincoln green*, suas mãos em luvas brancas, servia café e colocava pequenos cálices de prata com interior em *vermeil* ao lado das xícaras do conde e da minha. Em seguida, encheu-as com o que achei que fosse *schnapps*. Nas semanas recentes, eu havia aprendido o que fazer numa situação como esta – ou assim acreditava – mas quando levantei o cálice para derramá-lo no café, o conde interrompeu sua narrativa com um grito trêmulo como se a flecha de um arqueiro à espreita o houvesse transfixado: "*Nein! Nein!*", gaguejou. Levantou uma das mãos, suplicante, anelada e quase transparente, e a tensão do momento fez com que ele passasse para o inglês: "*No! No! Nononono!*".

Eu não sabia o que havia acontecido. Nem os demais. Houve um momento de perplexidade. Então, seguindo o olhar preocupado do conde, todos se voltaram, simultaneamente, para o pequeno cálice de prata suspenso em minha mão. As duas condessas, voltando-se da tormenta na face do conde para o espanto na minha, caíram num riso redentor que, quando retornei o cálice para a mesa, me contagiou e finalmente aliviou também a tensão das feições do conde, substituindo-a por um sorriso preocupado. Sua ansiedade, disse ele se desculpando, tinha sido por minha causa. O líquido não era *schnapps*, mas um néctar incomparável – o último gole de uma garrafa de um licor destilado de uvas de Tokay, um elixir fabuloso, longamente envelhecido e raro. Depois de nos recuperarmos, fiquei feliz que esta bebida maravilhosa tivesse sido resgatada – sobretudo por causa do conde, que era velho demais para sofrer novos abalos. Fiquei também envergonhado por meus hábitos de taberna, mas a generosidade deles não permitiu que o sentimento durasse muito.

O conde se retirou cedo, beijando primeiro as mãos e depois o rosto de sua esposa e de sua nora. Quando se despediu de mim, suas mãos me pareceram tão leves quanto uma folha. Com a mão livre ele me deu uma amigável palmada no antebraço e desapareceu por uma floresta de galhadas de veados, parcamente iluminada. Aí a Gräfin mais velha, que tinha colocado os óculos e disposto sobre o colo o bordado que fazia, disse: "Vamos lá, conte-nos tudo sobre suas viagens...". Fiz o melhor que pude.

◆ ◆ ◆ ◆

NESTA ÉPOCA MORTA do ano, quando as atividades agrícolas paravam, a maioria dos moradores destes castelos se dispersava até que a colheita ou a caça ou as férias escolares os reunissem novamente. Quando penso nestes refúgios, castelos visitados mais tarde em outras estações se intrometem, trazendo suas próprias memórias, e a confusão resultante, como diapositivos sem identificação, compõe uma espécie de *schloss* arquetípico, do qual cada prédio em separado é uma variante.

Um *schloss* arquetípico... Logo, na minha cabeça, uma relíquia angular da Idade das Trevas enfrenta o vento no topo de um penhasco. Mais lentamente, uma segunda visão começa a adquirir coerência. Escadas se enroscam. Alegóricos forros de teto se desdobram. Tritões soprando em conchas, em meio a irradiantes vistas de choupos brancos podados, jogam jatos d'água para o céu. Ambas as visões são verdadeiras. Mas, finalmente, uma terceira categoria emerge: uma casa de campo de consideráveis proporções, isto é, algo que combina a ideia de castelo com um toque de mosteiro e fazenda. Em geral, é bela e sempre agradável e, muitas vezes, sua idade ou respeitabilidade exigem epítetos mais austeros. Um barroco rústico, mesmo que seja apenas uma superposição tardia sobre um miolo muito mais velho, é o estilo que prevalece. Os telhados são de ardósia, as paredes maciças, pintadas em cal ou mosqueadas com líquen, e as torres retangulares ou cilíndricas, cobertas por pirâmides ou cones, ou por cúpulas com cinturinhas de vespa revestidas de cerâmica vermelha ou cinza. Entradas cavernosas rompem galerias de arcos espessos e achatados. Há uma capela e estábulos e um galpão repleto de carruagens obsoletas; celeiros e carroças e trenós e estábulos e um ferreiro; e, mais adiante, campos e montes de feno e bosques. No interior, os passos ressoam fortes sobre um piso desenhado em pedra, e mais levemente sobre madeira polida. Os vãos das abóbadas de aresta, elípticas e brancas como neve, saltam de próximo ao chão nos cantos dos cômodos; e, entre elas, largas reentrâncias se adelgaçam acomodando janelas compridas e duplas que, no inverno, cobertas por flores de gelo, são trancadas hermeticamente, e levam almofadas entre as folhas para evitar correntes de ar. No verão, a inclinação das venezianas guia o olhar para baixo em direção às sombras de árvores nos pisos de pedra irregular e para uma desgastada fonte e um relógio de sol. As estátuas têm marcas do tempo e estão coalhadas de líquen. Foices passam como açoites por fundos campos de feno. Pomares e prados inclinados se interligam; e, para além deles, surgem gado e matas e uma manada de veados que levantam, a uma só vez, suas galhadas ao som de passos.

Quando fecho os olhos e exploro, os espelhos devolvem reflexos esmaecidos: os detalhes que corroboram as lembranças se amontoam rapidamente. Em retratos a óleo,* os nobres solenes do século XVII, em colarinhos de renda e peitorais negros, são ultrapassados em número por seus descendentes empoados com perucas addisonianas.[5] Mais tarde, por figuras delgadas e com bigodes românticos, vestidos em uniformes brancos que evocam imagens da Sarah Bernhardt em L'Aiglon.[6] Os torsos dos lanceiros, entrando nas faixas de cintura, se afinam como bobinas. Seus peitos são cruzados por fitas vermelhas e brancas e, algumas vezes, um Velo de Ouro brota daqueles colarinhos altos e encrustados de estrelas. As mãos descansam sobre o cabo de um sabre, enlaçado com uma *sabretache* bordada com uma águia de dupla cabeça.** Outros levam no braço uma barretina emplumada, um elmo de dragão ou a *czapka* de um ulano, com seu topo quadrado como um tabuleiro de argamassa encimado por um longo penacho. Em pinturas mais tardias, o azul pálido substitui estas vestimentas militares brancas, numa melancólica homenagem ao progresso das armas de fogo e da pontaria desde a batalha de Königgrätz. A paixão pela caça salta das paredes e galhadas de veados machos espalham suas pontas por entre panóplias. Há chifres de alces das fronteiras da Polônia e da Lituânia, ursos dos Cárpatos, presas de javalis que se retorcem como bigodões, *chamois* do Tirol e abetardos, galos monteses e galos silvestres; ao longo das passagens, em cada polegada disponível, os galhos duplos de cervos, com esmaecidas inscrições caligráficas de data e local, multiplicam-se indefinidamente. Uma respeitável coleção de livros enche a biblioteca. Há um missal ou dois no hall, o *Wiener Salonblatt* e o *Vogue* estão espalhados, anacrônicos, na sala de estar

---

* Apesar de todo seu encanto, poucos destes retratos, exceto em castelos de grande esplendor, são bem executados.

** Por um pequeno capricho da história, os únicos uniformes em que estas insígnias desaparecidas ainda sobrevivem são aqueles de um regimento do Exército Britânico: Francisco José foi feito coronel-chefe honorário do *Queen's Dragoon Guards*. Ainda o homenageiam, ostentando no chapéu a águia de duas cabeças dos Habsburgo e fazendo soar a *Marcha Radetzky*.

e, talvez, um neto ou sobrinha-neta, de inclinação poética, tenha deixado um volume de bolso do Hyperion ou das Elegias de Duíno⁷ num parapeito de janela. Miniaturas e silhuetas formam uma constelação nos espaços entre os retratos a óleo e os espelhos. Detalhes heráldicos abundam: coroas ou diademas com nove, sete ou cinco pérolas celebram a precedência hierárquica do proprietário e carimbam seus pertences com a frequência das marcas a ferro em brasa numa fazenda de gado. Numa prateleira, ao alcance da mão, os pequenos volumes dourados do *Almanaque de Gotha*, com uma cor diferente para cada grau de nobreza, abrem-se automaticamente nas páginas da família do castelão, como o *Baronetage* nas mãos de Sir Walter Elliot de Kellynch Hall.⁸ Mesas Biedermeier estão cobertas de fotografias. Sucessivos verões desbotaram o veludo de suas molduras: verde, azul real, canário e cor de vinho. Por entre sua coroa em relevo e uma assinatura amarelada pelos anos, Francisco José preside como um *agathos daimon*.⁹ A imperatriz, uma deusa entre as torres de papelão de um fotógrafo, olha ao longe, com a mão sobre a cabeça de um enorme cão veadeiro. Costurada em sua roupa de montaria, ela vence enormes cercas; ou, com uma virada de pescoço qual um cisne, espia sobre o ombro desnudo sob camadas sucessivas de grossas tranças ou cachos em cascata, borrifados com estrelas de diamantes.¹⁰

As bibliotecas de todos estes castelos tinham o *Konversationslexikon* de Meyer. Tão logo quanto razoável, eu pedia para que me deixassem entre seus muitos volumes, com a alegação de que, ao longo do caminho, certas questões haviam surgido cuja falta de solução me atormentava. Isto podia causar surpresa, e sempre prazer: ao menos, resolvia o problema do que fazer, e muitas vezes promovia um interesse similar, levando a pesquisas na biblioteca, passando por densas colunas de texto em tipo gótico. Meyer era algumas vezes apoiado pelo *Larousse XXème Siècle* ou pela *Encyclopaedia Britannica*; uma vez, miraculosamente, na Transilvânia, e outra, mais tarde, na Moldávia, os três estavam presentes. Atlas, mapas e pesados livros com ilustrações eram colocados sobre meus braços na hora de dormir.

Lamparinas de querosene, de mangas opacas, acho eu, e não eletricidade, iluminam alguns destes cômodos ao anoitecer. Estou certo de que velas iluminavam as partituras enquanto eu passava as folhas para alguém ao piano – posso ver o brilho das chamas nos anéis distantes ao final do teclado tão claramente quanto posso ouvir as lieder de Schubert e Strauss e Hugo Wolf e, por fim, o Der Erlkönig. A música tinha um papel essencial nestas famílias. O som dos exercícios percorre os corredores, partituras em folhas soltas e volumes encadernados se espalham sobre a mobília. Os estojos dos instrumentos, em seus variados formatos, acumulando poeira nos sótãos, são testemunho de melhores dias, quando as famílias e seus serviçais e seus convidados se reuniam para concertos. Vez ou outra, os tubos de um órgão se agrupam no hall, e uma harpa dourada, com cordas intactas, brilha no canto da biblioteca.

Depois de dizer boa-noite e seguir, entulhado de livros, ao longo de um corredor cheio de galhadas e através de uma espiral de pedra até meu quarto, era difícil acreditar que houvesse dormido num estábulo na noite anterior. Há muito o que recomendar no fato de passar direto de um palheiro para uma cama de quatro colunas, e depois fazer o caminho inverso. Num casulo de lençóis macios e embalado pelo cheiro de toras de madeira e cera de abelhas e lavanda, ainda assim, eu ficava acordado durante horas, imerso em todas estas delícias e as contrastando alegremente com os agora familiares encantos de abrigos de vacas e palheiros e celeiros. A sensação ainda lá estava ao acordar na manhã seguinte e olhar pela janela.

O último amanhecer de janeiro deslizava pelo gramado, atingindo as estátuas de Vertumnus e Pales e finalmente, no extremo, Pomona,[11] e fazendo com que suas delgadas e empoadas sombras se esticassem sobre a neve intocada. Matas cheias de gralhas emplumavam o horizonte; e pairava no ar uma sensação de que o Danúbio não estava longe.

◆ ◆ ◆ ◆

OS CASTELOS ESTAVAM sempre ao alcance da vista. Agrupados nos limites de vilas campestres, reclinados com sonolenta graça barroca em rebordos cobertos de matas ou salientes acima dos topos das árvores, eles se agigantavam na distância. Toma-se conhecimento de sua presença o tempo todo, e quando o viajante atravessa a fronteira para um novo domínio, ele se sente como o Gato de Botas quando os camponeses lhe dizem que o castelo distante e as pastagens e os moinhos e os celeiros pertencem ao Marquês de Carabás. Um nome novo vem se impor. Por certo tempo é Coreth ou Harrach ou Traun ou Ledebur ou Trautmannsdorff ou Seilern; então este desaparece e dá lugar a outro. Talvez eu tenha dado sorte, pois, no caminho ou durante as paradas nas estalagens, quando o tema dos moradores dos castelos aparecia, como invariavelmente ocorria, não havia diatribes similares às de Cobbett.[12] Os vilarinhos falavam do castelão local e de sua família nos mesmos tons possessivos que teriam usado ao se referir a uma fonte ou a uma antiga divisória entalhada de sua igreja paroquial. Os sentimentos eram, com frequência, até mais calorosos do que isto; e quando a má sorte, o hábito do jogo, a extravagância ou mesmo a completa imbecilidade haviam levado a dinastia local ao declínio, o eclipse desta referência familiar era lamentado como um sintoma a mais de dissolução.

Este sentimento de glória perdida que perpassava o ambiente – lembrando Ichabod[13] – era expresso sempre em velhas fotografias de Francisco José, desgastadas e esmaecidas, mas guardadas com carinho. Estranho, talvez, pois seu reinado havia sido marcado por uma sucessão de tragédias privadas e por desgaste público ainda que na periferia. A cada conjunto de décadas, algum fragmento irredentista se separava do império ou – ocasionalmente e pior ainda – era temerariamente anexado. Mas estas regiões se situavam longe, nos confins do império, seus habitantes eram estrangeiros, falavam línguas diferentes, enquanto a vida no centro ainda era suficientemente serena e alegre para amortecer choques e agouros. No fim das contas, a maior parte daquele amontoado de países, lenta e pacificamente adquirida através de séculos de brilhantes casamentos dinásticos – "*Bella gerunt alii: tu, felix Austria, nubes!*"[14] –, estava ainda intacta; uma florescente *douceur de vivre* permeava a totalidade da vida – até 1919, quando a partição centrífuga poupou apenas o coração da Áustria. Ou assim lhes parecia agora, e muitos olhavam para aqueles tempos passados com a saudade dos fazendeiros ou dos pastores do Lácio, em Virgílio, quando se lembravam do reino bondoso de Saturno.

❖ ❖ ❖

EM EFERDING, ONDE passei a noite, o palácio barroco que ocupava um lado da praça central pertencia a um descendente de Rüdiger von Starhemberg, o grande defensor de Viena durante o segundo cerco turco. Este nome estava novamente nos lábios de todos, graças ao papel do atual Príncipe Starhemberg como comandante da *Heimwehr*: uma milícia ou *Home Guard*,[15] segundo me contaram, pronta para se opor a qualquer tentativa de tomada do poder por extremistas políticos de qualquer vertente. Eu havia visto colunas desta corporação em estradas vicinais, vestidos em uniformes cinza e chapéus de esqui semimilitares, levando nos ombros mochilas de couro com a pelagem mosqueada ou malhada à mostra. Um tanto ou quanto dóceis pareciam, para olhos e ouvidos que haviam se acostumado com o compasso mais aguerrido e o bater de pés e os latidos do outro lado da fronteira alemã; mas, para metade de seus oponentes, não escapavam da acusação de fascismo. Depois de Dr. Dollfuss,[16] o retrato de Starhemberg era o que mais se via em locais públicos: o que – novamente em comparação com a Alemanha – não era muito frequente. Mostrava um jovem alto e bonito com um nariz aquilino e um queixo pouco marcante.

❖ ❖ ❖

A CENA COMEÇAVA a mudar. O caminho seguia por um córrego congelado em meio à mata, entrando numa região onde juncos e elódeas e vegetação pantanosa e espinheiros e arbustos se enredavam tão densamente quanto numa floresta primeva. Abrindo-se em vastidões forradas de uma camada fina de gelo, parecia um manguezal no circulo ártico. Encerrado em gelo e neve, cada galhinho cintilava. O intenso frio tinha transformado os juncos numa paliçada de varetas quebradiças e as moitas estavam carregadas de pingentes de gelo e gotas congeladas que se refletiam em arco-íris. Dos pássaros, eu só via os habituais corvos, gralhas e pegas, mas a neve estava marcada por pegadas em flecha. Numa época diferente do ano, esta área provavelmente estaria apinhada de pássaros aquáticos e de peixes também. Redes rígidas enlaçavam alguns galhos e um barco de fundo chato, três quartos afundados, estava imobilizado pelo inverno. Era uma região branca e silenciosa envolta num feitiço cataléptico.

O silêncio foi quebrado por uma sucessão de palmadas vindas de uma lagoa. Uma garça se alçava lentamente do gelo; e logo batidas mais suaves de asas a levantaram, em curva, até o alto de um álamo da Lombardia escurecido por uma multidão desgrenhada de ninhos. Seu companheiro, parecendo enorme ao caminhar por uma poça branca, seguiu-a desajeitadamente; e um minuto mais tarde, eu via seus bicos se projetando lado a lado. Eram as únicas por lá, atravessando o inverno neste criadouro quase vazio. Os outros ninhos estariam ocupados quando terminasse a estação larval.

Era um lugar maravilhoso, pouco comum; não o compreendia muito bem – metade pântano, metade floresta congelada. Terminava numa ribanceira onde uma linha de álamos se intercalava com choupos e bétulas e salgueiros, entre moitas de amoras pretas e aveleiras. Do outro lado desta barreira, o céu subitamente se alargava e um grande volume de água fluía, escuro e rápido. No meio da corrente, enevoada pelos hemisféricos fantasmas de salgueiros chorões, uma ilha dividia o fluxo apressado. Uma linha de gelo similar aparecia na outra margem e, em seguida, juncos e matas e um contorno oscilante de montanhas cobertas de árvores.

Este segundo encontro com o Danúbio me pegou de surpresa; eu o alcançara meio dia mais cedo do que esperava! No que ele corria através destas serras cobertas de matas e de neve, o rio dava uma impressão avassaladora de urgência e força.

Meu mapa, quando o resgatei do fundo da mochila, dizia que as montanhas do outro lado eram parte da Floresta da Boêmia. Elas haviam seguido pela margem norte desde que o rio entrara na Áustria, uma ou duas milhas a leste de Passau, mais ou menos trinta milhas a montante.

◆ ◆ ◆ ◆

"NUM TEMPO FRIO destes", disse o estalajadeiro de um *gastwirtschaft*, mais abaixo, "eu recomendo *himbeergeist*". Obedeci e foi uma conversão relâmpago. Licor de framboesas, ou de seus fantasmas — este destilado cristalino, cintilante e gelado em seu cálice enevoado, parecia estar em associação homeopática com o clima. Sorvido aos pouquinhos ou em goles maiores, descia estremecendo através de sua nova moradia e se ramificava multiplamente — ou assim parecia depois de um segundo copo — como as samambaias de gelo que cobriam as vidraças das janelas, mas irradiavam calor e alegria em lugar de frio, levando uma mensagem efêmera de conforto para as fímbrias mais extremas. Invernos ferozes dão origem a seus antídotos: kümmel, *vodka, aquavit, danziger goldwasser*. Ah, um dedal cheio do norte frígido! Poções geladas e fogosas como paetês cintilantes, cheias de lantejoulas soltando faíscas na corrente sanguínea, revitalizando membros cansados, e enviando os viajantes, como foguetes, novamente através da neve e do gelo. Fogo branco e bochechas vermelhas me aquecem e me fazem andar rápido. Esta descoberta tornou luminosa a aproximação de Linz. Algumas milhas adiante, após contornar uma curva do rio, a cidade apareceu — uma visão de cúpulas e campanários, agrupados sob uma fortaleza austera e ligada por pontes a uma cidade menor ao pé da montanha na outra margem.

◆ ◆ ◆ ◆

QUANDO CHEGUEI à bela e ampla praça no meio da cidade, escolhi um café de aspecto promissor, sacudi a neve de cima de mim, entrei e pedi dois ovos cozidos — *eier im glas!* Era minha mais recente paixão. O prazer de dar pancadinhas em torno dos ovos com uma colher de osso antes de remover os fragmentos da casca, e de fazer deslizar intacto o frágil conteúdo para dentro de um copinho, e depois colocar uma fatia de manteiga... alegrias de viajante. Eu havia escolhido melhor do que poderia imaginar, já que, além de me reconfortar com os ovos, o jovem proprietário e sua esposa me hospedaram por duas noites no seu apartamento sobre a loja. Melhor ainda, sendo o dia seguinte um domingo, eles me emprestaram botas e me levaram para esquiar. Todos de Linz faziam piquenique em Pöstlingsberg — a montanha que se levantava na margem oposta — e depois desciam volteando por suas encostas geladas e sulcadas. Começando sem prática, acabei todo manchado de preto e azul de tantos tombos, mas a tristeza de Salzburgo foi exorcizada.

Bati pernas por Linz no crepúsculo. Havia fachadas em argamassa com motivos ornamentais pintados nas cores chocolate, verde, púrpura, creme e azul. Eram adornadas com medalhões em alto relevo, e as volutas em pedra e estuque lhes conferiam uma sensação de movimento e fluxo. Caixilharia em hexágonos cortados ao meio se projetava dos primeiros andares, e janelas no formato de três quartos de um cilindro embotavam as esquinas, em ambos os casos subindo até a linha dos beirais, onde se reduziam a cinturas de vespa e novamente se expandiam esfericamente à mesma circunferência, formando cúpulas e globos flutuantes; domos e pináculos e obeliscos se juntavam a estas cebolas decorativas por toda a silhueta da cidade. No nível do solo, colunas comemorativas em espiral se levantavam rodopiando dos pisos de pedra irregular das praças e exibiam, em pleno ar, radiantes como ostensórios, explosões de raios da Contrarreforma. À exceção da austera fortaleza sobre a rocha, a cidade toda fora construída para o prazer e o esplendor. Beleza, espaço e amenidade estavam por toda parte. À noite, Hans e Frieda, meus anfitriões, me levaram a uma festa numa estalagem e, na manhã seguinte, parti Danúbio abaixo.

◆ ◆ ◆ ◆

MAS NÃO IMEDIATAMENTE. Seguindo sua sugestão, tomei um bonde por algumas milhas fora de meu caminho e depois um ônibus, até a Abadia de São Floriano. O grande convento barroco de cônegos agostinianos se situava entre colinas baixas, e os galhos dos milhares de macieiras em toda sua volta estavam encrustados com líquen e brilhantes com a geada. Os prédios, os tesouros e a maravilhosa biblioteca, tudo — exceto os quadros — se mesclaram num completo e coruscante esquecimento. Logo antes de sair, eu me detive por um momento em frente aos duplos campanários com um amigável cônego. Na direção para onde seu dedo apontava, contemplamos uma sucessão de estranhas brechas nas montanhas. Em linha reta, esta calha corre pelo sudoeste por mais de cento e sessenta milhas, direto através da Alta Áustria para a fronteira norte do Tirol e da Alta Baviera, até um ponto em que o pico do Zugspitze flutua apenas discernível, metade fantasma e metade cintilante.

Quando dei as costas a estas montanhas, as pinturas vistas em seus prédios ainda ocupavam minha imaginação. Liberavam especulações imprecisas quanto a quão grande é o papel da geografia e do acaso no conhecimento e na ignorância que se tem de pintura.

◆ ◆ ◆ ◆

AINDA NA HOLANDA, ocorreu-me que um habitante médio das Ilhas Britânicas, não profissional, mas frequentador de galerias de arte, conheceria os nomes e um pouco da obra de dezenas de pintores holandeses, flamengos e italianos e de uns vinte franceses no mínimo. Igualmente, por certo, de uma meia dúzia de espanhóis: tudo graças à geografia, à religião, à *Grand Tour*[17] e aos caprichos da moda. Mas o alcance do seu conhecimento – ou, na verdade, do meu – no que tange todo o mundo de fala alemã, cobre três nomes: Holbein, Dürer e, francamente, só se tiver tempo de sobra, Cranach. Holbein, porque parece ser quase inglês, e Dürer por ser o tipo de gênio que não se pode deixar de conhecer, um fenômeno original e universal, bem alto na escala que leva à categoria dos Da Vinci. Visitas recentes a galerias alemãs, especialmente em Munique, haviam me dado mais elementos com relação a Cranach e adicionado Altdorfer e Grünewald à lista.

Embora estes pintores difiram uns dos outros, sem dúvida têm importantes coisas em comum. Todos vêm do sul da Alemanha. Todos nasceram nos últimos quarenta anos do século XV. Todos estavam ativos nas primeiras décadas do XVI, primeiro sob o Imperador Maximiliano – o 'Último dos Cavaleiros', um tardio sobrevivente da Idade Média – e depois sob seu neto e sucessor, Carlos V, metade espanhol, homem do Alto Renascimento. A totalidade da pintura alemã parece caber neste período de sessenta anos: uma súbita abundância, com apenas oficinas medievais a lhes anunciar e nada que lhes desse efetiva sequência. Foi o momento máximo da Alemanha, nascido do Renascimento italiano e da divulgação de estudos humanistas no país, e estimulado e atormentado pelo crescimento do protestantismo. A vida ativa de Lutero se encaixa neste período quase ao segundo; e os cinco pintores terminaram no lado protestante. (Grünewald, o mais velho, se sentia profundamente perturbado e terminou reduzido à inação. Holbein, o mais jovem, levou as coisas a seu jeito. É difícil pensar neles como contemporâneos, mas suas vidas se sobrepõem por quarenta anos.) Duas principais vias de aproximação e fuga ligavam o sul da Alemanha ao mundo exterior. A mais natural seguia o Reno para Flandres e levava diretamente aos estúdios de Bruxelas e Bruges e Ghent e Antuérpia. A outra cruzava os Alpes através do passo de Brenner e seguia pelo Adige até Verona, onde um caminho fácil se abria para Mântua, Pádua e Veneza. Poucos tomaram o segundo caminho, que se mostrou o mais decisivo ao final. Foi uma polaridade frutífera e a pintura alemã, pode-se dizer, acabou girando num eixo Van der Weyden-Mantegna.

À medida que eu caminhava ao longo do Danúbio, atravessava, sem saber, uma subdivisão menor, mas importante, da história da arte. A 'Escola do Danúbio', um termo arbitrário que é quase sempre colocado entre aspas, cobre exatamente o período do qual estamos falando e abraça a bacia do Danúbio de Regensburgo até Viena, abrangendo a Boêmia, ao norte, até Praga, e, ao sul, as encostas dos Alpes, do Tirol até a Baixa Áustria. Embora sejam de cidades quase sobre o Danúbio, Nuremberg e Augsburgo, Dürer e Holbein não estão aí incluídos: o primeiro é universal demais, e o outro talvez excessivamente sofisticado e posterior em mais ou menos uma década. Grünewald, em termos da geografia, está mais distante a oeste, e é provável que fizesse falta numa também arbitrária 'Escola do Reno'. Não fora isso, ele também se encaixaria como uma luva. Isto nos deixa apenas Cranach e Altdorfer: estrelas do Danúbio de primeira magnitude entre um enxame de mestres regionais menos conhecidos.

Com base na evidência que encontrei então, detestei Cranach cada vez mais a cada novo trabalho. Aquelas mulheres, de equívoco ar sedutor, de cabelos claros, posando em musselina[18] contra um fundo escuro, já eram suficientemente inquietantes e desagradáveis; mas, em justaposição ao *shadenfreude*[19] dos martírios, elas se tornam profundamente sinistras; e este pensamento se aplicava diretamente à crueza de detalhe dos mestres menores da Escola do Danúbio e, talvez, se a pista fosse seguida até o fim, para a totalidade do perturbador tema do realismo na Alemanha.

Algumas destas pinturas da Escola do Danúbio são maravilhosas. Outras são comoventes, tocantes ou agradáveis e, para um estrangeiro como eu, eram de um apelo imediato que nada tinha a ver com seus avanços técnicos renascentistas, sobre o qual eu nada sabia. De fato, o aspecto que me seduziu foi justamente o espírito medieval e teutônico que mudava por completo a atmosfera renascentista destas pinturas: o verde-esmeralda da relva, isto é, o verde da seiva dos bosques; as escuras florestas de coníferas e os esporões arborizados do calcário jurássico; os panos de fundo cheios de espigões nevados – vislumbres distantes, sem dúvida, do Grossglockner, do Reifhorn, do Zugspitze e do Wildspitze. Este é o cenário através do qual se dão a fuga para o Egito, a jornada dos Reis Magos e os caminhos para as bodas de Caná e Betânia! Um celeiro coberto de precária palha abriga a Natividade numa clareira alpina. É entre cones de abetos e edelvais e gencianas que as Transfigurações, Tentações, Crucificações e Ressurreições ocorrem. Os personagens num quadro de Wolf Huber são camponesas da Suábia, capatazes espantados com barbas retorcidas, donas de casa com bochechas estufadas, velhotas de caras encarquilhadas, lavradores em êxtase junto a seus arados, e madeireiros perplexos – de fato, um elenco de rústicos do Danúbio, reforçado, nas laterais, por uma multidão de caipiras. Cenas que têm enorme encanto. Não são representações ingênuas, muito longe disto; mas o equilíbrio entre rusticidade e sofisticação é tal que contemplar uma delas é como sentar-se numa tora sob um firmamento nórdico enquanto os incidentes das escrituras são soprados em nossos ouvidos com sentido de urgência e de assombro. Elas afetam as pessoas como se fossem contos folclóricos contados em pesado dialeto suábio ou tirolês ou bávaro ou da Alta Áustria. Tudo o que é rústico e simples nestas pinturas é magnificamente realista; uma convincente qualidade terrena domina lado a lado com a mais melosa devoção. Mas, a menos que a mata e a vegetação rasteira sejam território de duendes, existe pouca sugestão de sentimento espiritual ou sobrenatural nestas cenas – exceto num sentido diferente e contrário. Por exemplo, em algumas destas telas e painéis as leis da gravidade parecem exercer um puxão anormalmente poderoso. Os anjos, diferente de seus congêneres altaneiros da Itália e de Flandres, voam com dificuldade e parecem despreparados para ficar por muito tempo no alto. As severas feições de burgomestre do Menino Jesus têm a ferocidade, muitas vezes, da cobra que estrangula o Hércules infante. Ele parece mais pesado do que a maioria dos bebês mortais. Uma vez que estas características são observadas, tudo mais começa a dar errado, e de uma maneira um pouco difícil de definir. A tez torna-se pastosa e sebosa, os olhos se estreitam como frestas maldosas de quem sabe de algo, e faíscas de loucura se acendem. Os meios dos rostos são, a um tempo, flácidos e chupados, como se uma dieta inadequada tivesse prematuramente apodrecido cada dente em suas bocas, e, com frequência, as feições se deformam sem qualquer motivo aparente. Narizes se inclinam, os olhos se mostram cansados a as bocas se entreabrem como as dos bonecos de neve ou dos idiotas da aldeia. Existe algo de enigmático e sem explicação para este colapso que se expande. Não tem nada a ver com a santidade ou a vileza do personagem em questão e, claramente, nada a ver com capacidade técnica. É como se uma toxina de instabilidade e dissolução tivesse entrado no cérebro do pintor.

Mas, quando o tema passa de cenas pastorais para martírios, suas intenções se tornam desconcertantes, desafiando qualquer conjectura. Estas pinturas são o oposto das cenas bizantinas equivalentes. Lá o algoz e a vítima carregam uma idêntica expressão de benigno alheamento, e o carrasco, tal como um beatífico artesão, ostentando a chave para a salvação na forma de uma espada, tem um crédito similar no que se refere à nossa aprovação. Os italianos talvez não tentem clamar por este distanciamento em seus martírios, mas sentimentos de sacralidade e dignidade, no clima criado pelo pintor, envolvem tanto o que dá o golpe quanto o golpeado, numa coreografia cerimonial de grandeza que mantém o horror a distância.

Aqui não. Brutamontes barbudos e corpulentos, peitorais desalinhados, fraldas de camisa para fora e colhoneiras semiabertas, acabam de sair cambaleantes do *hofbräuhaus*, pode-se supor, fedendo a cerveja e a *sauerkraut* e prontos para espancar alguém até que perca os sentidos. Uma vítima é encontrada e sobre ela se lançam. Com olhar malicioso e piscando, dentes à mostra e línguas de fora, eles suam com o esforço. Estes cavalariços, açougueiros, tanoeiros e aprendizes, e lansquenês em camadas de pretensa elegância são todos, sem exceção, exímios em torcer membros, aleijar, apedrejar, chibatear, e deslocar e cortar cabeças, sempre hábeis com suas lustrosas ferramentas e felizes em suas tarefas. A janela do pintor possivelmente se abria sobre cadafalsos onde a roda, o bloco e a forca atraíam com frequência as multidões. Certos detalhes, mais raros em outros pintores, ocorrem aqui com grande regularidade. Quatro robustos atormentadores, com seus bastões cruzados que se vergam sobre o próprio peso, forçam uma enorme coroa de espinhos sobre a cabeça da vítima, enquanto um quinto a ajeita, nela batendo com um banco de três pernas. Quando ainda outro a prepara para ser flagelada, firma a bota sobre seu lombo, puxando os pulsos da vítima até que as veias saltem fora. Para brandir as pesadas varas de bétula é preciso usar ambas as mãos, e, em pouco tempo, ramos quebrados e flagelos destroçados entulham o chão. De início, o corpo da vítima parece estar picado por pulgas. Mais tarde, surge pontilhado por centenas de espinhos, como a pelagem de um ocelote. Por fim, depois de dezenas de indignidades, a carcaça moribunda é pregada e erguida ao alto entre dois criminosos barrigudos cujas pernas estão quebradas e entortadas como pedaços de pau ensanguentados. O último toque de sordidez é a própria cruz. Pedaços de abeto e bétula prateada – rudemente descascados e com extremos irregulares – foram juntados de maneira tão desajeitada e atabalhoada que se dobram sob o peso da vítima, quase desabando; e a lei especial da gravidade, alargando os buracos dos pregos, desloca os dedos e os expande como as pernas de uma aranha. As feridas supuram, os ossos se quebram e rompem a carne, e lábios cinza, enrugando-se concentricamente em torno a um orifício lotado de dentes, se escancaram num retraído espasmo de dor. O corpo, esmagado, desonrado e linchado, se contorce em *rigor mortis*. Ele está dependurado, como diz Huysmans em sua descrição do retábulo de Grünewald em Colmar, "*comme un bandit, comme un chien*".[20] As feridas ficam azuis; uma sugestão de gangrena e putrefação paira no ar.

E, no entanto, e de maneira muito contraditória, Grünewald foge da categoria que eu tenho em mente. A carcaça salpicada de espinhos na cruz é parte de uma velha fórmula; o horror é extremo; mas, graças à brutal pungência dos que ali demonstram seu luto e a algum excepcional toque de gênio, é uma sensação de drama e tragédia que detém a última palavra,* colocando-o – para mim, ao menos – na atmosfera e disposição de ânimo de *Woofully araid*, o extraordinário poema sobre a Paixão de seu exato contemporâneo inglês, Skelton.**,21

Críticos e apologistas atribuem estas cenas cruéis à infecciosa selvageria da Guerra dos Camponeses de 1523. Esta danosa sequência do conflito religioso deixou poucos alemães do sul intocados. Mesmo que algumas destas pinturas tenham sido realizadas antes – e o retábulo de Isenheim, por exemplo, a antecede por uma década –, o temperamento cruel da época pode muito bem haver influenciado a pintura contemporânea. Mas, mesmo assim, os resultados são pouco usuais e ambíguos: os horrores da Guerra dos Trinta Anos e da Guerra Peninsular afetou Callot e Goya de uma maneira que não deixa qualquer dúvida sobre sua atitude quanto àquelas guerras e ao objetivo de seus trabalhos. Quais são estes, então? Tristes heranças da Idade das Trevas, não iluminadas pelo Renascimento, mas animadas por suas técnicas, explodindo por baixo de estímulos selvagens? Talvez. Mas a pintura religiosa é, *ipso facto*, didática. O que estas pinturas nos indicam?

---

* Existem também causas médicas e místicas, abstrusas, mas válidas, para os detalhes de erupções e purulência no retábulo de Isenheim (hoje em Colmar). Foram expressamente estipulados pelos monges antoninos em suas orientações ao pintor. O retábulo era destinado ao hospital de Isenheim, dedicado à cura de doenças da pele e do sangue, e à praga, à epilepsia e ao ergotismo, e os detalhes são retratados por uma estranha razão. A contemplação destes símbolos pelos pacientes constituía o primeiro estágio de sua cura. Era um ato religioso no qual a promessa de cura milagrosa se supunha residir.

** O refrão, com ortografia modernizada, é:
   Woefully arrayed
   My blood, man,
   For thee ran,
   It may not be nayed:
   My body blue and wan,
   Woefully arrayed.

É impossível dizer. Em Bizâncio, uma graça imparcial exaltava a ambos, o virtuoso e o perverso, e juntava suas mãos numa abstração. Aqui atua um agente oposto. O bem e o mal, misturados numa mesma massa não fermentada, estão unidos na miséria até que ambos se tornem igualmente vis; e desta igualdade na abjeção, o horror afugenta a piedade. A dignidade e a tragédia voam juntas, e o que nos resta é observar, perplexos. Estão os santos sendo martirizados ou os criminosos lentamente liquidados? De que lado está o pintor? Nenhuma resposta é dada.

Talvez este clima fosse inescapável. Existem, certamente, seus traços, muito reduzidos, em algumas das pinturas de Altdorfer. Mas ele supera seus colegas do Danúbio como um pássaro-lira entre gralhas pretas. Era de Regensburgo. Ainda não havia estado lá – perdi a chance quando, em Ulm, tomei o rumo sul –, mas, muito depois, eu a visitei e Regensburgo explica muito. Aqui, no ponto mais ao norte do rio, a cento e trinta milhas a montante da Abadia de São Floriano, a velha cidadela de Ratisbona vence o vão do Danúbio com uma ponte que rivaliza com todas as grandes pontes da Idade Média. Aquelas ameias e torres, envoltas em mito, dominam uma das mais completas e convincentes cidades medievais do mundo. Quem quer que tenha vagado por estas ruas pode compreender por que as pastorais sagradas, que seus colegas transformaram em contos folclóricos dialetais, deslocam-se, sob as mãos de Altdorfer, no clima e cenário de lendas. Os episódios das escrituras – que em nenhum outro lugar são mais esplendidamente manifestados do que em seu grande retábulo de São Floriano – são subitamente vestidos da mágica e da fascinação dos contos de fadas; contos de fadas, sobretudo, onde o eixo Mântua-Antuérpia vem fiando com mais intensidade, estendendo filamentos cintilantes no tecido. Sob a trama gótica de frios brancos e cinza que formam o pálio das cenas santificadas em Flandres, os personagens bíblicos, vestidos em mantos lilás e cor de amoreira e limão e o estridente tom de enxofre que Mantegna amava, evoluem e se posicionam com convincente esplendor renascentista. Pôncio Pilatos – com um manto de veludo azul escuro, colares e borlas como os de um eleitor e em turbante como um califa – torce suas mãos úmidas entre um gomil e uma salva, sob um magnífico dossel de ouro opaco. Através de arcos em ogiva e de potentilhas e para além de vidraças em losango, rochas caneluradas ascendem e matas e despenhadeiros e grupos de nuvens de Getsêmani emolduram um pôr do sol luminoso e incandescente que pressagia Joachim Patinir. Embora os centuriões sejam cavaleiros em armadura escura, nenhum ferreiro mortal jamais forjou aquelas asas de elmo e floreios metálicos e joelheiras acaneladas e cotoveleiras em leque, nem mesmo nas bigornas de Augsburgo e Milão durante o reino de Maximiliano. São as fabulosas armaduras que mais tarde viriam a reluzir em cada pré-rafaelita que procurava o Graal e nas perneiras e manoplas dos paladinos dos *Coloured Fairy Books*. Passando da divindade às fábulas sagradas, o mesmo ambiente de mágica isola os cavaleiros solitários entre milhões de folhas e confronta Santo Eustáquio e o veado macho com seu crucifixo com galhada numa floresta cheia de perigos e feitiços.

Ele varia muito. Com tufos de eufórbias e ervas daninhas, um estábulo derruído pisca estranhamente através do prado com os destaques *grisaille* da Natividade. Em transparentes palácios babilônios, empilham-se fileiras caprichosas de galerias em arcadas entre nuvens rasas. Palácios que, além do mais, são representados com o domínio quase completo dos segredos de perspectiva que Dürer havia trazido de Bolonha e de Veneza. Tempos inebriantes! Deve ter sido como se Dürer, da mais alta torre em Nuremberg, tivesse feito flutuar sobre a Frância uma invisível geometria: criando no ar uma teia em linhas tracejadas, reticulando ducados montanhosos, voando através da Suábia e Áustria e Saxônia, em vistas de tabuleiros de xadrez e, displicentemente, lançando rajadas de paralelas em direção aos bispados soberanos do Reno.*

Eu não sabia disto então, mas algumas de suas pinturas do campo – regiões selvagens sem quaisquer episódios das escrituras, nada de humano,

---

* Mas sua perspectiva ainda não era a solução correta! Os resultados de todos aqueles arremessos é o pontilhar do alvo com quase acertos, em lugar de fazê-los convergir numa única mosca, tal como meio século antes Brunelleschi havia descoberto e Alberti havia escrito que deveriam ser. A viagem das ideias em direção ao norte foi marcada por atrasos.

nem mesmo um Ícaro cadente para justificar sua existência – são as primeiras pinturas exclusivamente de paisagem da Europa. Foi apenas numa viagem, anos mais tarde, que entendi quão fielmente suas paisagens ecoam o próprio Danúbio. Foi seu surpreendente *Alexanderschlacht* – vitória de Alexandre sobre Dario em Issus – que me indicou o caminho: Eu olhava rio acima a partir de Dürnstein (naquela viagem mais tardia), com a cabeça cheia da grande pintura que estivera recentemente apreciando, quando uma faísca apocalíptica me revelou que a extensão de água retratada no quadro não era um rio asiático, sequer o Grânico. Era o vale do Danúbio, num espasmo entre uma de suas centenas de batalhas. Só podia ter sido. Mas como eu poderia ter percebido isto nesta primeira viagem? A batalha pintada no desfiladeiro ocorre sob um lúgubre pôr do sol de outubro e os exércitos rivais, tais como campos de milho batidos pelo vento, eriçados por lanças e floridos de estandartes, colidem numa luz de outono. Já o campo de batalha do meu primeiro encontro estava embaçado pela neve, com todos os contornos amortecidos e as fanfarras silenciosas.

◆ ◆ ◆ ◆

A RELAÇÃO ENTRE viagens e pintura, especialmente em percursos como este, é bem estreita. Havia muito que pensar enquanto seguia através dos pomares monásticos cobertos de neve; e me ocorreu, nos campos silenciosos que se seguiam, e pela centésima vez desde que descera na Holanda, que até então um único pintor presidira sobre todos os estágios desta *winterreise*. Quando não havia edifícios à vista, eu voltava à Idade das Trevas. Mas, no momento em que uma casa de fazenda ou um vilarejo se impunha, entrava no mundo de Pieter Brueghel. Eram dele os flocos brancos caindo nas margens do Waal – ou do Reno ou do Neckar ou do Danúbio – e os frontões em ziguezague e os telhados abafados pela neve. Os pináculos de gelo também e a neve pisoteada, as toras empilhadas nos trenós, e os camponeses recurvados sob o peso dos feixes de lenha. Quando crianças com capuz de lã e mochilas saíam de uma escola de aldeia num súbito galope de pequenos tamancos, eu sabia antecipadamente que, pouco depois, estariam batendo seus braços e soprando suas mãos enluvadas e limpando um espaço para fazer um pião rodar, ou galopando estrada abaixo para deslizar no córrego mais próximo, com todo mundo – crianças, adultos, gado e cachorros – movendo-se no rastro de sua própria respiração enevoada. Quando a luz tênue de inverno se arrastava, pálida, por entre frestas perto do horizonte ou um sol laranja se punha através dos galhos de uma touceira de vime congelada, a identidade ficava completa.

◆ ◆ ◆ ◆

RUMEI PARA NORDESTE, marchando morro abaixo através da neve, e a cada passo afundando mais. Gralhas em multidão ocupavam as árvores e os campos abaixo eram paralelogramos brancos e cinza delimitados por inúmeros salgueiros. Riachos os cruzavam sob tampas de gelo, indo se juntar a um meandro do rio que parecia estar coberto de ardósia; e o silencioso e abafado cenário era o pano de fundo para o *Caçadores na Neve* de Brueghel. Só faltavam mesmo os caçadores, com suas lanças e seus cachorros de rabo retorcido.

Cruzei o rio até as luzes de Mauthausen por uma ponte antiga e sólida. Um castelo alto do século XV entrava rio adentro e, junto a suas paredes, Hans e Frieda me esperavam no cais, honrando o mais vago dos compromissos; e me dei conta enquanto nos acenávamos de longe, que outra alegre noite me esperava.

◆ ◆ ◆ ◆

NO DIA SEGUINTE, uma trilha ao pé de uma encosta. O Rio Enns, que eu havia cruzado no crepúsculo, descia coleante de seu vale e pelo Danúbio adentro, corrente abaixo, trançando um longo feixe de água verde pálida da montanha no fluxo de cor sombria. Alcancei Perg, que fica a algumas milhas da margem norte. Inundando os campos gelados, o rio vinha vagando por um emaranhado de córregos que se afastavam e voltavam a se juntar; em Ardagger, as montanhas se aproximaram outra vez. Sempre que isto acontecia, um caráter solene se impunha.

Dormi no vilarejo de Grein naquela noite, logo a montante de uma ilha coberta de matas e repleta de lendas. Velhos perigos assombram estas passagens. O próprio nome é considerado onomatopaico do grito de um marinheiro ao se afogar num dos redemoinhos, já que os rápidos e recifes deste trecho do Danúbio, por séculos, arrebentaram embarcações. Deixava-se afogar os marinheiros que caíam na água: considerava-se que eram oferendas propiciatórias a algum deus celta ou teutônico que ainda sobrevivia de tempos pré-romanos ou pré-cristãos. Os romanos, antes de se defrontarem com este ponto ameaçador, jogavam moedas na corrente para aplacar Danubius, o deus do rio; e, mais tarde, viajantes recebiam o sacramento antes de fazerem esta passagem. Os engenheiros de Maria Teresa tornaram a viagem mais segura, mas os espigões escondidos só foram completamente destruídos em 1890. Até então, tudo dependia da habilidade do piloto e, em certo grau, isto ainda é verdade; em meio à corrente, as dobras e pregas, subitamente se transformando em redemoinhos que giram como rodas de carroça, são testemunhas da comoção que há por debaixo. Para vencer estes perigos, as embarcações eram amarradas umas às outras como se fossem catamarãs e estabilizadas por cordas a partir das margens. Aqueles que viajassem corrente acima eram puxados por parelhas de cavalos e bois – vinte, trinta e às vezes cinquenta animais – e escoltados por tropas de piqueiros, que mantinham os ladrões a distância. As ameias de Werfenstein, cujos castelães viviam de destruição e pilhagem, projetam-se ganancisamente sobre as corredeiras; mas o exército de Barbarossa, que se dirigia à Terceira Cruzada, foi numeroso demais para ser enfrentado. Os moradores do castelo olharam pelas flecheiras e roeram suas unhas em frustração, enquanto os cruzados caminhavam com dificuldade rio abaixo.

◆ ◆ ◆

O DANÚBIO, ESPECIALMENTE nesta garganta profunda, parecia muito mais largo do que o Reno e muito mais solitário. Como era escasso seu tráfego, em comparação! Talvez o medo de ficar preso no rio congelado mantivesse as embarcações ancoradas. Era possível caminhar por horas sem ouvir um único apito. Em raros intervalos, uma fiada de barcos, quase sempre dos reinos dos Bálcãs, lutava corrente acima com uma carga de trigo. Depois de entregarem sua encomenda e serem carregados com tábuas e pedras para pavimentação, deslizavam rio abaixo, impelidos pela corrente. Estas cargas eram extraídas e derrubadas ao longo das margens. Enormes cavidades similares a ferraduras eram escavadas por explosão das escarpas, e as montanhas, da beira d'água aos seus topos, eram um interminável filão de madeira. Afundados na neve, caminhos quase perpendiculares dividiam a floresta em faixas compridas e brancas por onde se espalhavam milhares de troncos de árvores abatidas, como o conteúdo de caixas de fósforos jogados ao léu. Troncos menores eram cortados e empilhados em clareiras e eu ouvia o som da derrubada e as vozes dos madeireiros muito antes de vê-los. Na beira do rio, a mais ou menos cada milha, surgia o zumbido de uma serra circular e o eco das tábuas que caíam, onde fantasmas enevoados, recobertos de serragem, desmembravam carga após carga trazida por trenós de gigantes das florestas.

Os únicos outros homens nestas florestas eram silvicultores: figuras vestidas em *loden* e botas com cravos que vivem entre veados e esquilos e texugos e furões. De vez em quando, um deles, com uma espingarda sobre a dobra do braço e gelo nas suíças e sobrancelhas e um cachimbo com bojo de porcelana e tampa, materializava entre as árvores, como uma visão de Jack Frost.[22] Às vezes nos fazíamos companhia por uma ou duas milhas, enquanto cachorros como os de Brueghel trotavam à frente, alertas. Havia muita caça nestas montanhas; as pegadas fendidas que eu percebia na neve eram marcas de cervo, como eu suspeitara, e, uma ou duas vezes, eu os vi, por um momento, eretos e alertas, e logo saltando à procura de proteção, dispersando a neve dos galhos mais baixos. Mas todos os guarda-caças concordavam que a Estíria e o Tirol eram, definitivamente, os lugares que interessavam! Aprendi que quando um jovem caçador persegue e abate seu primeiro veado macho, o *jäger*[23] marca o evento com uma espécie de *blooding*;[24] o que soava tão antiquado e reminiscente da lei feudal da floresta – ou de um desafio a ela – que, desde então, o pequeno ato se gravou em minha cabeça. O *jäger* parte um galho e bate com força no ombro do noviço três vezes, enquanto isso recitando, para cada pancada, uma linha:

Eins für den Herrn,
Eins für den Knecht,
Eins für das alte Weidmannsrecht!*

Sombras maciças, ao baixarem inclinadas das montanhas, enchiam as partes mais fundas do desfiladeiro. Neste ponto, o Danúbio seguia um corredor ziguezagueante que, sem avisar, se expandia em gigantescos salões de baile circulares, fechando-se de novo abruptamente; e por léguas sem fim, esta ravina que se abria e fechava era vazia de tudo exceto um ou dois chalés ou celeiros e uns castelos espalhados e torres solitárias e ermidas, todos se desmoronando em fragmentos. Surgiam da massa de floresta, desintegrando-se, nas alturas, sobre vertiginosas escarpas rochosas. À medida que eu subia a encosta, as ruínas ficavam ao meu nível e depois caíam abaixo; e as montanhas do lado oposto, de uma parede de galhos passavam a ser um labirinto de fragmentos glaciares e fendas e contrafortes, com alguns poucos prados e aldeias solitárias em suas cristas, tudo até agora invisível e desfrutando a luz do sol negada ao mundo inferior. A progressiva altitude mostrava com mais clareza novos trechos do rio, como se fossem uma cadeia de lagos que se expandia indefinidamente; naqueles raros segmentos onde o vale corria nos rumos leste e oeste, o nascer e o pôr do sol se refletiam, imóveis, e um processo ilusório levantava cada lago um degrau mais alto do que o precedente, até formarem escadarias cintilantes em ambas as direções; e, por fim, os promontórios intervenientes perdiam contato com a outra margem e as escadas aquosas, agora bem abaixo e a distância, fundiam-se numa única serpente líquida.

De início, somente uma serra ou um machado ou o tiro de uma espingarda quebravam o silencio destas florestas. Logo outros sons se impunham: a neve deslizando sobre um galho, uma pedra solta dando início a uma pequena avalanche, uma ocasional barcaça fazendo seu apito ricochetear de escarpa em escarpa. Riachos escondidos, que, de início, mal eram percebidos, raramente estavam distantes dos ouvidos; mas as cachoeiras,

---

* 'Um para o senhor, um para o servo, um pelo antigo direito do homem das matas.'

embora fossem visíveis por milhas, pareciam inaudíveis até que se chegasse perto delas. Eu as via caindo em cataratas de saliência em saliência, dividindo e juntando-se novamente, desaparecendo sob as árvores e caindo em longas parábolas no rio; e tudo em silêncio, aparentemente com movimentos tão modestos como rabos de cavalos brancos na mais delicada das brisas. Meu caminho, então, dava volta a um esporão de rochas e, de repente, um murmúrio que vinha crescendo aos poucos se tornava alto como um trovão. De uma saliência repleta de estalactites de gelo, toneladas de jadeíte liquefeito e pálido batiam contra as rochas, e o borrifo de seu impacto sobrecarregava os galhos em volta com leques de gotas geladas. Uma calha de imensas e erodidas pedras e um túnel de gelo e samambaias congeladas as aceleravam para a beirada do despenhadeiro e de lá, numa nuvem de bruma, lançavam-nas para além das formações de estalactites e dos topos das árvores e as enviavam pujantes para dentro do abismo e para fora de visão. Os trechos seguintes do caminho amorteciam o barulho e novamente diminuíam o ritmo insistente ao farfalhar de um distante rabo de cavalo.

Agulhas de pinheiro, aos milhares, faziam hachuras com os raios de sol, salpicando os caminhos com uma extasiante luz entrecortada. Uma animação gelada crepitava entre os galhos, e, como um huroniano,[25] andei a passo através destas matas cintilantes. Mas, cedo pela manhã, havia momentos quando as densas coníferas e os diáfanos esqueletos das madeiras de lei eram tão etéreos quanto plumagens; as primeiras névoas, pairando sobre os vales, faziam flutuar os picos transparentes e abraçavam os pináculos de rocha em decrescentes anéis de bruma. Nestes momentos, a paisagem abaixo parecia ter se afastado de muito da Europa Central, para mais além até das florestas dos peles-vermelhas, chegando até a China. A palidez deste céu poderia ter sido assinada com o criptograma de um pintor – em tinta vermelha, seguindo-se ao rabo de pipa de ideogramas levemente pincelados.

Trilhas desciam destas terras mais altas como se fossem saca-rolhas; para baixo e para baixo, até que as árvores afinavam e a luz do sol desaparecia. Surgiam prados, logo um celeiro, depois um pomar e um pátio de igreja e fumaça enroscada subindo das chaminés de uma aldeia à beira do rio; e eu estava de volta entre as sombras.

> Et jam summa procul villarum culmina fumant
> Majoresque cadunt altis de montibus umbrae.²⁶

Em meio ao amontoado de telhados, havia sempre um 'Cervo Dourado' ou um 'Rosa Branca' para o pão e queijo, ou para um café e *himbeergeist*. Frequentemente, entre um recuo das montanhas e um promontório, um pequeno e quase anfíbio *schloss* mofava numa luz débil, entre gansos e arbustos frutíferos e macieiras. Paredes úmidas se erguiam entre torres cobertas com cones de telhas em escamas de ardósia. Ervas daninhas prosperavam em cada cantinho. Musgo salpicava as paredes. Fissuras se ramificavam como relâmpagos através da alvenaria molhada, que grampos enferrujados buscavam manter íntegra, enquanto contrafortes de tijolo escoravam paredes perigosamente inclinadas. As montanhas, atrasando o nascer do sol e apressando o anoitecer, diminuíam pela metade os curtos dias de inverno. Aqueles edifícios pareciam tristes demais para servirem de moradia. Mas, nas minúsculas janelas cobertas de trepadeiras, uma luz débil se mostraria ao anoitecer. Quem vivia nestes cômodos com pisos de pedra onde o sol nunca entrava? Encerrados nestas paredes de seis pés de largura, recobertas pelo lado de fora por uma hera dominadora e, por dentro, por árvores genealógicas transformadas em bolor? Meus pensamentos voam de imediato para figuras solitárias... uma viúva, descendente de uma dama de honra na corte de Carlos Magno, sozinha com o Sagrado Coração de Jesus e as contas de seu terço; uma família de barões pálidos como cera, desastrosamente entrecruzados; solteirões com bigodes de morsa, duplamente recurvados pelo reumatismo, sacudidos por calafrios, indo de um cômodo para outro, e tossindo entre seus cães vira-latas, enquanto seus lábios leporinos chamam uns pelos outros através de corredores quase tão escuros como breu.

◆ ◆ ◆ ◆

DEPOIS DO JANTAR e preenchendo meu diário no cômodo da frente da estalagem em Persenbeug – acredito que fui parar lá graças ao princípio do burgomestre generoso – comecei um croqui da filha do estalajadeiro, Maria, que se ocupava com uma cesta de retalhos. Eu lhe contava de minha visita a São Floriano: havia sido a hora errada para visitantes ou então o dia em que a abadia ficava oficialmente fechada. O porteiro fora definitivo. Disse a ele que havia atravessado a Europa para ver a abadia e esta era minha única chance; e quando eu já parecia estar próximo a lágrimas, começou a amansar. Por fim, passou-me às mãos de um cônego amigável, que me levou por toda parte. Maria riu. Igualmente o fez um homem na mesa ao lado, baixando o *Neue Freie Presse* e olhando por cima de seus óculos. Era um tipo alto, uma figura de aspecto erudito, com uma cara comprida e divertida e grandes olhos azuis. Vestia calças de couro e uma jaqueta *loden*; e, junto à sua cadeira repousava, quieto, um cachorro grande e escuro, bruegheliano, chamado Dick. "Você fez a coisa certa", disse ele. "Na Alemanha, você só teria entrado na base do grito." Maria e dois marinheiros, as duas únicas outras pessoas no *gastzimmer*, riram e concordaram.

O Danúbio inspira aqueles que vivem às suas margens com uma paixão infecciosa. Meus companheiros sabiam tudo sobre o rio. Sentiam prazer no fato de que, depois do Volga, distante demais para ser levado em conta, o Danúbio era o maior rio da Europa; e o homem em *loden* adicionou que era o único que fluía de oeste para leste. Os marinheiros estavam cheios de descrições assustadoras quanto aos perigos do Strudengau e suas histórias eram amplamente apoiadas pelos demais. O homem em *loden*, vim a descobrir, falava um inglês perfeito, mas se manteve no alemão por gentileza aos demais, exceto no caso frequente de uma palavra que eu não entendia. "O Danúbio", disse ele, "desempenhou um papel em *A Canção dos Nibelungos* tão importante quanto o do Reno". Eu ainda não o tinha lido, mas admiti que nunca havia conectado o ciclo de lendas a qualquer outro rio que não o último. "Nem ninguém mais!", disse ele. "Isto é por causa do Dr. Wagner! Magníficos sons, mas muito pouco a ver com a verdadeira lenda." Qual parte do Danúbio? "*Exatamente esta aqui!* Por todo o caminho rio abaixo, Hungria adentro."

Olhamos pela janela. O fluxo d'água passava veloz sob as estrelas. Era o rio mais largo da Europa, ele prosseguiu, e, decididamente, o mais rico em vida que apresente interesse. Mais de setenta diferentes espécies de peixe nadavam nele. Tinha sua própria espécie de salmão e dois tipos de lúcio – espécimes empalhados de alguns deles se encontravam dependurados nas paredes em estojos de vidro. O rio era uma ligação entre os peixes da Europa Ocidental e aqueles que habitavam o Dniestre, o Dniepre, o Don e o Volga. "O Danúbio sempre foi uma rota de invasões", disse ele. "Mesmo acima de Viena, você encontra peixes que, de outra maneira, jamais se aventurariam a oeste do Mar Negro. Pelo menos, seria raro. Os verdadeiros esturjões permanecem no delta – lamentavelmente! – mas, aqui em cima, a gente consegue obter muitos de seus parentes." Um deles, o *sterlet*, ou *Acipenser ruthenus*, era bastante comum em Viena. "É delicioso", disse ele. Às vezes, eles subiam rio acima chegando até Regensburgo e Ulm. O maior deles, outro primo do esturjão chamado *hausen*, ou *Acipenser huso*, era um gigante que podia atingir o comprimento de vinte e cinco pés e, em casos raros, trinta; e chegava a pesar quase duas mil libras. "Mas é uma criatura incapaz de fazer qualquer mal que seja", continuou. "Só come coisa pequena. Toda a família do esturjão é míope como eu. Não fazem mais do que tentear através do fundo do rio com suas antenas, pastando nas plantas aquáticas." Ele fechou seus olhos e então, com uma cômica expressão atordoada, estendeu os dedos entre os copos de vinho com um tremer exploratório. "Seu verdadeiro lar é o Mar Negro e o Cáspio e o Mar de Azov. Mas o terror de fato do Danúbio é o *wels*!" Maria e os marinheiros acenaram as cabeças num assentimento triste, como se algum Kraken ou Grendel tivesse sido mencionado. O *Silurus glanis* ou bagre gigante! Embora fosse menor do que o *hausen*, era o maior dos peixes puramente europeus e às vezes chegava a medir treze pés.

"As pessoas dizem que eles comem os bebês que caem na água", disse Maria, deixando repousar sobre o colo uma meia que estava cerzindo. "Gansos também", disse um dos marinheiros. "Patos", acrescentou o outro. "Cordeiros." "Cachorros." "É melhor o Dick se cuidar!", Maria adicionou.

As reconfortantes palmadas, dadas por meu vizinho polímata na cabeça cabeluda ao seu lado, foram recompensadas por um olhar lânguido e algumas batidas de rabo, enquanto seu dono me contava que um poodle havia sido retirado da barriga de um bagre, um ou dois anos antes.

"São criaturas terríveis", ele disse, "terríveis e extraordinárias".

Perguntei sobre o aspecto dos peixes e ele repetiu a pergunta, ruminando-a para si próprio. "Feroz!", respondeu por fim. "Veja você, eles não têm escamas, são muito lisos. De cor escura e pegajosos. Mas a cara! Aí reside o problema! Eles têm feições grandes e toscas e olhos pequenos, odiosos e atentos." Enquanto falava, ele franziu as sobrancelhas numa careta sisuda e, de alguma maneira, conseguiu fazer com que, por trás dos óculos, seus olhos grandes e francos se contraíssem e simultaneamente sobressaíssem num olhar de ódio virulento. "E sua boca!", continuou. "Sua boca é o pior de tudo! É caída e dotada de fileiras de pequenos e aterradores dentes." Ele alargou a boca formando um rasgo cujos extremos afundavam com aspecto maléfico e empurrou para frente a mandíbula inferior, imitando o horrendo ressalto típico dos Habsburgo. "E têm bigodes compridos, muito compridos, saltando dos dois lados", disse ele, abrindo as pontas dos dedos sobre ambas as bochechas. Abanou os dedos no ar e sobre os ombros como se fossem os compridos bigodes do bagre gigante sendo conduzidos pela corrente. "Ele é assim!" Levantou-se lentamente da cadeira; e, à medida que o fez, apontou sua terrível máscara em nossa direção através dos copos de vinho. Era como se o enorme peixe tivesse silenciosamente entrado porta adentro nadando. Maria suspirou: "*Herr Jesus!*", com um riso nervoso, e o cachorro pulou e latiu excitado. Logo as feições do polímata assumiram seu jeito normal e ele sentou-se novamente, sorrindo com nosso espanto.

Eu havia descoberto uma mina de ouro! 'Entre e Pergunte sobre Qualquer Assunto': flora, fauna, história, literatura, música, arqueologia – era uma fonte mais rica do que qualquer biblioteca de castelo. Seu inglês, aprendido com governantas e na companhia de seus irmãos, era amplo em alcance, impecável no uso de expressões idiomáticas, e havia sido polido por muitas passagens pela Inglaterra. Tinha muitas histórias sobre os habitantes dos castelos do Danúbio, dos quais fazia parte, como eu havia mais ou menos percebido pela maneira como os outros a ele se dirigiam: sua toca era um *schloss* maltratado perto de Eferding, e fora aquele ninhal vazio de garças – o mesmo que eu havia observado – que primeiro despertara seu interesse pela fauna do rio, quando ainda menino. Tinha um encantador toque boêmio, mescla de erudito com cigano.

Voltava de uma visita a Ybbs, a pequena cidade do outro lado do rio, onde fora apreciar coisas antigas. Por lá, seu objetivo havia sido a tumba esculpida de Hans, Cavaleiro de Ybbs: "Uma figura", disse ele, "de elegância arrebatadora!". Ele me mostrou uma foto que o pároco lhe dera. (Fiquei tão impactado que, no dia seguinte, atravessei o rio para vê-la. O cavaleiro – de pé, em alto relevo sobre um retângulo de pedra, e com seu entorno incisado a fundo em escrita gótica – havia sido entalhado em 1358. Morto numa batalha na mesma década que Crécy e Poitiers, era exato contemporâneo de du Guesclin e do Príncipe Negro: ou seja, era do auge da idade dos cavaleiros andantes. Com armadura completa, os dedos da manopla direita dobram-se em torno da haste de uma lança, na qual tremula uma bandeirola. Os da outra mão – sob um cotovelo dobrado num ângulo que, a partir da afilada cintura, desloca para o lado o torso coberto pelas placas da armadura – abrem-se sobre o cabo em cruz de uma espada para duas mãos, na frente da qual está amarrado um escudo entalhado. Seu pontudo capuz de metal está sulcado como uma amêndoa e sua cota de malha cobre bochechas, queixo e garganta como a touca de uma freira: o arranjo similar, com linho engomado em lugar de metal, dá um ar de cavaleiro andante a freiras de algumas ordens. Um elmo gigante, inclinado, de olhos rasgados, e encimado por uma crista de folhas de carvalho, equilibra-se sobre a armadura de um de seus ombros. O fluxo sinuoso do entalhe dá ao cavaleiro uma postura viva, poética e jovial, única provavelmente em tais efígies.)

À menção ao *Ritter von Ybbs*, perguntei o significado exato de 'von'. Ele explicou que um 'Ritter von' e um '*Edler von*' – cavaleiro ou nobre 'de' algum lugar – eram originalmente proprietários de terras que, mediante o pagamento de uma taxa, mantinham-se detentores de um feudo, de modo geral, epônimo. Mais tarde, tornou-se, simplesmente, o nível mais baixo na hierarquia dos títulos nobiliárquicos. A aura demoníaca que 'von' assumiu na Inglaterra, graças à inclinação militarista dos junkers prussianos, está ausente na Áustria, onde uma conotação mais branda e senhorial paira sobre o prefixo. Esta foi a deixa para uma digressão sobre a aristocracia da Europa Central, conduzida com grande brio e o distanciamento de um zoólogo. Em linhas gerais, peguei o jeito da coisa; mas o que dizer daqueles personagens que na Alemanha tanto haviam me intrigado: landgraves, margraves, *rhinegraves* e *wildgraves*? Quem era a Margravina de Bayreuth e Anspach? As respostas levaram-no por uma rápida discussão sobre o Sacro Império Romano e de como este tremendo título tinha permeado e assombrado a Europa de Carlos Magno até as guerras napoleônicas. Ficou finalmente claro para mim o papel dos eleitores – príncipes e prelados que escolhiam o Imperador até o momento em que a coroa passou a ser uma herança não oficial dos Habsburgo – quando então estes ainda a ratificavam. Aprendi que, entre sua eleição e a tomada de posse, um prospectivo imperador era chamado de Rei dos Romanos. "E veja!", disse ele. "Houve um inglês, Ricardo da Cornuália, filho de João Sem Terra! Sua irmã Isabela casou-se com o Imperador Frederico II, o *Stupor Mundi*! Mas, como você sabe, Ricardo nunca assumiu, pobre coitado." Neste momento, um tácito balançar de minha cabeça, adequado para qualquer fim, pareceu a melhor resposta. "Morreu de tristeza quando seu filho, Henrique de Almain, foi assassinado por Guy de Montfort em Viterbo. Dante escreve sobre isso..." Nesta altura, já não me surpreendia com coisa alguma. Ele explicou a mediatização de estados soberanos menores por ocasião da dissolução do império; e a partir daí, num ritmo vertiginoso, derivou pela história dos Cavaleiros Teutônicos, da *szlachta* polonesa e seus reis eleitos, dos hospodares[27] moldo-valaquianos e dos grandes boiardos romenos. Prestou um breve tributo à prolífica pelve de Rurik e à principesca descendência por ele espalhada através das Rússias, e aos Grandes Príncipes de Kiev e Novgorod, aos *Khans* da Crimeia Tártara e aos *Kagans* das hordas mongóis. Se nada nos tivesse interrompido, teríamos chegado à Grande Muralha da China e voado sobre o mar para o mundo dos samurais.* Mas algo nos chamou de volta para mais perto de casa: para as antigas, quase bramínicas regras austríacas de elegibilidade e para o sufocante cerimonial da corte espanhola que havia sobrevivido dos tempos de Carlos V. Ele criticava os fracassos da nobreza em momentos

---

* Eu adorava tudo isto. Logo me tornei estranhamente um especialista em todo o saber sócio-histórico relevante, ao qual outros poderiam dar um nome mais vulgar. Mas eu ficaria autenticamente surpreso se alguém me colocasse a pecha de 'esnobe'.

cruciais, ainda assim a ela era apegado. A proliferação de títulos na Europa Central foi objeto de críticas brandas. "É muito melhor na Inglaterra, onde, ao final, todos, exceto um, revertem ao mero tratamento de 'senhor'. Olhe para o meu caso e o de meus irmãos! Muita lenha e nenhum fogo." Ele preferiria que fossem liquidados os títulos?* "Não, não!", disse ele, um tanto contraditório. "Deveriam ser preservados a qualquer custo – o mundo já está ficando muito chato. E não se pode dizer que eles estejam de fato se multiplicando – a história e a ecologia são contra eles. Pense no órix! Pense no merganso da Ilha de Auckland! O arau-gigante! O dodô!" Seu rosto se abriu num sorriso, de orelha a orelha: "Você deveria ver alguns de meus tios e tias". Um minuto depois sua fronte se mostrou carregada de preocupação. "Tudo vai desaparecer! Fala-se em construir barragens hidrelétricas sobre o Danúbio e tremo toda vez que penso nisto! Vão fazer o rio mais selvagem da Europa tão domesticado quanto sistemas municipais de água. Todos estes peixes do leste – eles jamais voltarão! Jamais, jamais, jamais!" Parecia tão deprimido que mudei de assunto, perguntando sobre as tribos germânicas que viveram por aqui – os marcomanos e os quados – eu não conseguia tirar da cabeça seus estranhos nomes. "O quê?" Ele logo se alegrou. "Aqueles adoradores de Wotan de cabelos longos, que através de séculos espreitaram por entre os troncos das árvores, enquanto os legionários na outra margem se exercitavam e se colocavam em formação de tartaruga?" Seus olhos se entusiasmaram e, num quarto de hora, absorvi mais sobre o *Völkerwanderungen*[28] do que teria compilado numa semana entre os mais maciços atlas históricos.

Os outros já haviam escapulido para a cama horas antes. A terceira garrafa de Langenlois estava vazia e nos levantamos também. Ele parou em frente a um estojo de vidro no qual uma enorme truta empalhada, de olhos brilhantes, nadava apressada através de um emaranhado de ervas aquáticas de estanho. "É uma pena que você não tenha continuado sobre as colinas a partir de São Floriano", disse ele. "Você teria chegado à pequena cidade de Steyr e ao vale do Enns." Este era o afluente verde que eu havia observado

---

* Oficialmente, já tinham sido, mas ninguém havia prestado a menor atenção.

se desenrolando entre as colinas, do outro lado de Mauthausen. "São apenas meia dúzia de milhas. Ali Schubert compôs A Truta, seu quinteto para piano. Fazia, tal como você, uma caminhada."

Assobiou a melodia enquanto passeávamos sobre o cais coberto de neve, com o Dick saltando à frente e deslizando comicamente, sem controle, sobre o gelo oculto. A torre de Ybbs aparecia claramente, do outro lado, sobre os telhados e os topos das árvores. Sobre os telhados do nosso lado, como previsível, um imenso castelo barroco se elevava em meio à luz das estrelas. "Você está vendo a terceira janela da esquerda?", perguntou o polímata. "É o quarto onde nasceu Carlos, nosso último imperador." Depois de uma pausa, continuou a assobiar A Truta. "Sempre que a ouço", disse ele, "penso em riachos correndo para o Danúbio".

CAPÍTULO 6

O DANÚBIO: APROXIMAÇÃO A UMA *KAISERSTADT*[1]

※ ※ ※

Na manhã seguinte, depois de termos remado de ida e volta para Ybbs, a conversa correu até a hora do almoço, na ensolarada sala da frente da estalagem. O sol vinha caindo quando saí e, por volta do anoitecer, eu já estava numa taberna de caçadores, pouco autêntica, num vale apenas cinco milhas adiante. Tinha uma lareira e as paredes estavam repletas de espingardas, facas de caçador, chifres, armadilhas de animais, texugos, galinhas d'água, doninhas, faisões e veados. Tudo feito de madeira, couro e chifre; e o lustre era um entrelaçado de galhadas. Havia até mesmo alguns autênticos mateiros entre os que ali estavam, vindos de Krems, para uma noitada de lazer. Um acordeão incansável acompanhava os cantores, e através de uma bruma de vinho cada vez mais espessa, até mesmo as canções mais melosas soavam simpáticas: *Sag beim Abschied leise 'Servus'*, *Adieu, mein kleiner Gardeoffizier* e *In einer kleiner Konditorei*. A elas se seguiram canções do *White Horse Inn*,[2] e marchas regimentais de espírito bem pouco militar, como o *Deutschmeistermarsch* (*Wir sind vom K.u.K. Infanterieregiment*), as marchas *Kaiserjäger* e *Radetzky* e a *Erherzog Johann Lied*. Em termos musicais, Londres jamais toca as cordas do coração. Mas Paris, de Villon a Maurice Chevalier e Josephine Baker, nunca deixa de fazê-lo, e tampouco Nápoles, e, acima de todas, Viena: *Goodnight Vienna*; *Ich möcht mal wieder in Grinzing sein*; *Wien, Wien, nur du allein!* – umas às outras se seguiram sem parar, enquanto os olhos dos cantores ficavam cada vez mais úmidos com saudades de casa. Foi quando passamos para outras terras sonhadas e rivais, a Estíria e o Tirol: picos, vales, florestas, córregos, sinos de vacas, flautas de pastores, *chamois* e águias: *Zillertal, du bist mein Freud!, Fern vom Tirolerland, Hoch vom Dachstein an*... Tudo começou a ficar embaçado e dourado. A que mais me agradou foi a *Andreas Hofer Lied*, um comovente lamento ao grande líder montanhês dos tiroleses, que lutou contra os exércitos napoleônicos, foi executado em Mântua e é chorado desde então. Fiz dois novos amigos, cantando com eles pela madrugada adentro enquanto descíamos pelo vale. Passamos ao largo da luminosa visão de um moinho d'água, fossilizado pelo gelo e a neve. Quando chegamos ao rio, remamos em direção a um bastião circular e a um alto campanário que cintilavam entre as árvores na outra margem. Chegando à cidadezinha de Pöchlarn sob um céu estrelado, e ao subirmos uns degraus, uma janela se abriu e nos mandaram fazer menos barulho.

Estávamos invadindo um dos mais importantes marcos de *A Canção dos Nibelungos* no Danúbio! O polímata havia dito que era o único lugar, na saga, onde não havia ocorrido carnificina. O Margrave Rüdiger recepcionou os nibelungos da Borgonha neste mesmo castelo, banqueteando-os em tendas coloridas espalhadas por todo o prado. Celebravam um noivado com dança e canções acompanhadas numa viola da gamba. Depois, o grande exército cavalgou em direção à Hungria e à sua ruína. "E nenhum deles", canta o poeta, "jamais voltou vivo a Pöchlarn".

◆ ◆ ◆ ◆

AS MONTANHAS MAIS uma vez tinham afrouxado seu enlace sobre o rio e pequenas cidades se sucediam umas às outras em intervalos menores. Aquelas situadas do outro lado do rio apareciam discretamente assentadas sobre seus reflexos bidimensionais, com uma solenidade quase teatral. Fachadas com frontões coloridos, entrelaçadas por trabalhos em ferro e simetricamente marcadas por persianas, se juntavam, formando um cenário em linha que se estendia ao longo de todos os cais. Alguns arcos perfuravam este pano de fundo. Cúpulas castanho-avermelhadas ou sulfúreas levantavam-se sobre os telhados. Mais acima ainda, havia sempre um castelo, e os leitos de córregos desciam por vales escurecidos pelas matas. Mas o cais e as redes e as âncoras ao longo da borda d'água poderiam pertencer a qualquer pequeno porto marítimo.

A rigor, a Floresta da Boêmia terminara lá atrás, em algum ponto rio acima. O velho reino da Boêmia, que pertencera ao império durante os três últimos séculos, despareceu ao tornar-se parte da Tchecoslováquia em 1919. Fora sempre cercado por outros países e destituído de litoral. Como era possível que a famosa direção de palco – "A Costa da Boêmia" – tivesse saído da pena de Shakespeare? Quando a introduziu em *Conto de Inverno*, a Boêmia não era um país semimítico, como a Ilíria em *Noite de Reis*. Sua localização e características eram tão bem conhecidas quanto as da Navarra em *Trabalhos de Amor Perdidos* ou da Escócia em *Macbeth*. Na verdade, como importante baluarte do protestantismo, era particularmente famosa na época. O eleitor palatino – campeão do protestantismo na Europa – era casado com a Princesa Elizabete, e foi eleito para o trono da Boêmia apenas três anos depois da morte de Shakespeare. (Novamente a Rainha do Inverno! Shakespeare deve tê-la conhecido bem; de acordo com alguns, a mascarada nupcial em *A Tempestade* foi escrita para seu noivado). Como seria possível ele acreditar que o reino de Elizabete ficava à beira-mar?

À medida que eu caminhava, surgiu uma inspiração. É possível que o termo 'costa' significasse originalmente 'lado' ou 'beira', não sendo, de todo, necessariamente conectado com 'mar'! Talvez a estrada pela qual eu passava fosse a Costa da Boêmia – ou talvez, a Costa da Floresta: bastante próximo!*

Vale repassar rapidamente a parte relevante do enredo. O rei da Sicília está injustamente convencido que Perdita, sua filha recém-nascida, é fruto bastardo da Rainha Hermione, sua esposa, com seu ex-amigo e hóspede, o rei da Boêmia. Antígono, um fiel e antigo cortesão determinado a salvar Perdita da cólera de seu pai, foge da corte com o bebê debaixo de seu casaco e toma um barco para a Boêmia. Por qual caminho? Shakespeare não diz. Ele dificilmente iria pelo Mar Negro. Eu o imaginei velejando a partir de

---

* A Boêmia de verdade – a moderna fronteira tcheca – começava vinte e cinco milhas mais ao norte.

Palermo, desembarcando em Trieste, viajando por terra, e em seguida embarcando em Viena numa nave que velejava rio acima. A nave, topando com uma terrível tempestade, muito possivelmente por entre os redemoinhos de Grein, vai a pique. Antígono, o velho cortesão, luta para chegar às margens – quem sabe logo abaixo do castelo de Werfenstein! – e então, entre trovões e relâmpagos, ele tem tempo apenas para esconder Perdita, embrulhada em panos, num lugar seguro, quando aí ocorre outra direção de palco de Shakespeare, a segunda das mais famosas: "Sai perseguido por um urso". (Os ursos já desapareceram das montanhas austríacas, mas, naquela época, eram abundantes.) Enquanto o animal devora Antígono nas coxias, entra um velho pastor. Vê Perdita, carrega a trouxinha para casa, e a cria como se fosse sua filha. Dezesseis anos mais tarde, ocorre uma maravilhosa festa de tosa das ovelhas, onde se dá a promessa de reconhecimento paternal, um final feliz e discursos mágicos. Foi, com certeza, celebrada em uma destas fazendas do planalto...

Caminhei rápido ao longo das margens do rio para poder chegar a Viena um dia antes. "Senhor: Eu talvez possa trazer uma pequena contribuição a uma questão que vem intrigando gerações de eruditos." Começava a configurar-se e reconfigurar-se o estopim falsamente modesto que faria explodir a bomba...

Quem primeiro erroneamente citou e lançou a frase: "A Costa da Boêmia"? Como descobri na minha primeira manhã em Viena, a direção de palco correta é assim: "Boêmia: um país deserto perto do Mar".

Descomunal trapalhada minha!

◆ ◆ ◆ ◆

À NOITE, AS estrelas brilhavam num vazio sem nuvens. Pela manhã, nada mais do que uma breve névoa escurecia o céu pálido; e no início e no fim de cada dia, as neves nos picos ficavam coloridas de um rubor pungente quase excessivo. Eu me sentia como se estivesse solto entre infinitas maravilhas, e a ideia se fazia mais estimulante ainda pela ilusão de privacidade. Esta paisagem poderia ser um parque enorme e sem fim, no qual se espalhavam matas e templos e pavilhões, pois, quase sempre, as pegadas na neve eram somente as minhas.

Passado o último prado inundado, antes que as montanhas voltassem a fechar o cerco, eu me aproximava de um daqueles marcos monumentais. Ao alto, numa falésia de pedra calcária, por baixo de duas torres barrocas e uma cúpula central mais elevada, filas de incontáveis janelas desenrolavam-se pelo céu à frente. Finalmente Melk: um longo e apalacetado convento flutuando sobre telhados e árvores; a quinquerreme[3] das abadias.

Não havia zeladores à vista. Um jovem beneditino me encontrou, de bobeira, no portão de entrada e fez com que o seguisse, e, à medida que cruzávamos o primeiro dos grandes pátios, percebi que dera sorte. Ele falava um belo francês; era culto e divertido, o cicerone ideal para o que vinha pela frente.

Mais tarde, foi em termos musicais um tanto confusos que as etapas de nossa visita se conectaram em minha memória. E é como até hoje ecoam. Aberturas e prelúdios se seguiam uns aos outros à medida que pátio se abria sobre pátio. Escadas ascendiam com a mesma vanglória que pavanas. Claustros se desenvolviam com a complexidade de fugas duplas, triplas e quádruplas. As suítes de aposentos nobres se concatenavam com a variedade, o clima e o décor de movimentos sinfônicos. A música, novamente, parecia intervir na visão das infinitas fileiras de encadernações douradas da biblioteca, nos reflexos lustrosos, nas galerias, e nos globos terrestres e celestes, brilhando na luz das reentrâncias chanfradas que ocupavam. Uma polifonia magnífica e equilibrada penetrava nos ouvidos. De início, era acompanhada pelos sopros em madeira, seguidos, em intervalos curtos, por violinos e violas e violoncelos e por fim contrabaixos, quando um desenrolar súbito de flautas se abria, como os trabalhos em gesso, em pleno ar; ao que se juntava, ao final, a partir do teto, uma fanfarra silenciosa, até que tudo vibrasse com um esplendor contido e generalizado. Para além, na igreja, um domo coroava o vazio. A luz se espalhava pelas cavidades pintadas e juntava-se ao brilho indireto vindo das lunetas e óculos e janelas da rotunda. Galerias, baldaquinos em conchas e filas de cornijas se elevavam para encontrá-la; e a luz amortecida – caindo sobre as pilastras em caneluras e os círculos de raios dourados, e ainda nos obeliscos ornados com grinaldas de nuvens esculpidas – impregnava as capelas laterais em colmeia e depois se unia numa luminosidade imóvel e universal. A música, justamente aí, poderia ter silenciado; a menos que estivesse pronta para recomeçar. Na imaginação, os instrumentos se concentravam – címbalos invisíveis, apenas entreabertos, esperando colidir com uma ressonância pouco mais estridente do que um murmúrio; tambores, uma polegada abaixo de suas baquetas acolchoadas, com mãos prontas para abafá-los; oboés inclinados, suas canas mudas por um momento ainda; metais e madeiras à espera; dedos imóveis esticados sobre as cordas de uma harpa; e cinquenta arcos invisíveis parados no ar sobre cinquenta invisíveis conjuntos de cordas.

◆ ◆ ◆ ◆

PARA MIM, OS famosos edifícios foram um ponto alto numa cordilheira de descobertas que havia começado em Bruchsal e continuou muito adiante. Repetidas vezes durante estas semanas, eu me vi perambulando através de imensas concavidades iluminadas pelos reflexos da neve. A luz do sol brilhava sobre vergas e pedimentos quebrados e fluía sobre parapeitos nevados, tão perto dos tetos que davam um arremate final ao *trompe l'oeil* de Ascensões e Transfigurações e Assunções ao se despejar sobre elas, dando vida às guirlandas de estuco branco e creme que as prendiam ao alto: guirlandas transformadas em éter, em especial pela luminosidade que reverberava dos flocos de neve, e compostas por tudo o que podem inspirar caniços e folhas de palmeira e gavinhas e vieiras e estrombos e espinhas de múrex.

Neste Alto Barroco – interrompido em algum ponto na fronteira do Rococó, mas já contendo implícita, em sua totalidade, a extravagante mágica de décadas mais tardias –, com que facilidade o mesmo clima estético passa da igreja para o palácio, do palácio para o salão de baile, do salão de baile para o mosteiro e, uma vez mais, de volta à igreja! O paradoxo reconcilia todas as contradições. Nuvens vagam, querubins voam e enxames de *putti*, rebatizados ao fugirem da antologia grega, espalham-se sobre tumbas. Experimentam mitras e chapéus cardinalícios e tropeçam sob o peso de cortinas e báculos, enquanto pétreos apóstolos e doutores da igreja, na realidade enciclopedistas disfarçados, miram indulgentes para baixo. As santas mulheres exibem os instrumentos com que foram martirizadas, com o coração tão leve como se estes fossem caixas de dados ou leques. São favoritas de soberanos, senhoras nobres vestidas como náiades; e andróginos cortesãos, personificando santos que, de seus plintos, olham tão fixa e melosamente os tetos ornados que todos parecem estar atuando em uma pantomima. Os sacros e os profanos trocam entre si roupagens e os penitentes cobrem o rosto com capuzes, ambiguamente, como se estivessem num baile de máscaras.

No século e meio que se segue a Melk, o Rococó floresce criando cenários teatrais milagrosamente imaginativos e convincentes. Um conjunto brilhante de habilidades que a tudo toca, dos pilares da colunata ao rodopio de uma tranca, vincula estes detalhes, dos mais frágeis e aparentemente transitórios aos mais magníficos e duradouros espólios das florestas e jazidas. Uma genialidade versátil atira salva após salva de releituras fantásticas sobre as grandes estruturas inspiradas em Vitrúvio e Paládio. O côncavo e o convexo se desdobram e se perseguem um ao outro através de pilastras na forma de arabescos de samambaia; a fluidez se propaga em pequenas ondulações; cascatas que vertem prata e azul caem sobre vergas, de onde se dependuram, estáticas, em cortinas artificiais de pingentes de gelo. Conceitos se espargem no ar em falsas fontes e, através de colunatas, flutuam para longe em procissões de cúmulos e cirros. A luz se espalha operisticamente e os céus se abrem com uma gravidade transformada que levanta santos sem asas e evangelistas em jornadas espirituais em direção a explosões solares tridimensionais, e lá os deixa, levitando, flutuando entre cornijas e tímpanos e folhas de acanto e laços de fita, com pregas ainda marcadas por estarem há muito dobradas em suas caixas. Cenas pastorais saídas das escrituras estão pintadas nas paredes de interiores majestosos. Templos e santuários cilíndricos invadem a paisagem da Bíblia. Surgem na Arcádia pagodes chineses, palmeiras africanas, pirâmides do Nilo, e, mais tarde, um vulcão mexicano e as coníferas e *wigwams* dos peles-vermelhas. Paredes de espelhos refletem estas cenas. Estão repletas de arandelas e contornos sinuosos, dourados e prateados, de galhos entrelaçados; símbolos da colheita e da caça e da guerra se acumulam, mascarando as juntas; e grandes folhas de vidro respondem umas às outras atravessando amplas salas e reciprocando reflexos ao infinito. O mercúrio esmaecido dos espelhos, difundindo um crepúsculo profundo, atinge por um momento a inventividade e a alegria deste mundo de miragens com uma sugestão de tristeza não antecipada.

Mas sempre se está olhando para cima, para onde estas cenas flutuantes em *grisaille* ou pastel ou policromadas se abrem em cintas elípticas de cornijas nevadas, assimétricas, mas equilibradas, abraçando cômodo após cômodo com seus resplandecentes tetos. Multidões saídas das escrituras caminham pelo ar entre nuvens de vapor e perspectivas de balaustradas cadentes. Alegorias das estações e cenas pastorais em *chinoiserie* estão presentes. Aurora persegue a Rainha da Noite através do céu, e trios à Watteau, afinando seus alaúdes e violinos, passam ao largo em nuvens entre ruínas e obeliscos e fachos desfeitos. O sol que declina sobre uma lagoa de Veneza toca a borda daquelas nuvens e encobre as faces que cantam e as cordas que são dedilhadas numa tênue melancolia; a ironia e a compaixão flutuam no ambiente e pela mente do espectador, pois resta pouco tempo e uma nota de encerramento soa por todos estes festivais rococó.

◆ ◆ ◆ ◆

CERIMONIOSA E ALEGRE, Melk é o meio-dia, o sol a pino. Uma glória meridiana nos envolvia quando um relógio na cidade bateu doze horas. A luz do meio-dia banhava as matas e um meandro amarelo do Danúbio e um prado molhado cheio de patinadores, todos encurtados pela perspectiva enquanto rodopiavam e deslizavam abaixo da linha cintilante de janelas. Estávamos de pé no centro de um amplo piso, sob um último episódio no teto retratando pilares e um arremesso de nuvem onde as figuras rodavam abaixo de outra ainda mais alta e reveladora aurora; espreitávamos uma cena tal qual uma dança em ritmo animado que saía fora de controle. Panos rodopiavam em espirais por cima de pernas bíblicas e o arco cor-de-rosa de pés elásticos caminhavam pelo céu. Era como se estivéssemos olhando para cima através do piso de vidro de um salão de baile, e meu companheiro, tocando no meu cotovelo, conduziu-me alguns passos adiante e a cena rebobinou por um segundo com a insegurança de Jericó, como soem fazer os tetos em *trompe l'oeil* quando uma mudança de foco acarreta no espectador um breve espasmo de vertigem. Ele sorriu e disse: "*On se sent un peu gris, vous ne trouvez pas?*".

Um pouco inebriado... Era bem verdade. Havíamos falado sobre o jogo que o Rococó faz entre o espiritual e o temporal, e, por uns instantes, com estas palavras, meu companheiro também se transformou: hábito, escapulário, capuz e tonsura desapareceram todos e um rabo de cavalo empoado se desenrolou de um laçarote de seda lustrosa, caindo sobre suas costas brocadas. Era um cortesão mozartiano. Sua voz alegre e despreocupada continuou a discursar enquanto permanecia com a mão esquerda pousada sobre o nó da espada. Com uma envelhecida bengala de vime na direita, fazia varreduras explanatórias e desvendava as estratégias do pintor do teto; e quando, para compensar a inclinação de seu dorso para trás, pôs uma perna para frente numa postura à Piranesi, eu quase ouvia a pancadinha de um calcanhar vermelho no piso em xadrez.

◆ ◆ ◆ ◆

UM DOS SINOS da abadia começou a tocar numa nota mais insistente e, com um pedido de desculpas de meu mentor, já são e salvo de volta ao seu século de origem, apressamos o passo. Em poucos minutos, eu estava vários campos adiante, muito acima do Danúbio com a abóbada e as cúpulas já desaparecendo de vista por debaixo de um grupo de árvores. Um par de cruzes gêmeas douradas sumiram a seguir e, por fim, a cruz da cúpula. Nada restou naquelas colinas que indicasse a presença da abadia. Os pináculos desaparecidos poderiam ter sido o pombal de uma fazenda.

"*Un peu gris.*" A expressão era moderada demais.

◆ ◆ ◆ ◆

A TRILHA AO longo da margem sul levava ao coração do Wachau, uma região do Danúbio tão famosa quanto aqueles trechos do Reno pelos quais eu havia andado durante o Natal, ou o Loire na Touraine. Melk era o limiar deste vale indescritivelmente belo. Como já vimos, a esta altura, incontáveis castelos elevavam-se ao longo do rio. Aqui, eles se empoleiravam em esporões estonteantes, mais dramáticos em sua ruína e mais envoltos em fábulas misteriosas. Os altos promontórios caíam vertiginosos, e o fluxo d'água os contornava em semicírculos. De ruínas distantes, a terra se inclinava mais suavemente, e vinhedos e pomares desciam em camadas para margens onde as árvores se refletiam. O rio passava por ilhas cobertas de matas e, quando eu olhava para qualquer dos lados, o que aparentava ser uma escada líquida se elevava e estendia a distância. Suas associações com A Canção dos Nibelungos são estreitas, mas uma mitologia mais recente o assombra. Se alguma paisagem é o ponto de encontro de romances de cavalaria e de contos de fadas, é esta. O rio coleia para lonjuras onde Camelot e Avalon poderiam estar, as matas sugerem uma fauna mítica, por pouco não se ouvindo as canções de *minnesingers* e os sons de chifres soprados.

Sentei-me sob uma bétula para desenhar o Schloss Schönbühel. Sobre uma rocha entorno à qual o rio pivoteava quase por completo, o castelo surgia, brilhando como se fosse marfim entalhado, e terminava numa altíssima e única torre coroada por uma cúpula bulbosa e vermelha. "É o castelo dos condes de Seilern", disse um carteiro que passava. Fumaça se desenrolava de uma chaminé delgada: o almoço devia estar a caminho. Eu imaginava os condes aguardando, sentados a uma longa mesa, com fome, mas educados, suas mãos ordenadamente cruzadas entre facas e garfos.

◆ ◆ ◆ ◆

UM FALCÃO QUE batesse asas sobre uma garça desatenta, a meio caminho desta curva ao norte, teria a mesma visão do rio que a minha. Eu havia subido até as ruínas de Aggstein – muito íngreme, sem necessidade, fora do caminho marcado – e parei entre as ameias da torre de modo a recuperar o fôlego. Sobre este forte banguela dos Künringer abundam horríveis relatos; mas me esforcei para aqui chegar por outras razões. A conversa do polímata, há duas noites, havia me criado o desejo de vislumbrar a paisagem a partir deste exato poleiro.

Não há nada mais absorvente do que os mapas de perambulações tribais. Como flutuam ao léu e lentamente as nações! Solitárias como nuvens, sobrepondo-se e mudando de lugar, valsam e giram em torno umas das outras em passo tão vagaroso que parecem estar paradas ou, então, expandem seu trajeto através dos mapas de maneira tão imperceptível como a umidade ou o mofo. Que alívio quando algum evento externo, com data a ele vinculada, sacoleja todo este complexo osmótico, lento e arrastado!

Mencionei antes que nós – ou melhor, o polímata – havíamos falado dos marcomanos e dos quados, que viveram ao norte do rio, aqui por perto. O habitat dos marcomanos ficava um pouco mais a oeste; os quados moravam exatamente onde estávamos sentados. "Sim", havia dito, "as coisas ficaram, por um tempo, mais ou menos estacionárias...". Ele ilustrou o fato com um toco de lápis nas costas do *Neue Freie Presse*. Uma longa varredura representava o Danúbio; uma fileira de pãezinhos indicava as raças que haviam se estabelecido ao longo das margens; aí, desenhou a silhueta da Europa Oriental. "E, por fim, subitamente," disse, "alguma coisa acontece!". Uma enorme flecha entrou pela direita do desenho e incidiu sobre os pãezinhos às margens do rio. "Os hunos chegaram! Tudo começa a mudar de lugar a toda velocidade!" Seu lápis entrou em ação febrilmente. Dos pãezinhos emergiram suas próprias setas migratórias que começaram a se desenvolver sinuosamente pelo papel até a *Mitteleuropa*, e os Bálcãs se encheram de rabos de demônios. "Caos! Os visigodos se abrigam ao sul do Baixo Danúbio e, em 476, derrotam o Imperador Valente em Adrianópolis, *aqui*!" – ele torceu o grafite no papel. "Logo, em apenas duas décadas," – uma larga varredura do lápis passou pela ponta do Adriático e desceu sobre uma silhueta, rapidamente desenhada, da Itália – "chega Alarico! Roma é capturada! O império se divide em dois" – o ritmo de sua fala me fez lembrar a de um comentarista esportivo – "e o Ocidente segue adiante, cambaleando, por mais ou menos meio século. Mas os visigodos se dirigem ainda mais a oeste." Uma das setas se curvou para a esquerda e enlaçou a França, que rapidamente tomou forma, seguida da Península Ibérica. "Para oeste, jovem godo!",[4] murmurou, à medida que seu lápis espalhava reinos visigóticos sobre a França e a Espanha numa velocidade estonteante. "É isto aí!", disse ele; e então, numa reflexão tardia, distraidamente riscou uma oval sobre o norte de Portugal e a Galícia; e lhe perguntei o que era aquilo. "Os suevos, mais ou menos similares aos suábios: são parte deste movimento geral. Mas *agora*", continuou, "*lá vão os vândalos!*". Umas linhas indefinidas a partir do que pareciam ser a Eslováquia e a Hungria, se juntaram e varreram para oeste, numa larga faixa que subia o Danúbio e avançava pela Alemanha. "Sobre o Reno em 406: e aí, sem parar, através da Gália" – aqui a velocidade do lápis fez uma ranhura irregular de um lado ao outro do papel – "e cruzando os Pirineus, três anos mais tarde, aqui vêm eles! Aí para baixo, para a Andaluzia, donde vem seu nome, e num *pulo*!" – o lápis salta os estreitos imaginários de Gibraltar e começa a se ondular em direção a leste – "ao longo da costa da África do Norte até..." – improvisou uma costa enquanto seguia, e aí parou com uma grande mancha negra – "*Cartago*! E tudo em apenas trinta e três anos, do começo ao fim!" Seu lápis estava agitado novamente; e então lhe perguntei o significado de todas as linhas tracejadas que ele havia começado a puxar a partir de Cartago para dentro do Mediterrâneo. "Estas são as frotas de Genserico tornando-se inconvenientes. Aqui vem ele, saqueando Roma em 455! Havia um bocado de atividade no mar por aquela época." Voando para o alto da folha, ele desenhou uma costa, a boca de um rio e uma península: "Este é o Elba, ali fica a Jutlândia". Imediatamente, no canto da esquerda, um ângulo agudo apareceu e, sobre ele, uma curva como um lombo grande: Kent e a East Anglia, segundo fui informado. Num momento, da boca do Elba, chuvas de pontos se curvaram sobre ambos. "E aí vão seus ancestrais, os primeiros anglos e saxões, derramando-se sobre as Ilhas Britânicas, apenas um par de anos antes que Genserico saqueasse Roma." Próximo à costa saxônica, ele inseriu duas figuras de girinos entre os pontos invasores; o que eram? "Hengist e Horsa", disse, e encheu os copos novamente.

Era assim que se deveria ensinar história! Exatamente neste ponto uma segunda garrafa de Langenlois apareceu. Seu resumo tinha tomado apenas cinco minutos; mas tínhamos deixado os marcomanos e os quados lá para trás... O polímata riu. "No entusiasmo, eu me esqueci deles! Não tem problema quanto aos marcomanos", disse. "Cruzaram o rio e viraram os baiuvares – e os baiuvares são os bávaros. Tenho uma avó marcomana. Mas os quados! Existem abundantes menções a eles na história romana. Aí, de repente – nada mais! Eles desapareceram mais ou menos na época da movimentação dos vândalos em direção a oeste..." Provavelmente seguiram com eles, explicou, em sua esteira... "Uma nação inteira a brilhar rio acima como meixões. Não que existam enguias no Danúbio", interrompeu-se com um parêntese, num tom diferente. "Nativas, não, infelizmente: só visitantes." E continuou: "Súbito, as florestas ficam vazias. Mas não por muito tempo, porque a natureza detesta o vácuo. Um novo enxame toma o lugar deles. Entram os rúgios, vindos lá do sul da Suécia!". Como não havia mais espaço no *Neue Freie Press*, ele deslocou um copo e desenhou a ponta da Escandinávia no topo liso da mesa. "Este é o Mar Báltico, e lá vêm eles." Um diagrama como a descida de uma água-viva ilustrou seu itinerário. "Pela metade do século V, eles haviam se estabelecido ao longo de toda a margem esquerda do médio Danúbio – se é que 'estabelecido' seja a palavra – já que eram tipos tão irrequietos." Eu nunca ouvira falar dos rúgios. "Mas imagino que você tenha ouvido falar de Odoacro? Ele era um rúgio." O nome, pronunciado da maneira germânica, de fato era sugestivo. Havia indícios de crepúsculos históricos nas sílabas, algo de momentoso e sombrio... mas, o quê? Ideias começaram a pulular.

Por isto, subi até esta ruína. Pois foi Odoacro o primeiro rei bárbaro depois do eclipse do último imperador romano. ("Rômulo Augusto!", disse o polímata. "Que nome! Pobre figura, era muito bonito, ao que parece, e contava apenas dezesseis anos.")

Por trás da pequena cidade de Aggsbach Markt na outra margem, as matas que antes fervilhavam com rúgios estendiam-se ondulantes numa penugem de copas de árvores. Odoacro veio de um local na margem norte, apenas dez milhas rio abaixo. Vestia-se com peles, mas é possível que fosse filho de um chefe tribal ou mesmo de algum rei. Alistou-se como legionário e, por volta dos quarenta e dois anos de idade, liderava a clique de imigrantes vencedores que controlava as ruínas do império e, por fim, virou seu rei. Depois dos fantasmas imperiais precedentes, seu reino de catorze anos parecia um avanço – humilhante para os romanos. Não foi, de maneira alguma, uma noite repentina, e sim um brilho após o entardecer, ou melhor, uma tonalidade mais clara e esmaecida, iluminada por lampejos de governo competente e até de justiça. Quando Teodorico o substituiu (abrindo-o ao meio com uma espada de dois gumes, da clavícula ao lombo, durante um banquete em Ravena), ainda não era em definitivo o fim da civilização romana. Ainda não; porque o grande ostrogodo foi o patrono de Cassiodoro e Boécio, "os últimos romanos a quem Catão e Túlio teriam reconhecido como compatriotas". Mas abateu ambos e depois morreu de remorso; e chegou a Idade das Trevas, sobrando nada mais do que velas e cantochão para iluminar as sombras. "De volta ao começo", colocou o polímata, "e perdem-se dez séculos".

Pensamentos sombrios para uma manhã sem nuvens.

♦ ♦ ♦ ♦

EM MITTER ARNSDORF fiquei sob o teto amigo de Frau Oberpostkommandeurs-Witwe Hübner — ou seja, da Sra. Hübner, viúva do Diretor Geral dos Correios — onde conversamos até tarde.

Ela tinha entre sessenta e setenta, era meio rechonchuda e alegre, com um colarinho abotoado até o alto e cabelos grisalhos arrumados como um pão caseiro. A fotografia de seu marido mostrava uma figura ereta num uniforme de muitos botões, espada, barretina, *pince-nez* e suíças enroladas em duas voltas marciais. Ela disse que estava feliz por ter alguém com quem conversar. Em geral, seu único companheiro ao anoitecer era Toni, um lindo e talentoso papagaio que assobiava e respondia a perguntas, gracejando em dialeto vienense, além de cantar fragmentos de canções populares numa voz trêmula, de bêbado. Ele dava conta até mesmo dos dois primeiros versos do *Prinz Eugen, der edle Ritter*, escrita em homenagem ao aliado de Marlborough, o conquistador de Belgrado.

Sua dona tinha uma queda inata por monólogos. Acomodado em mogno e pelúcia, aprendi tudo sobre seus pais, seu casamento e seu marido, que fora, disse ela, um cavalheiro completo, sempre elegantemente arrumado — *"ein Herr durch und durch! Und immer tip-top angezogen"*. Um de seus filhos havia sido morto no fronte da Galícia; outro era chefe dos correios em Klagenfurt; outro, o que lhe dera o papagaio, havia se estabelecido no Brasil; uma filha era casada com um engenheiro civil em Viena; e outra – aqui ela soltou um suspiro – casou-se com um tcheco bem posicionado numa empresa de fabricação de tapetes em Brno – "mas um tipo muito decente", ela se apressou em acrescentar: "*sehr anständig*". Em pouco tempo, eu sabia tudo sobre seus filhos, suas doenças, suas tristezas e alegrias. Este monólogo errático abordava questões corriqueiras, algumas até enfadonhas, mas sua versatilidade e estilo narrativo eliminavam qualquer traço de chatice. Não precisava de provocação nem de resposta, nada mais do que um menear ocasional da cabeça, uns poucos estalos da língua, em desaprovação ou tristeza, ou um sorriso de concordância. Em dado momento, com as mãos para frente, ela perguntou de forma retórica: "E o que deveria eu fazer?". Tentei responder, um tanto confuso, já que tinha perdido o fio da meada. Mas minhas palavras se afogaram em seu tom crescente: "Não havia alternativa! Na manhã seguinte, dei aquele guarda-chuva para o primeiro estranho que encontrei! Não podia mantê-lo dentro de casa, não depois do que aconteceu. E teria sido uma pena queimá-lo...". Os argumentos eram confrontados e demolidos, e condenações e advertências pronunciadas com o levantar de um indicador admonitório. À medida que eram lembradas, as experiências cômicas e absurdas pareciam dela tomar posse: de início, com a malsucedida tentativa de sufocar uma risadinha, depois, encostando-se para trás e rindo, até que finalmente ela se balançava para frente com as mãos levantadas e aí batia nos joelhos na árdua faina de uma tremenda gargalhada, enquanto suas lágrimas corriam livres. Ela se recompunha, enxugando as bochechas com pequenos toques do lenço e acertando o vestido e o cabelo, reprovando-se a si mesma. Uns poucos minutos mais tarde, a tragédia começava a se acumular; havia um embaraço em sua voz: "...e na manhã seguinte, os sete gansinhos estavam todos mortos, postados em fila. Os sete! Eram as únicas coisas com as quais o pobre velho ainda se importava!". Com esta lembrança, ouviram-se soluços embargados até que fungadas e novos toques do lenço e consolos filosóficos dados a si mesma vieram em socorro, e a lançaram numa nova sequência. No primeiro destes clímaces, o papagaio interrompeu uma densa pausa com uma série de grasnidos e batidas e o começo de uma canção cômica. Ela se levantou, zangada: "*Schweig, du blöder Trottel!*",* jogou um pano verde sobre a gaiola e silenciou o pássaro; aí retomou o fio da meada no mesmo tom triste. Mas cinco minutos depois, o papagaio começou a murmurar: "*Der arme Toni!*" ("Pobre Toni!") e, capitulando, ela o desvelava de novo. Aconteceu várias vezes. Seu solilóquio fluía tão volumosamente quanto o Danúbio sob a janela, e o mais notável era o completo e quase hipnótico controle que a oradora exercia sobre seu ouvinte. Seguindo-a extasiado, eu me vi, com total sinceridade, rindo alegremente, depois franzindo minha testa em comiseração, e, alguns minutos mais tarde, derretendo-me em triste simpatia, e, em todos os casos, sem jamais saber exatamente o porquê. Eu era massa de modelar em suas mãos.

O sono chegava. Aos poucos, o rosto de Frau Hübner, a gaiola do papagaio, o abajur e a mobília estofada, com seus milhares de botões, começaram a perder seus contornos e a se fundirem. A ascensão e queda de sua retórica e a chateação de Toni se apagavam por segundos, ou até minutos. Por fim, ela viu que minha cabeça balançava e interrompeu seu relato com um arrependido grito de autoacusação. Fiquei com pena, já que poderia ter continuado a ouvi-la por todo o sempre.

◆ ◆ ◆ ◆

QUANDO CRUZEI A ponte em Mautern e vi a planície que se abria em direção ao leste, sabia que uma grande mudança estava a caminho. Eu detestava a ideia de abandonar este vale. Depois de comer algo junto à barbacã de Krems, voltei atrás, parando para tomar um café em Stein junto à estátua de São João Nepomuceno, cujo monumento domina a cidadezinha. Ele vinha aparecendo com frequência ao longo da estrada. Este santo da Boêmia, campeão da inviolabilidade do confessionário, tornou-se um grande favorito dos jesuítas. Apresentava-se numa postura tão rodopiante e com tal volteio da batina e da estola, que o ar em torno parecia se agitar.

---

* "Cale a boca, seu bobalhão!"

Alguém me contou que os vinhedos nas colinas acima poderiam encher um milheiro de baldes na época da colheita. Os penhascos continham um labirinto de cavernas cheias de tonéis.

Uma ou duas milhas à frente, seguramente de volta ao largo e sinuoso desfiladeiro, cheguei a Dürnstein. Era uma pequena cidade de vinhateiros e pescadores. Subindo colina acima a partir da beira d'água, estava escorada por contrafortes, perfurada por arcos, crivada por adegas, e arrematada por uma plumagem de árvores. Quando o gelo e a corrente permitiam, o Danúbio refletia as curvas de violino da igreja e de um priorato agostiniano e de um *schloss* do século XVII. Era outro castelo dos Starhemberg, uma metade lançada sobre o rio, a outra embutida no tecido da cidade.

Da barbacã a oeste, um muro longo e com ranhuras corria fortemente inclinado pelo lado da montanha até a ponta de um penhasco que pairava sobre a cidade e o rio. Obedecendo ao polímata – nisto, como em tudo mais –, eu logo estava escalando os destroços do reduto que cobria o topo desta pequena montanha. Lancetas furavam o que restava das paredes em ameias, havia arcos em pontas e uma masmorra: mas exceto pelos amontoados fragmentos das abóbadas, qualquer traço do telhado havia desaparecido; abetos e mudas de aveleiras cresciam densamente por um desmoronado cinturão de muralhas. Eram destroços da fortaleza onde Ricardo Coração de Leão estivera aprisionado.

Havia me esquecido como ocorrera isto – resultado de uma querela na Terceira Cruzada – e tudo me pareceu muito estranho quando, algumas noites antes, junto à lareira da estalagem, ouvi falar do incidente. Em resumo, foi assim. Ao final do cerco de Acra, os soberanos vitoriosos marcharam pela cidade adentro e levantaram seus estandartes. Vendo a bandeira de Leopoldo, Duque da Áustria, tremulando presunçosamente, a seu ver, junto à sua, Ricardo tomou-se de raiva, fez com que ela fosse baixada e jogada no fosso. Mortalmente ofendido, Leopoldo deixou a Palestina, abandonou a cruzada e retornou à Áustria. No ano seguinte, Ricardo foi convocado à Inglaterra devido ao desgoverno do Príncipe João. Interrompeu sua campanha vitoriosa contra Saladino e, para evitar seus inimigos cristãos (que eram, compreensivelmente, em grande número), partiu sob disfarce. Chegando a Corfu, embarcou num navio pirata que foi jogado para fora do curso pelas tempestades de outono, naufragando na entrada do Adriático. De lá, o único caminho era por terra, através de estados que lhe eram hostis; e o pior de tudo, através do ducado de seu inimigo. Numa taberna perto de Viena, alguns dos homens de Leopoldo perceberam seu disfarce, e ele foi feito prisioneiro – traído, dizem alguns, por sua aparência imponente; e, de acordo com outros, pelo descuido em usar luvas esplendorosas – e, incógnito, foi jogado na masmorra sobre este penhasco. A história de como veio a ser resgatado por Blondel, seu menestrel e companheiro de trovas, sempre me pareceu boa demais para ser verdade – diz-se que, para encontrá-lo, cantou do lado de fora de todas as possíveis prisões, até que a voz do amigo respondeu com um segundo verso. Mas ali, onde os eventos se passaram, é impossível duvidar da história.*

Vagando pela margem do rio, logo antes do sol se pôr, senti que gostaria de me estabelecer por aqui, escrevendo, por décadas. Um grupo de

---

* Leopoldo entregou Ricardo a seu soberano, Henrique VI Hohenstaufen, filho de Barbarossa e pai do *Stupor Mundi*. Leopoldo, por sua vez, pertencia à casa de Babenberg. (Eram quase cem anos antes dos Habsburgo, então grandes senhores da Suábia, iniciarem séculos de domínio sobre a Áustria e o Sacro Império Romano.) O enorme resgate exigido pela libertação de Ricardo nunca foi inteiramente pago.

Há uma estranha e intrigante coda para tudo isto. Quatro cavaleiros do pai de Ricardo haviam matado São Tomás Becket duas décadas antes. Um deles era Hugo de Morville, e quando o povo, na nave da igreja, tentou interferir, ele os manteve a distância com a espada, enquanto Tracy, Brito e Fitzurse abateram o arcebispo no transepto noroeste. Sabemos o que se seguiu: a fuga para Saltwood, depois para a Escócia, e em seguida a solidão de párias dos quatro assassinos, no castelo de Morville em Yorkshire: penitência, reabilitação e possivelmente uma peregrinação à Terra Santa. De acordo com a tradição, Morville morreu em 1202 ou 1204 e foi enterrado no pórtico (agora do lado de dentro) do Hospital dos Templários, em Jerusalem, hoje transformado na Mesquita de El Aksa.

Mas o poeta Ulrich von Zatzikhoven diz que, quando Leopoldo transferiu o rei para a custódia do imperador em 1193, o lugar de Ricardo foi assumido por um refém. Este era um cavaleiro de nome Hugo de Morville, que emprestou ao poeta um volume contendo a lenda de Lancelote em versos anglo-normandos, a partir do qual ele traduziu o famoso *Lanzelet*, que assim deu sequência a Percival e Tristão e Isolda na mitologia germânica. Algumas autoridades acreditam que os dois Morville são o mesmo personagem. Tomara que estejam certos.

santos abades, gastos pelo tempo, estava posicionado com operístico ar benigno, meditando, advertindo e bendizendo, ao longo da balaustrada dos cônegos. Pingentes de gelo gotejavam de seus halos; a neve havia enchido as fendas de suas mitras e forrado as curvas de seus bastões pastorais. Ouvia-se o suspiro do rio logo abaixo. Quando me dobrei sobre a balaustrada, ele se alteou num rugido. Sob os galhos nus das castanheiras, a corrente passava rápido, agitando os reflexos que as luzes da outra margem jogavam na água. Adiante do castelo de Ricardo, na margem norte, terras altas cobertas de florestas eram subitamente interrompidas. Um precipício caía abrupto e, a seus pés, prados e pomares seguiam rio acima num ponto de interrogação de três milhas. Na metade do percurso, dissolvendo-se no azul do crepúsculo, uma ilha pairava sobre a mancha imperfeita de sua própria imagem.

O penhasco possui uma peculiaridade acústica que eu nunca havia encontrado em outro sítio. Lembrei-me disto, de pé, no mesmo lugar, e novamente o ouvi, três décadas mais tarde. Um rebocador se arrastava rio acima contra a pressão da corrente, seguido de uma fileira de barcaças sob uma bandeira que, na luz que começava a faltar, foi impossível reconhecer. Quando seu apito soou, o estrondo alongado se juntou ao eco vindo do despenhadeiro, retardado de três segundos e exatamente uma oitava acima, formando um acorde; e quando a nota mais baixa terminou, a mais alta a sobreviveu em solo por outros três segundos, esvaindo-se em seguida.

◆ ◆ ◆

A PARTIR DE Dürnstein, cruzando o rio por uma pequena balsa, tomei a direção sul. Pelo começo da tarde, já me aproximava de um enorme edifício branco que, no dia anterior, eu havia visto das ruínas de Dürnstein. Era a abadia beneditina de Göttweig, um imponente retângulo que surgia ao alto sobre colinas e florestas, com uma cúpula em cada canto. Tendo me expandido tão livremente sobre as maravilhas de Melk, não ouso dizer muito sobre Göttweig: apenas que é uma resplandecente e digna rival de sua grande abadia irmã no outro extremo do Wachau.

Nuvens de neve se agrupavam quando tomei o caminho colina acima. Passei por um rapaz da minha idade, um sapateiro dado a livros, de nome Paul, que havia aprendido inglês sozinho. Era bom amigo dos monges, segundo entendi, e acho que também gostaria de ter feito votos monásticos, caso responsabilidades familiares não o impedissem. A mais famosa parte da abadia é a grandiosa escadaria, um lance magnífico, largo e raso, com rebuscadas luminárias intercaladas por imensas e imponentes urnas, postadas a cada inflexão em ângulo reto das largas balaustradas de mármore. Segundo Paul, acreditava-se que Napoleão houvesse subido a escadaria a cavalo: de fato, ele passou por aqui, no final do outono de 1805, entre as vitórias de Ulm e Austerlitz, cruzando o rio perto de Krems.

Paul me conduziu ao longo de um claustro no andar superior para visitar um monge irlandês de idade provecta e grande charme. Suas palavras já se perderam completamente, mas consigo ainda ouvir sua voz macia do oeste da Irlanda. Sem sua comprida piteira à Edgar Wallace,[5] nosso anfitrião poderia ter servido de modelo para um retrato de São Jerônimo. Invejei sua cela arejada e confortável, sua mesa repleta de livros e sua vista sobre as montanhas e o rio. O Danúbio era agora nada mais do que um brilho distante, caminhando sinuoso, ao longe, através de colinas onde o crepúsculo e as nuvens começavam a chegar.

Nevava forte quando começamos a descer, após haver escurecido. Passei a noite sob o teto de Paul, no pequeno vilarejo de Maidling im Tal, uma ou duas milhas vale abaixo. Num quarto ao lado da loja, fizemos uma alegre e barulhenta festa com seus irmãos e irmãs.

No dia seguinte a neve caía ainda mais forte. O tempo mágico do Danúbio havia acabado. Paul sugeriu que eu ficasse por lá até que viesse a melhorar, mas eu estava determinado a seguir um plano que havia feito dois dias antes e, relutantemente, parti.

◆ ◆ ◆ ◆

ERA ONZE DE FEVEREIRO, manhã de meu décimo nono aniversário. Como eu ainda tivesse noções festivas a este respeito, planejava passar o fim do dia sob um teto amigo. Não é que o de Paul não o fosse; mas, antes de sair de Dürnstein, eu havia telefonado para outros amigos do Barão Liphart que viviam a meio dia de uma fácil caminhada a partir de Göttweig. A chamada estava ruim e, do outro lado, a voz fraca da Gräfin parecia um tanto surpresa. Mas, ainda assim, através da caótica fiação, conseguiu transmitir que ansiava por notícias de seu velho amigo de Munique. Eu era esperado por volta da hora do chá.

Nevou e ventou por todo o caminho. O *schloss*, quando finalmente tomou forma por entre os flocos de neve rodopiantes, era de fato um castelo. Era um imenso edifício do século XVI, com fosso e ameias, cercado por um parque amplo e embranquecido. Suas torres escuras teriam intimidado Childe Roland e faziam jus a um toque de berrante.[6] Batalhei pelo caminho até chegar lá, e, encontrando um homem que, com uma pá, abria uma trilha que se enchia tão rapidamente quanto ele cavava, perguntei-lhe, gritando, onde ficava a porta da frente – nevava forte demais para ver qualquer coisa ao cair da noite. Qual conde desejava eu, berrou de volta: qual o nome de batismo? Aparentemente, havia dois ou mais irmãos por lá: o meu era Graf Josef; e ele me conduziu até o pátio. Emplastrado dos pés à cabeça, eu parecia um boneco de neve; e, quando entrei no hall, um mordomo em cinza e verde me ajudou a removê-la, com tapinhas e escovadelas, num gesto de hospitalidade que foi secundada por Graf Josef, que havia descido as escadas.

Ele tinha idade suficiente para, justo ao fim da guerra, haver pilotado um avião, cuja hélice, agora, estava exposta no hall – mas parecia mais novo, e sua esposa ainda mais, com olhar manso, pensativo, e o que me pareceu ser um toque de timidez. (Pertencia àquela interessante comunidade grega de Trieste, há séculos ali estabelecida, e que, no passado, comandara os negócios marítimos e o comércio do Adriático. A cidade havia deixado de fazer parte do Império Áustro-Húngaro apenas em 1918; e, embora retivessem a língua grega e a fé ortodoxa e uma preocupação patriótica com as questões gregas, haviam se mesclado intensamente por casamento com austríacos e húngaros.) Ambos falavam um inglês excelente e, em seguida à experiência do atroz tempo lá fora, parecia um milagre estar neste refúgio, sentado à beira de uma poltrona, sob a luz suave de um abajur e uma lareira, bebericando um uísque com soda em um copo em vidro grosso cinzelado. Dois cachorros esguios e elegantes se entrelaçavam sonolentos num tapete de pele de urso branco; e uma das figuras pintadas na parede, notei imediatamente, harmonizava-se por completo com minha recente mania de historicismo esnobe. Era um ancestral, famoso na Guerra dos Trinta Anos e no Tratado de Vestfália, com uma cara feia, inteligente e cheia de humor, o cabelo descendo até os ombros, um bigode e barba à Van Dyke, e uma corrente do Tosão sobre seus ombros. Estava vestido totalmente de preto, à maneira espanhola, generalizada depois do casamento dos Habsburgo com Joana, a Louca.

Até então tudo bem. No entanto, pelos rostos amigáveis mas surpresos de meus anfitriões, entendi que, fora minha conversa telefônica, quase inaudível, eles não tinham noção de qualquer visita iminente. Nenhuma carta havia chegado de Munique. Acho que o telefonema lhes dera a impressão de se tratar de algum inglês que, dirigindo-se a Viena, estava se convidando para um chá ou drinque. Em lugar deste refinado e imaginário ausente, eles se viram diante de um andarilho afável com uma mochila e botas cravejadas. Depois de falarmos de nossos amigos de Munique por uma meia hora, um momento de silêncio prolongou-se por alguns segundos; e, durante esta lacuna, como a passagem de um anjo, um enxame de ansiedade e dúvidas e escrúpulos pouco característicos tomaram conta de mim. Subitamente me convenci de que eles prefeririam estar a sós. Talvez tivessem acabado de receber más notícias; outros visitantes poderiam estar sendo esperados a qualquer momento; ou talvez apenas estivessem totalmente entediados: por que não? De qualquer maneira, eu estava convencido de que a presença de um estranho se configurava como uma desgraça intolerável, e esta perda de coragem abriu caminho a um toque de insanidade: *talvez pensassem que eu fosse um ladrão?* Eu me vi abruptamente de pé e, numa voz estrangulada, fabricando uma desculpa para partir logo. Disse que tinha que pegar um trem naquela noite, de maneira a encontrar um amigo que chegaria a Viena, de trem, no dia seguinte. Esta desculpa esfarrapada, sem jeito e nada convincente provocou olhares de surpresa, seguidos de perplexidade e finalmente de preocupação, como se estivessem diante de um louco manso. Em que estação iria encontrar meu amigo? Em desespero, jogando com a sorte, respondi que era aquela do lado oeste... Felizmente, uma Westbanhof de fato existia. A que horas encontraria este amigo? "Ah – ao meio dia? Então está tudo muito bem", disseram. "Você definitivamente não pode seguir hoje à noite num tempo como este. Faremos com que chegue à estação em boa hora para seu *rendezvous* em Viena." Acredito que tenha ficado óbvio que a ladainha toda era uma tolice, mas nenhum de nós parecia disposto a admitir a verdade. Eles devem ter adivinhado que tudo fora provocado por meu acanhamento. Meus medos haviam sido nada mais do que quimeras; mas estava agora enredado em minha mítica programação. Apesar de tudo isto, o jantar e a noitada correram fáceis e deliciosos. Quando lhes esbocei minha futura jornada, deram muitas sugestões, e minha anfitriã me fez anotar os nomes e endereços de familiares e amigos que poderiam ajudar ao longo do caminho, em especial na Hungria, e prometeu escrever-lhes. (Cumpriu o prometido, o que, mais tarde, fez uma grande diferença.) Nada falei sobre o meu aniversário: afinal, eu esperava o quê?

A Gräfin, abrindo a correspondência no café da manhã, deu um grito de alegria e balançou uma delas sobre a cabeça. Era do barão, reenviada várias vezes! Ela a leu em voz alta e, tendo em vista que o conteúdo me era imensamente favorável, pensei em contar a verdade sobre minha improvisação vienense, mas não ousei.

O dia estava escuro e ameaçador. Por que não ficava mais um pouco? Como gostaria de fazê-lo! Mas estava enredado numa ficção na qual ninguém acreditava, e para a qual não havia saída. Conversávamos na biblioteca, confortavelmente cercados por livros, quando o homem em verde anunciou que o carro esperava. Não podia agora dizer que preferiria andar até a estação: seria perder meu indesejado trem e chegar atrasado para o *rendezvous* fantasma... Quando dissemos adeus, eles pareciam de fato preocupados, como se, a sós, eu carecesse de proteção.

Parti, parcialmente encapsulado num cobertor de pele, no banco de trás de um enorme carro que, sob um céu cada vez mais escuro, seguiu caminho para uma pequena estação campestre da linha Sankt Pölten-Viena. Quando chegamos e o chofer pulou para fora, carregando minha mochila e cajado, alguns flocos caíam, prenunciando o que viria mais tarde. Ele queria me ajudar na bilheteria, colocar-me num assento de canto e aguardar minha partida.

Neste ponto, um novo pânico ocorreu. Mesmo que eu quisesse ir de trem, não tinha dinheiro suficiente para a passagem. Tudo isto trouxe à tona uma recorrência das tolices da noite passada: alguém me dissera – *quem e quando?* – que na Europa Central gorjetas eram dadas a choferes. Tomando do cajado e jogando a mochila sobre as costas, vasculhei meu bolso e, balbuciando um agradecimento, entreguei quatro moedas ao chofer. Era um senhor de cabelos brancos, alegre e amigável, previamente um cocheiro, acho eu. Ao longo do caminho, vinha me contando, por sobre o ombro, que, quando jovem, ele também gostava de fazer caminhadas. Pareceu surpreso e mesmo aflito com minha súbita e inesperada *largesse* – ele não esperava, com certeza, que eu fosse galgar ao nível dos Liechtenstein. Disse, com expressão: "*O nein, junger Herr!*", e, por pouco, não se preparou para me devolver as danadas das moedas. Eu o deixei com seu chapéu adornado nas mãos, coçando a cabeça com um olhar perplexo e infeliz; corri atabalhoado para dentro da estação à procura de abrigo e esquecimento, e o vi lentamente voltando para o carro e partindo. O chefe da estação, com quem ele também havia trocado cumprimentos amigáveis, dirigiu-se ao escritório para me vender o bilhete. Em lugar disto, fiz-lhe um sinal ambíguo, esquivei-me porta afora e segui a passos largos, rapidamente, pela estrada de Viena. Olhando para trás depois de um ou dois minutos, eu o vi de pé na plataforma, olhando intrigado para minha figura que desaparecia. Eu preferia estar morto.

◆ ◆ ◆ ◆

HAVIA OUTRA SÉRIA razão para que eu estivesse ansioso. As moedas usadas naquela ridícula gorjeta tinham sido as últimas. Nem um só *groschen* sobrava. Com sorte, quatro libras estariam me esperando em Viena, mas até lá teria que me valer de fazendas e estábulos de vacas.

O tempo fazia jus às atribulações gerais. Montanhas baixas se elevavam de cada lado de uma estrada sombria. Os flocos de neve ficaram escassos e pegajosos e logo pararam de cair de vez. Uma rajada de vento feroz percorreu o vale e se chocou contra os galhos carregados, fazendo com que deles jorrassem cascatas de neve. De repente, as nuvens, cada vez mais escuras, abriram-se numa explosão. A neve, por um momento, replicava marcas de varíola, a seguir virando lama, e o céu inteiro se dissolvia em água e barulho.

Entrei num celeiro na hora exata e, sem ânimo, sentado sobre um monte de palha, avaliei a desalentadora cena. Depois de uma hora de violentas trovoadas e relâmpagos, a tempestade reduziu-se a um teimoso aguaceiro, com uns poucos e intermitentes estrondos. O céu escureceu como se o crepúsculo já houvesse chegado. Quando a chuva diminuiu, fui adiante, abrigando-me numa igreja escura como breu, ou quase, quando o dilúvio seguinte chegou. Num trecho solitário da estrada, o motorista de um caminhão, que vinha se arrastando devagar com medo de uma derrapada, parou e gritou que eu montasse na parte de trás.

Sob uma coberta de lona, encolhida e confortável num ninho entre pranchas empilhadas, uma garota de bochechas vermelhas e lenço amarrado sob o queixo estava sentada ao lado de uma cesta de ovos, seus braços enganchados em volta dos joelhos. Sentei encolhido ao lado dela, enquanto gotas martelavam o impermeável recém-fixado. Ela polidamente estendeu a mão, perguntou meu nome e disse que se chamava Trudi. Então, com um sorriso alegre, disse: "*Hübsches Wetter, nicht?*" ("Belo tempo, não é?"), e riu. Abriu sua cesta e me deu uma fatia de bolo polvilhado com sementes de cominho, e eu já havia comido a metade quando se ouviu, do outro lado, um grasnido alto. Uma ave enorme estava sentada numa segunda cesta, segura por um ziguezague de barbantes: "*Er ist schön, nicht wahr?*". Ela levava aquele belo pato para sua avó, que morava em Viena e tinha cinco patas sem companheiro. Seus pais tinham uma fazenda do outro lado de Sankt Pölten, disse; tinha quinze anos e era a mais velha de seis: que idade tinha eu? Dezenove, ontem. Ela, de novo e solenemente, apertou minha mão e me desejou: "*Herzliche Glückwünsche zum Geburstag*". De onde vinha eu, com aquele sotaque engraçado? Quando lhe disse, ela estalou a língua. Tão longe de casa!

A neve havia se transformado numa garoa estável e o caminhão rastejava através da lama, enquanto encolhidos, juntos um do outro, cantávamos. Era impossível ver muita coisa no escuro, mas Trudi disse que, àquela altura, deveríamos estar em Wienerwald: nos Bosques de Viena, de Strauss. Mas, no horizonte, onde Viena estaria aparecendo, não havia luzes. Ouviam-se vozes quando o caminhão parou, e então uma lanterna foi apontada sobre nós por um soldado com capacete, rifle com baioneta calada dependurado, e vimos que estávamos, já dentro de Viena, numa rua toda edificada. Mas as únicas luzes que se viam eram as de lanternas, além do brilho de velas por detrás das janelas. Aparentemente, uma pane.

Quando descemos do caminhão, as pessoas em torno disseram que não sabiam o que estava acontecendo. Desordens haviam ocorrido em Linz. Peguei a cesta de ovos e Trudi pegou o pato, enquanto, amigavelmente, passou seu braço livre pelo meu. O pato, que havia dormido durante quase toda a viagem, estava agora desperto e grasnava com frequência. O ambiente na rua era estranhamente sombrio. Havia outros rugidos de trovões, ou de algo parecido. Depois de mais ou menos uma milha, barreiras de arame farpado fechavam o caminho e alguns soldados de capacete, novamente com rifles dependurados, baionetas caladas, espreitaram a cesta. Um deles começou a manusear os ovos de maneira um tanto desajeitada e Trudi lhe disse, com considerável firmeza, que tivesse cuidado. Ele nos deixou passar e, quando lhe perguntamos o que estava acontecendo, respondeu: uma confusão dos diabos.

O que estava *de fato* acontecendo? Uma greve geral, junto com uma pane? Deu-se um outro estrondo similar ao que havíamos suposto ser o de um trovão, seguido de rajadas mais agudas e dispersas. Trudi, com um sorriso largo e esperançoso e olhos brilhantes, disse: "Talvez seja a guerra!" – não por querer ver sangue, mas pelo desejo do novo. "Devem ser os nazistas de novo! Estão sempre atirando nas pessoas, jogando bombas, colocando fogo! Pfui *Teufel!*" Ela ia para o norte da cidade e eu me dirigia ao centro. No ponto onde nossos caminhos se dividiram, pediu meu lenço e o devolveu com uma dúzia de ovos nele amarrados: "Pronto!" disse ela. "Um presente de aniversário! Não deixe que se quebrem." Ela engatou a cesta na dobra de um dos braços e o pato, com um ou dois grasnidos, no outro. Virou-se depois de alguns passos para me desejar boa sorte, em gritos alegres de pós-despedidas.

◆ ◆ ◆ ◆

AMONTOADA AO LONGO das ruas, a neve suja e pontilhada pela chuva formava linhas pálidas. Mais de uma vez, o foco de uma lanterna se moveu acima dos telhados. O troar distante, entrelaçado com o estampido de armas leves e algumas explosões contínuas, indicavam agora, sem sombra de dúvida, que havia tiroteio. Em outra barreira no caminho, perguntei ao policial se havia um Jugendherberge em Viena onde eu pudesse passar a noite. Ele conferiu com um colega: o Heilsarmee era o único, disseram eles. Não entendi a palavra – alguma coisa a ver com exército? – e me atrapalhei todo no tocante às suas indicações de como chegar lá. Um deles me acompanhou por mais ou menos um quarto de milha. Conhecia Viena tão mal quanto eu; tinha apenas chegado do interior naquela tarde; mas batia nas janelas iluminadas e indagava o caminho. Quando lhe perguntei se, por acaso, tratava-se de um *putsch* nazista, ele disse que não, desta vez não: na realidade, justamente o contrário. Eram confusões entre o exército e o *Heimwehr*, de um lado, e social-democratas que, do outro, faziam demonstrações. Não sabia dos detalhes. Os jornais não haviam aparecido. A confusão começara cedo pela manhã em Linz e daí se espalhara. A lei marcial havia sido imposta, e ocorrera uma explosão de greves, o que explicava a escuridão e o caos generalizado. Eu disse que não me parecia correto o uso de armas contra pessoas desarmadas em demonstrações políticas. Diante da palavra 'desarmadas', ele parou e me olhou com surpresa, e repetiu: "*Unbewaffnet?*". Deu um sorriso triste e disse: "Rapaz, você não parece estar a par das coisas por aqui. Eles têm milhares de armas que mantiveram escondidas por anos. Rifles, metralhadoras, bombas, de tudo! Por todo o país. É uma batalha armada o que ocorre lá pelo Distrito Dezenove!".

Era tudo o que ele sabia sobre o assunto. Foi apenas mais tarde que consegui ter uma ideia um pouco mais clara dos eventos. Os mortos de ambos os lados foram contados às centenas pelo governo, e aos milhares por seus oponentes. Após recuarem das barricadas de rua, os social-democratas, alguns dos quais em uniforme, haviam se entrincheirado num bloco de apartamentos para operários, o Neunzehnte Bezirk, em Heiligenstadt.

Sua principal posição defensiva era o Karl Marx Hof, um gigantesco prédio de mais de meia milha de comprimento; e o barulho que eu havia confundido com trovoadas era o som, amortecido pela distância, de uma batalha que se converteu em assédio. Os atacantes, incapazes de fazer uma acometida frontal através do espaço vazio, sob o fogo de metralhadoras vindo do prédio assediado, haviam trazido morteiros, obuses e canhões; mas atiravam apenas com projéteis maciços em lugar dos mais comuns e muito mais destrutivos projéteis explosivos. O comando das tropas atacantes e a *Heimwehr* foram mais tarde muito criticados por terem usado artilharia. Argumentava-se que, desligando o abastecimento de água e cortando os suprimentos, os assediados poderiam ter sido induzidos finalmente a capitular com menor número de baixas. Antes da rendição, os líderes dos social-democratas fugiram para a Tchecoslováquia; e Viena, exceto por mágoa e recriminação, voltou, mais ou menos, ao normal. Ou melhor, retomou-se a subversão nazista, brevemente interrompida.

Extraídas de seu contexto histórico, estas eram apenas as circunstâncias físicas. Na época, tinha-se apenas um vislumbre confuso dos acontecimentos. Logo depois, versões conflitantes, rumores e recriminações, tanto em conversas quanto nos jornais, vieram a turvá-los. E aí, de forma surpreendente – pelos menos assim parecia a um estranho na cidade –, o assunto sumiu do ar, como se nunca tivesse ocorrido e, com velocidade impressionante, a vida cotidiana retomou seu rumo.

Foi uma época de desesperança para a Áustria. Ao longo de todo o ano de 1933, o país havia sido abalado por distúrbios organizados pelos nazistas e por seus simpatizantes austríacos. Durante um levante, tentaram assassinar o Dr. Dollfuss. Logo após as encrencas de fevereiro, atividades similares recomeçaram. Culminaram cinco meses mais tarde num *coup d'état* nazista. Falhou, mas não sem derramamento de sangue, lutas duras e o assassinato do Dr. Dollfuss. Depois disto, houve uma ostensiva quietude até o desastre final do *Anschluss* em 1938, quando a Áustria desapareceu como nação independente até a destruição do Terceiro Reich.

◆ ◆ ◆ ◆

PARECÍAMOS ESTAR CAMINHANDO por milhas nesta escura vastidão. Por fim, perto do canal do Danúbio, acho eu, chegamos a um bairro cheio de tapumes e armazéns e caixotões quebrados espalhados à volta; e linhas de bondes, correndo sobre pisos de pedra irregular, que cintilavam por entre a neve suja. A sotavento de uma íngreme rampa, havia uma porta iluminada ao pé de um grande prédio cujas janelas brilhavam na bruma cerrada. O policial foi embora e eu entrei.

Uma grande antecâmara estava abarrotada com um bando de maltrapilhos. Cada um carregava um embrulho; seus casacos sobravam como os de espantalhos e seus farrapos e alguns de seus calçados eram amarrados por alfinetes de segurança e barbantes. Tinham barbas do tipo Guy Fawkes[7] e olhos selvagens ou vagos sob chapéus de abas rasgadas. Muitos deles pareciam se conhecer há anos. Saudações e mexericos combinavam-se de maneira afável e um vago impulso os mantinha em movimento num vacilante fluxo e refluxo.

A porta abriu, e uma voz gritou: "*Hemden!*" ("Camisas!"), e todos dispararam em direção à entrada do próximo cômodo, acotovelando-se, aos encontrões, e descascando suas roupas de cima enquanto avançavam. Fiz o mesmo. Logo estávamos todos nus da cintura para cima, enquanto um pungente cheiro de falta de banho se abriu, como um guarda-chuva, acima de cada torso. Grades convergentes de madeira nos conduziram qual manada vacilante e desorganizada na direção de uma lâmpada circular. À medida que cada recém-chegado se aproximava, um funcionário apanhava sua camisa e sua roupa de baixo; olhava detidamente à procura de algo, esticando-as na frente da lâmpada – de uma jarda de diâmetro e de um brilho que cegava. Os participantes com vermes eram levados adiante para serem fumigados, e os demais, depois de darmos nossos nomes numa escrivaninha, prosseguíamos para um enorme dormitório com uma fileira de lâmpadas penduradas próximo a um teto muito alto. Logo que enfiei de novo a camisa, o homem que havia tomado nota de meu nome e de outros detalhes me conduziu a um escritório, dizendo que um compatriota, chamado Major Brock, havia chegado no início da noite. Soava estranho. Mas quando entramos no escritório, o mistério se resolveu, tal como o significado da palavra 'Heilsarmee'. Sobre a mesa pairava um quepe preto trançado, com a aba brilhante e com um morango marrom crescendo do centro de sua copa. As palavras 'Exército da Salvação' brilhavam em letras douradas na faixa marrom. Do outro lado da mesa, tomando chocolate, estava sentada uma figura cansada, de cabelos grisalhos, com óculos de aros de metal e vestindo a jaqueta de um uniforme com alamares, desabotoada no pescoço. Era um simpático tipo, originário de Chesterfield – fácil ver que era do norte –, e sua testa estava vincada por uma piedade sóbria e por cansaço. Tive a impressão que ele acabara de chegar da Itália, interrompendo sua viagem, num circuito de inspeção de hospedagens europeias do Exército da Salvação. Sairia no dia seguinte e tinha tanto conhecimento dos últimos acontecimentos quanto eu. Exausto demais para fazer muito mais do que sorrir de maneira amigável, ele me deu uma caneca de chocolate e uma fatia de pão. Quando percebeu como tudo havia sumido tão rápido, uma segunda dose apareceu. Contei para ele quais meus desígnios – Constantinopla, etc. – e ele disse que eu podia ficar um ou dois dias. Então riu e disse que eu devia ser um tolo. Desamarrei os ovos da Trudi e arrumei-os sobre a escrivaninha em um bonito apanhado. "Obrigado, rapaz", disse, mas pareceu estar em dúvida quanto ao que fazer com eles.

Eu me deitei numa cama de campanha, completamente vestido. Um sentimento onírico permeava este interior; e logo a aproximação do sono começou a tornar confusas as silhuetas de meus companheiros de internato. Passeavam de um lado para o outro, agrupando-se e reagrupando-se em conversas, desenrolando tecidos dos pés e catando pontas de cigarros em latas. Um velho colocava e recolocava suas botas junto a seus ouvidos, como se estivesse ouvindo ruídos do mar numa concha e a cada vez seu rosto se animava. O barulho das conversas, explodindo, com notas mais altas, em desentendimentos ou risadas, e retrocedendo novamente a um universal sussurro conspiratório, permeava o ambiente com uma curiosa ressonância aquosa. Os grupos ficavam reduzidos em escala frente ao tamanho e à altura do enorme cômodo. Pareciam se agrupar e dissolver como figuras de Doré, formando enxames e depois minguando através do que seria a nave de alguma nua e brilhante catedral – uma catedral, sobretudo, tão remota que podia alternadamente ser um submarino ou a cabine de um avião. Nenhum som estranho poderia perfurar aquelas paredes nuas e altas. Para os que estavam dentro delas, a vida diária e a luta dura da cidade do lado de fora pareciam igualmente irrelevantes e distantes. Estávamos no limbo.

CAPÍTULO 7

VIENA

🌿 🌿 🌿

Ao acordar, encontrei uma atraente figura sentada na cama ao lado, lendo, num pijama de listras azuis. Seu vago perfil de Dom Quixote teria se acentuado se as suíças fossem mais salientes; porém, tombavam em vez de saltar para fora. A estrutura óssea de seu rosto era alongada e o cabelo sedoso, castanho claro, prematuramente se retraía na testa e rareava ao alto. Tinha pálidos olhos azuis, quase tão mansos como os de um novilho. Entre a curva generosa do bigode e um queixo de boa conformação, ainda que recuado, o lábio inferior caía um pouco, revelando dois grandes dentes frontais; sua cabeça, pousada sobre um comprido pescoço dotado de proeminente pomo de Adão, ligava-se a uma desengonçada estrutura. Nada teria correspondido mais de perto às caricaturas estrangeiras de um certo tipo de inglês; mas, em lugar da clássica e tola complacência de Un Anglais à Mabille,[1] meu vizinho era marcado por uma suave e distinta benevolência. Quando percebeu que eu estava acordado, disse em inglês: "Espero que seu repouso tenha sido plácido e envolto em tranquilos sonhos". O sotaque, embora sem dúvida de um estrangeiro, era bom, mas o fraseado, surpreendente. Nenhum traço de farsa desfigurava uma expressão de sincero e suave interesse.

Seu nome era Konrad e era filho de um pastor das Ilhas Frísias. Eu não havia lido The Riddle of the Sands[2] e não tinha certeza de onde ficavam, mas logo aprendi que acompanham a costa da Holanda e Alemanha e Dinamarca, num extenso arquipélago que vai da Zuider Zee à enseada de Heligoland, onde viram para o norte e desaparecem junto à costa da Jutlândia. Adelgaçadas por marés e ventos, intercaladas com recifes, sempre se desintegrando e mudando de forma, cobertas por naufrágios, cercadas por vilarejos submersos, encobertas por pássaros, e algumas delas maciçamente invadidas por banhistas de verão, as ilhas pouco sobem acima do nível do mar. Konrad pertencia ao trecho central, de território alemão. Havia aprendido inglês na escola e, durante o tempo que lhe sobrava de empregos variados, continuara seus estudos quase que só com a leitura de Shakespeare, o que, às vezes, dava a suas falas um torneado incongruente e até arcaico. Não consigo recordar quais os percalços que o haviam deixado em tão baixa maré já numa avançada terceira década, e ele aos mesmos não se referia. Não era uma personalidade animada. O bom humor tranquilo, a postura e a suave mas inequívoca dignidade de atitude que dele emanava estavam em contundente contraste com a fútil barulheira matinal do enorme cômodo. Segurando um volume que se desintegrava, ele disse que relia *Titus Andronicus*. Quando me dei conta de que eram as obras completas de Shakespeare, pedi o volume emprestado e, muito entusiasmado, abri em *Conto de Inverno*. Sabemos qual foi o resultado. Ele se solidarizou profundamente frente a minhas frustradas esperanças.

 Partilhamos um pouco de seu pão e queijo numa das mesas cuidadosamente escovadas situadas no meio do cômodo, e, enquanto comíamos, aprendi que seus sentimentos com relação à língua inglesa – e à Inglaterra, de um modo geral – eram fruto de uma teoria sobre seu arquipélago nativo. Antes de para lá serem enxotados, os frísios haviam sido uma poderosa e importante raça do continente e parece que tanto eles quanto sua língua eram mais aparentados ao inglês em sua versão final do que a de quaisquer das outras tribos germânicas que invadiram as Ilhas Britânicas. Estava convencido de que Hengist e Horsa eram frísios. (Onde estava o polímata? À medida que Konrad falava, passei a ver os dois invasores sob nova ótica: em lugar dos robustos, sardentos e cabeludos gigantes abrindo caminho, qual demônios, Kent adentro, via, agora, duas figuras parecidas com Konrad, meio carecas, com rostos ligeiramente equinos, vagando pela praia e tossindo timidamente.) Ele citou uma prova adicional da proximidade entre as duas nações: um par de séculos depois de Hengist, São Vilfredo de York, havendo ali naufragado, não teve necessidade de intérprete quando começou a pregar aos frísios ainda pagãos. Deu-se o mesmo quando São Vilibrardo chegou da Northumbria. Pedi que dissesse algo no dialeto frísio. Nada entendi de sua resposta, mas as palavras curtas e as vogais em bemol soavam como o inglês poderia soar aos ouvidos de alguém que não conhecesse a língua.

Enquanto ele falava, eu o desenhei, e ficou bastante razoável – em seu caso, não havia como errar! Contemplou, com atenção, o resultado e o aprovou; e ofereceu-se para me levar ao Consulado Britânico, onde, esperava eu, residiria a salvação. Deixamos nossos bens, como os chamava, no escritório. "É necessário ter atenção", disse. "Entre homens bons, mas destituídos de fortuna, não faltam aqueles que são vis, assaltantes e inescrupulosos, que não se vexam em se apropriar, indevidamente, do que é alheio. Alguns adoram furtar." Alto e ossudo, vestindo um sobretudo comprido e gasto e um *trilby* de abas um pouco exageradas, ele parecia sério e imponente, embora algum detalhe em seu porte e em seu olhar suave e arregalado lhe desse um toque ligeiramente absurdo. Seu chapéu estiloso e bem escovado estava a ponto de se desintegrar. De repente mundano, ele me mostrou, na parte interna, o nome do fabricante. "Habig", disse ele. "É o mais conhecido dos chapeleiros de Viena."

De dia, a vizinhança era ainda mais deprimente. A hospedaria* ficava na Kolonitzgasse, no Terceiro Distrito, entre as baias de carga da Alfândega, os arcos encardidos de um viaduto e os trilhos de uma estrada de ferro suspensa, que, como bairro inteiro, abandonado por completo, estava agora silenciosa. O lixo parecia estar em toda parte. Nosso caminho nos levou a cruzar a Ponte Radetzky e a seguir pelo lado do canal do Danúbio, através de uma cena melancólica de prédios tristes e neve suja sob um céu nublado. Demos na Rotenturstrasse e, à medida que caminhávamos pelo centro da cidade, as coisas começaram a mudar. Passamos pela Catedral de Santo Estêvão com sua única flecha gótica. As barricadas e as interrupções de ruas do dia anterior ainda lá estavam, mas a passagem estava liberada e, no momento, não se ouviam tiros a distância. A cidade

---

* Foi fechada há muitos anos e uma nova hospedaria abriu na Schiffgasse, no Segundo Distrito.

parecia ter retornado ao normal. Surgiram conjuntos de palácios e fontes e monumentos fantasticamente elaborados. Cruzamos o Graben para a Am Hof Platz: passando por um pilar alto com uma imagem da Virgem, seguimos para uma rua do outro lado, onde um mastro de bandeira e um brasão oval de latão com o leão e unicórnio indicavam o Consulado Britânico. O funcionário de plantão procurou em todos os cubículos por uma carta registrada. Não havia nada.

Se antes Viena me parecera melancólica e carregada de nuvens, a sensação redobrou quando me juntei a Konrad na Wallnerstrasse. Caíam gotas de chuva que se misturavam à neve. "Não se desalente, caro jovem", disse Konrad, quando me viu. "Precisamos nos reunir em conselho." Caminhamos pelo Kohlmarkt. No outro extremo, um grande arco se abria sobre um pátio do Hofburg onde cúpulas de zinco esverdeadas se agrupavam sobre fileiras de janelas. Viramos à esquerda e entramos na Michaelerkirche. A igreja estava escura e, em contraste com o classicismo dos arredores, era inesperadamente gótica; estava vazia, exceto por um bedel que acendia velas para uma missa prestes a acontecer. Nós nos aboletamos num banco e, depois de algumas preces formais para tranquilizar o bedel, Konrad disse: "Atente, Michael! Nem tudo está perdido. Estive amadurecendo um plano. Tem você, consigo, seu caderno de desenhos?". Respondi batendo sobre o bolso de meu sobretudo, e ele me descreveu seu plano: eu desenharia, por dinheiro, indo de casa em casa. Fiquei horrorizado, primeiro por timidez, segundo por uma bem fundamentada modéstia. Objetei dizendo que o desenho que fizera dele fora uma exceção, uma sorte. Em geral, meus desenhos eram muito amadorísticos; colocar em prática sua sugestão seria quase o mesmo que ganhar dinheiro sob uma falsa identidade. Konrad rapidamente contra-argumentou. Pense nos artistas de rua nas feiras! Onde estava meu espírito empreendedor? Seu assédio foi suave, mas determinado.

Cedi e logo comecei a me entusiasmar. Antes de partirmos, considerei acender uma vela que nos trouxesse sorte, mas não tínhamos uma só moeda. Dirigimo-nos ao bairro de Mariahilf, caminhando lado a lado. Ele disse: "Daremos início pelos pequenos *buggers*" – o que me causou certa surpresa, já que sua fala usual era um tanto pudica. Perguntei: que mariquinhas? Parou no ato, e foi enrubescendo até que sua comprida face ficou inteiramente tomada. "Ah! caro jovem!", exclamou. "Sinto! *Ich meinte, wir würden mit Kleinbürgern anfangen* – confundi *'buggers'* com *'burghers'*! Os ricos e os nobres, por aqui", e abanou a mão abrangendo a cidade antiga, "sempre têm muitos e orgulhosos lacaios, que às vezes não condescendem em ajudar, seja no que for". Enquanto caminhávamos, treinou-me no que dizer. Acreditava que eu devesse pedir cinco *schillinge* por cada retrato. Respondi que era demais: pediria dois, na realidade, pouco mais do que um *shilling* inglês. Por que não me fazia companhia nas primeiras tentativas? "Ah, caro jovem!", disse. "Já estou passado em anos! Eu iria assustá-los! Você, tão novinho, derreterá seus corações." Explicou que as portas de entrada das residências vienenses tinham, ao nível do olho, perfurações através das quais, antes de destrancá-las, os moradores podiam avaliar os visitantes que chegavam. "Nunca dirija seus olhos para elas", advertiu. "Toque, e olhe em direção ao Sempre-Eterno com inocência e com alma." Tomou meu cajado e me aconselhou a levar o sobretudo dobrado sobre o braço e a segurar meu bloco de desenhos e lápis na outra mão. Meus trajes pareciam um pouco estranhos, mas estavam limpos e arrumados: botas, perneiras, culotes de cotelê, colete de couro, camisa cinzenta e uma quase artística gravata azul claro, tecida à mão. Penteei o cabelo na vitrine de uma loja, e, à medida que chegávamos perto de nosso campo de ação, mais eu sentia que parecíamos Fagin e o Raposa.[3] Apertamos fortemente as mãos um do outro no hall de um antiquado bloco de apartamentos, subi e toquei a primeira campainha do andar correspondente ao mezanino.

    O pequeno visor de latão brilhou como num ciclope. Virei para o nada, fingindo não perceber que, do outro lado, um olho havia substituído a tampa; e quando a porta se abriu e uma empregada baixinha perguntou o que eu queria, respondi, imediatamente, como ensaiado: "*Darf ich mit der Gnä' Frau sprechen, bitte?*" ("Por favor, poderia falar com a gentil madame?"). Deixou-me junto à porta aberta, onde esperei, ansioso e já preparado para minha próxima fala, que seria: "*Guten Tag, Gnä' Frau! Ich bin ein englischer Student, der zu Fuss nach Konstantinopel wandert, und ich möchte so gern eine Skizze von*

Ihnen machen!".* Mas ficou por não dito, já que a missão da empregada até a sala de estar, antes mesmo que pudesse abrir a boca, teve resultados que nem Konrad nem eu poderíamos haver previsto. Com voz estridente, um homem gritou: "*Ach nein! Es ist nich mehr zu leiden!*" ("Não se aguenta mais isto! Vou dar-lhe um fim!"); e, em seguida a estas palavras, sem delongas, a figura de um carequinha em *robe de chambre* de flanela vermelha precipitou-se pelo corredor com a velocidade de uma bala de canhão. Sua cabeça estava virada para o lado e seus olhos firmemente cerrados, como se quisesse evitar uma visão detestada, e, no extremo dos braços, suas palmas se abriam, como se repelissem algo. "*Aber nein, Helmut!*", gritou ele. "*Nein, nein, nein!* De novo não, Helmut! *Weg! Weg! Weg! Weg!* Fora, fora, fora!" Suas mãos, a esta altura, estavam contra meu peito e me empurravam. Arrastou-me para frente, como neve diante de uma pá mecânica, e nós dois, um avançando e o outro recuando, flutuamos porta afora e através do patamar, aos tropeços, numa confusa progressão. Enquanto isto, a empregada guinchava: "*Herr Direktor!* Não é *Herr Helmut!*". Subitamente ele parou, e seus olhos reabertos saltaram das órbitas. "Meu caro jovem!", exclamou horrorizado. "Mil vezes perdão! Pensei que fosse meu cunhado! Entre! Entre!" Então, gritou para o cômodo de onde havíamos saído: "Anna! Não é o Helmut!". E uma mulher logo apareceu em *robe de chambre*, ansiosamente secundando o pedido de desculpas de seu marido. "Meu caro senhor!", continuou ele. "Por favor, entre!" Fui alçado para dentro da sala de estar. "Gretl! Traga um copo de vinho e um pedaço de bolo! Muito bem! Sente-se! Um charuto?" Eu me vi numa poltrona, de frente para o homem e sua esposa, que olhavam atarantados para mim. A face rosada do senhor era adornada por um destes bigodes engomados e enrolados que, de noite, se mantêm em posição com a ajuda de uma bandagem de gaze. Seus olhos cintilavam e, enquanto falava, seus dedos tocavam arpejos em compasso rápido sobre os joelhos. A esposa murmurou algo e ele disse: "Ah, sim! Quem é o senhor?". Entrei em meu segundo movimento ('Estudante', 'Constantinopla',

---

* "Bom dia, Senhora! Eu sou um estudante inglês andando a pé para Constantinopla, e gostaria muito de fazer um desenho seu."

'croqui' etc.) Ouviu atentamente e, mal eu havia terminado, partiu para seu quarto de dormir. Apareceu, dois minutos mais tarde, em colarinho alto, gravata borboleta de bolinhas e paletó de veludo com acabamento trançado nas bordas. Seu bigode ganhara um novo retorcido e duas mechas de cabelo, cuidadosamente moldadas, atravessavam sua careca em grande estilo. Sentado na beira da cadeira, pousou as mãos, palma sobre palma, os joelhos juntos, impondo aos cotovelos uma desafiadora posição; e, mirando com nobreza um alvo a meia distância, com o dedo do pé dando batidinhas em alta velocidade, congelou-se como um busto. Comecei a trabalhar, e sua esposa me serviu outro copo de vinho. O croqui não me pareceu muito bom, mas quando terminei, o modelo se mostrou radiante. Ficou de pé e andou alegremente pelo quarto, inspecionando-o, seu braço estendido, o indicador e o polegar da outra mão juntando-se num gesto de conhecedor. "Ein chef d'oeuvre!", disse. "Ein wirkliches Meisterstück!" Declararam-se pasmos com o pouco que lhes havia sido cobrado. Aceitei também, educadamente, uns charutos e fiz um croqui de sua esposa. Enquanto ela posava, ele insistia em usar o coque no alto da cabeça dela como pivô, fazendo-a girar o rosto para ângulos mais favoráveis; e, quando terminamos, levaram-me até o outro lado do patamar para que desenhasse uma cantora aposentada que, por sua vez, passou-me para a mulher de um editor de partituras musicais. Eu havia estreado! Quando reencontrei Konrad, ele caminhava pacientemente a devanear pela calçada. Eu me aproximei como se tivesse acabado de liquidar o Jabberwock[4] e fui devidamente ovacionado. Em poucos minutos, estávamos num confortável gastzimmer, beliscando krenwurst, pedindo deliciosos jungfernbraten acompanhado de batatas geröstete e vinho.[5] Graças à Trudi, ao Major Brock e, naquela manhã, a Konrad e ao meu recém-retratado, eu vinha mantendo corpo e alma firmemente de pé; mas esta era minha primeira refeição de verdade desde o jantar no castelo dois dias antes. Parecia ter sido há muito tempo. Para Konrad, acho eu, era a primeira há muitíssimo mais. Um pouco incomodado de início, ele afirmava deplorar toda aquela extravagância. Minha atitude, de uma frase de Conto de Inverno, que, mais cedo, havíamos lido, era: "É ouro de fadas, rapaz, e como tal se provará";[6] e, à medida que fazíamos tinir nossos copos, meu júbilo o afetou. "Vê, caro jovem, como a audácia faz prosperar?" Após este banquete, voltei ao trabalho, deixando Konrad num café lendo *Vênus e Adônis*.

Estes croquis não eram nem melhores nem piores do que os produzidos por quem quer que fosse semieducado e de talento mediano. Ocasionalmente, ao lidar com feições muito marcadas, ou com traços naturalmente caricaturais, eu lograva fazer um retrato em poucos traços, mas os croquis me tomavam, em geral, ao menos um quarto de hora e, às vezes, muito mais. Era um processo laborioso que exigia muito apagar e ainda um cuidadoso espalhar de sombras com a ponta dos dedos. Mas os modelos não eram exigentes; muita gente gosta de ser retratada, e é um espanto que até mesmo desenhistas piores do que eu consigam se safar a contento. Minha sorte era devida, eu bem sabia, aos generosos corações vienenses e, embora sentisse um toque passageiro de culpa, não era o suficiente para extinguir a inebriante sensação de que, numa emergência, eu conseguia ganhar uns trocados, mais ou menos honestos. Além do mais, eu estava totalmente absorto por estes mergulhos súbitos no desconhecido e, logo, minha timidez inicial foi substituída por nervos de aço.

Quase sempre, um cartão numa moldura de metal sob a campainha revelava a identidade do morador. A alta proporção de nomes estrangeiros demonstrava a herança do Império Habsburgo em sua mais ampla expansão.* Muitos súditos de raças estrangeiras, achando que suas capitais regionais eram cenários excessivamente limitados, fugiam para a *Kaiserstadt*: tchecos, eslovacos, húngaros, romenos, poloneses, italianos, judeus de toda a Europa Central e Oriental, e todo tipo de eslavo do sul. Em um dos apartamentos, havia até um cordial senhor de idade, originário da Bósnia,

---

* Florença, Milão, Veneza, Trieste, Fiume, Lubljana, Zagreb, Ragusa, Sarajevo, Budapeste, Clausenburg, Csernovitz, Lvov, Brno, Praga ... por períodos variados, todas fizeram parte do império. O influxo de seus cidadãos para Viena é o outro lado da moeda de um irredentismo endêmico e de revoltas esporádicas. (O absolutismo dos Habsburgo, apoiado pela polícia secreta de Metternich, e a temida prisão-fortaleza de Spielberg na Morávia, eram os vilões de muita literatura do século XIX: Browning, Meredith e Stendhal vêm a cabeça.)

provavelmente de ascendência bogomil, islâmica, Dr. Murad Aslanovic Bey, que, apesar dos acontecimentos de Sarajevo, havia se mantido firmemente pró-Áustria. Uma bandeirinha emoldurada na parede mostrava uma combinação da dupla águia da Áustria com o Crescente, e, num peso de papel em sua escrivaninha, havia uma pequena estátua de bronze de um soldado atacando com a baioneta calada, num fêz cuja borla voava pelo ar, uma lembrança do Primeiro Regimento Bósnio de Infantaria K.u.K.. (Estas ferozes tropas montanhesas haviam causado enormes estragos ao longo de todo o fronte italiano, das Dolomitas a Isonzo.) De há muito, Dr. Murad havia abandonado seu fêz em favor de um chapéu de *jäger* cinza, emplumado com a pena do rabo de um galo silvestre, e, segundo insinuava, relaxara sua observância do Ramadã. Uma barba branca em espada fazia dele um modelo fácil. Em muitas moradias, algum emblema solitário fazia soar uma nota tão clara quanto a de um instrumento de afinação: Francisco José, Arquiduque Oto, num traje de nobre húngaro com arremates em pele; um crucifixo, uma oleografia devocional, uma imagem, uma fotografia de Pio X sob a tiara e as chaves cruzadas; uma estrela de Davi delimitando o inefável tetragrama.[7] Devido a sua frequência em livros de mágica, os triângulos entrelaçados e os símbolos hebraicos sempre me pareceram misteriosos e esotéricos. Havia brasões esmaecidos, citações emolduradas, medalhas e diplomas, e barretinas sanfonadas, típicas de estudantes, com símbolos cifrados bordados no topo, e faixas tricolores e luvas de esgrima; fotografias de Marx e Lênin, uma estrela, e um ou outro martelo e foice. Se não havia suásticas ou fotos de Hitler em minha lembrança, não era por falta de nazistas: havia muitos deles; mas, naquele momento, acho eu, a exibição destes emblemas era uma ofensa passiva de indiciamento. Havia máscaras mortuárias de Beethoven e bustos de gesso, tingidos para parecer marfim envelhecido, de Mozart e Haydn. Esta iconologia dispersa corria em paralelo com outra, onde Garbo, Dietrich, Lilian Harvey, Brigitte Helm, Ronald Colman, Conrad Veidt, Leslie Howard e Gary Cooper[8] reafirmavam sua universal influência.

◆ ◆ ◆ ◆

NO PRIMEIRO APARTAMENTO que tentei naquela tarde, não havia muito espaço por onde se mover. O chão estava coalhado de baús, caixotes e recipientes de variados e enigmáticos formatos, sobre os quais, em estêncil e em letras escarlate, constava: IRMÃOS KOSHKA. Cartazes multilíngues exibiam os irmãos, mascarados e encapuçados, atravessando precipícios em cordas esticadas; atirando-se de canhões; voando pelo ar para se darem as mãos num cruzar da luz de refletores; empilhados em múltiplas camadas como se fossem precários pagodes; e, aos estrondos, dando voltas de motocicleta no interior de barris gigantescos. Também havia irmãs Koshka e ancestrais de cabelos brancos e descendentes rastejantes, todos tagarelando em tcheco. Eram atléticos, sorridentes, bonitos, ligeiramente atordoados e quase idênticos em suas figuras, e, enquanto falavam, continuavam a flexionar os joelhos e a sentir os bíceps, ou a rodar, lenta e alternadamente, suas clavículas. Fiquei perdido por alguns minutos nesta multidão. Ao fim, com o coração apertado, eu me aproximei do patriarca, um feixe de músculos, e murmurei minha proposta padrão de lhe fazer um croqui. Ele não falava alemão, mas me deu um amigável tapinha e despachou, até o quarto ao lado, um descendente que logo voltou portando uma lustrosa fotografia de toda a tribo. Mostrava todos os Koshka equilibrados numa vertiginosa *grande finale*, na qual ele era o Atlas, na base, sustentando os demais. Ele a assinou, acrescentando uma amigável mensagem e um floreio, e me guiou gentilmente de Koshka em Koshka, e cada um deles, do experiente grão-senhor ao mais diminuto dos inquebráveis filhotes, adicionou uma assinatura, uma ou outra palavra gentil e uma sequência de pontos de exclamação. Quando todas as assinaturas haviam sido colhidas, novamente murmurei algo sobre um croqui, mas numa voz estrangulada, já que minha coragem de há muito desaparecera. Houve uma pausa, e aí todos, com carregados sotaques, explodiram num coro alegre e de desaprovação: "Não! Não! Não! Prrresente! Pela foto, nenhum *grrroschen*! Nenhum! De grrraça!". Mas se mostravam sinceramente sensibilizados com a ideia de minha peregrinação.

No apartamento seguinte, alguém tinha acabado de morrer.

Num terceiro, a empregada disse "Ssh!", enquanto me fez entrar num pequeno hall suavemente iluminado. Depois de um momento, uma bonita garota de cabelos louro-acinzentados saiu de um banheiro cor-de-rosa, na ponta dos pés, em *mules* igualmente cor-de-rosa ornadas com plumagem de cisne, amarrando o laço de um *robe de chambre* turquesa. Também ela colocou seu indicador sobre os lábios, recortados como um arco de cupido, franzindo-os para, conivente, recomendar silêncio, e sussurrando: "Agora estou ocupada, *schatzili*!"; apontou, sugestivamente, para a porta fechada ao lado de onde havia saído. Uma barretina se encontrava sobre a mesa e um sobretudo e um sabre jogados sobre uma poltrona: "Volte daqui a uma hora!". Então, com um sorriso e uma palmada amigável na minha bochecha, saiu novamente na ponta dos pés.

Mas no quarto apartamento havia um professor de música dispondo de um período livre entre aulas, e nos entregamos à labuta.

Konrad e eu desfrutamos de um confortável e alegre jantar numa das ruelas da cidade antiga. Depois, fomos ao cinema e a um bar para um drinque de fim de noite. Falamos de Shakespeare, da Inglaterra e das Ilhas Frísias enquanto, quais dois apostadores ao findar um dia de sorte nas corridas, fumávamos mais dois charutos do Herr Direktor. (Diretor de quê, ficamos a nos perguntar?)

O caminho de volta nos levou ao longo do Graben e da Kärntnerstrasse. Por volta da hora em que se acendiam as luzes, notei um pequeno grupo de garotas muito enfeitadas vagando e enviando inconfundíveis e convidativos olhares aos transeuntes. Konrad balançou a cabeça. "Acautele-se, caro jovem", disse em voz solene. "São rameiras e estão sempre atrás de um pecúlio. São lascivas e este é o seu labor."

◆ ◆ ◆ ◆

NÃO ACHAMOS NADA no Consulado na manhã seguinte; mas desta vez não parecia ter importância. Encorajado pelo progresso do dia anterior, Konrad pensava que devíamos fazer cerco a um bairro mais promissor, mais próximo ao coração da cidade, mas ainda fora das zonas que temíamos, nas quais exerciam controle os orgulhosos lacaios. Os edifícios altos não me pareceram muito diferentes, mas, admitindo que nossos modelos seriam potencialmente mais abastados, deixei que ele me persuadisse a cobrar três *schillinge* em lugar de dois.

O momento preliminar – em pé no hall, diante de duas dezenas de campainhas a serem pressionadas e dos mistérios que se acumulavam nos andares acima – foi marcado por um tremor de excitação, como se eu estivesse a ponto de desvelar um sítio de promissora caça. Nada se ouvia, exceto alguém que praticava violino em algum lugar.

Em resposta ao meu primeiro toque de campainha, um homem barbado, de jaleco e nó de gravata Lavallière, indicou que eu entrasse num cômodo cheio de telas empilhadas e dependuradas. À mostra estavam cadeias de montanhas, rosadas pelo entardecer; estalagens campestres com treliças para trepadeiras; claustros sob glicínias em cascata; oásis, esfinges e pirâmides e caravanas que jogavam compridas sombras sobre dunas ao pôr do sol. Um cavalete no meio do cômodo mostrava, ainda úmido e semiacabado, um atol emplumado por coqueiros ao alvorecer. Ele cofiava a barba enquanto me levava de quadro em quadro como se me ajudasse a fazer uma escolha. Fiquei constrangido ao ter que explicar que era uma espécie de *cher confrère*. Ele me pareceu um tanto contrariado, embora ambos nos entregássemos a estrépitos de risos joviais e insinceros; e o brilho em seus olhos e o ranger de seus esplêndidos dentes foram ficando mais ferozes, e senti que, se fosse mais longo o corredor de saída, eles teriam conseguido me arrancar um pedaço, como se eu fosse um quitute.

A segunda visita foi uma surpresa. Uma inglesa de Swindon, de olhos desvairados e cabelos cinza e curtos, me fez entrar. Não queria ser desenhada, mas falava sem parar e me entupiu de chá, acompanhado de fatias de bolo com frutas e creme, e de balinhas tradicionais de Edimburgo, guardadas em uma velha lata de biscoitos Huntley e Palmers. Fazia tempo, havia se estabelecido em Viena como acompanhante de uma senhora, e ambas haviam se convertido ao catolicismo; quando a patroa morreu, minha anfitriã herdou o pequeno apartamento onde se dedicava agora a dar aulas de inglês. Era evidente aos olhos e ouvidos que ela vivia em meio à agonia de uma aguda e um tanto conturbada paixão religiosa, centrada, principalmente, na igreja dos franciscanos ali perto. Fui levado por ela ao andar de baixo para desenhar sua amiga indiana, uma cristã, sírio-jacobita, de Travancore. Volumosa, num sári lilás com bordas douradas e sob um casaco de pele preto, transbordava de uma cadeira de balanço, ao lado de uma estufa que rugia. Dali, parti para um apartamento decorado em camurça branca e veludo cotelê e muitas almofadas. Um barão anglófilo, grandalhão, de cabelos dourados e vestindo um suéter polo, permitiu que eu o retratasse; insistiu depois para que fizesse o mesmo com três jovens animados e enfeitados, em suéteres similares, mas de cores diferentes. Enquanto colocavam discos de Cole Porter, eles me ofereceram um Manhattan, servido de uma enorme coqueteleira galvanizada. O barão se recordava com prazer de Londres, de festas e do *Chelsea Arts Ball*.[9] No tocante ao *Lady Malcolm's Servants Ball*,[10] disse que não cabiam palavras. Tratava-se de uma atmosfera londrina que me era bem familiar e me deixou um bocado saudoso. No apartamento ao lado, estava em curso uma tremenda briga e desejei não haver tocado a campainha. Um personagem se destrambelhou pelo hall, gritando para alguém no fundo do apartamento. Abrindo a porta bruscamente, ele me fixou com ódio e desgosto; a seguir, bateu-a com força e retomou a briga interrompida.

Roupas espalhadas sobre o piso do apartamento seguinte – casaca, gravata branca, um chapéu de ópera, sapatos de salto alto dourados, atirados, uma cintilante saia preta de lantejoulas, serpentinas em espiral e um punhado daquelas bolinhas de *papier maché* multicoloridas, que com frequência são lançadas nas festas. O cabelo despenteado do jovem de pijama que havia se arrastado até à porta mostrava sintomas familiares de ressaca. Seus olhos vermelhos faziam uma desamparada súplica. "Sinto muito!", disse. "Não consigo falar...", e em seguida: "*Kopfweh!*", apontando para sua cabeça. Dor de cabeça... Ao fundo, a voz de uma mulher se lamentava e me escafedi. (Havia sinais similares em muitos rostos e apartamentos; era o final do período de Carnaval, que os distúrbios políticos não haviam logrado sufocar. Faltavam apenas poucos dias para a Terça-Feira Gorda.) Em outro andar, numa grande sala de estar, inerte como um porco formigueiro ou um tamanduá gigante, movendo a cabeça lentamente de um lado para outro com a expressão surpresa de um ruminante, um homem de meia idade, olhos esbugalhados, estava sentado numa poltrona. Além do negativo e lento movimento de sua cabeça, não respondeu a quaisquer de minhas assustadas abordagens. Novamente, não havia o que fazer senão bater em retirada. Mas os últimos modelos da manhã foram um animado almirante aposentado e sua esposa, rodeados de móveis Biedermeier e Sezession. Declarou, com uma risada informal de quem ocupa o tombadilho superior, que ainda era um almirante *ativo* – sua *armada* é que havia se aposentado após a perda de Trieste e Fiume. Seu espadim de guarda-marinha e sua espada cerimonial estavam dependurados na parede. Havia fotografias ampliadas dos conveses de navios de guerra naqueles perdidos portos. Uma destas ilustrava uma visita de inspeção feita pelo Arquiduque Francisco Fernando, suas suíças enroladas com ar feroz, sob um chapéu tricórnio.

A manhã havia sido esplêndida, concordamos Konrad e eu, ao desdobrar e esticar nossos guardanapos. Ele, prudentemente, meteu o dele no colarinho quando chegaram costeletas de cordeiro. Estavam deliciosas; declarou-as sem igual. Em nossa quarta noite, ao apanhá-lo num café, concluída a faina diária, decidimos que havia sido outro dia de sucesso, mas ambos tínhamos a sensação, não sei exatamente o porquê, de que poderia vir a ser o último. Falamos de nossos planos, durante um jantar que havíamos encomendado previamente – uma deliciosa e clássica galinha assada, do tipo que, nas fitas de cartum, aparece chiando dentro de nuvens, nos sonhos de vagabundos letárgicos. Sumarizei em linhas gerais aquilo que acreditava viesse a ser meu itinerário. Mas e ele? Mais cedo, havia dito que vinha passando seu tempo esperando, com o otimismo de um Micawber,[11] por alguma coisa – não me lembro mais do quê – que insistia em não se materializar. "Mas estou forjando um profundo plano", disse ele, sério, finalmente. "É um plano que levará à fortuna. Foi-me divulgado por alguém de saber e reflexão. Mas se faz necessário algum capital..." Ambos ficamos deprimidos: neste tocante, não havia qualquer esperança. Perguntei-lhe, por curiosidade, quanto seria necessário. Ele indicou o valor e ambos balançamos a cabeça tristemente para nossas taças de vinho. Então, finalmente me dando conta do que ele dissera, pedi que repetisse. "Vinte *schillinge*", repetiu. "Vinte *schillinge*? Mas Konrad, é fácil! Provavelmente já temos isto! Se não, amanhã pela manhã o teremos!" Eu vinha entregando a ele a metade do que ganhávamos, mas Konrad se percebia como meu depositário e insistia em tudo devolver amarrado num lenço de bolso. "É isto, caro jovem", disse ele, "é a meia parte de nossa recompensa". Depois de pagar pelo jantar, faltavam apenas dois *schillinge* do capital necessário. Perguntei-lhe que tipo de empreendimento tinha em mente.

"Por muitas luas, caro jovem," respondeu, olhando-me gravemente com seus francos olhos azuis, "venho sonhando em me transformar num contrabandista. Um contrabandista de sacarina, caro jovem! Não, não ria!". Desde que a Tchecoslováquia – ou seria a Áustria ou a Hungria? – colocara um imposto exorbitante sobre a sacarina, a secreta importação desta inocente mercadoria vinha permitindo grandes lucros – tudo o que se precisava era a soma inicial. "E há gente – sábia, ousada e ágil", disse, "que, em noites onde falta a lua, atravessa o Danúbio em barcos". Nunca foram apanhados. Austríacos, húngaros e tchecos estavam envolvidos neste tráfico: "Pessoas sérias, de índole cavalheiresca". Contas feitas, tratava-se de uma lei injusta, muito mais notável por ser quebrada do que observada. "E desobedecer a lei significa o socorro de pessoas doentes", disse. "Permite aos de grande cintura tornarem-se novamente delgados." Eu tinha a esperança de que ele não viesse a se envolver na parte que exigia a travessia da fronteira. "Não, não! Serei apenas um enviado, caro jovem, um nobre negociador! Acham que tenho uma pose respeitável", disse, ajustando sua gravata com um tossido. "Espero que seja fato, caro jovem, apesar de tudo!" Seus olhos se acenderam alegremente ao pensar nas possibilidades que se lhe abriam.

Na noite anterior, olhávamos a fotografia dos Irmãos Koshka justo na hora em que o proprietário trouxe a conta. Grande admirador dos irmãos, havia ficado entusiasmado com a foto. Dela lhe fiz presente e sua satisfação se expressou em dois copos de *himbeergeist*. Agora a fotografia já havia sido colocada na parede; e dois outros copos em forma de tulipa apareceram junto com o café. Apoiados na promessa de nossos futuros sucessos, pedimos mais dois, e acendemos os dois últimos charutos do Direktor. A pedido de Konrad, passamos o resto da noite lendo em voz alta o volume de Shakespeare. À medida que mais *himbeergeist* aparecia, minhas interpretações foram ficando cada vez mais exaltadas e barulhentas, numa batalha esfumaçada de floreios de charutos. "Nobres palavras!", Konrad intercalava. "Nobres palavras, caro jovem!" Cantamos e recitamos na longa caminhada de volta ao Heilsarmee. Tendo em vista nossa abundância, ambos sentimos um toque de culpa por ocuparmos dois leitos; foi, portanto, um estímulo adicional para partirmos. Estávamos bastante embriagados; e quando Konrad esbarrou em um poste com um risinho, percebi que o caso dele era mais grave do que o meu. Ambos tropeçamos ligeiramente ao subirmos escada acima. Estávamos temerosos que nossos lugares tivessem sido ocupados, mas lá estavam, lado a lado, no extremo do salão e os dois ainda vagos.

Era tarde e fazia silêncio total, exceto pelo coro involuntário e assombrado que atravessa as vigílias noturnas nestes dormitórios. Ao seguirmos na ponta dos pés pelo longo corredor, Konrad bateu em uma cama, e uma cara barbada, como a de um porco-espinho preto, saltou para fora da outra extremidade de um casulo de cobertores, disparando uma torrente de impropérios. Konrad começou a balbuciar, agarrado ao mesmo lugar, seu chapéu levantado numa cavalheiresca postura de desculpas. Alguns dos que dormiam, acordados pelo barulho, lançaram uma crescente rajada de blasfêmias e desaforos à reação da vítima de Konrad. Eu o tomei pelo cotovelo, com o chapéu ainda levantado, e o empurrei para o nosso canto como se estivesse sobre rodinhas, enquanto a altercação aumentava e atingia um clímax barulhento para então, muito vagarosamente, diminuir quase ao completo silêncio. Konrad sentou-se na beira de seu leito, murmurando, enquanto desatava as botas: "Molestou-se com o infortúnio e a cólera tirou o lacre de seus lábios".

◆ ◆ ◆ ◆

"RECUPEREMOS NOSSOS FARDOS", declarou Konrad na manhã seguinte. Nós nos despedimos do pessoal do escritório e de alguns dos companheiros de internato com quem vínhamos mantendo boas relações, e peguei minha mochila. O fardo de Konrad – uma cesta de vime, dependurada na diagonal sobre seu tronco por um comprido cinturão de lona e couro – o transformara em um esguio pescador urbano. Pela quarta vez, saímos em direção à Wallnerstrasse. Era uma manhã clara e ventosa; e estávamos justificados em nosso otimismo: no momento em que entrei no consulado, de longe, o funcionário levantou um envelope registrado, com marcas de giz azul; havia, junto, alguns outros. A boa notícia, que quatro dias antes teria trazido grande prazer, era agora um tanto anticlimática. Fomos para o Café Fenstergucker, na Kärntnerstrasse. Sentados a uma mesa de canto junto à janela, perto de uma moita de jornais dependurados em armações de madeira, solicitamos *eier im glass*, e depois *brötchen* quente e manteiga, e um café delicioso com creme chantilly. Foi uma manhã de decisões, separações e partidas que pesaram sobre ambos. Konrad estava decidido a partir imediatamente e a malhar enquanto o ferro estava quente, com sua determinação em alta e o capital ainda intacto. Ficou discretamente animado, um espírito de Harfleur[12] pairando no ar; mas fiquei preocupado com ele e torci para que seus associados tivessem uma disposição tão cavalheiresca quanto ele lhes atribuía. Ele, por sua vez, também estava aflito comigo. É verdade que vínhamos queimando rapidamente o ouro de fadas; mas ele formulou a meu respeito a visão insistente de uma espécie de Sir Harry Scattercash,[13] de que até gostei. "Administre bem todo o lucro quando você estiver com veia gastadora, caro jovem", disse ele, "e não vá atrás de uma *bona robas*".[14]

Eu o acompanhei até a junção da Kärntnerstrasse com a Ringstrasse, junto ao Teatro de Ópera. Ele pegaria um bonde para a Donaukai Bahnhof, continuando, de trem, em direção leste ao longo do Danúbio. Foi um tanto astuto e reservado no que se referia a nomes de lugares; acho que não queria me envolver, mesmo que remotamente, nos seus feitos ilícitos. Subiu no bonde, sentou-se, e imediatamente cedeu seu lugar a uma freira idosa e quase esférica, que carregava uma sacola de viagem.[15] À medida que o bonde se distanciava barulhento, eu o via, cabeça e ombros bem acima dos demais passageiros, pendurado na alça por uma das mãos e segurando seu chapéu Habig entre os dois primeiros e longos dedos da outra, sorrindo ao balançá-lo, lentamente, em despedida; e eu acenei até que o bonde, ressoando, se desviou à esquerda no Schubertring, para fora de vista.

Eu me sentia muito só ao caminhar de volta ao café. Ele prometera escrever contando como as coisas andavam. Em Budapeste, logo depois da Páscoa, recebi um cartão postal em que afirmava que o futuro lhe sorria.

Mas não indicou qualquer endereço de resposta; não tive outras notícias até chegar a Constantinopla, onze meses mais tarde. Lá encontrei uma gorda carta, franqueada em Norderney, a ilha onde ele morava no arquipélago frísio. Primeiro, surgiram do envelope várias enormes folhas de selos do correio alemão, cujo valor alcançava não só o da nota de libra – uma das quatro que eu havia apanhado no consulado e que, apesar de grande resistência sua, eu lhe entregara – mas também o do ouro de fadas; e percebi, ao contar as numerosas cabeças de Bismarck, que ele novamente havia me enviado mais do que a metade. Os selos eram acompanhados por uma carta longa, afetuosa e profundamente tocante, que li num café junto ao Corno de Ouro. O contrabando, ao qual ele discretamente se referia como "perigoso comércio, caro jovem", havia se tornado, àquela altura, história do passado. Tudo dera certo; estava de volta às ilhas e ensinava inglês; e havia uma recatada sugestão de que poderia vir a se casar com uma professora... Fora todo o resto, agradava-me a ideia de que seu linguajar em inglês não viesse a se perder completamente. Talvez se disseminasse entre seus discípulos frísios, como as palavras de São Vilfredo.

Mas ao caminhar de volta ao Fenstergucker, fiquei incomodado pela ideia de ter apenas três libras para enfrentar um mês inteiro, o que talvez me colocasse numa situação difícil; em especial, tendo em vista que o período pela frente se passaria em parte na cidade. Tendo em vista a sorte dos últimos dias, é lógico que poderia conseguir algo mais... No entanto, com a saída de Konrad, também havia desaparecido o pique. O que antes me parecera uma brincadeira, agora, a sós e a sangue frio, havia se tornado horrivelmente assustador.

De volta à nossa mesa no café, examinei as outras cartas. A primeira, com um selo da Índia e um carimbo de Calcutá, era de meu pai, sua primeira, desde que eu deixara a Inglaterra, e reenviada a partir de Munique. Era em resposta à minha carta de Colônia, na qual lhe contara o *fait accompli*. Eu a abri com temor. No entanto, dobrado cuidadosamente dentro da carta, encontrei um cheque de cinco libras como presente de aniversário! Jogara meu pão nas águas e, apenas um quarto de hora mais tarde, por assim dizer, ele voltou para minhas mãos com lucro.[16]

◆ ◆ ◆ ◆

DURANTE OS DIAS passados com Konrad, nossas preocupações pessoais haviam tomado precedência sobre tudo. Os sons do conflito, ribombando intermitentes a distância como trovões cênicos, haviam diminuído gradativamente até cessarem. Entre os moradores dos prédios, estes barulhos nos bastidores haviam provocado o estalar depreciativo de línguas e suspiros profundamente fatalistas, mas não por muito tempo; tempos difíceis haviam induzido uma atitude estoica frente a problemas. Na imprensa estrangeira, a revolução desapareceu das primeiras páginas e, a cada manhã, nos jornais dos cafés, eram menos sinistras as manchetes que a descreviam. Como tudo no clima da cidade conspirasse para reduzir a escala dos acontecimentos, era fácil equivocar-se a respeito e, mais tarde, lamentei amargamente este erro de apreciação: senti-me como Fabrício, em A Cartuxa de Parma, sem muita certeza se estivera presente em Waterloo.

◆ ◆ ◆ ◆

SAINDO DO CAFÉ, apressei-me em acompanhar uma onda unidirecional de gente pela Kärntnerstrasse. Todos se dirigiam ao Ring, onde logo me vi aprisionado pela multidão, perto do lugar onde havia me despedido de Konrad. Todos os olhos estavam fixos na mesma direção, de onde, em pouco, surgiu uma parada, vinda de longe: era uma solenidade indicando o fim do estado de emergência. À frente, sobre um cavalo cinza e carregando um sabre inclinado, vinha o vice-chanceler, Major Fey, comandante das forças do governo: um homem de aparência severa, com um queixo proeminente e um *stahlhelm*. Um contingente do exército o seguia; depois vinha uma coluna da *Heimwehr*, encabeçada pelo Príncipe Starhemberg, acenando discretamente, num quepe tipo boné de esqui e sobretudo cinza, comprido, de corte marcial; o rosto e a figura alta eram imediatamente reconhecíveis para quem já vira fotografias dele. A seguir, vinha um grupo de ministros em preto, liderados pelo próprio chanceler. Vestido com uma casaca de uso diurno e portando uma cartola, Dr. Dollfuss esforçava-se para manter o passo. Na aproximação do Major Fey, a onda intermitente de palmas se manteve inalterada; Starhemberg induziu uma pequena ampliação de seu volume; mas Dollfuss foi saudado com algo que se aproximava a uma ovação. Outra coluna de tropas formava a retaguarda, arrematando a parada.

Havia algo de alegre e cativante no chanceler, mas, apesar de todas as piadas, sua pequena estatura foi uma surpresa.[17] Após a multidão se dispersar, um companheiro espectador me contou outra. Durante o recente assédio, um dos soldados apontando para algo na rua, exclamou: "Olhem! Uma tartaruga nas ruas de Viena!". "Não é uma tartaruga", respondeu seu companheiro, "é o Dr. Dollfuss em seu *stahlhelm*". E, para alguém de fora, foi o final da história.

◆ ◆ ◆ ◆

NÃO HAVIA CHEGADO a Viena completamente despreparado. Poderia recorrer a alguns contatos, embora o resultado fosse duvidoso. Mas, para manter o moral, suscitado por uma espécie de *amour propre* de vagabundo, não quis me prevalecer deles enquanto estivesse completamente quebrado. Agora que o problema havia sido resolvido, larguei minhas coisas na pensão mais barata que encontrei e saí à procura de um telefone. Se fosse convidado para uma refeição, desconfiei que seria melhor aparecer sem qualquer carga; uma mochila seria uma sugestão por demais óbvia. Infundados que fossem, os receios da estadia no último castelo haviam inculcado em minha cabeça a noção, que me era pouco familiar, de que a aparição de um vagabundo afável à porta de alguém, com todas as suas posses nas costas, poderia ser considerada um incômodo. (Tremo ao pensar na praga que devo ter sido. A ideia de que são sempre bem-vindos é a ilusão que protege os jovens. Perigosamente despreocupado, sem maiores dúvidas, eu me deliciava com estas mudanças de sorte com o mesmo entusiasmo de um pedinte árabe vestido e festejado pelo califa ou do funileiro crápula que é apanhado roncando e é empurrado à grandeza na primeira cena de *A Megera Domada*.)

Em Viena, o peso recaiu sobre compatriotas e austríacos em doses quase iguais. Robin Forbes-Robertson Hale, a cunhada de um velho amigo, hospedou-me num avantajado apartamento sempre repleto de convidados. Ficava empoleirado sobre um esquelético e fascinante pardieiro numa rua no centro da cidade chamada Schreyvogelgasse, ou 'aleia de pássaros gritantes'. Alta e atraente, ela acabava de voltar de uma estadia invernal em Capri, na companhia de dois amigos austríacos: pertenciam a um pequeno grupo, metade nativos e metade expatriados da Boêmia, que me pareceu perfeito desde o primeiro momento em que os conheci. Com o fim dos problemas políticos, os últimos dias de carnaval estavam voltados para a música, a dança e as fantasias. Noites delirantes e manhãs tardias passaram a ser a norma, e após uma última e climática festa à fantasia, acordei sobre uma poltrona com a cabeça explodindo, ainda vestido com a venda de olho de um pirata e um recorte de caveira e ossos cruzados. Aos primeiros toques de meio-dia vindos de uma torre próxima na Schottenkirche, a penumbra criada pelas venezianas começou a mover-se com gemidos; deu-se um coaxar de pedidos por Alka-Seltzer. Um pierrô, uma colombina, um leão e uma leoa, que dormia com seu rabo caído sobre as costas do sofá, estavam espalhados pela sala de estar como brinquedos quebrados, mal capazes de se articularem.

A lembrança dos dias que se seguiram está obscurecida pelo ataque penitencial de neve, chuva, mistura de chuva e neve, e granizo que assolou a cidade com todos os rigores de fevereiro e da Terça-Feira Gorda e da Quarta-Feira de Cinzas. Foi um inverno brutal; mas os céus zangados e o vento fizeram com que, em retrospecto, as lareiras e os abajures brilhassem ainda mais vivos. Com os primeiros dias de março, a ferocidade da Quaresma esmoreceu. Eu vivia num estado de exaltação. Era difícil acreditar que lá estivesse; e, para dirimir a dúvida, repetia para mim mesmo, frequentemente, quando acordava à noite ou vagava pelas ruas: "Estou em Viena".

Alguns dos membros deste pequeno grupo viviam em casas velhas no centro da cidade; outros, em fragmentos de palácios subdivididos, que gradativamente se desmanchavam, mas eram ainda adornados por redemoinhos em ferro forjado, frondosos arabescos, tetos modelados, e venezianas e portas duplas que se abriam com puxadores de intricados floreios. Um destes novos amigos, Basset Parry-Jones, era professor – de literatura inglesa, acho eu – no Konsularakademie, uma espécie de extensão, para estudantes mais velhos, do Theresianum, a célebre escola fundada por Maria Teresa. (Como os estudantes em Saint-Cyr e Saumur[18] e a sombria instituição em *Young Törless*,[19] os meninos outrora usavam bicórneos e floretes, o que os transformava em miniaturas de acadêmicos franceses. Era a mais famosa escola de seu tipo em todo o país, rivalizando apenas com a fundação jesuíta em Kalksburg.) A Konsularakademie costumava preparar candidatos para o serviço diplomático da velha monarquia dual e ainda gozava de resquícios desta glória K.u.K.. Basset – parte irônico, parte entusiástico, sempre vestido com elegância, guia seguro e companheiro de noitadas – me emprestou livros e obteve permissão para que eu consultasse a biblioteca da Akademie. Outra nova amizade, uma garota americana chamada Lee, se recuperava, sob o mesmo teto, de uma doença de pouca importância. Bonita, séria e delicada, era filha do adido militar dos Estados Unidos numa capital vizinha. Surpreendente ou talvez inevitável, ela era uma pacifista convicta. Aprovava minha relutância em me transformar em soldado profissional, mas quando lhe contei que só me assustava a ideia de ser soldado em tempos de paz, a excelente primeira impressão caiu por terra. Frequentemente discutíamos e, uma ou duas vezes, apesar de sua convalescença, até muito depois do amanhecer. Ela estava tão pouco qualificada quanto eu para estes debates: a emoção e um coração generoso eram seus guias; dos dois lados, os argumentos ficavam embaçados à medida que as horas se alongavam, mas eram sem azedume, e terminavam em acordo.

Um colega de Basset, chamado Barão von der Heydte e conhecido como Einer, era amigo querido de todos, e logo se tornou meu amigo também. Com vinte e poucos anos, civilizado, quieto, reflexivo e engraçado, pertencia a uma família da Baviera, proprietários de terra, católicos e soldados, mas seu estilo e atitude ficavam muito distantes do que um estrangeiro consideraria a tradição militar alemã; e com o movimento nazista, tinha ele ainda menos em comum. (Alguns anos mais tarde, eu soube que ele havia voltado à Alemanha. Resultado de atavismo familiar, e para evitar a política e as atividades partidárias que engoliam toda a vida civil da Alemanha, tornara-se oficial da cavalaria, assim como os franceses do *ancien régime*, que aderiam às profissões militares apesar de seu ódio ao governo.)

No primeiro dia da batalha de Creta, a lembrança destas semanas em Viena retornou a mim em cheio. Logo após a primeira vaga de paraquedistas alemães ter sido lançada, um documento capturado do inimigo foi trazido para nosso QG nos rochedos, nos arredores de Heraklion, onde eu era um oficial subalterno. Os papéis continham a completa ordem de batalha do inimigo e, como se considerava que eu falasse alemão, foram entregues a mim. Revelavam que a ponta de lança do ataque estava sob o comando do Capitão von der Heydte: seu batalhão havia saltado perto de Galatas, no outro extremo da ilha, entre Chania e o aeródromo de Maleme, perto de onde eu estivera posicionado até poucos dias antes. Logo após, a captura de um oficial alemão eliminou quaisquer dúvidas. Não havia questão de que o comandante era Einer: algum tempo atrás, ele havia sido transferido da cavalaria para a unidade de paraquedistas.

O barulho e a luta diminuíram quando o sol se pôs. A curta noite de maio foi iluminada por aviões destruídos que queimavam em espasmos entre as oliveiras e, durante as horas de pausa, eu não conseguia deixar de pensar nesta estranha coincidência. O caos explodiu novamente ao amanhecer; e através do letal jogo de cabra-cega dos oito dias seguintes, agradeci à minha sorte por estarmos perambulando, por assim dizer, em diferentes partes da mata, já que, nos últimos oitenta e sete anos as batalhas haviam degenerado. Nenhuma chance então de vir a trocar breves e cerimoniosos cumprimentos através da fumaça de canhões russos, como fizeram Cardigan e Radziwill,[20] que se conheciam de salões de baile em Londres. Naquelas ravinas sibilantes e ecoantes, onde um novo e desconhecido cheiro começava a usurpar os aromas da primavera, meus pensamentos corriam, a todo momento, de volta ao inverno de 1934 e às canções, às piadas e aos jogos de adivinhação, à luz de velas e ao aroma de cones de pinheiros ardendo – tempo em que voava pelo ar nada mais sólido do que flocos de neve.*

Rodeado por mapas e atlas na biblioteca da Akademie, descobri que, em linha reta entre Roterdã e Constantinopla, eu estava a pouco menos da metade do caminho. Mas havia feito uma enorme curva, e quando mapeei a rota, marcando os vários trechos, o total caminhado subiu a muito mais do que a metade; não que isto quisesse dizer muita coisa: o resto da jornada, na certa, também teria um rumo tortuoso. Descontei as milhas da viagem por barcaça pelo Reno e das caronas que peguei por causa do mau tempo e descobri que as milhas que eu de fato havia mourejado a pé somavam setecentas e cinquenta. A viagem havia durado sessenta e dois dias, e se eu eliminasse as paradas de mais de uma noite e dividisse a distância pelo tempo restante, a média dava doze milhas por dia. Tendo em vista algumas marchas do raiar do dia até muito depois do pôr do sol, mas colocando de lado, convenientemente, os trechos em que eu havia meramente passeado até a próxima vila, fiquei um pouco desapontado. Imaginava que fosse muito mais. Porém, de resto, estava feliz. Nunca me cansava de recapitular a viagem. Havia cruzado três paralelos de latitude e onze meridianos e me deslocado do Mar do Norte – ainda denominado 'Oceano Germânico' nos velhos mapas – a uma diminuta linha de longitude que corria do Báltico ao sudeste do Adriático. Até mesmo vista a partir da lua, – os globos celestes e terrestres dos quais estava cercado me sugeriram a comparação – a distância

---

* Só tive certeza de que Einer havia sobrevivido à batalha quando apareceu seu admirável livro. *Daedulus Returned* (Hutchinson, 1958) dá um retrato criterioso, abrangente e convincente das ansiedades e perigos daqueles dias. O batalhão que comandava foi o primeiro a descer em Chania, tendo Einer recebido a Cruz de Ferro, no grau de Cavaleiro. Em seguida a muitas operações no fronte russo, foi feito prisioneiro em 1944, na contraofensiva das Ardenas. I.Mc.D.G. Stewart, em *The Struggle for Crete*, conta: "Von der Heydte… mal conseguia disfarçar sua desaprovação aos líderes do regime, o que, dizia-se, barrara sua promoção". Ele é agora professor de Direito Internacional na Universidade de Würzburg e, em recente carta postada durante uma viagem que fez pela Etiópia, declara: "Espero que possamos em breve nos encontrar e, novamente, vagar pelas ruas de prata de nossa juventude".

percorrida teria sido tão discernível quanto a Grande Muralha da China.

De volta entre os mapas, e de repente consciente da acessibilidade do Mediterrâneo, fui tomado por uma sucessão de considerações que, por alguns instantes, colocou em perigo a sorte da expedição. É um perigo bem conhecido. Todos os moradores do norte teutônico, olhando o céu de inverno, estão sujeitos a espasmos de uma atração quase irresistível, quando a Península Itálica, de Trieste a Agrigento, passa a funcionar como um ímã. O magnetismo é apoiado por um coro invisível, com *roulades* de cordas de bandolim no ar; e o cheiro etéreo de floradas de limoeiros acena às vítimas, chamando-as para o sul através das travessias alpinas. É a lei de Goethe e é tão inevitável quanto as de Newton e Boyle. Senti fisgadas de sua força ao cruzar o Rio Inn entre Augsburgo e Munique durante uma tempestade de neve: "*Por que não seguir o rio corrente acima até o Brenner*", vozes suaves pareciam sussurrar, "*e lançar-se sobre a Lombardia?*". E, sentado, tão irrequieto quanto um godo do século V contemplando os desfiladeiros cartográficos que cruzam a página do atlas até Veneza, eu as sentia também agora, mas não por muito tempo. Graças aos céus, o espasmo passou. Veneza, no final de contas, ficava na fronteira de território familiar: a Itália podia esperar. No momento exato, as curvas do médio e baixo Danúbio reafirmaram seus direitos e os Cárpatos e a Grande Planície Húngara e as cadeias montanhosas dos Bálcãs e todas estas regiões misteriosas entre os Bosques de Viena e o Mar Negro colocaram em jogo seu magnetismo rival. Estaria eu realmente às portas de percorrer este território quase mítico? Como se compararia às terras que eu já havia cruzado? Teria ficado espantado se soubesse então quão tortuoso e mais longo seria o trajeto do que eu pensava.

◆ ◆ ◆ ◆

ENQUANTO ISSO, HAVIA VIENA.

Museus e galerias de arte sempre me haviam dado grande prazer, mas em Viena era de praxe que nenhum visitante poderia deixar que suas maravilhas lhe escapassem. ("Suponho que você já tenha visto a coleção Harrach? Já viu as tumbas dos Habsburgo na Kapuzinenkirche? O que me diz do Belvedere?") Fui levado a explorá-la com excepcional rigor. Vez ou outra encontrava um companheiro. Um destes, infelizmente por tempo breve demais, foi uma garota engraçada, extremamente distraída e incrivelmente bonita, concluindo seus estudos secundários em Viena, que se chamava Ailsa McIver. Tinha este tipo de alegria radiante que fazia com que todos se voltassem para ela e sorrissem. Mas, em geral, eu estava a sós.

Poucos prazeres podem se comparar aos destes dias de inverno: do lado de fora, a neve, os contornos das árvores nuas marcados pelo gelo, a luz suave; e do lado de dentro, os cômodos que se sucediam cheios de despojos, das heranças e dos dotes de uma idade dourada. Os museus da cidade em hibernação recuaram e se tornaram menores a distância, como nas visadas embaçadas de um telescópio retangular. Alguém havia me dito que Viena combinava o esplendor de uma capital com a familiaridade de um vilarejo. Na área central, onde vielas tortuosas se abriam sobre explosões barrocas de mármore e ouro, era verdade; e na Kärntnerstrasse ou no Graben me pareceu ainda mais verdadeiro depois que me deparei com três novíssimos conhecidos em menos de um quarto de hora; e outras partes da cidade sugeriam um olhar ainda mais focado. Havia praças tão pequenas e completas e cuidadosamente mobiliadas quanto os cômodos de uma casa. Fachadas de frontão recortado e venezianas em fileiras cercavam silenciosos retângulos pavimentados em paralelepípedos; o gotejamento de pingentes de gelo abria sulcos nas vieiras das fontes; as estátuas de arquiduques ou compositores se impunham pensativas e indiferentes; e, de repente, enquanto eu por ali vadiava, o silêncio se quebrava ao primeiro retinir de uma torre, espantando uma centena de pombos amontoados sobre uma cornija palladiana, espalhando avalanches de neve e enchendo de asas o céu geométrico. Os palácios se sucediam, arcos vazados por janelas saltavam de um lado a outro das ruas, pilares levantavam estátuas; aprisionados em poças congeladas, tritões se debatiam sob um céu nublado; e cúpulas nervuradas se multiplicavam às dúzias. A maior destas, o domo da Karlskirche, flutuava com a leveza de um balão, cercado por um hemisfério de neve, e os frisos que corriam em espiral pelas hastes das duas colunas guardiãs coroadas por estátuas – soltas e tão elaboradamente forjadas quanto as de Trajano – ganhavam uma rotação improvisada e adicional ao desaparecerem, meio caminho acima, num giro de flocos.

Uma sugestão da melindrosa agressividade da Contrarreforma aparece em meio ao Barroco eclesiástico. Aqui e acolá em Viena surgem seus traços, e a Santo Estêvão – íngreme, esguia e gótica – eleva-se, incontestada, no coração da cidade, como se o conjunto precisasse ser reequilibrado. Eriçada por pináculos terminados em florões e soltando suas gárgulas, a catedral levanta, em advertência, uma solitária torre em agulha, dominando cada domo e cúpula e torre sineira na cidade. (Estilos arquiteturais se tornavam aqui uma obsessão. Tinham importante papel no círculo ao qual eu havia aderido. Num jogo de analogias, alguém sugeriu a concha múrex, com suas espinhas e assimetria centrífuga e sua superfície de crostas escamosas, como a epítome do Rococó. Igualmente, as convoluções simétricas e os arabescos equilibrados do barroco poderiam ser simbolizados por um violino. Um báculo se assemelha à helicoide da ponta de uma samambaia e à exfoliação do Flamejante; e o Gótico poderia ser uma mitra – e, no caso de uma catedral, seria um conjunto de mitras empilhadas como um castelo de cartas que viesse a desaparecer, afunilado, nas sombras do clerestório, onde vazios e sólidos trocam de lugar e se transformam em pedra.) Do lado de fora da porta sul da Santo Estêvão, junto à fileira de fiacres, cocheiros com chapéu-coco conversavam no dialeto vienense, enquanto arrumavam os cobertores sobre a traseira de seus cavalos e lhes davam de comer em baldes. Alguns destes tinham suíças tão densas quanto as de seus donos. Davam baforadas de fumaça e se agitavam entre os eixos, espalhando aveia sobre a neve endurecida e os paralelepípedos; emitiam um agradável cheiro de pátio de estábulo que perpassava o dos vapores de café quente e bolos frescos das confeitarias. Juntando-se em minha memória com a fria sensação do gelo, a combinação destes odores invoca a cidade num átimo.

◆ ◆ ◆ ◆

"QUANDO O EXCELSO e virtuoso E.W. e eu estivemos juntos na corte do Imperador, dedicamo-nos ao aprendizado da equitação com Ion Pietro Pugliano." Era a frase de abertura do *Defense of Poesie* de Sir Philip Sidney;

ele falava de Viena no inverno de seu vigésimo aniversário – 1574 – quando, a serviço de Elizabete, ele e Edward Wotton realizavam uma descansada missão à corte de Maximiliano II. Seus deveres lhes deixavam muitas horas livres para se dedicar à escola de equitação e ouvir o fértil humor italiano de seu amigo e instrutor. "Ele disse que... os cavaleiros são os mais nobres dos soldados... eram mestres da guerra, ornamentos da paz, viajantes velozes, protetores fortes, triunfantes no Campo e nas Cortes; na verdade, ele chegou ao ponto mesmo de afirmar que nenhuma coisa terrena gerava tanta admiração a um Príncipe como o ser um bom cavaleiro. As artes de governo não eram mais do que Pedanteria, em comparação; então ele adicionava vários louvores, dizendo que incomparável animal era o cavalo, o único Cortesão que não usava de bajulação, a besta de maior beleza, fidelidade, coragem, e muito mais, – e se eu não dispusesse em mim de um pouco de Lógica antes que a ele houvesse chegado, acho que ele teria me persuadido de querer ser eu mesmo um cavalo." Basset Parry-Jones leu a passagem em voz alta para mostrar que Viena sempre fora um templo ao culto da equitação. Era uma habilidade importada dos italianos nos tempos do Renascimento, tal como esgrima, escrever sonetos, construir lógias e a técnica da perspectiva; mas, em séculos posteriores, esta paixão explodiria como uma arte nativa por todo o império e havia ainda muitos austríacos com andadura e pose equina – e húngaros, mais ainda, como eu aprenderia nos meses seguintes – que tinham uma queda pelas Ilhas Britânicas por motivos puramente equestres. Lá, sentiam eles, ficava o santuário máximo: não de *dressage* e *haute école*, mas de velocidade e barreiras altas e pescoços quebrados, e seus olhos se enevoavam à memória de temporadas antediluvianas nos condados ingleses. Centauros endurecidos das duas metades da monarquia dual lembravam-se com justo orgulho de quando seu tio-avô Kinsky havia ganhado o Grand National montando Zoedone, em 1883. Entre estes conhecedores, onisciência na genealogia equina corria, pescoço a pescoço, com o domínio do *Almanaque de Gotha*, e valorizavam carinhosamente as muitas ligações equinas entre os dois países. Sim, declarou um austríaco, três éguas, tomadas da debandada da cavalaria turca na liberação de Viena, foram enviadas para a Inglaterra em

1684, vários anos antes que quaisquer dos famosos garanhões fundadores da linhagem inglesa tivessem posto o casco no solo do reino. Onde estava então o Godolphin Barb, ou o Byerly Turk, e onde o Darley Arabian? Isto não era nada, protestaria um húngaro grisalho, as sobrancelhas encurvadas: e o que dizer do Lister Turk, o garanhão que o Duque de Berwick, um par de anos mais tarde, capturou dos otomanos no cerco de Buda e levou para os estábulos de Jaime II?

Foi uma visita à Escola Espanhola de Equitação que deu origem a tudo isto. (A bela ala do Hofburg foi construída um século e meio mais tarde do que a oval onde Sidney e Wotton devem ter se exercitado, mas os estábulos de Maximiliano já estavam de pé; ainda hoje ressoam com relinchos e mastigação.) Ficamos debruçados, displicentes, sobre a balaustrada, quais romanos nos jogos, observando abaixo evoluções feitas por *virtuosi* em reluzentes botas de cano alto e sobrecasacas marrons – as vermelhas eram somente para os domingos. Vestiam seus bicórneos de lado como Napoleão e, eretos e quietos como cavaleiros de chumbo, sentavam-se sobre as selas de seus Lipizzaner cinzas. Estes cavalos eram tradicionalmente derivados das mais nobres estirpes espanholas e napolitanas – o que quer dizer que provavelmente eram árabes, tais como os divinos bérberes e árabes e turcos dos quais estávamos falando – e costumavam ser criados em Lipizza,[21] nas colinas da Eslovênia e nos bosques de carvalho a nordeste do Fiume.* De tom levemente mais escuro quando jovens, vão ficando mais claros ao crescerem e o salpicado juvenil desaparece de seus traseiros, como as sardas das bochechas de uma criança. Atingindo seu tamanho adulto, tornam-se criaturas de um branco neve, de grande beleza, fortes, elegantes, compactos e fogosos, alertas sob seus taciturnos ginetes e com crinas e rabos penteados, tão macios, lustrosos e ondulantes quanto as tranças das donzelas do Reno.

Moviam-se com graça e precisão pela concavidade cinza claro da escola: caracoleavam sobre o piso silencioso de areia penteada; alternavam o

---

* Fica, atualmente, na Iugoslávia. Quando lá estive há dois anos, o dia estava tão molhado que só pude dar uma olhadela nestes belos seres através de uma cortina de chuva.

passo em ritmo; trotavam em *passage*; avançavam como se tivessem juntas flexíveis; esticavam as patas dianteiras quais palitos de fósforo; deslizavam pelo picadeiro com os passos laterais de valsas-hesitação;[22] arranhavam o ar retrocedendo lentamente sobre as patas traseiras; e, por fim, subiam aos ares como Pégaso, dando a impressão de por lá ficarem suspensos e estáticos por longos momentos. A sequência de movimentos ocorria em completo silêncio, exceto quando uma sutil manobra provocava uma salva de palmas. Autores bem informados indicam que este estilo deriva da escola clássica do século XVII e, em especial, dos princípios expostos na grande obra do Duque de Newcastle. Ele a escreveu e publicou durante o *Commonwealth*, quando, como general do exército monárquico, esteve exilado em Antuérpia. Quem passar as páginas do magnífico fólio, especialmente ao olhar as gravuras do autor, ele mesmo em ação, notará imediatamente o parentesco. (Os vales e a estranha fachada de Bolsover, com sua cantaria tratada ao modo 'rústico', aparecem ao fundo e, de peruca, com faixas e plumas, fleumático, o solitário cavaleiro levita, numa altivez patrícia, sobre uma montaria com a crina amarrada em laços cuidadosos e que se curva no ar com a elasticidade de um golfinho. Olhando as *lavoltas* e *corantos*, com rosetas em suas esporas do tamanho de margaridas da festa de São Miguel Arcanjo, os fidalgos de Castela, grandes conhecedores, faziam o sinal da cruz e exclamavam: "Miraculo!".) As evoluções vienenses, mais tardias, eram tão precisas e complexas e tão sem pressa quanto a etiqueta espanhola que, assim declaram os que a ela sobreviveram, constringiu a corte dos Habsburgo até o seu final. As feições dos ginetes, máscaras congeladas como as de jogadores de pôquer, expressavam a introvertida e enigmática loucura que impregna toda a *haute école*; e uma aura de fascínio envolvia os deslumbrantes e neuróticos corcéis, como se fossem zumbis de quatro patas. Uma inesquecível e arrebatadora visão.

Havia muita conversa sobre esta obsoleta etiqueta espanhola. É difícil imaginá-la quando se está cercado pelo charme displicente dos costumes austríacos de hoje em dia, mas os retratos a óleo são ricos em sugestões. É evidente que algo de novo e estranho foi implantado no Império Habsburgo com o casamento de Felipe, o Belo, e Joana, a Louca. Ela trouxe, como dote, Castela e Aragão e toda a Espanha e um conjunto de novos reinos, e a Sicília e metade da Itália e um pedaço do norte da África e quase todas as recém-encontradas Américas; e também apego à cerimônia, e roupas negras e o alto *punctilio* espanhol. Com o passar de gerações, as sombrias capas com as cruzes escarlates de Santiago e Calatrava começaram a se misturar com os espalhafatosos penachos e faixas dos capitães lansquenês, ao mesmo tempo em que queixadas proeminentes e lábios inferiores pendentes viraram moda em ambas as capitais, e infantas e arquiduquesas tornaram-se quase intercambiáveis; a solenidade do Escorial lançou sombras de posturas rituais sobre os pisos de pedra do Hofburg, e o Sacro Império Romano e o Mais Católico dos Reinos[23] se fundiram. Don Juan era um herói espanhol ou austríaco? Acima das cavernosas curvas do Tejo, entalhada ou ressaltada a cores, a grande águia de cabeça dupla do Império, ainda hoje, abre suas penas mais amplamente nas barbacãs de Toledo do que qualquer emblema similar do Danúbio ao Tirol. O mesmo pássaro era o emblema da expansão súbita da incrível herança de Carlos V, ao cruzar o Atlântico com asas heraldicamente abertas nas velas de suas frotas. Talhada em pedra vulcânica e ruindo entre lianas, esta mostra de penas ainda intriga os maias, fascinados que sempre foram com o quetzal; e às margens do Lago Titicaca, quatro séculos de terremotos as pouparam da ruína. Carlos era a epítome da dupla herança, o símbolo vivo do composto de teutônicos e latinos e de toda uma época. Vestido de negro contra um fundo escuro, cansado das lides de governo e de campanhas militares, de pé com uma das mãos descansando sobre a cabeça de seu cão, como está pensativo e melancólico o grande imperador no retrato de Ticiano! Quando se aposentou, depois de abdicar, era conveniente para a dualidade dominante que ele não se estabelecesse em Melk ou Göttweig ou São Floriano ou em qualquer uma das famosas abadias austríacas, mas numa edícula real que ele agregou, como uma lapa,[24] às paredes do pequeno mosteiro dos jerônimos em Yuste, entre as matas de faias e azinhos da Estremadura.

◆ ◆ ◆ ◆

ATÉ ENTÃO, EU não havia percebido quão perto de tomar Viena os turcos haviam chegado. Do primeiro cerco, no tempo dos Tudor, havia poucas lembranças nos museus. Mas a evidência do segundo, mais de um século depois, e de como a cidade por pouco escapara, estava convincentemente exposta. Havia aljavas e flechas e dardos e arcos tártaros e recipientes para arcos; cimitarras, khanjars, atagãs, lanças, escudos, tambores; elmos com pontas de ferro, incrustados e dotados de protetores nasais; turbantes de janízaros, uma tenda de paxá, canhões e bandeiras, insígnias para os rabos dos cavalos com crescentes de latão luminoso. Carlos de Lorena[25] e João Sobieski[26] rondavam em suas armaduras douradas, e o peitoral de Rüdiger von Starhemberg, o bravo defensor da Viena, brilhava polido e untado de óleo. (Depois que a cidade foi salva, quando João Sobieski da Polônia encontrou-se nos campos, a cavalo, com o imperador, os dois soberanos conversaram em latim por falta de uma língua comum.) Lá estavam, também, a clava de Solimão, o Magnífico, e o crânio do Grão-Vizir Kara Mustafá, estrangulado e decapitado pelo descendente de Solimão em Belgrado, por ter sido incapaz de tomar Viena; e, ao lado, a corda de seda do arco do carrasco. O drama ocorreu em 1683, dezoito anos depois do grande incêndio que devastou Londres; mas o conjunto de detalhes que o corroboram, as montanhas de velhos mapas, e as gravuras e maquetes da cidade o transformavam para mim num evento real e recente.

Uma imensa muralha cercava os telhados do centro. Bandeiras com águias tremulavam nos frontões e nas ameias e, sobre elas, erguiam-se torres e flechas, algumas das quais eu avistava pelas janelas. As trincheiras e as minas dos sapadores turcos, todas direcionadas para os dois bastiões chaves, esgueiravam-se nas gravuras em meia-tinta como um emaranhado de ninhos de vermes; os fossos, os taludes, as ruínas e os revelins, amargamente disputados, todos tinham sido entortados pelos desenhistas como se fosse para facilitar a visão de uma ave curiosa. Centenas de tendas cercavam as muralhas; sipaios e janízaros avançavam; a feroz cavalaria do Khan da Crimeia Tártara esquadrinhava as matas e regimentos de lanceiros se moviam pelo território, eriçados como se fossem campos de milho em contramarcha. Adiante dos feixes, dos gabiões e dos barris de pólvora, duas dezenas de camelos que haviam marchado desde a Arábia e a Báctria contemplavam, amarrados, a cena e, logo, um ao outro; enquanto isso, artilheiros com turbantes manejavam seus paus de mecha e nuvens de fumaça explodiam dos canhões. E, sim!, diante de meus olhos, os mesmos canhões, capturados e derretidos e fundidos uma vez mais como sinos, depois que os muçulmanos foram empurrados rio abaixo, estavam tocando a hora, pacificamente, da flecha da Santo Estêvão.

Foi por pouco. O que teria acontecido se os turcos tivessem tomado Viena, como quase o fizeram, e avançado em direção ao ocidente? E imagine se o sultão, com metade do leste nos seus calcanhares, tivesse fincado suas tendas logo às portas de Calais? Alguns anos antes, os holandeses haviam queimado uma flotilha de navios de guerra em Chatham. Será que a Saint Paul, nesta época reconstruída apenas pela metade, terminaria com minaretes em lugar de suas duas torres sineiras, e com um emblema diferente cintilando na cúpula? O lamento do muezim se ouviria sobre Ludgate Hill? Este momento de derrotismo retrospectivo deu início a novas especulações: aquela muralha – com duas milhas e meia de comprimento e sessenta jardas de largura – havia, em certa época, envolvido o centro da cidade com um cinturão de baluartes e fossos. Assim como as fortificações de Paris, que deram lugar aos bulevares exteriores no século passado, estas também foram demolidas e substituídas pelo frondoso conjunto de vias do Ring. Muito a propósito, os vienenses do final dos anos cinquenta rodopiavam e galopavam ao ritmo da *Polka da Demolição*, recentemente composta por Strauss para celebrar a novidade. Mas, enquanto estiveram de pé, estas muralhas defensivas de massiva alvenaria, duas vezes maltratadas pelos canhões turcos e duas vezes defendidas pelos desesperados vienenses, haviam sido, em essência, apesar de todos os acréscimos, a mesma muralha do século XIII; e o custo de construí-la, aprendi com interesse, havia sido pago pelo resgate inglês de Ricardo Coração de Leão. Assim, a fúria do rei nas ameias de Acra fora o primeiro elo numa cadeia que, cinco séculos mais tarde, havia ajudado a salvar a cristandade dos não cristãos! Pensar nesta ação tardia e não intencional dos cruzados me encheu de intenso prazer.

Espólios marciais à parte, a grande disputa deixara ínfimos traços. Foi o começo do hábito de beber café no Ocidente, ou pelo menos isso é o que dizem os vienenses. As primeiras casas de café, eles insistem, foram iniciadas por alguns dos súditos gregos e sérvios do Sultão, que haviam buscado proteção em Viena. Mas os pãezinhos que os vienenses molhavam na nova bebida eram modelados na meia-lua da bandeira do sultão, e a forma pegou por todo o mundo. Marcam o fim de uma antiga batalha entre o pãozinho quente na forma de cruz e o *croissant*.

◆ ◆ ◆ ◆

CERTA MANHÃ, AO acordar, percebi que era três de março. Inacreditável que eu estivesse em Viena já há três semanas! Os dias haviam voado e se transformado, simultaneamente, numa existência inteira em miniatura, fazendo de mim um vienense temporário. (Diferente das estadias de verão, permanências de inverno outorgam uma espécie de cidadania honorária.) Há pouco para justificar este longo passar de dias; raramente há, nas cidades desta jornada. Eu havia encontrado muitas pessoas de diferentes tipos, feito refeições em muitas casas hospitaleiras e, acima de tudo, visto muita coisa. Mais tarde, quando li sobre este período vienense, fiquei surpreso com a melancolia que havia marcado tão fortemente os escritores. Devia-se menos à incerteza política dominante do que à perda de prestígio da velha Cidade Imperial. Estes escritores conheciam Viena melhor do que eu, e deviam estar certos; e eu mesmo tive indícios momentâneos desta tristeza. Mas minha impressão do charme infinito e brilhante da cidade é o resultado provável de uma completa imersão em seu passado, combinada a uma alegre dissipação. Senti uma ponta de culpa com relação a esta estadia tão demorada; havia feito amigos e partir seria romper raízes. Inclinado a sair no dia seguinte, comecei a juntar minhas coisas, espalhadas em vários lugares.

Qual era o nome daquele vilarejo visitado naquela penúltima manhã, e onde ficava? A oeste de Viena, e seguramente num ponto mais alto; mas todos os outros detalhes desapareceram. Era sábado, todos estavam livres; dirigimos até lá em dois carros, e festejamos numa estalagem empoleirada à beira de uma floresta de faias. Então, animados pelo *glühwein* e *himbeergeist*, e com a neve pela metade das canelas, enfrentamos alegremente uma longa caminhada pela floresta. Paramos em meio à névoa de nossa própria respiração e olhamos para nordeste e, através de Viena, em direção à Tchecoslováquia e a linha tênue dos Pequenos Cárpatos; e, quando o sol se punha, demos com um lago de montanha numa fantasmagórica mata de mudas cobertas de escarcha, tão bidimensionais e de tão frágil aparência quanto samambaias brancas. A água era sólida, como numa pista de patinação. Quebrando pingentes de gelo das árvores, lançamos os fragmentos para dentro das sombras que a tudo abarcavam, saltitando sobre a superfície e fazendo um cantado trepidante e misterioso e um eco que demorava mais de um minuto para desaparecer. Estava escuro quando dirigimos de volta, conversando e cantando, com a perspectiva de uma alegre noitada final pela frente. Como parecia diferente da minha chegada, sob o encerado com a Trudi! *Onde estaria Konrad?* Poderia ter sido um ano atrás. Talvez incitado por minhas preocupações recentes, a conversa se encaminhou para o avô de Carlos V, o primeiro Maximiliano, o 'Último dos Cavaleiros', como era chamado, metade lansquenê, e até que se olhasse mais de perto o retrato feito por Dürer, metade monarca de baralho. Alguém contou como, volta e meia, ele costumava escapar dos negócios do império, escondendo-se em um castelo remoto nas florestas do Tirol ou da Estíria. Desdenhando mosquetes e arcabuzes, armado apenas com uma comprida lança, saía por dias, atrás de veados machos e de javalis. Foi numa destas férias que ele compôs um poema de quatro linhas, e o inscreveu com giz ou com fuligem de lamparina nas paredes da adega do castelo. Ainda lá estava, disse quem relatou a história.

Quem nos contou isto? Einer? Um dos membros do casal austríaco que nos acompanhava? Provavelmente não foi Robin ou Lee ou Basset... Eu me esqueci, tal como me esqueci de como se chamava o lugar do qual vínhamos e o nome do castelo. A quem quer que tenha sido, devo ter pedido que o escrevesse, pois aqui está, transcrito na capa de um diário que comecei uma quinzena mais tarde – esfiapado e maltratado agora – com a velha ortografia austríaca diligentemente preservada. Achei que, de certa forma, estas linhas eram como um talismã.

> *Leb, waiss nit wie lang,*
> *Und stürb, waiss nit wann*
> *Muess fahren, waiss nit wohin*
> *Mich wundert, das ich so frelich bin.**

Estes versos,²⁷ e em especial a última linha, têm um tom mais otimista do que as cinco linhas equivalentes, de um césar de período anterior. Eu preferia o final de Maximiliano àquele, desolador, de Adriano.

> *Nec ut soles dabis jocos.*²⁸

---

*   Viver, não sei quanto,
    Morrer, não sei quando,
    Devo ir, não sei onde,
    Espantoso que eu esteja tão contente.

Pare a impressão! Acabo de descobrir que o castelo se chama Schloss Tratzberg. Ainda está de pé e fica perto de Jenbach, não muito longe de Innsbruck.

CAPÍTULO 8

A FRONTEIRA DO MUNDO ESLAVO

❆ ❆ ❆

O amigo que me dirigiu através dos subúrbios a leste de Viena parou sob a barbacã de Fischamend. "Tocamos em frente um pouco mais?", perguntou. "Mais um pouquinho?" Sem nos darmos conta, já havíamos ido longe demais. A estrada corria reta, na direção leste, ao lado do Danúbio. Era muito tentador; cavalos de força sempre corrompem. Mas, relutantemente, peguei minha mochila, acenei para o motorista que retornava a Viena, e parti.

As árvores margeavam a estrada, numa vista que, em perspectiva, se afunilava. As pegas que voavam de um lado para outro, na luz de um débil sol amarelo, nada tinham a ver com a totalidade de minhas alegrias e tristezas; mas quaisquer outros pensamentos foram abandonados ao me aproximar da pequena cidade de Petronell, pois me intrigou um objeto que, na distância, crescia paulatinamente à medida que eu avançava. Era uma portada romana de caráter triunfal que se assentava em meio ao campo, uma versão provincial do Arco de Tito; solitária, enorme e surpreendente. A abóbada partia de massivas pilastras e o revestimento de mármore, que caíra havia muito, deixara a nu um volumoso e combalido miolo de tijolos e entulho. Gralhas se agrupavam sobre ele, pulando entre os fragmentos meio enterrados, espalhados sobre sulcos no chão. Visível a milhas, o arco de Carnuntum[1] deve ter espantado os marcomanos e os quados na margem oposta. Por três anos, Marco Aurélio aqui passou o inverno, caminhando em largas passadas pelos campos arados, protegido por seu pesado manto, imerso em *pensées* e, alternadamente, escrevendo meditações e subjugando os bárbaros do outro lado do Danúbio. Sua mais famosa vitória – travada num profundo desfiladeiro e reforçada pelos céus com trovões e granizo – ficou conhecida como o Milagre das Legiões do Trovão. É comemorada na Coluna Antonina em Roma.

O Marchfeld – as terras cobertas de musgo e pântano na outra margem – é outra região que a história selecionara como própria para carnificinas: primeiro, as guerras entre os romanos e as tribos germânicas; depois, sombrios embates entre ostrogodos, hunos, ávaros e magiares; e mais tarde, no Medievo, grandes batalhas frontais entre a Boêmia, a Hungria e o Sacro Império Romano. Em Aspern, algumas milhas rio acima, o Arquiduque Carlos, estandarte em mãos, atacando através de caniços, logrou a primeira vitória dos aliados contra Napoleão; e os campos de Wagram ficavam logo adiante, fora do campo de visão.

No fim da tarde, bati no portão do Schloss Deutsch-Altenburg – um castelo em meio a um bosque nas margens do Danúbio. Amigos em Viena haviam pedido ao proprietário que me recebesse pela noite, e o velho Graf Ludwigstorff, depois de um gentil boas-vindas, me passou às mãos de sua bonita filha, Maritschi. Examinamos as pedras tumulares romanas no museu e os bustos de mármore e bronze. Havia fragmentos em mármore de uma bacante e um santuário de Mitra completo, companheiro de todos os outros que se espalhavam pela fronteira romana, da Muralha de Adriano ao Mar Negro.

Flocos de neve cobriam o caminho de sirga. Brincamos de jogar seixos na água, fazendo com que repicassem no gelo que flutuava, até que ficou tarde demais para vê-los. Então, caminhando através dos restos de madeira que o rio trouxera à margem, voltamos a tempo do chá. As janelas estavam separadas do rio apenas por um maciço de árvores e, sob uma acolhedora luz de abajur, quaisquer dores persistentes pela perda de Viena logo se dissolveram.

◆ ◆ ◆ ◆

CEDO NO DIA seguinte, passei sob a barbacã da velha cidade murada de Hainburg. Colinas encasteladas subiam da margem e, logo adiante, pântanos que haviam sido assombrados por batalhas alcançavam seu limite sob as ruínas de Theben, no outro lado do rio. Ao pé desta íngreme rocha, o March – o Morava, em tcheco –, vindo do norte e marcando a fronteira tchecoslovaca, juntava-se ao Danúbio. O Wolfstahl, o estreito canal entre os dois esporões que se erguiam de cada lado do Danúbio, era o imemorável ponto de arremetida que levava à Hungria e ao leste bravio: o último bastião a ser assaltado pelos invasores vindos da Ásia antes de sitiarem Viena.

Estava entusiasmado com a ideia de que as fronteiras de Áustria, Tchecoslováquia e Hungria estivessem próximas de se convergirem. Já me encontrava em território oposto ao da Tchecoslováquia, dela apenas separado pelo rio; tinha intenção de rodar à esquerda, entrando pela República, e atacar a Hungria mais tarde, pelo flanco. Na realidade, estava ainda mais perto da fronteira do que pensava: perambulava pelo campo quando, da estrada sobre um dique mais acima, um homem em uniforme começou a berrar. Onde, diabos, pensava eu que estava indo? Era o posto de fronteira austríaco. "Você estava indo direto pela Tchecoslováquia adentro!", disse o funcionário, repreendendo-me enquanto carimbava meu passaporte. Deixei as águias e a barreira vermelho, branco e vermelho para trás. A próxima fronteira, depois de um trecho de terra de ninguém, estava fechada por uma barreira vermelho, branco e azul. Outro carimbo foi estampado por um funcionário tchecoslovaco de cara larga, com o leão da Boêmia em seu boné. "Meu quarto país", pensei exultante.

Em pouco tempo cheguei a uma enorme ponte. Sua grande estrutura, os mastros e árvores e velhos prédios se aglomeravam na cabeça de ponte no outro extremo, e, por sobre tudo isto, a cidade que subia íngreme era visível por milhas. Era a antiga cidade de Pressburgo, rebatizada com o nome eslavo de Bratislava quando se tornou parte da nova República da Tchecoslováquia. Telhados íngremes eram dominados por uma colina e pela simetria do enorme e esquálido castelo, e a altura de suas torres de esquina lhe davam a aparência de uma mesa de cabeça para baixo.

Alcancei o meio da ponte ao mesmo tempo em que uma cadeia de barcos passava, e me debrucei para vê-los se enfiarem pela corrente acima através dos detritos presentes na água. Os fragmentos de gelo começavam a se arredondar nas bordas. Os barcos, após colidirem levemente com eles, desapareciam, um por um, sob a ponte e emergiam do outro lado na esteira de um robusto rebocador. A cadeia exibia as cores da Iugoslávia e tinha o nome '*Beograd*' pintado, em letras cirílicas e latinas, ao longo de proas cobertas de fuligem. O longo lamento do apito deu lugar ao tossido em *staccato* do motor. A chaminé soprava uma sequência ininterrupta de balões de fumaça, que permaneciam parados no ar, enquanto a procissão diminuía ao longe, numa linha pontilhada que se diluía lentamente. As barcaças lutavam contra a corrente, afundadas até suas bordas sob cargas cobertas com encerados. Mas, em um ou dois dias – pensei com súbita inveja – estariam, sorrateiramente, entrando em Wachau e fazendo despertar o acorde duplo do eco de Dürnstein.[2]

◆ ◆ ◆ ◆

OUVINDO, NO OUTRO lado, o bulício pouco familiar do eslovaco e do magiar, dei-me conta de que, por fim, estava num país onde os sons nativos não tinham qualquer significado para mim; e foi um alívio ouvir um pouco de alemão. Consegui encontrar o caminho até o banco em que Hans Ziegler, um amigo, tinha certa influência e onde perguntei se o Herr Doktor estaria em seu escritório; e, de noite, estava tranquilamente sob o teto que seria meu refúgio por dias.

Hans e eu havíamos ficado amigos em Viena. Ele era nove anos mais velho. Sua família vivia em Praga e, como muitos austríacos, em consequência da partição do Império Austro-Húngaro, descobriram-se cidadãos da nova república, a ela amarrados por velhos vínculos, impossíveis de serem rompidos; neste caso, por um banco que pertencia à família. Hans ajudava a gerenciar a filial de um estabelecimento associado em Bratislava – ou Pressburgo, como ainda a chamava, com firmeza, da mesma maneira que ex-húngaros teimosamente agarravam-se a Pozony.* Sentia-se, em geral, um tanto ou quanto desenraizado. Viena era seu verdadeiro lar. Fora isso, a In-

---

* A palavra é pronunciada como se fosse francês e escrita '*Pôjogne*', com uma pesada ênfase na primeira sílaba.

glaterra era o alvo de sua preferência. Tinha por lá muitos amigos e alegres lembranças de gramados universitários e estadias no campo. Seu apreço por arquitetura coincidia com minhas hesitantes iniciativas neste domínio; e foi dele, com certeza, que ouvi pela primeira vez os nomes de Fischer von Erlach e Hildebrandt e da família Asam.[3] "A caminho da Hungria, fique conosco; vou gostar", dissera. "Fico muito entediado por lá."

Aos meus olhos pouco críticos, Bratislava não parecia tão ruim assim. Seja lá como for, Hans tinha uma veia humorística que fazia da sociedade local um cenário cômico e divertido. Sempre que ele dispunha de um momento livre, explorávamos as relíquias da cidade, mergulhando, nesta busca, por barbacãs em arco e ao longo de sinuosas vielas; jornadas que terminavam com bolos recheados de nozes e sementes de papoula na Konditorei Maier, maravilhosa confeitaria em estilo Biedermeier, ou bebericando coisas mais fortes em um pequeno bar abobadado, logo ao lado. Em certas horas, todos os bacanas da cidade ali se agrupavam, tais como criaturas da floresta que se juntam no seu bebedouro.

Hans não era o único a ter sentimentos críticos com relação a Bratislava. A maior parte das pessoas com que nos encontramos teria concordado – isto é, uns tantos austríacos cosmopolitas; uns animados húngaros, senhores de propriedades próximas; o engraçado judeu gerente da cervejaria; um cânone do capítulo da catedral, especialista em história magiar; os excêntricos e algumas das belezas locais. "Você devia tê-la visto antes da guerra!" – este era o bordão geral dos que tinham idade suficiente para se lembrar. Os dias de glória da cidade há muito haviam passado. Durante os séculos em que toda a Hungria ao sul do Danúbio esteve ocupada por turcos, Bratislava, no lado norte do rio, era a capital do restante não conquistado do reino: ou seja, a moderna província da Eslováquia. De 1536 a 1784, os reis da Hungria foram coroados na catedral gótica da cidade: graças à hábil política matrimonial dos Habsburgo, a coroa húngara havia se tornado um apanágio da casa reinante da Áustria. Quando os turcos foram rechaçados, os esplendores acumulados da cidade fluíram corrente abaixo. Os palácios continuaram, mas seus ocupantes se estabeleceram em mansões rivais, surgidas nas encostas de Buda reconquistada. Em 1811, o grande palácio real – a mesa de cabeça para baixo sobre a colina – pegou fogo e virou cinzas, como que se autoimolando em protesto. Nunca mais foi reconstruído, e a enorme casca das ruínas, aparentemente intacta a distância, permanecia amuada, no topo da colina, como memento do esplendor desaparecido. Para seus antigos senhores húngaros, as recentes mudanças de nacionalidade e de nome da cidade eram o desalento final.

◆ ◆ ◆

"ÖSTLICH VON WIEN fängt der Orienta an."* Em algum lugar, eu havia encontrado esta frase de Metternich, e ela sempre me fazia lembrar que a lua crescente dos turcos tremulara ao longo da margem sul do rio por quase dois séculos. Mas havia também outro sentimento no ar, recente e de difícil definição e sem conexão com os desaparecidos otomanos. É possível que tivesse a ver com os três nomes da cidade e com o uso de três línguas na sinalização pública e na marcação de ruas: a justaposição de idiomas me fazia sentir o entrecruzamento de algo mais do que uma mera fronteira política. Um novo elenco havia entrado em cena e toda a trama mudara.

Com exceção dos tocadores de balalaica nas boates, os primeiros sons eslavos que ouvi foram o eslovaco e o ocasional tcheco nas ruas. Aprendi tudo o que pude sobre como haviam chegado aqui, mas, ainda assim, havia algo de misterioso sobre a imensa amplitude daquela ocorrência. Deu-se na surdina: na Idade das Trevas, uma repentina vazão de uma fonte permanente de tribos nas crepusculares regiões entre o Vístula e os Pântanos de Pripet. O tumulto ruidoso das raças germânicas e de seu famoso Drang[4] em direção a oeste deve ter abafado todos os sons emitidos pelos eslavos que fluíam para o sul através dos Cárpatos. Os assentamentos dos tchecos e dos eslovacos não eram mais do que marcas precoces neste volumoso fluxo. Lá foram eles: por sobre as cercas caídas do Império Romano; passando dos territórios planos dos ávaros, atravessando os grandes rios e os passos dos Bálcãs e entrando pelas províncias dilapidadas do Império do Oriente:

---

* "A leste de Viena, começa o Oriente."

silenciosamente se infiltrando, espalhando-se como líquido sobre mata-borrão com a velocidade de uma brincadeira de batatinha frita um, dois, três. Os cronistas só se apercebiam deles não mais do que a cada século, e aqui e acolá, em intervalos de muitas centenas de milhas. Abarrotaram a Europa Oriental até que seu avanço através dos vazios deixados pelos bárbaros foi por fim absorvido pela gente mais numerosa do antigo e adoentado reino de Bizâncio.* Sua expansão e hegemonia para leste só pararam no Estreito de Bering.

Não havia nada de ambíguo nos eventos que dividiram o mundo eslavo em dois. Ao final de sua jornada em 895, os magiares, a partir de pastagens distantes, mil milhas a nordeste do Cáspio, atravessaram os passos dos Cárpatos. Embora estivessem por alguns séculos a caminhar, sua entrada deu-se como a de um rei-demônio[5] — as chamas e os trovões foram acompanhados, de sela a sela, por gritos no ramo ugro-fínico das línguas uralo-altaicas — tudo se desmoronando diante deles. A porção de deserto a leste do Danúbio, limpa, abruptamente, dos recém-chegados búlgaros e dos últimos dos obscuros ávaros, tornou-se, finalmente, a Grande Planície Húngara; e o reino eslavo da Grande Morávia, o elo vital entre os eslavos do sul e do norte, rompeu-se para sempre sob os cascos magiares. Sua chegada havia seguido o padrão já bem conhecido das invasões bárbaras. De fato, a analogia entre os hunos de Átila e os magiares de Árpád era próxima o suficiente para que o Ocidente trocasse os nomes não somente dos recém-chegados, mas também da terra onde estabeleceram raízes. Mas, depois de algumas décadas de vigorosa destruição em toda a Europa Ocidental e Meridional, o padrão mudou. Em apenas um século, as conquistas destes cavaleiros pagãos tinham se transformado num dos mais poderosos e resplandecentes estados ocidentais, um reino com fronteiras enormes e um santo por rei. Desde o início, incluía todas as terras dos eslovacos, e sua

---

* Mas, de maneira alguma, de uma só vez. Até mesmo no Mani, a ponta mais extrema do sul da Europa onde escrevo estas páginas, existem traços de seu avanço: os nomes de aldeias nas colinas a umas duas milhas de minha mesa, por aqui incompreensíveis, seriam imediatamente entendidos nas margens do Don.

fronteira se manteve inalterada durante os dez séculos que separam Árpád do Presidente Wilson. Há alguns anos, foram destacadas da coroa de Santo Estêvão e dadas à nova República da Tchecoslováquia. Se a província que se transferia contivesse apenas eslovacos, seria doloroso para os húngaros, mas etnologicamente justo. No entanto, continha uma larga faixa de terra ao norte do Danúbio cujos habitantes eram magiares: uma amputação cruel da Hungria, um presente de dois gumes para a Tchecoslováquia, prenhe de futuros problemas. Já os habitantes de língua alemã descendiam dos cidadãos teutônicos que haviam contribuído para povoar a maior parte das cidades da Europa Central.

Poucos leitores saberiam tão pouco quanto eu sobre estas novas regiões. Mas, como viriam a ser o pano de fundo das algumas centenas de milhas de viagem que se seguiriam, a cada dia eu nelas me sentia mais envolvido. Subitamente, estava rodeado por pistas frescas – a moldura de uma janela, o corte de uma barba, sílabas entreouvidas, a forma pouco familiar de um cavalo ou de um chapéu, uma mudança de sotaque, o sabor de uma nova bebida, uma grafia que, vez ou outra, mostrava-se incomum – e os fragmentos acumulados começavam a ter coesão, tal como as peças de um quebra-cabeças. Enquanto isto, mais adiante, a mudança nas montanhas e planícies e rios e a evidência de enormes movimentos de raças me deram a sensação de viajar através de um mapa de relevo onde a iniciativa ficava completamente a cargo do mundo mineral. Expulsava com secas e gelo, atraía com água e pastos, engodava com miragens; desviava e deslocava populações às centenas e milhares, como as bilhas num jogo de tabuleiro móvel; dirigindo línguas, quebrando-as em tribos e dialetos, unindo reinos e fazendo com que se confrontassem, agrupando civilizações, canalizando crenças, guiando exércitos e bloqueando o caminho de filosofias e estilos de arte, e, finalmente, dando-lhes um implacável empurrão através das passagens mais íngremes. Estes pensamentos a tudo investiam com drama. À medida que eu ouvia as vogais abafadas dos eslovacos e a trombada de consoantes e os explosivos jorros de fonemas sibilantes e dentais, automaticamente, aos meus olhos, levantava-se, por detrás dos que falavam, um imaginário pano de fundo com as terras de origem dos meus interlocutores: três juncos em linha horizontal, o símbolo de um pântano para o cartógrafo, infinitamente multiplicado; florestas de epíceas e álamos, casas sobre palafitas e armadilhas de peixes, planícies geladas e lagos onde os buracos no gelo ficavam repletos de pássaros aquáticos. Então, a cena mudava ao surpreendente som do magiar – um meio galope dactílico onde o íctus de cada sílaba inicial soltava uma tropa de vogais idênticas com todos os seus acentos guinando numa só direção como brotos de trigo ao vento. Por alguma razão, mapeei tudo de cima, como se fosse um grou migrando através da Ásia – instigado, talvez, por uma subconsciente sugestão vinda do *Sohrab and Rustam*?[6] Légua após légua de pasto queimado se abria. Os glaciares dos Urais ou do Altai pairavam na linha do horizonte e fiapos de fumaça se erguiam de cidades desmontáveis, conjuntos de pavilhões de paredes sanfonadas de feltro preto, ao lado de toda uma nação de pôneis a pastar. Tudo parecia corroborar minhas suspeitas. Perambulando por vielas internas no segundo dia em que lá estava, entrei em uma animada taberna na qual a palavra magiar 'VENDEGLÖ'[7] estava pintada em letras maiúsculas sobre a vidraça frontal, e deparei com um trio de fazendeiros húngaros. Imersos em fumaça e nos vapores de conhaque de ameixa e de vagens de páprica crepitando no carvão, soluçavam dáctilos festivos um para o outro e instavelmente batiam seus décimos copinhos cheios de *palinka*:[8] homens vigorosos, de rosto anguloso, vestidos em tons escuros e de olhar escuro, com bigodes negros caídos pelos cantos da boca. Suas camisas brancas eram abotoadas no pescoço. Usavam chapéus pretos de copa baixa e abas estreitas e botas hessianas, em couro preto brilhante com um chanfro no joelho. Chicotes hunos estavam enlaçados em seus pulsos. Poderiam ter acabado de desmontar, após saquear o palácio do *Kral* da Morávia.

Poucas portas adiante, minha próxima visita foi a um antro similar, com serragem no piso e bebida derramada e cuspradas, mas, desta vez, 'KRČMA'[9] figurava borrado sobre a janela. Dentro, tudo era eslavo. Os eslovacos de cabeleira loura e eriçada que lá bebiam usavam chapéus cônicos de lã e gibões feitos de retalhos de pele de ovelha com a lã virada para dentro. Calçavam mocassins de couro de boi em forma de canoa. Suas canelas, com ligas entrecruzadas de tiras de couro cru, pareciam bulbos protegidos em feltro que seriam desembrulhados apenas na primavera. Eram homens dos pântanos e das coníferas, com rostos indistintos como a tundra e olhos tão azuis e vagos como lagoas não mapeadas, mas que o conhaque de ameixa enevoava. Poderiam, igualmente, estar tomando hidromel há mil anos, antes de saírem através dos charcos congelados dos Transcárpatos, rastreando os cascos em fenda dos auroques.

Destilados de pêssego e ameixa, fumaça de carvão, páprica, alho, semente de papoula – estas sugestões às narinas e à língua se juntavam a sinais que se dirigiam aos ouvidos, suavemente de início e, logo mais, insistentes: a agitação de marteletes sobre os fios de uma cítara, os glissandos nas cordas de um violino que desciam e subiam em uma mescla de arranjos pouco familiares, e, uma vez, as líquidas notas de uma harpa. Eram o prenúncio de uma nova música, divergente e inebriante, que só se liberaria completamente no lado húngaro do Danúbio.

Nos arredores da cidade estes estímulos se multiplicavam: fui para lá atraído como um alfinete por um ímã. Meio perdido em vielas cheias de humildes mercearias, oficinas de arreios e fornecedores de grãos e ferreiros, tive uma primeira visão dos ciganos. Mulheres com bebês da cor de chocolate esmolavam por entre carroças puxadas por pôneis, e um urso pardo dos Cárpatos, levado por um domador de pele escura como o pecado, andava lentamente, com os pés para dentro, sobre os paralelepípedos. Em pequenos intervalos, seu condutor sacudia um tamborim, fazendo com que o animal executasse a coreografia programada; depois, levou uma flauta doce aos lábios e soprou um ascendente trinado de mínimas. Cartomantes sinuosas e belas, com penteados teatrais, brincos e camadas de babados em amarelo e magenta e verde-maçã, displicentemente, embaralhavam suas cartas, de há muito manuseadas, e as apresentavam na forma de leques, enquanto caminhavam pelas ruas, cercando, implacáveis, com voz suave, todos os estranhos que encontravam. Misturando-se à paisagem do campo, a cidade se desfazia, rapidamente, em pedaços e dava lugar a uma orla ambígua de casebres e carroças e fogueiras e moscas de inverno, onde, entre cachorros em escaramuças e cópulas, um emaranhado de crianças marrons corriam e lutavam na lama. Fui logo descoberto. Vislumbrado a distancia, sobre mim lançou-se um leve tamborilar de pezinhos e um enxame de Moglis seminus, com nariz escorrendo, que se sopapeavam em busca de precedência à medida que corriam em direção à presa. Escalavam, batiam e empurravam uns aos outros; persuadiam em húngaro e injuriavam em romani. Um velho ferreiro, com a cor bronze de um inca, aparentava reprimi-los, enquanto os provocava com uma torrente de palavras de além dos Himalaias. (Sua bigorna, sobre a qual estava disposta uma fileira de cravos de cavalos, estava grampeada a um toco de árvore; e seu pé marrom fazia funcionar o fole de uma pequena forja.) Dei uma moedinha para o que estava mais próximo. Isto gerou um ataque delirante de seus rivais e suas estridentes litanias se elevaram a tal tom que espalhei meus trocados como se fosse *danegeld*,[10] aproveitando para me retirar. Por fim, quando viram que nada mais restava, foram trotando de volta para seus casebres, entre pancadas e recriminações. Todos, exceto um – menino destemido e de cor castanha, de uns cinco anos, vestindo nada mais do que um *trilby*, provavelmente de seu pai. Era tão grande que, embora o menino contorcesse constantemente a cabeça de um lado para outro enquanto me segurava e esmolava, o chapéu permanecia parado. Mas nada mais me sobrava. Subitamente desistindo, desceu a colina para se juntar aos outros.

Com tenazes nas mãos, o velho ferreiro assistira a tudo com o casco fronteiro de uma égua recurvado sobre seu colo, enquanto um potro sedento mamava. Um silêncio havia se espalhado entre as carroças e as fogueiras quando os olhei pela última vez. Os ciganos se recolhiam em seu cercado[11] e o crepúsculo caía.

◆ ◆ ◆ ◆

BRATISLAVA ERA CHEIA de segredos. Era o posto avançado de toda uma congérie de cidades onde andarilhos vindos de longe haviam parado, e os judeus, os mais antigos e notáveis deles, eram numerosos o suficiente para dar um pronunciado caráter à cidade. Em Viena, eu tivera fugazes vislumbres dos habitantes do bairro de Leopoldstadt, mas sempre a distância. Aqui, logo ao chegar, escolhi um dos muitos cafés judaicos. Sentindo que estava onde tudo acontecia, lá me sentava, arrebatado, por horas. Era tão grande quanto uma estação e, tal como um aquário, todo envidraçado. A umidade escorria nas vidraças e achas de lenha ribombavam numa estufa cuja chaminé de latão preto ziguezagueava pelo ar enfumaçado como as dobraduras de uma sanfona. Conversando, argumentando e fazendo negócios em torno a um arquipélago de mesas, os clientes, em seus trajes escuros, enchiam o lugar quase a ponto de explodir. (Aqueles quadrados de mármore serviam de escritórios improvisados em milhares de cafés através de toda a Europa Central, dos Bálcãs e do Levante.) O pequeno tumulto em magiar e eslovaco era abafado por um maior número de vozes que falavam alemão, pronunciado à maneira austríaca ou com a invariável ênfase húngara na sílaba inicial. Mas, frequentemente, a conversa se dava em ídiche, e o elemento germânico no linguajar me fazia pensar que fosse captar ao menos um espectro de seu significado. Mas este me escapava sempre, já que o dialeto – ou a língua, melhor dito – embora tivesse suas raízes no alemão franconio medieval, é complicado por uma sintaxe estranha e por uma infinidade de variações e diminutivos. Guturais desconhecidas, acréscimos eslavos e muitas palavras e formações trazidas do hebraico contribuíram para sua idiossincrasia. O subir e descer, em cadência um tanto anasalada, a tornam mais esquisita do que harmônica para ouvidos de fora, mas é, em termos linguísticos, de enorme interesse: um vernáculo no qual estão inseridos a história dos judeus do norte da Europa e os séculos de enchente e vazante de povos entre o Reno e a Rússia. (Dois anos mais tarde, em Londres, quando senti que sabia um pouco mais de alemão, fui, por duas vezes, ao teatro ídiche em Whitechapel; mas o diálogo no palco me escapava mais do que nunca.) Volta e meia, havia rabinos no café, fáceis de serem identificados por suas longas barbas e chapéus de castor e pelos sobretudos negros descendo até os calcanhares. Às vezes, eram acompanhados por estudantes do Talmude que tinham aproximadamente minha idade, alguns até mais novos, vestindo solidéus ou chapéus pretos de copa baixa com suas largas abas viradas para cima, e curiosos cachos retorcidos em saca-rolhas que pendiam ao lado das orelhas. Apesar disso, palidez e abstração marcavam alguns destes rostos com a beleza de jovens santos. Tinham um olhar perdido, como se ficassem assustados sempre que se afastavam de suas mesas de trabalho. Seus olhos – de azul brilhante ou escuros como a meia-noite – se expandiam como os de inocentes gazelas. Às vezes, davam a impressão de quase cegueira; era como se o debruçar-se sobre textos durante anos houvesse tornado seu olhar inadequado para amplitudes maiores. Eu os imaginava à luz de velas, por trás de janelas cerradas e recobertas de teias de aranha, com as grossas lentes de seus óculos cintilando próximo às páginas, enquanto mais uma vez desvendavam a Sagrada Escritura: textos que haviam sido comentados, revistos criticamente, anotados, e debatidos aos mínimos detalhes por exegetas na Babilônia, Córdoba, Kairuã, Vilna, Troyes e Mainz e Narbonne ao longo de quatorze séculos. Sombras de penugem escura ou avermelhada manchavam alguns destes queixos que nenhuma navalha jamais tocara, e suas bochechas eram tão pálidas quanto a cera que iluminava a página, enquanto os densos caracteres negros engoliam sua juventude e suas vidas.*

---

* Estes dias marcaram a retomada de uma velha obsessão com os alfabetos. As páginas finais de um sobrevivente caderno de notas estão repletas de nomes do Velho Testamento, transcritos laboriosamente em caracteres hebraicos, inclusive com seus diacríticos. Estão aí também copiadas palavras do dia a dia, já que a escrita antiga era usada em vernáculo ídiche na frente de lojas e nos jornais que vi em cafés. (Há, inclusive, palavras similarmente transcritas do velho espanhol ladino dos judeus de Constantinopla e da Salônica. nas páginas que se seguem.) Em seguida, como evidências das próximas etapas desta jornada, vêm o cirílico e o arábico: a grafia árabe era ainda usada entre os turcos ortodoxos da Bulgária e da Trácia grega. Houve lutas com o obsoleto glacolítico e ousadas tentativas com os retorcidos caracteres, no formato de ganchos e presilhas, dos armênios que se espalharam pelos Bálcãs como pequenas colônias de tucanos. O breve catálogo termina com uma enxurrada de grego. A mágica de todas estas letras dependia muito da sua inescrutabilidade: quando aprendi algum búlgaro, o cirílico perdeu um pouco de seu maná. Mas o árabe e o hebraico o retiveram até o fim. Ainda hoje, um anúncio de pasta de dentes em árabe me sugere as *Mil e Uma Noites*; uma mensagem em hebraico sobre a janela de uma loja – 'Guarda-chuvas consertados no local' ou *Daniel Kisch, Koscher Würste und Salami* – é repleta de glamour. Estes símbolos carregam uma sugestão de cabala, um eco dos chifres de carneiros de Josué e um sussurro do *Cântico dos Cânticos*.

Eu ansiava por assistir a um serviço religioso, mas não ousava fazê-lo sem a ajuda de algum amigo já iniciado. Este acanhamento se rompeu muitos anos mais tarde pelo livro do Dr. Egon Wellesz sobre o cantochão bizantino. Em tempos apostólicos, escreve ele, os salmos formavam a coluna vertebral da liturgia cristã, cantados exatamente como o eram nos grandes templos de Jerusalém e da Antióquia. O mesmo tipo de música é o ancestral tanto do serviço religioso dos judeus, como dos cantos da Igreja Ortodoxa Grega e do cantochão gregoriano; neste último, o *cantus peregrinus*, que apropriadamente acompanha o canto de In *exitu Israel*,[12] é considerado, entre todos, o mais próximo. Estimulado por estas considerações, aventurei-me na magnífica sinagoga luso-holandesa em Artillery Row, do período carolíngio inglês.[13] Por pura sorte, um coro visitante sefardita de grande virtuosismo cantava, e acreditei, talvez com excesso de otimismo, que podia detectar um ponto de união entre os três tipos de canto. Era como tentar identificar notas familiares, debilmente trazidas pela brisa do outro lado da densa floresta do tempo. Muitos anos mais tarde, houve outra ocasião de emoção comparável. Perambulando pelo noroeste da Grécia, fiquei amigo do rabino de Joanina, que me convidou para participar da festa de Purim. Dentro das tremendas muralhas de Ali Pasha, o velho bairro judaico sefardita – no passado, repleto de gente – caía em ruínas. O rabino havia juntado um pequeno grupo, todos os que sobreviveram à ocupação alemã e voltaram, sãos e salvos, para casa. De pernas cruzadas na plataforma de gradil baixo e lentamente rodando os dois bastões do rolo, entoou o livro de Ester – descrevendo a intercessão da heroína junto ao Rei Assuero[14] e a libertação dos judeus da conspiração de Hamã – para uma sinagoga quase vazia.

♦ ♦ ♦ ♦

O SCHLOSSBERG, ROCHA que domina a cidade com seu colossal e eviscerado castelo, tinha má reputação, e bastou escalar os primeiros degraus do acesso para que eu entendesse a razão. Um dos lados do caminho caía entre árvores e rochas, mas do outro, cada um dos casebres que se agarrava à montanha era um ninho de meretrizes. Vestidas de camisolas, com casacões sobre os ombros, ou reluzentes em cetim surrado de cores vivas, as ocupantes conversavam, encostadas nos umbrais das portas com as mãos nos quadris, ou então, com seus cotovelos apoiados na metade inferior das portas de suas celas; espreitavam o lado de fora e pediam fósforo aos passantes para acenderem seus cigarros. A maioria eram mulheres bonitonas, fortes e vividas, frequentemente com cabelos oxigenados tão sem vida quanto palha e ruge passado nas bochechas com a ousadia de um artesão de bonecas. Havia alguns monstrengos e algumas velhotas. Aqui e ali, uma bonita recém-chegada fazia lembrar uma planta caída e a ponto de ser pisoteada. Muitas se sentavam no interior, em seus catres, com aparência humilde e triste, enquanto camponeses húngaros e soldados tchecos e eslovacos da guarnição local passavam em fileiras ascendentes e descendentes. Durante o dia, exceto pelo murmúrio poliglota dos convites, era um local bastante silencioso. Mas ficava barulhento depois que escurecia, quando as sombras faziam com que se ganhasse confiança e o conhaque de ameixa produzia seus efeitos. Era iluminado apenas pelas pontas de cigarros e pelo brilho que vinha do interior das casas, marcando as silhuetas das moças nos umbrais. Luzes cor-de-rosa revelavam os detalhes de cada cubículo: uma cama feita às pressas, uma tina de latão e um gomil, alguns produtos de asseio, uma prateleira exibindo uma garrafa de solução na cor de genciana para prevenção da sífilis e uns dois vestidos dependurados num prego. Poderia haver um crucifixo ou uma oleografia da Imaculada Conceição ou da Assunção, ou talvez uma gravura de São Venceslau, São João Nepomuceno ou São Martinho de Tours. Postais de atores e atrizes de cinema estavam presos nas molduras dos espelhos; e, espalhadas entre elas, fotos de Maszaryk, do Almirante Horthy e do Arquiduque Oto[15] declaravam as simpatias das ocupantes. Uma caçarola de água fervia sobre carvão; pouco mais havia. A sequência cintilante destes nichos só era interrompida quando uma das ocupantes levava um soldado a passar inclinado sob a verga de sua porta. Então, uma lamparina amortecida e o fechamento de uma precária porta, ou uma cortina puxada de prego a prego, mascarava da visão dos transeuntes os abraços furtivos. Esta escadaria de cem meretrizes estava gasta pelas décadas de pisadas de botas cravejadas, e as luzes, inclinadas através da noite como numa diagonal fosforescente num favo de mel, terminavam na escuridão. Sentia-se, mas não se via, o enorme bastião em ruínas ao alto. No extremo mais baixo, as luzes difusas da cidade desciam o morro como uma cascata.

Foi a primeira vez que vi um bairro deste tipo. Sem bem saber como chegara, acabei perambulando por lá várias vezes, como um auditor mais do que como ator. O princípio tácito de jamais recuar diante do que fosse nesta viagem aqui falhou. Estas moças, afinal, não eram suas irmãs vienenses, que num piscar de olhos podiam fazer um bispo parar. E mesmo se não houvesse este impedimento, o temor à punição que eu imaginava inevitável – perder o nariz antes que o ano terminasse – teria me deixado a salvo, do lado de fora de suas portas. A sedução era mais complicada. Recuo, culpa, simpatia, atração, *romantisme du bordel* e *nostalgie de la boue*[16] teciam uma guirlanda inebriante e sinistra. Invocava as abominações dos livros dos Profetas e os prostíbulos da Babilônia e de Corinto e as cenas de Luciano, Juvenal, Petrônio e Villon. Era também esteticamente surpreendente, uma escada de Jacó inclinada entre os telhados e o céu, repleta de fantasmas que se misturavam e anjos sem asas, há muito decaídos. Não me cansava jamais deste ambiente.

Uma noite, por lá vagabundeando, e de repente percebendo que já era tarde para jantar, corri colina abaixo e quase colidi, em meio às sombras, com uma figura mais corpulenta que o resto de nós todos e que, como uma celebridade, estava plantada no centro de um respeitável e ensombrecido círculo. Quando os presentes se afastaram para um dos lados, vi que era o urso pardo dos Cárpatos, de pé, equilibrando-se em meio a eles. Seu companheiro de pele escura estava próximo, e, enquanto eu corria ziguezagueante entre os demais espectros, ouvi o tilintar de um tamborim, o primeiro trinar coreográfico da flauta doce e o bater de palmas e gritos das meninas.

Alguns minutos mais tarde, a salvo no clarão anticlimático das ruas centrais, estas escadas, seus nativos e o pandêmico e secreto feitiço que lá reinavam ficaram tão vazios de substância e tão remotos quanto as fantasias de um sonho na madrugada. Era sempre assim.

♦ ♦ ♦ ♦

DEPOIS DE TODAS estas tímidas explorações, o quarto de Hans era um encantado refúgio de livros e bebida e conversa. Ele esclarecia questões e perplexidades por mim trazidas e se divertia com minhas reações, especialmente no tocante ao Schlossberg. Quando perguntei sobre os tchecos e austríacos, ele me passou uma tradução para o inglês do livro de Hašek que acabara de ser lançado.* Era *As Aventuras do Bom Soldado Švejk*, ou *Schweik*, como aparecia grafado nesta edição. Era exatamente o que eu precisava. (Lembrei-me dele, muito tempo mais tarde, ao pensar na Tchecoslováquia, quando os horrores da ocupação vinda do oeste foram seguidos pelo longo e ainda continuado sofrimento oriundo do leste; ambos eram sequer percebidos então, apesar dos sinais que se acumulavam.) O tom do livro é decididamente antiaustríaco, o que demonstrava a amplitude de visão de Hans. Embora fosse um cidadão sabedor de seus deveres com o estado no qual vivia, eu sentia que seu coração estava preso ao ambiente que havia cercado sua infância. Poderia ser diferente?

Por fim, com um suspiro, comecei a juntar minha tralha, preparando-me para mergulhar na Hungria. Subi ao castelo para uma última investigação do território.

Duas freiras olhavam sobre o vazio ventoso. Estavam em pé sobre o terraço no ponto exato em que um gravurista as teria colocado para dar equilíbrio à sua composição, dotando o castelo de escala. Uma delas, com manga volumosa e apontando um dinâmico indicador, explicava a ampla paisagem enquanto sua companheira, estática, ouvia maravilhada. Terminado o exame, passaram por mim, arqueadas pelo vento, hábitos farfalhando e contas batendo, cada uma delas com a mão sobre o topo da cabeça, dando equilíbrio à sua touca engomada e a seus véus rodopiantes. Seus olhares baixaram em conformidade à regra imposta por sua ordem. À medida que desapareciam colina abaixo através de um alto portão de pedraria gótica, desejei que houvessem encontrado o mais convencional dos dois lances

---

* Ultrapassada pela excelente tradução de Sir Cecil Parrott, há alguns anos.

descendentes da escada. Exceto por um bando de gralhas cinzentas empoleiradas nas rachaduras e deslizando em algazarra ao vento, eu estava a sós.

A oeste, uma vista estreita do Marchfeld, fechada pelo Wolfsthal entre os dois promontórios coroados por torres na Porta Hungárica, trazia à cena um Danúbio que se desenrolava. Fluía sob a grande ponte; a Hungria substituía a Áustria em sua margem sul; e, logo, as planícies ao sul e a leste espalhavam a água num leque raso. Estes baixios súbitos, a antecâmera da *puszta*,[17] tinham levado o rio a transbordar. Inundação e pântano se expandiam e córregos perambulavam em ramificações encaracoladas, as quais sempre retornavam para onde devido, guiadas por uma inclinação invisível da planície; e a cada regresso, como que para expiar sua vadiagem, os córregos desertores lhe traziam um conjunto de desgarrados novos afluentes. As ilhas de prados e pastagens planas recuavam na distância com a amplitude de condados. A neve ainda marcava em faixas a paisagem e, entre estas, as manchas de grama começavam a reviver em extensões de verde. Riachos dividiam um campo de outro e as árvores que marcavam seus meandros tinham uma penugem de brotos, como uma bruma púrpura. Cúpulas de cobre de longínquas paróquias devolviam faíscas de luz sobre bosques mutantes de névoa que cercavam celeiros e casas senhoriais. O gelo quase havia desaparecido. Mais além da película de juncos sobre o rio, o brilho havia escasseado. Mas o recuo rápido das nuvens de chuva transmutava a cor dos riachos, de chumbo para aço e de aço para um vivo prateado.

Do lado sul, tão distante rio abaixo que era difícil discerni-la, uma mancha de montanhas baixas marcava o fim de toda esta desintegração aquosa. Do meu lado, enquanto subia por entre as fortificações incendiadas e olhava para o interior, eu via o avanço de outra cadeia de montanhas, os Pequenos Cárpatos, e era sobre seu esporão menor e mais sulino que me situava. Seguiam em direção ao leste, subindo suavemente a partir da planície, de início, mera e discreta ondulação da terra. Então, à medida que os rasos contrafortes ascendiam, transformavam-se vagarosamente na cadeia maior, acentuando-se como o rolar de um trovão, e erguendo-se a distância, cobertos de neve e, para além do primeiro teto de nuvens, fugindo do alcance da visão. A bacia invisível partilha nevadas com as vertentes polonesas, e a tremenda barreira dos Cárpatos, esconderijo florestado de javalis, lobos e ursos, sobe e se expande por centenas de milhas – além, até mesmo, de onde alcança a imaginação. Ergue-se muito acima do sul da Polônia e da Ucrânia e por todo o comprimento da Romênia, em curva, na forma de um bumerangue de mil milhas de comprimento, até que recua para oeste novamente, para dentro do Baixo Danúbio, na altura das Portas de Ferro, para seu encontro subaquático com a Grande Cadeia dos Bálcãs.

Do pé da torre noroeste do castelo, uma ravina passeava em direção à Morávia. Então, à medida que rodava o meu raio de visão em direção a oeste, o fragmento do Marchfeld, emoldurado pelo vale – penúltimo vislumbre do mundo generoso de Maria Teresa –, rolou de volta à vista. A fronteira ocidental da planície se derretia nas Montanhas Leitha da Baixa Áustria e no cintilante Neusiedlersee. Este era o Burgenland, tomado da Hungria duas décadas antes para compensar a Áustria pela perda do Tirol Meridional. Em certa época, era a região mais ao sul do agora desaparecido reino da Grande Morávia, o último filamento de conexão que ainda unia os eslavos do norte e do sul quando os magiares os dividiram para sempre.

Olhando de cima destas muralhas e espreitando para além do comprido e sinuoso lago que, por pouco, estava fora de vista, um gigante com um telescópio poderia ter identificado, em Eisenstadt, o palácio ao estilo italiano dos Eszterházy. Poderia também ter achado a capela e o teatro privado e o telhado de cerâmica sob o qual Haydn viveu e compôs durante trinta anos. Algumas milhas adiante, este gigante teria assinalado a fazenda leiteira onde Liszt nasceu – seu pai era administrador das propriedades desta mesma família de amantes da música. Um grupo de nobres da região fez uma subscrição para que o jovem compositor estudasse em Paris. Mais tarde, presentearam-no com uma espada honorífica com que pudesse aparecer nas cortes ocidentais. Eram apenas mil anos desde que seus antepassados pagãos, que só podiam contar até sete, haviam chegado a cavalo e se estabelecido ali. Eu tinha prazer em pensar nestas dinastias rurais, com seus teatros e suas espadas honoríficas e sua paixão pela música. A memória dos dois grandes compositores consagrava a região e parecia espalhar notas musicais no horizonte sulino.

Meu olhar, tendo feito o círculo completo, passou novamente por cima da fronteira húngara e seguiu em direção ao fluxo de nuvens a leste. No dia seguinte, eu estaria marchando naquela direção.

Ou, pelo menos, assim acreditava.

CAPÍTULO 9

PRAGA DEBAIXO DE NEVE

☙ ☙ ☙

Na noite seguinte, quando, depois de um primeiro dia de marcha pela Hungria, eu deveria estar procurando lugar onde dormir, Hans e eu desdobrávamos nossos guardanapos, sob as luminárias cor-de-rosa do carro restaurante, enquanto o trem noturno para Praga nos impelia num giro completo na direção oposta. Hans, havendo tomado em mãos minha educação centro-europeia, declarou que seria uma lástima bater pernas em direção a leste sem antes ver a velha capital da Boêmia. Eu, definitivamente, não tinha recursos para financiar tal viagem, mas ele pôs abaixo qualquer dúvida com um sorriso e a mão levantada impondo silêncio. Ao lidar com questões que estivessem acima de minha capacidade, eu havia desenvolvido certa habilidade em aceitar que, segundo o ditado, o frio viesse conforme o cobertor. Ao estilo de Groucho Marx, que fazia pagamentos com uma nota de dólar amarrada a um elástico, a cédula por mim apresentada em restaurantes estava cada vez mais amassada. Eu me esforçava para que minhas objeções soassem sinceras, mas eram sempre varridas de lado com amável firmeza.

Caímos no sono depois do jantar e, de madrugada, por um breve momento, acordamos com o trem parando numa ampla e silenciosa estação. As partículas de neve que flutuavam no feixe de luz da luminária da estação eram infinitesimais e caíam tão devagar que nem pareciam se mover. Em outra plataforma, um trem de carga indicava que Varsóvia estaria a fácil alcance: PRAHA-BRNO-BRESLAU-LODZ-WARZAVA. As palavras estavam escritas em estêncil ao longo dos vagões; a visão momentânea de um polaco num trenó agitou-se em minha cabeça. Quando o trem começou a se mover, a palavra 'BRNO' deslizou na direção oposta. Logo depois: BRNO! BRNO! BRNO! A densa sílaba passou pela janela, rapidamente, em intervalos decrescentes; voltamos a dormir, mergulhando através da escuridão da Morávia e entrando na Boêmia.

Na hora do café da manhã, descemos na capital que acordava.

◆ ◆ ◆ ◆

NA FALTA DA costumeira aproximação a pé, Praga permanece distinta das demais cidades desta viagem. Minha memória a envolve com uma guirlanda, um anel de fumaça e um cartão em papel rendado de dia de São Valentim. Era como se eu fosse uma bala de canhão disparada por entre os três, caindo numa das antigas praças, flutuando em meio aos recortes de papel, a fumaça e a folhagem vindos em minha esteira. O trajeto havia nos levado de volta ao meio do inverno. Todos os detalhes – o ímpeto dos pináculos, as procissões de estátuas ao longo das balaustradas das pontes e os palácios levitantes – tinham suas silhuetas marcadas pela neve; e quanto mais alto estivessem os edifícios, mais densamente as matas abraçavam a antiga cidade. Esqueletos de árvores, escurecidos por ninhos, seguravam a cidadela e a catedral acima do topo de uma floresta invasora e enchiam o céu com grasnidos diversos.

Era uma cidade surpreendente e cativante. O charme e a generosidade dos pais de Hans e de seus irmãos lhe deram um maravilhoso reforço; um expressivo entusiasmo com a vida a todos marcava; e, naquela noite, em roupas emprestadas, entre os rostos iluminados por velas de um animado jantar, entendi como se davam a passos rápidos as coisas por ali. Sobre Hans, já sabemos. Heinz, o irmão mais velho, professor de teoria política na universidade, mais parecia um poeta ou um músico do que um catedrático e as muitas ideias que compartilhava eram cheias de inspiração. Paul, o mais jovem, alguns anos mais velho do que eu, era igualmente prendado. As velas, como que novamente acesas, revelam também seus pais, pessoas generosas, e a esposa de Heinz, uma bela morena. Lá estava também um parente por casamento, Haupt zu Pappenheim, muito avançado em idade e originalíssimo, a quem chamavam de Pappi. Falava rápido, embalado por doses de omnisciência e humor, derivados de uma vida picaresca que se desenrolara mundo afora. (De imediato, minha obsessão com o século XVII ligou seu nome ao de um notável comandante de cavalaria na Guerra dos Trinta Anos, que, em Lützen, saíra em perseguição a Gustavo Adolfo, assim como, em Marston Moor, Rupert fez com Cromwell.[1] Foi abatido ao mesmo tempo em que o rei, mas em outra parte do campo de batalha. A conversa de Pappi tinha um pouco da mesma *panache*.)

Bem mais tarde, a cena transferiu-se das velas do jantar para um cavernoso clube noturno, no qual silhuetas flutuavam numa maré de fumaça de cigarro e a conversa fluía incessantemente, instigada pelo chiado do sifão e o espocar de rolhas, e, em lugar de atrapalhada, embalada pelos *blues*, os címbalos abafados e o lamento do saxofone. Culminou com as teorias deliciosamente inventivas e abstrusas propostas por Heinz sobre Rilke e Werfel e a inter-relação de O *Castelo* de Kafka – o qual eu ainda não havia lido – com a cidadela que dominava a capital. Quando emergimos, o grande amontoado de pedras ao alto ainda estava envolto, mas não totalmente, pela escuridão.

◆ ◆ ◆ ◆

ENQUANTO EU SEGUIA Hans, ziguezagueando e subindo e descendo pela íngreme cidade, ocorreu-me que ressacas não são sempre ruins. Se não chegam a provocar visão dupla, capaz de transformar a Catedral de Salisbury na de Colônia, acabam por investir o cenário com um lustro desconhecido de quem não bebe. Tendo chegado ao pé das lancetas da Catedral de São Vito, uma convicção adicional começou a se formar. Praga era a recapitulação e a soma de tudo o que eu havia observado desde que descera na costa da Holanda, e ainda mais; sua delgada nave e seu arejado clerestório deviam uma fidelidade espiritual que se estendia muito além das terras pátrias dos teutões e do mundo eslavo. Nave e clerestório poderiam ter surgido na França sob os primeiros Valois ou na Inglaterra dos Plantageneta.

Os últimos membros da congregação emergiam numa instável e momentânea luz do sol. Pelo lado de dentro, o rescaldo do incenso ainda flutuava em lufadas entre os pilares fasciculados. Ocultos em bancos distantes, uma retaguarda antifonal de cânones entoava Nonas.²

Sob os intradorsos ornamentados e as luminárias votivas da capela mortuária, um caixão, qual uma arca da aliança recoberta em tecido brocado, guardava os restos de um santo. Pavios flutuantes e filas de velas, ao alto, iluminavam sua efígie: revelavam um soberano medieval de fisionomia suave, segurando uma lança, debruçado sobre seu escudo. Era ninguém menos do que o Bom Rei Venceslau. Defrontá-lo era como se encontrar com Jack, the Giant Killer ou com Old King Cole...³ Ao nos ajoelharmos num banco bem posicionado, Hans me contou que o cancioneiro natalino inglês havia promovido o rei, dando-lhe mais crédito do que merecia.⁴ O santo príncipe tcheco – ancestral de uma longa linhagem de reis boêmios – fora assassinado em 934. E ali jazia, reverenciado por seus compatriotas, pelos últimos mil anos.

Do lado de fora, a catedral parecia um imenso e elaborado relicário gótico, exceto pela terminação barroca do campanário que a presidia. Do massivo empuxe ascendente de seus contrafortes à cumeeira em carapau de seu íngreme telhado, ela surgia eriçada por uma floresta de elementos verticais. Ao alto, no canto dos transeptos, agitadas escadas em cilindros poligonais espiralavam e contra-espiralavam; e arcos botantes enredavam toda esta tessitura numa radiante teia de oblíquas. Cada um deles, apoiados em sua trajetória por uma fileira de semi-arcos, com trifólios e cúspides, sustentava uma empinada procissão de pináculos em que cada saliência retinha neve, como se a alvenaria estivesse perpetuamente a lançar rajadas de raios brilhantes, entre gralhas e nuvens arroxeadas e prateadas.

Um feitiço paira no ar desta cidadela – a Hradčany, como é chamada em tcheco; Hradschin em alemão – e eu me vi a ela submisso muito antes de conseguir pronunciar seu nome. Mesmo agora, olhando as fotos da bela e perdida cidade, o mesmo encanto se faz sentir. Havia outra herança dos velhos reis da Boêmia logo ao lado da catedral: a Igreja de São Jorge, cuja carapaça barroca mascarava um edifício romanesco de imensa pureza. Os arcos redondos, normandos, mergulhavam através de paredes maciças e nuas; vigas retas seguravam o teto; e um delgado e dourado São

Jorge medieval cintilava na ábside, galopando seu cavalo de batalha sobre os espasmos lancetados e retorcidos do dragão. Ele me fez lembrar daquele charmoso cavaleiro de pedra em Ybbs. Foi o primeiro prédio romanesco que encontrei, desde que, entre o Natal e Ano Novo, passara pelas cidades renanas, agora esmaecidas lembranças.

E, neste exato ponto, as lembranças começam a se confundir. A cidade está repleta de assombros; mas onde se encaixam? Certamente que aquela estupenda Escadaria Equestre e tudo o que vinha adiante dela eram parte do grande castelo-palácio. A maravilhosa estranheza das abóbadas que abraçam a escadaria em gótico tardio deve ter germinado num ambiente similar ao que estimulou o florescimento do rendilhado em leque entre os ingleses. Igualmente surpresa deve ter ficado a Rainha do Inverno em seu breve e nervoso reinado; mas sua educação na Inglaterra renascentista – com aqueles bailes de máscaras e fantásticos cenários teatrais projetados por Inigo Jones – talvez tenha sido uma preparação mais adequada para o que veio a encontrar. Pensava nela ao olhar para cima. Estas abóbadas são quase impossíveis de descrever. As nervuras explodiam diretamente das paredes a partir de apoios em forma de V. Expandiam-se e retorciam-se ao subir, ranhuradas como caules de aipo e, em seção transversal, laminadas e apontando para baixo. Separavam-se, voltavam a convergir, entrecruzavam--se e, à medida que seguiam adiante, envolviam delgados vãos de parede num desenho de pétalas de tulipa; e quando duas nervuras se interceptavam, era como se ambas tivessem sido obliquamente entalhadas e depois reunidas, quase se encaixando, com estudada desatenção. Retorciam-se em seus próprios eixos, ao mesmo tempo seguindo a curva da abóbada; e, com frequência, depois destas tortuosas interseções, as nervuras que seguiam um empuxe côncavo eram interrompidas a meio caminho enquanto as convexas mergulhavam de cabeça e eram engolidas pela alvenaria. A trama aberta das nervuras se estreitava à medida que ia se aproximando do topo arredondado, e o reticulado enlouquecido travava-se num impasse momentâneo. Quatro nervuras truncadas, encaixando-se em paralelogramos irregulares, formavam as pedras de fecho e logo se desprendiam novamente com uma rebeldia que, à primeira vista, parecia uma violência orgânica completamente fora de controle. Mas uma segunda olhada, abarcando a totalidade do desenho, capturava uma estranha e maravilhosa coerência, como se a petrificação tivesse parado este dinamismo rodopiante em um momento aleatório de equilíbrio e harmonia.

Tudo aqui era estranho. O arco de passagem no topo dos rasos degraus da escadaria, evitando a ameaça anticlimática de uma ogiva achatada, desviava-se em dois lobos arredondados de cada lado, com uma fenda central em ângulo reto, profundamente cortada entre as cúspides. Contaram-me que, em dias de antanho, cavaleiros, a caminho das listas disputadas no interior do edifício, subiam montados estes degraus, em armaduras completas: recobertos como lagostas, deslizando e retinindo, recurvando-se para atravessarem com suas plumas de avestruz sob a enlouquecida passagem, e carregando cuidadosamente suas lanças atrás de si de modo a evitar que se lascasse a espiral em tinta brilhante que as recobria. Mas, no enorme Salão de Homenagens do Rei Ladislau, as nervuras das abóbadas tinham que atravessar distâncias ainda maiores e se elevar ainda mais alto. Saindo de perto do chão a partir de cones bissectados e invertidos, elas voavam para o alto, curvando-se e espalhando-se através do largo arco do teto: dividindo-se, cruzando-se, reagrupando-se, e – uma vez mais – envolvendo, ao subirem, aquelas delgadas e subdivididas tulipas. Então fundiam seus arcos entrelaçados em laços mais largos e cada vez mais largos com a frouxidão e a sobreposição de *lassoos* mantidos perpetuamente em movimento, acelerando, ao subir, à velocidade de rodopiantes chicotes... Espaçados ao longo da ampla cumieira da abóbada, suas interseções compunham corolas de margaridas e depois fugiam uma vez mais, formando padrões mais amplos, os quais demandavam outra mudança de foco para serem apreendidos. Correndo o olhar ao longo daquele teto arqueado, os laços das nervuras de pedra expandiam-se, cruzavam-se e mudavam de parceiros, alterando simultaneamente a direção e passando adiante os sucessivos arcos, até que as parábolas, tendo atingido o limite extremo desta estranha e curvilínea corrida de revezamento, começavam a oscilar de volta. Chegando à origem e completando a viagem de volta, elas se juntavam novamente a seus companheiros perdidos em seu ponto inicial e afundavam, reduzindo-se e entrelaçando-se. A sinuosa mobilidade extasiava o olhar, mas não era apenas isto. Iluminadas pelo invernal *chiaroscuro* das altas janelas, as vastidões brancas, em forma de tulipas, que estas nervuras de pedra tão descuidadamente circundavam, pareciam estar animadas por uma vivacidade ainda mais rápida e simples. Cada uma destas facetas incidentais e sinuosas refletia um grau diferente de branco, e seus movimentos, ascendendo pelos meio-cones invertidos da abóbada e curvando-se para formar o teto, sugeriam a dispersão e a ascendente e apressada explosão de um cardume de golfinhos saltando da água.

Era surpreendente e maravilhoso. Jamais vira algo semelhante. Imaginem um desenhista com seu compasso brincando com margaridas e arcos e, para se divertir, compondo-os em amplos e simétricos emaranhados – para depois simplesmente deixá-los de lado com um suspiro. É a alegre audácia de havê-los concretizado que torna o conjunto um prodígio. Enquanto eu a tudo observava, Hans me contou sobre o Conde Thurn e o grupo de nobres protestantes, todos recobertos em armaduras, que haviam passado por estas abóbadas a caminho de seu encontro fatídico com os conselheiros do Sacro Imperador Romano: a palavra 'armadura' subitamente proporcionava uma solução. De repente, achei que esta era a analogia adequada e a chave para tudo que nos rodeava. As espirais e as caneluras de aço, aquelas exuberantes asas que adornavam as armaduras de metal dos cavaleiros de Maximiliano! Carapaças que, apesar de toda sua exuberância e vanglória, suportavam pancadas de maças e impediam a entrada de flechas e de pontas de espadas e lanças. Da mesma maneira, os portentosos salões e os setecentos aposentos deste castelo têm protegido milhares de toneladas de kafkiana e labiríntica alvenaria contra fogo e cercos ao longo dos séculos. As côncavas abóbadas e as escadarias eram derivações, em três dimensões, da explosão artística danubiana, e refúgio dos lansquenês. O mundo de Altdorfer!

A heráldica ocultava as paredes e as abóbadas que se seguiam. Escudos pintados sucediam-se e aviários, zoológicos e aquários dotavam os emblemas que tremulavam, empinavam e recurvavam-se entre a folhagem dos elmos. Estávamos no coração mesmo do século dos lansquenês. Alcançado por uma espiral, o último dos interiores do castelo era um aposento austero com paredes grossas, teto de vigas escuras, e iluminado por janelas em quadrículas engastadas em chumbo e assentadas em reentrâncias profundas; uma velha e robusta mesa se encontrava sobre o piso de pedras enceradas. Foi nesta câmara do Conselho Áulico Imperial[5] que, em 23 de maio de 1618, Thurn e os senhores tchecos, vestidos em malha de ferro, expuseram suas reivindicações aos conselheiros imperiais, rompendo o impasse que surgiu jogando-os janela abaixo. A defenestração de Praga foi o penúltimo ato anterior à eclosão da Guerra dos Trinta Anos. O último foi a chegada do eleitor palatino e de sua eleitora inglesa para serem coroados.*

Era hora de procurarmos uma das adegas de vinho que identificamos ao subir.

◆ ◆ ◆ ◆

EM RETROSPECTO, PERCORRO a íngreme cidade e redescubro, um por um, os seus fragmentos. Há prédios renascentistas, pavilhões com arcadas leves e lógias sobre delgados pilares jônicos que poderiam ter desembarcado aqui vindos da Toscana ou do Lácio, mas os palácios nas praças e a cidadela e a íngreme encosta recoberta de árvores pertencem ao entardecer dos Habsburgo. Tropas de pilares coríntios desfilam ao longo de fachadas recobertas, pela metade, de silhares à maneira rústica, em padrões de diamante similares aos dos decantadores; e símbolos e panóplias transbordam dos pedimentos. Escadarias rasas, ramificando-se sob procissões de estátuas, se unem diante de grandes portadas onde musculosos Atlantes sofrem sob o peso de vergas; e os jardins a seus pés mostram populações inteiras em mármore. Ninfas abraçam feixes que se derramam, deusas inclinam cornucópias, sátiros perseguem, ninfas fogem e tritões sopram fanfarras

---

* Perderam seu reino para sempre quando o exército da Boêmia foi cercado por Maximiliano da Baviera, chefe da Liga Católica, na batalha de Morro Branco, a apenas uma milha da cidade, em 8 de novembro de 1620.
Pergunta: Quem foi o mais surpreendente soldado a lutar como voluntário no exército de Maximiliano? *Resposta:* Descartes.

em conchas rodopiantes. (A neve nas dobras de suas esvoaçantes vestes e os pingentes de gelo que selam os lábios dos deuses dos rios lá permanecem até a primavera.) Terraços sobem as encostas formando uma escadaria gigante e, em algum lugar, sobre os ramos congelados, salta uma *folie* no formato de chapéu de mandarim; deve ter sido construída por volta da época em que, uma milha adiante, a *Don Giovanni* foi composta. Áreas espelhadas sucedem-se umas às outras no interior dos palácios – são espaços aquosos sob pastorais primaveris ao pôr do sol, onde pintores e estucadores e marceneiros e vidraceiros e latoeiros juntaram todas suas habilidades num silêncio que ainda parece vibrar com fugas e *passacaglias* e os fantasmas de sétimas lamentosas.

Onde, neste labirinto parcialmente relembrado, se situam as revividas memórias das bibliotecas? Talvez na velha universidade, uma das mais antigas e famosas da Europa, fundada pelo grande Rei Carlos IV em 1384. Não tenho certeza. No entanto, enfio cunhas em meio ao esquecimento e sigo-as através da névoa que vai se desmanchando em uma visão de livros enfileirados até que estante após estante adquira coesão. Cada uma delas tem prateleiras com encadernações de couro lustrado, com dourados e escarlates brilhando nas lombadas em velino pálido, cor de avelã e castanho. Globos terrestres pontuam os pisos em tabuleiro de xadrez. Lá estão abrigos recobertos de vidro para os incunábulos. Atris triangulares exibem graduais, antífonas e Livros das Horas; cenas coloridas se incrustam nas maiúsculas dos pergaminhos enrugados; notas em quadrados e losangos sobem e caem das pautas gregorianas de quatro linhas, onde as maiúsculas unciais carolíngias e a escrita gótica indicam o responsório. O girar combinado de algumas dezenas de pilares em espiral apoiam galerias elípticas onde latão combina com carvalho polido, e obeliscos e abacaxis se alternam nas balaustradas. Ao longo das abóbadas rasas destas câmaras, trabalhos em gesso alternam cenas clássicas e alegóricas com painéis triangulares de samambaias recobertas de gelo. Ascânio persegue o veado macho, Dido lamenta a fuga de Eneias, Numa dorme na caverna de Egéria e, sobre todo o teto, figuras celestes drapejadas caem desfalecidas por uma sucessão de maravilhosas revelações.

Flutuando encosta abaixo, a memória escava novas reentrâncias. Igrejas, ecoantes concavidades de mármore tão escuras quanto cisternas neste tempo nublado, celebram a Contrarreforma. Plintos em torno aos pisos de rotundas soerguem evangelistas de pedra. Com mantos rodopiando em êxtase e mitras quais tesouras entreabertas, flutuam a meia altura em pilares gêmeos de cujos topos em acanto soltam-se semicírculos que seguram o domo. Em uma destas igrejas, onde o fervor tridentino havia sido entorpecido por dois séculos de triunfo, havia santos de matiz menos enfático. A figura de São João Evangelista – imberbe, sorrindo zombeteiro, pena na mão, à vontade em um robe de chambre e com o cabelo flutuando livremente tal como uma peruca de uso doméstico – parecia lançar a primeira linha de *Cândido* e não do *Apocalipse*: talvez o escultor tenha confundido os respectivos Iluminismos. Vistas a partir da fonte de uma praça no Hradčany, as cúpulas de cobre verde, onde cada segmento coberto de neve é perfurado por uma luneta em voluta, poderiam até pertencer à grandiosa Roma. Os pináculos em todas as cúpulas são terminados em custódias que disparam faíscas como fogos de artifício dourados; e quando estas e as bolas de ouro nas pontas de outras terminações são tocadas por um raro raio de sol, o ar cintila, por um átimo, como uma hoste de bolhas voadoras.

❖ ❖ ❖ ❖

UM PRIMEIRO OLHAR revela uma cidade barroca entulhada pelos despojos dos césares austríacos. Celebra as apropriações matrimoniais dos Habsburgo à coroa da Boêmia, reafirmando a questionável superação dos direitos eletivos dos boêmios; e ao lado da ascendência temporal do imperador, esta arquitetura simboliza o triunfo do campeão imperial do papa sobre os hussitas e os protestantes. Algumas das igrejas testemunham a energia dos jesuítas. São emblemas em pedra de seu zelo feroz no conflito religioso. (A Boêmia era um país protestante quando eclodiu a Guerra dos Trinta Anos. Era outra vez católica ao seu fim e tão liberada de heresias quanto o Languedoc depois da cruzada albigense – ou tão limpa quanto a praia ficou de ostras e de uma eventual resposta por parte delas ao final de A Morsa e o Carpinteiro.)*,6

No entanto, apesar deste cenário, um renovado escrutínio do emaranhado abaixo revela uma cidade anterior, de onde sobressaem torres atarracadas. Um labirinto de telhados do Medievo tardio, em escamas cor de ferrugem, acomodam os esplendores barrocos. Painéis em declive, como os de celeiros, abrem à ventilação fileiras de águas-furtadas, quais guelras de peixe – um recurso desta época para que a brisa secasse a roupa em raros dias de lavagem. Prédios robustos juntam-se uns aos outros sobre arcadas estabilizadas pela inclinação de pesados contrafortes. Nas esquinas de ruas, surgem das casas coloridas as formas cilíndricas, as cúpulas e os octógonos que me haviam primeiro encantado na Suábia; pedimentos e volutas e degraus decoram fachadas e frontões; grupos de homens e animais caminham solenemente, saltando do reboco das paredes; e gigantes em alto relevo parecem estar meio presos, acotovelando-se para se soltar. Quase nenhuma rua foi poupada do derramamento de sangue de origem religiosa; cada uma das praças importantes foi palco cerimonial de decapitações. Apagados dos bastiões da seita utraquista dos hussitas – que reivindicavam que a comunhão de dois tipos, o pão e o vinho, fosse ministrada para os leigos –, os simbólicos entalhes de cálices foram substituídos pela estátua da Virgem depois do restabelecimento do catolicismo. Espigões metálicos, cercados de flechas menores, levantam-se às dezenas dos campanários das igrejas mais antigas; e as flechas das barbacãs na beira-rio, achatadas em afiadas cunhas, são envoltas em escamas de metal e vestidas com espigões e bolas e galhardetes de ferro. Trabalho de armeiros mais do que de pedreiros. Mais se parecem com máquinas de guerra cujo objetivo é aleijar e parar diabólicas cavalarias noturnas. As ruas sobem abruptamente; vielas dobram esquinas em leques de degraus; e a pavimentação em pedra é tão íngreme que poderia derrubar cavalos de carga e descontrolar tobogãs. (Não naquele

---

*   Foram décadas ruins, de intolerância religiosa, na Europa. Incluem os massacres de Drogheda e Wexford, as expulsões para além do Shannon e as tentativas decisivas de Cromwell de acabar por completo com a Igreja Católica na Irlanda.

momento; acumulada em fileiras sujas, a neve era funda, dura, mas irregular; o verdadeiro clima de Venceslau já havia terminado.)

Estas flechas e torres lembravam a Praga anterior, dos Venceslau e dos Otocar e da raça dos reis Premsyl, nascidos de um casamento de contos de fadas entre uma princesa tcheca e um lavrador que ela encontrara às margens do rio. Os tchecos sempre olharam para o passado com saudade dos reinos do soberano santificado e de seus descendentes e do poderoso e benevolente Carlos IV – uma idade de ouro quando o tcheco era a língua de soberanos e de súditos; a discordância religiosa era desconhecida e os direitos da coroa, dos nobres, dos comuns e dos camponeses estavam todos intactos. Estes sentimentos ganharam força durante o reflorescimento tcheco ocorrido nos últimos cem anos de ascendência dos Habsburgo. A soberania austríaca flutuava entre um absolutismo sem convicções e um liberalismo de que logo se arrependeram; e era instigada por pressões linguísticas, uma inoportuna inflexibilidade e as múltiplas loucuras que assaltam os impérios decadentes, embora não se possa atribuir-lhes velhacarias. Estes antigos malfeitos devem ter perdido muito de seu amargor à luz sinistra dos tempos modernos, restando apenas, como única evidência do passado, uma herança de luminosa beleza arquitetural.

Levei certo tempo para perceber que o Vltava e o Moldau eram o mesmo rio em tcheco e alemão. Flui através da capital tão majestosamente quanto o Tibre e o Sena através das cidades a que deram origem; como estes, é adornado com ilhas e cruzado por nobres pontes. Em meio a um aglomerado de igrejas e a uma bruma de árvores, despontam as pontiagudas torres de duas barbacãs armadas, que, como se fossem manoplas, agarram os dois extremos de uma espada; e, entre elas, estende-se uma das grande pontes medievais da Europa. Construída por Carlos IV, é uma rival de Avignon e Regensburgo e Cahors e a epítome em pedra do passado da cidade. Dezesseis abóbadas de canhão a carregam através da corrente. Cada arco salta de um pilar maciço cujos talha-mares da fundação avançam sobre o ímpeto das águas como uma linha de fortes. Bem ao alto e a cada número de jardas ao longo de ambas as balaustradas, perfilam-se santos ou grupos de santos que, quando se olha ao longo da curva da ponte, unem-se num bando em revoada;

uma mirada de costas através de um dos barbacãs revela a fachada de uma igreja onde outro sagrado rebanho se levanta de seus múltiplos apoios. No ponto médio de um dos lados e mais elevado do que o resto, está São João Nepomuceno. Foi martirizado em 1393 a poucas jardas dali – diz-se que, sob tortura, recusou-se a trair um segredo confessional da Rainha Sofia. Quando os capangas de Venceslau IV o trouxeram para cá e o atiraram no Vltava, seu corpo afogado, mais tarde recolhido e enterrado na catedral, flutuou rio abaixo sob um anel de estrelas.*

Já estava escurecendo quando cruzamos a ponte. Debruçados na balaustrada, olhamos fixamente rio acima e, mais além de uma ilhota, em direção à nascente, na Floresta da Boêmia, em algum lugar ao norte de Linz. Depois, olhando para o outro lado, juntamos as partes de seu itinerário até a foz. Se tivéssemos lançado um barquinho de papel no cais, em vinte milhas ele se juntaria ao Elba, entrando pela Saxônia. Flutuando sob as pontes de Dresden e Magdeburgo, cruzaria as planícies da velha Prússia, com Brandemburgo a estibordo e Anhalt a bombordo e, finalmente, batalhando entre Hanover e Holstein, teria feito seu caminho entre os transatlânticos no estuário de Hamburgo e chegado ao Mar do Norte na angra de Heligoland.

◆ ◆ ◆ ◆

ASSIM, NUNCA CHEGAREMOS a Constantinopla. Sei que preciso seguir adiante; e o leitor também. Mas não posso – não antes de mais uma ou duas páginas.

Praga me parecia – ainda parece, depois de tantas cidades rivais – não só um dos lugares mais bonitos do mundo, mas um dos mais estranhos. Medo, piedade, zelo, conflito e orgulho, temperados, ao final, pelos impulsos mais benignos de munificência e erudição e *douceur de vivre*, ergueram um incomum

---

* Outras versões existem. São vários os exemplos de defenestração na história tcheca, inclusive em tempos modernos. O martírio de São João é caso único de 'depontificação', mas deve ser parte da mesma tendência que tinham os antigos romanos de executar condenados atirando-os da Rocha Tarpeia.

conjunto de monumentos grandiosos e nada enigmáticos. Entretanto, a cidade mostrava, dispersa em seu meio, vestígios mais sombrios, mais reticentes, menos facilmente decifráveis. Havia situações em que os detalhes pareciam ser a ponta de uma falange de fantasmas inexplicáveis. Este sentimento, recorrente e levemente sinistro, era acentuado pela convicção de que Praga, entre todas as minhas estadias, inclusive Viena, era o lugar ao qual a palavra *Mitteleuropa*, e tudo o que o termo engloba, melhor se ajustava. Nisto a história muito pesava. Construída uma centena de milhas ao norte do Danúbio e a trezentas a leste do Reno, Praga parecia, de alguma maneira, fora de alcance; muito retirada no interior de um mundo, ao que tudo indica, desconhecido dos romanos. (Existiria um teste da antiguidade que permitisse diferenciar regiões? Acho que sim.) Praga e a Boêmia, desde que tiveram seus nomes registrados pela primeira vez, eram, na Europa, as partes mais ocidentais do encontro e conflito das duas maiores massas de população: os obscuros e mutuamente indispostos eslavos e teutões; nações sobre as quais eu nada sabia. Intimidado por estas sombras avassaladoras, até a familiaridade de boa parte de sua arquitetura fazia com que Praga parecesse mais remota. Apesar disto, era incontestável que a cidade era parte do mundo ocidental e das tradições de que, com razão, orgulha-se, tanto quanto Colônia ou Urbino ou Toulouse ou Salamanca ou mesmo Durham – numa escala gigantesca, todas cidades com que se parecia, embora fugazmente, *mutatis mutandis*, ao lado de mais cem exemplos. (Mais tarde, frequentemente pensei em Praga e, com a chegada dos tempos difíceis, minhas cogitações foram marcadas pela simpatia, a raiva e a culpa que, com razão, dominaram o Ocidente quanto ao destino do Leste Europeu. Em tempos mais felizes, uma breve familiaridade me deixara a visão de uma cidade concreta que eu podia contrapor a conjecturas de suas metamorfoses, o que fez com que eventos posteriores parecessem duplamente mais presentes e mais difíceis de entender. Não há como surpreender-se no tocante ao relato das vicissitudes que afetam um completo estranho. Os dramas distantes dos amigos é que são difíceis de se conceber.)

◆ ◆ ◆ ◆

GOSTEI DE HANS haver me recomendado a leitura de *As Aventuras do Bom Soldado Švejk*, cuja importância só mais tarde percebi. Depois de *Don Quixote*, Švejk é a outra figura de ficção que conseguiu representar – sob um aspecto e em circunstâncias específicas – toda uma nação. Sua posição na vida e seu caráter têm mais em comum com Sancho Pança do que com seu mestre, mas a habilidade irônica do autor deixa em dúvida se o talismã que salva seu herói é manha ou inocência, ou meramente resiliência natural à perseguição. Jaroslav Hašek era um poeta, um excêntrico anticlerical e um vagabundo cheio de um saber aleatório, e suas aventuras se assemelhavam às andanças picarescas da figura por ele criada. Ora dentro, ora fora da cadeia, certa vez aferrolhado como louco e outra mais por bigamia, era um bêbado contumaz e, ao final, seus excessos o mataram. Tinha paixão por trotes e por revistas acadêmicas. Até que fosse desmascarado, suas descrições de fauna imaginária, publicadas no *Animal World*,[7] atingiram níveis de desenfreada extravagância; e seu falso suicídio, pulando da Ponte Carlos, no ponto exato em que São João Nepomuceno havia sido jogado, fez com que Praga inteira não falasse de outra coisa.

Alguns dos compatriotas de Hašek não gostavam de seu herói ficcional, além de desaprovarem as atitudes do autor. No clima um tanto convencional da nova república, Švejk parecia travestir o caráter nacional com uma roupagem pouco apresentável. Não precisavam se preocupar. As forças com as quais Švejk tinha que se haver, neste então, eram modestas comparadas aos perigos mortais de hoje. Mas é a inspiração oriunda de seu pouco convencional, simpático e controvertido fantasma que vem como salvação.

◆ ◆ ◆ ◆

NESTA TENTATIVA TARDIA de capturar mais uma vez a cidade, parece que evitei suas ruas. Encontram-se tão vazias quanto vias de circulação em gravuras arquiteturais. Nada mais do que poucos fantasmas históricos aparecem: um tambor abafado, um personagem de livro e um eco de comoções utraquistas algumas praças à frente – a massa de cidadãos e o tráfico apressado desaparecem, e as vozes da cidade bilíngue se reduzem a um sussurro.

Lembro-me apenas de uma mulher de cor castanha, com lenço na cabeça, batendo as pernas ao lado de um braseiro para se manter aquecida, e de um apressado franciscano com uma dúzia de pães sob o braço. Três condutores de charretes, abraçando seus longos chicotes e bebendo *schnapps* no balcão externo de uma adega de vinhos, materializam por um momento sobre o pó de serra, com seus narizes escarlate do frio ou da bebida ou de ambos, e evaporam a seguir, os narizes vermelhos por último, como se fossem lâmpadas traseiras esmaecidas através da névoa.

De que falamos Hans e eu, mais adiante, na cave forrada de tonéis? Certamente dos desaparecidos Habsburgo, cujos monumentos e moradas havíamos passado o dia a explorar. Meu itinerário austríaco de há muito havia me infectado com o triste charme desta dinastia. Este reconfortante *grotto* – com suas vigas e escudos e janelas alinhavadas em chumbo e luminárias que nossas taças refratavam, desenhando discos brilhantes e cintilantes sobre o carvalho – me parecia ser o último de uma longa sequência de tais refúgios. Bebíamos vinho da Francônia originário do outro lado da fronteira entre a Boêmia e a Baviera. *Em que taças?* Corretamente, as copas não tinham cor. Mas, no Reno ou na Mosela, como sabemos, as hastes teriam subido em bolhas âmbar ou verdes, e inclinadas como pagodes. Talvez estas hastes fossem rubi em alternância com o cristal canelado, já que este, assim como o azul de genciana e o verde subaquático e o amarelo de celidônia, são as cores pelas quais os vidreiros de Praga sempre foram famosos... Havíamos admirado os instrumentos astronômicos do Imperador Rodolfo II. Um globo celeste em metal ornamentado com figuras mitológicas girava em um gigantesco porta-ovos folheado em latão. Astrolábios gravados luziam entre telescópios e quadrantes e bússolas. Esferas armilares cintilavam concentricamente, arcos dentro de arcos... Um Habsburgo mais espanhol do que austríaco, Rodolfo fez de Praga sua capital, enchendo-a de tesouros; e, até que começassem os horrores da Guerra dos Trinta Anos, Praga era uma cidade do Renascimento. Profundamente versado em estudos astronômicos, ele convidou Tycho Brahe à sua corte; chegando com o nariz decepado num duelo na Dinamarca, o grande astrônomo aí viveu até sua morte durante a praga de 1601. Kepler, imediatamente convocado para dar continuidade aos estudos de Brahe sobre os planetas, lá ficou até a morte do imperador. Rodolfo colecionava animais selvagens e juntou uma corte de pintores maneiristas. As fantasias de Arcimboldo, que caíram no esquecimento até serem localizadas três séculos mais tarde, foram uma descoberta sua. Temperamental e desequilibrado, vivia numa atmosfera de magia neoplatônica, astrologia e alquimia. Sua fascinação por práticas misteriosas seguramente obscureceu sua propensão científica. Wallenstein, um dos mais hábeis homens da Europa, estava similarmente equivocado. De fato, uma obsessão com o sobrenatural parece ter impregnado a cidade. O palácio ao gosto italiano, habitado por Wallenstein com misterioso esplendor, tinha toda uma ala dedicada às artes secretas; e Kepler, herdado por ele de Rodolfo, tomou parte nestas sessões com um irônico dar de ombros.*

Surgira, além da astrologia, uma fixação na alquimia e um interesse pela cabala. A cidade tornou-se um ímã para charlatães. Os mantos esvoaçantes e as compridas barbas brancas de John Dee, o matemático e bruxo inglês, deixaram forte impressão na Europa Central. Ele rodou pelos crédulos nobres boêmios e poloneses e, em castelo após castelo, fez com que espíritos aparecessem por meio de sortilégios. Chegou à Europa Central depois de ter

---

* O Palácio Waldstein (como é mais corretamente chamado, segundo aprendi) ainda era de propriedade da mesma família e guardava, dentre heranças mais habituais, empalhado, o cavalo de batalha montado por Wallenstein em Lützen. Um descendente do século XVIII fez amizade com Casanova, que passou seus últimos treze anos como bibliotecário no castelo dos Waldstein na Boêmia, compondo suas memórias. Outro descendente era o amigo ao qual Beethoven dedicou a Sonata Waldstein. Foi o personagem mais interessante da Guerra dos Trinta Anos. Suspeito pelo imperador de fazer intrigas com os suecos antes mesmo de realmente mudar de lado – e, falava-se, talvez planejando tomar a coroa da Boêmia –, fugiu para um castelo rodeado de neve perto da fronteira com a Baviera. Quatro mercenários das Ilhas Britânicas – Gordon, Leslie, Devereux e o Coronel Butler, do Regimento Irlandês de Dragões – abateram os capangas de Wallenstein durante um jantar. Partiram, então, à procura do grande duque e Devereux o trespassou com um pique. De longe, o melhor e mais empolgante livro sobre o período é *Thirty Years War*, de C.V. Wedgwood. A autora profere um veredito negativo ao final da carreira de Wallenstein; crueldade e megalomania e crescente dependência da astrologia ofuscaram seu gênio inicial. Ele era alto, magro e pálido, com cabelo arruivado e tinha olhos de um brilho notável.

perdido sua posição em Cambridge.* (Qual teria sido a reação da Rainha do Inverno, chegada algumas décadas mais tarde, a esta atmosfera estranha? Já mencionamos seus contatos com os primeiros rosacruzes em Heidelberg.) Os judeus, estabelecidos em Praga desde o século X, foram vítimas, no século XVIII, de uma figura similar chamada Hayan. Era um judeu sefardita de Sarajevo, um cabalista e devoto do falso messias Sabbatai Zevi, que conseguiu adeptos entre os de origem asquenaze. Guiado por Elias, proclamava em *séances* privadas que podia invocar a Deus, levantar os mortos e criar novos mundos.

Nossas andanças terminaram no velho gueto sob uma torre encimada por um relógio, onde os ponteiros se movimentavam no sentido anti-horário e mostravam as horas em números do alfabeto hebraico. A sinagoga de cor avermelhada, com seus íngremes e dentados frontões, era uma das mais velhas da Europa; mas fora construída no local de um templo ainda mais antigo, incendiado nos distúrbios em que três mil judeus foram massacrados, no domingo de Páscoa de 1389. (A proximidade das festas cristã e judaica, juntando-se ao mito de assassinatos rituais, fazia da semana da Páscoa um período perigoso.) O cemitério logo ao lado era um dos lugares mais fascinantes da cidade. Datadas do século XV ao final do XVIII, milhares de pedras tumulares, em fileiras, agrupavam-se sob galhos de sabugueiros. O musgo havia sido raspado das letras hebraicas; e os topos de muitas lápides carregavam entalhados os emblemas das tribos cujos membros eram lembrados: uvas para Israel, uma jarra para Levi, mãos levantadas num gesto de bendição para Aarão. Os emblemas sobre as demais pedras se pareciam com as *arms parlant* da heráldica, simbolizando nomes de família: um veado para Hirsch, uma carpa para Karpeles, um galo para Hahn, um leão para Löw; e assim por diante. Um sarcófago marcava o lugar de descanso do mais famoso portador do nome Löw. Era o Rabino Jehuda

---

* A causa de sua queda foi a demonstração pública de um dispositivo através do qual Trigeu, o herói de *A Paz* de Aristófanes, voou ao topo do Olimpo para implorar aos deuses que terminassem a Guerra do Peloponeso. O veículo era um gigantesco besouro de esterco do Monte Etna, que o protagonista reabastecia com suas próprias fezes ao longo da subida: a apresentação deve ter causado certa comoção. Eu gostaria de tê-la visto.

ben Bezabel, o famoso sábio e fazedor de milagres, que morreu em 1609. Seu túmulo é a mais importante lembrança do envolvimento de Praga com o sobrenatural, pois a ele se deve a construção da figura robótica e multilendária do Golem,[8] a qual podia secretamente dotar de vida ao abrir sua boca e nela inserir pedaços de papel com fórmulas mágicas inscritas.

◆ ◆ ◆ ◆

PASSEI MINHA ÚLTIMA tarde na parte alta, acima do rio, na biblioteca do apartamento de Heinz Ziegler. Por uns dois dias, eu estivera de olho em suas paredes recobertas de livros e esta era minha oportunidade. Estava à procura de ligações entre a Boêmia e a Inglaterra, e por uma razão específica: eu ficara muito abatido com o engano no tocante à topografia expressa em *Conto de Inverno*, e estava ainda ressentido: Shakespeare *com certeza* sabia da Boêmia o suficiente para não dotá-la de uma costa... Assim murmurava eu teimosamente enquanto passava as páginas. Não era necessário que ele soubesse muito a respeito de Peter Payne, o lolardo[9] de Houghton-on-the-Hill, Yorkshire, que veio a ser um dos grandes líderes hussitas. Mas ele tinha bom conhecimento do Cardeal Beaufort, minha segunda figura anglo-boêmia. Beaufort não era apenas filho de João de Gaunt e irmão de Bolingbroke e Bispo de Winchester, mas um dos principais personagens na primeira e segunda partes de *Henrique VI*. Antes de terminar a construção de sua catedral e de nela ser enterrado, Beaufort fez parte de uma cruzada contra os hussitas e, à frente de um milhar de arqueiros ingleses, abriu caminho a golpes através da Boêmia. Uma terceira conexão seria João da Boêmia,[10] igualmente bem conhecido, rei cego caído em Crécy, na carga contra o Príncipe Negro. (Seu timbre e lema putativos – as três plumas de prata e 'Ich dien' – foram tidas no passado e, ao que parece, erroneamente, como sendo a origem do emblema do Príncipe de Gales.)[11] Homem notável, famoso por suas guerras na Itália e suas campanhas contra os pagãos da Lituânia, era casado com a última das princesas Premsyl; um de seus filhos foi o grande Carlos IV, construtor de pontes e universidades e, quase incidentalmente, também, Sacro Imperador Romano; e aqui a linha de conexão com a Inglaterra subitamente se avoluma, já que outro dos filhos era a Princesa Ana da Boêmia, que, ao se casar com o filho do Príncipe Negro, Ricardo de Bordeaux,* tornou-se rainha da Inglaterra. Mas minha última descoberta a tudo amarrou. A breve passagem de Sir Philip Sidney[12] pelo século XVI brilhou como o rastro de um cometa: ele parecia incapaz de viajar a um país estrangeiro sem que lhe fosse oferecida a coroa ou a mão da filha do soberano; e suas duas estadias na Boêmia – uma delas depois de seu inverno em Viena com Wotton e a segunda à frente da embaixada de Elizabete para congratular Rodolfo II por sua ascensão ao trono – devem ter chamado atenção para o reino boêmio, conferindo-lhe um toque de realidade até mesmo para o mais paroquial de seus distantes compatriotas.** Dez anos mais novo do que Sidney, Shakespeare tinha apenas vinte e três e era ainda desconhecido quando seu confrade poeta foi fatalmente ferido em Zutphen. Mas a irmã de Sidney era casada com Lord Pembroke e os *Pembroke's Players* eram a mais famosa companhia teatral de Londres: deveriam, portanto, ser amigos do teatrólogo. Como afirmavam apressadamente alguns críticos, o filho deles, William Herbert, não podia ser Mr. W.H., mas, quando a primeira edição póstuma do *First Folio*[13] foi publicada, levava uma dedicatória a ele e a seu irmão; a cordial ligação destes com o poeta é cuidadosamente salientada pelos editores. Shakespeare deve ter sabido tudo sobre Sir Philip Sidney.

---

*   Ela morreu cedo e sua tumba está na Abadia de Westminster. É sua sucessora, Isabela, uma princesa francesa, que, em *Ricardo II*, ouve os jardineiros falando da queda do rei enquanto amarram oscilantes galhos de damascos. Isabela tinha apenas onze anos quando Ricardo foi morto. De volta à França, como rainha viúva, casou-se com seu primo, o poeta Carlos de Orleans, que mais tarde seria capturado em Agincourt por Henrique V e feito prisioneiro na Inglaterra por um quarto de século. Ela tinha apenas dezenove anos ao morrer.

**   Edmundo Campion esteve igualmente em Praga nesta época, dando aulas num seminário jesuita. Os dois tinham longos encontros, dedicando-se amizade e respeito mútuo. Certa vez, em comemoração de uma data oficial, Campion escreveu uma longa tragédia tendo Saul como tema. Foi encenada com enorme gasto e grande esplendor; e, embora com duração de seis horas, Rodolfo determinou que houvesse uma segunda apresentação. Quatro anos mais tarde, na Inglaterra, oficiando secretamente a não-conformistas que eram perseguidos sob as novas leis penais, Campion foi capturado e, após as costumeiras torturas e um julgamento apressado, foi condenado a morrer em Tyburn. Suportou a bárbara sentença com a coragem de um santo.

Para mim, ficou, a cada minuto, mais evidente que a Boêmia não podia ter segredos para ele.

Este era o ponto a que eu havia chegado quando Heinz entrou no cômodo. Divertiu-se com a montanha de livros que minha pesquisa fizera surgir sobre o tapete, e eu lhe falei de minha perplexidade. Depois de uma pausa refletida, ele disse: "Espere um pouco!". Fechou os olhos por uns segundos – eram cinza com um anel cor de avelã em torno à pupila –, bateu na testa uma ou duas vezes lentamente, franzindo-a num esforço de memória, abriu-os de novo e pegou um livro. "É isto, tinha certeza!", disse com uma voz entusiasmada e alegre enquanto virava as páginas. "A Boêmia teve, sim, em certo momento, uma linha costeira," – dei um salto – "mas não por muito tempo..." Ele leu as passagens relevantes: "Otocar II... Sim, é isto aí... A vitória sobre Béla II da Hungria em 1260... expandiu as fronteiras da Boêmia... o reino se expandiu sobre toda a Áustria... sim, sim, sim... *a fronteira ao sul estendeu-se pelos dois lados da península da Ístria, incluindo um longo trecho na costa norte da Dalmácia...*! Não se tornou imperador, talvez devido a preconceito contra os eslavos por parte dos eleitores... Sim, sim... Derrotado e morto por Rodolfo de Habsburgo em Dürnkrut em 1273, quando o país encolheu uma vez mais, retornando a suas velhas fronteiras...". Fechou o livro. "Aí está!", disse gentilmente. "Uma costa da Boêmia para você! Mas somente por treze anos."

Foi um momento de júbilo! Não havia tempo para entrar em detalhe, mas parecia que meus problemas haviam se resolvido. (A falta de tempo era uma dádiva; já que novamente me esperava outro desapontamento. Nenhum dos personagens históricos, nem pelo maior dos malabarismos literários, iria se encaixar como convinha. Pior, descobri que quando Shakespeare se inspirou em *Pandosto, or the Triumph of Time*, de Robert Greene, para compor o enredo de *Conto de Inverno*, ele, sem maiores preocupações, trocou o nome Sicília por Boêmia! Para mim, foi uma completa derrota. Senti-me como se o poeta, ele próprio, tivesse baixado das nuvens para me dar um xeque-mate, num roque, numa única e pouco ortodoxa jogada. Por fim, entendi o que deveria ter previsto desde o começo: apesar de exato nos detalhes em suas peças históricas, Shakespeare não dava a menor pelota para a topografia das comédias. A menos que fosse de alguma cidade italiana

– a Itália sendo a fonte universal de inspiração certeira para os teatrólogos do Renascimento –, o cenário espiritual era sempre o mesmo. Ou seja, as matas e os campos nas fronteiras de Warwickshire, Worcestershire e Gloucestershire; rebanhos e feiras e um ou outro palácio, uma mistura de Cocanha, *Cloud-cuckoo land*[14] e terra de fadas, com cenários de montanhas um tanto ou quanto mais altas do que as Cotswolds e cheia de torrentes e cavernas, assombradas por ursos e lavadas, se necessário fosse, por um oceano povoado por naufrágios de navios e sereias.)

De qualquer maneira, foi um momento de aparente triunfo, ao qual Heinz e sua esposa e Paul e Hans todos se juntaram. Heinz, em celebração, logo enchia taças com um decantador tão ousadamente cortado no padrão de diamante quanto a fachada do Palácio Czernin. Era também um drinque de despedida, já que Hans e eu iríamos voltar no trem da noite para Bratislava e eu planejava, no dia seguinte, cruzar o Danúbio e entrar na Hungria.

As janelas do apartamento olhavam sobre Praga inteira. Ao final de meu trabalho de pesquisa, o sol pálido havia se posto entre nuvens prateadas e arroxeadas e, por volta do crepúsculo, todas as luminárias da cidade simultaneamente se avivaram. Agora, embora as torres e pináculos e cúpulas cobertas de neve tivessem sido engolidas pela noite, sua presença era reafirmada pela eclosão de sinos por toda parte. Definido apenas pelas luminárias do cais e pelos faróis da corrente de tráfego, o rio era uma faixa de escuridão em curva, cruzada pelos colares de contas de suas inúmeras pontes. Logo abaixo, por entre grupos de luminárias com suportes barrocos, os conjuntos de estátuas se posicionavam, apagadas, ao longo da balaustrada da Ponte Carlos. As luzes escasseavam à medida que subiam a cidadela e se dispersavam em torno à íngreme e deserta escuridão onde, pela noite, haviam se aglomerado as gralhas nas matas invasoras. Foi a última visão de Praga e teve que me bastar daquela noite até agora.

CAPÍTULO 10

ESLOVÁQUIA: ENFIM, SEGUINDO EM FRENTE

❦ ❦ ❦

Ao deixar Bratislava, meu plano original era cruzar o Danúbio, rumo a sudeste, em direção à fronteira da Hungria, e depois seguir pela margem direita até a antiga cidade de Györ. Este itinerário, cruzando o começo da *puszta* que eu avistara do alto do castelo, era a tradicional entrada da Hungria.

Mas, de última hora, os planos foram mudados por amigos de Hans. Casada com um dos joviais cavalheiros húngaros de origem rural que eu mencionei a dois capítulos, Gerti von Thuroczy sugeriu que eu mudasse a rota e, no caminho, ficasse com seu irmão, Philipp Schey. Os Barões Schey von Koromla, para dar-lhes sua titulação completa, eram judeus austríacos, gente muito requintada, que tivera importante participação na vida da Europa Central e Ocidental – amigos de artistas, poetas, escritores e compositores, com parentes e ramificações em uma dúzia de países europeus. Embora muito ricos no passado, já não mais o eram, como todos nos tempos que correm. Eu já havia encontrado Pips Schey (como era conhecido), mas apenas brevemente. Era uma figura fascinante e um tanto lendária que vivia a umas quarenta milhas a leste de Bratislava. Chamadas telefônicas foram trocadas e, em dois dias, eu era esperado.

Assim, em lugar de me dirigir ao sul, segui para nordeste. Continuava do lado errado do Danúbio, dele me distanciando a cada passo e adentrando pela Eslováquia. Meu novo plano era o de fazer um amplo circuito pelo país, chegar novamente ao Danúbio a umas cem milhas rio abaixo, cruzando para a Hungria pela ponte que liga Parkan a Esztergom.

♦ ♦ ♦ ♦

NESTE ÍNTERIM, UMA importante mudança ocorreu no tocante ao material bruto destas páginas.

Recentemente – após haver anotado tudo de que me lembrava sobre estas antigas viagens – fiz uma jornada ao longo de toda a extensão do Danúbio, começando pela Floresta Negra e terminando no delta; e na Romênia, de maneira romântica e improvável, complicada demais para relatar aqui, recuperei um diário que tinha deixado lá, numa casa de campo, em 1939.

Acho que foi em Bratislava que comprei o caderno de notas. É agora um volume grosso, maltratado, com a lombada em pano e capa dura, contendo trezentas e vinte páginas repletas de texto a lápis. Após uma longa passagem inicial, a narrativa se interrompe por um ou dois meses, e em seguida recomeça com notas apenas; uma vez mais é interrompida, para então se expandir novamente na forma própria de um diário. E segue assim, registrando de maneira esporádica minhas viagens por todos os países entre Bratislava e Constantinopla, de onde se move até o Monte Atos, aí parando. Na parte de trás do livro, figura uma conveniente lista de estadias noturnas; aparecem vocabulários rudimentares em húngaro, búlgaro, romeno, turco e grego moderno e uma comprida lista de nomes e endereços. À medida que os lia, rostos de que há anos não me lembrava começaram a voltar: um vinhateiro nas margens do Tisza, um dono de estalagem em Banat, um estudante em Berkovitza, uma menina em Salônica, um professor *pomak*[1] nas montanhas Rhodope. Há um ou dois desenhos com detalhes de prédios e vestimentas, alguns versos, as palavras de algumas canções folclóricas e as breves notas sobre alfabetos que mencionei a dois capítulos. As capas manchadas estão deformadas pela posição em que o caderno era sempre guardado na mochila; e as páginas ainda têm, definitivamente, o cheiro daquela viagem.

Foi um achado animador; e também um tanto perturbador. Havia algumas discrepâncias de tempo e lugar entre o diário e o que eu já havia escrito, o que não importava muito, pois poderia corrigi-las. O problema era que eu imaginava – como sempre acontece com propriedade perdida

– que o conteúdo fosse melhor do que de fato era. Aquela primeira perda em Munique talvez não tivesse sido tão séria quanto na época me parecera. Mas, com todos os seus inconvenientes, o texto tinha de fato uma virtude: eu escrevera rápido, com ímpeto. Sei que é perigoso mudar de tom, mas não posso resistir a usar algumas passagens, aqui e ali, deste velho diário. Não interferi no texto, exceto ao encurtar, condensar e esclarecer pontos obscuros. Começa no dia em que parti de Bratislava.

19 de março de 1934
...O céu estava de um lindo azul com grandes nuvens brancas, e andei ao longo de uma ondulante avenida de olmos. O capim era de um verde brilhante e a primavera já havia começado! Olhando para trás, eu podia ver as terminações em cerâmica das chaminés de Pressburgo e o castelo cinza na montanha e ouvia os sinos tocando sobre os campos. Segui em frente, fumando satisfeito, e ao meio-dia me sentei sobre um toco e olhei para o sol brilhando sobre os Pequenos Cárpatos, as montanhas à esquerda da estrada, enquanto comia meus brioches, *speck* e uma banana. Uma tropa de cavalaria tchecoslovaca se exercitava num campo próximo. Seus cavalos eram belas criaturas de pernas longas, de uns dezesseis palmos de altura,[2] com rabos e crinas soltas. Os soldados cavalgavam muito bem. Suas cabeças raspadas faziam com que parecessem durões, com jeito de cossacos.

Fiquei muito sonolento sentado ao sol. Meu trajeto passava por uma mata de aveleiras onde jovens cervos saltitavam agilmente, suas traseiras brancas cintilando em meio à vegetação rasteira. Devo ter perambulado por ali numa espécie de transe, já que, por volta de quatro da tarde, não tinha ideia de onde estava; e sempre que tentava parar algum camponês para lhe perguntar o caminho para a casa do Barão Schey, em Kövecsespuszta, ele gesticulava sem jeito, respondendo "*Magyar*" ou "*Slovenski*", e me dei conta da dificuldade que eu terei no tocante a línguas. Preciso aprender um pouco de húngaro! Estava a milhas de meu caminho, perto de uma pequena cidade chamada

Senec e tão perto de Kövecses quanto Kövecses está de Pressburgo. Um carteiro rural que falava algum alemão me disse que eu deveria me dirigir a Samorin, a mais ou menos vinte quilômetros de distância; assim, saí por uma vereda triste numa planície totalmente plana, pontuada por umas poucas fazendolas brancas. De vez em quando, encontrava uma velha e alquebrada senhora colhendo amentos e flores de salgueirinhos. (O Domingo de Ramos é o próximo.) Deve ser gente tremendamente devota. Nunca vi nada semelhante à reverência com que se ajoelhavam no chão diante de crucifixos à beira da estrada, bendizendo-se e depositando ramos de palmas sobre suas bases. Por fim, cheguei a um afluente do Danúbio que serpenteava através de prados molhados, à sombra de salgueiros. É chamado de Kleine Donau ou, em magiar, Kish* Duna. Andei até chegar a uma balsa, pela qual gritei. Um velho apareceu, entrou no barco e o aproximou da margem, agarrando-se a uma corda bem esticada à altura do ombro. Eu estava à beira daquela região pantanosa, cheia de rios e riachos, que eu avistara do alto do castelo, antes de irmos para Praga.

Do outro lado, andei novamente através de campos totalmente planos. O sol baixou num céu suave e cor-de-rosa, com alguns fiapos de nuvens iluminadas. "*A barra dourada do céu*"![3] Tudo estava quieto, sem vento, e, ao alto, sobre os campos verdes, cotovias se agitavam. Observei seu voo, seu flutuar, o descer e subir pelo céu. Era lindo e me fez pensar na primavera inglesa.

Pouco depois, quando o céu começou a esmaecer no crepúsculo, cheguei a um lugarejo chamado Nagy Magyar,** uma coleção de casas caiadas, recobertas com longas fibras de sapê, mal mantidas e vazias de gente, com caminhos de lama sulcada, sem pavimentação

---

* 'Kis', pequena.

** Não consigo achar esta pequena vila (que quer dizer 'Húngaro Grande') em mapa algum. Acho, a alguma distância, um lugar muito maior chamado Nagy Megyer, mas não pode ser o mesmo. Estou um tanto confuso.

ou cercas de jardim. A vila inteira pululava de crianças morenas, de cabelo negro, enroladas em cobertores coloridos. Havia velhotas de pele escura, com mechas de cabelos oleosos saindo dos panos que cobriam suas cabeças, e jovens altos, morenos, de membros flexíveis e olhos inquietos. *Zigeunervolk!* Ciganos húngaros, como os que eu havia visto em Pozony. Surpreendente! "*Östlich von Wien fängt der Orient an!*"

Com toda esta gente girando em torno, encontrei, nem sei como, a casa do burgomestre. Era um homem esplêndido, um típico húngaro, com uma cara bonita, afilada, falando alemão do jeito húngaro, com o acento sempre na primeira sílaba e trocando metade dos 'a' por 'o'. De imediato, prontificou-se a me hospedar e conversamos até tarde, perto do fogo, fumando do seu fortíssimo tabaco húngaro e bebendo um vinho dourado. Vinho é '*sor*' (pronuncia-se shor); tabaco, '*dohányi*'; isqueiro ou fósforos, '*gyufa*'; boa noite, '*jó étszokát Kívánok*'; e, eu beijo sua mão, '*kezeit csokolom!*'. A velhota que nos trouxe o jantar me ensinou tudo isto e o fez de uma maneira tão cerimoniosa quanto pomposa. Fiquei desorientado, mas este parece ser o tratamento dado a estrangeiros e convidados, mesmo no caso de um vagabundo como eu. (Só uma palavra em eslovaco até agora: '*selo*' = aldeia, como no russo '*Tsarskoë Selo*', aldeia do tsar ou imperial.) Não há pranchas no piso; só terra batida e aplainada, mas tão dura que parece ser igualmente adequada. A casa é coberta de sapê, como as demais. Fui para a cama num quarto desocupado e, puxando o edredom, logo dormi.

Acabo de tomar o café da manhã, depois de escrevinhar rapidamente as tolices acima. Preciso me despedir do burgomestre e sair em direção a Kövecsespuszta. A manhã está maravilhosa e sopra uma leve brisa.

Quem está na chuva é para se molhar! Vou deixar que meu precursor de dezenove anos continue até que cheguemos a Kövecses* e aí pare.

---

* Pronuncia-se 'Követchesh'.

Kövecsespuszta, 20 de março

Mal havia saído de Nagy Magyar hoje de manhã, vi um enxame de moleques miúdos – uma expedição guerreira, em cáqui ou tom mais escuro – seguidos de três ciganas caminhando em minha direção pela estrada poeirenta. Elas vestiam panos de seda e algodão escarlate, verde e roxo. Nunca vi nada tão maravilhoso. Uma delas tinha um bebê marrom dependurado em volta de sua cintura tal como a criança de uma índia americana, mas as outras duas eram jovens e bonitas, com bochechas marrons e olhos muito grandes e muito escuros e cabelo preto, muito preto. À medida que passamos um pelo outro, todas três gritaram algo muito amigável em magiar ou romani, e eu fiz sons alegres e sorri para elas também. Não tinham qualquer timidez. *"Junto-me a alguma fêmea selvagem, que criará minha prole escura."*[4]

Logo cheguei a Samorin. Aqui, para minha surpresa e horror, fui informado que ia na direção totalmente errada se quisesse chegar a Sopornya (?), que estava a trinta milhas de distância! Começava a ficar tarde e eu havia prometido estar em Kövecses por volta das cinco ou seis – na realidade, na hora do chá; assim, perguntei se era possível chegar lá de trem. O único a fazer, me disseram, era voltar a Bratislava de ônibus e tomar o trem a partir de lá. Não havia escapatória.

O ônibus estava lotado. Como sempre, havia duas freiras com guarda-chuvas bojudos; camponeses com botas altas, bonés de couro de ovelha e coletes de lã grossa; dois homens gordos com jeito de gente de cidade, com valises *gladstone* no colo e chapéus-coco cinza;[5] e um gendarme campestre, pingando suor no sobretudo grosso – dependurado da prateleira, seu cinto balançava, com revolver e cassetete e uma espada que mais parecia um cutelo. Levamos uma hora para chegar de volta a Pressburgo e, por sorte, havia um trem que saía imediatamente para Sered, a estação mais próxima de Kövecsespuszta. Passamos novamente por Senec, e depois por Galanta e Diosegh. Em Sered descobri que tinha pela frente uma caminhada de dez quilômetros, passando por Sopornya, até alcançar

Kövecses, o que me faria chegar com duas horas de atraso. Fui até o correio e tentei o telefone, mas soube que o correio mais próximo de Kövecses – um lugar chamado Sala-nad-Vahom, acho eu – fechava às seis. O atendente no escritório foi imensamente prestativo, embora não falasse uma só palavra de alemão. Mas chamou um rapaz da mercearia, que falava, e ele me levou até a loja. Seu patrão, um homem grande e jovial, disse que me mandaria levar em seu carro, com o rapaz dirigindo. A estrada ficou cada vez pior. A esta altura, estava escuro e os faróis iluminavam as árvores e os arbustos, fazendo alguns coelhos correrem, seus olhos brilhando no escuro. Por fim, lá chegamos. O *schloss* – ou '*kastely*' (pronunciado '*koshtey*'), como o rapaz o chamava em magiar – ficava em meio a um amontoado de árvores. Apenas algumas janelas estavam acesas. Sari, a caseira do barão, nos fez entrar e deu de beber ao rapaz. Ela era uma adorável velhinha com um lenço amarrado sob o queixo. Mão beijada pela segunda vez! Encontrei o Barão Schey na biblioteca, sentado numa poltrona de couro, de chinelas, lendo Marcel Proust.

◆ ◆ ◆ ◆

A CASA TINHA o charme de uma grande e desconexa residência paroquial ocupada por longa linhagem de proprietários bem de vida e livrescos, divididos entre duas paixões rivais: os esportes de campo e suas bibliotecas. "Não é um *schloss*", disse o Barão Pips quando mostrava meu quarto, "embora assim o chamem. É um pavilhão de caça, na realidade. Mas é também Liberty Hall".[6] Seu inglês era tão bom que não ouvi um erro sequer durante toda minha estadia, embora ocasionalmente usasse um fraseado eduardiano,[7] possivelmente caído em desuso na Inglaterra algumas décadas antes. Passava o inverno aqui. Com exceção de seu quarto de dormir e dois outros, para os amigos que aparecessem, e a deliciosa biblioteca onde o encontrei, a maior parte dos cômodos havia sido fechada.

A biblioteca estava tão entupida que a maior parte das paredes ficava escondida e os livros, em alemão, francês e inglês, tinham transbordado em pilhas organizadas sobre o chão. As áreas de parede a descoberto estavam ocupadas por galhadas e chifres de cervos machos, um par de retratos e um croqui de Rembrandt. Havia uma enorme escrivaninha coberta por fotografias, uma caixa de charutos com um cortador feito do casco fendado de um cervo e, a seu lado, algumas cigarreiras de prata organizadas numa elegante fila, cada uma delas gravada em ouro com um diferente monograma. (Mais tarde, notei que este era, invariavelmente, um item presente nas casas de campo da Europa Central, em particular na Hungria. Eram presentes trocados em ocasiões especiais, e sempre entre homens: por atuarem como, testemunhas de casamento, padrinhos de batismo ou de duelos, e por aí afora.) Havia abajures e poltronas de couro ao lado de uma imensa estufa aberta, e uma cesta para lenha, em frente à qual um *spaniel* dormia.

"Estou no último volume", disse o Barão Pips, levantando um livro francês encadernado em papel. Era *O Tempo Redescoberto*, no qual uma espátula em marfim marcava a leitura a três quartos do volume. "Comecei o primeiro em outubro e venho lendo o conjunto ao longo do inverno." Colocou o volume de volta na mesa junto à sua cadeira. "Estou tão envolvido, que não sei o que vou fazer depois de terminá-los. Já tentou Proust?"

Pelo tom de meu diário, é fácil constatar que eu apenas ouvira falar de Proust, mas sempre referido com tal admiração que me senti lisonjeado pela pergunta. Naquela noite, levei o primeiro volume para cama; mas era madeira dura de rachar. No ano seguinte, na Romênia, ao tentar outra vez, a madeira parecia mais leve e veio a se transformar numa floresta cujo feitiço, desde então, só faz se acentuar. Portanto, apesar desta hesitação inicial, o Barão Pips foi, de fato, quem me iniciou em Proust. Talvez por isto, durante muito tempo, algum perverso processo de meu subconsciente associou o barão à figura de Swann. Fora um ou dois pontos fortuitos em comum, a semelhança, de resto, era pouca. Por certo, não fisicamente, caso se identifique Swann com o Charles Haas das fotografias que aparecem no livro de Mr. Painter.[8] Minha confusão, não obstante, persistiu por anos.

Ele tinha cinquenta e dois anos e era alto e esbelto; sua beleza excepcional era marcada por uma luminosa distinção. Tendo feito, poucos dias depois, um cuidadoso desenho do barão, consigo me lembrar vivamente dos detalhes –

testa alta e um tanto pálida, linhas cinzeladas de sobrolhos, nariz e queixo, claros olhos azuis e cabelo prateado e liso. Havia um elemento de sabedoria e bondade em seu rosto, algo em sua boca que sugeria o artista ou o músico, e suas feições eram frequentemente iluminadas por humor e alegria. Usava um velhíssimo casaco de caça em tweed, culotes de couro macio — de um tipo que na Áustria me provocara inveja —, e meias verdes estriadas e grossas, e seus chinelos substituíam um par de brogues enlameados que eu havia visto no hall de entrada. Sua maneira de ser e seu excelente domínio da língua inglesa fariam com que, num vagão de trem, alguém que não o conhecesse o tomasse por inglês, mas de um tipo em parte patrício, em parte acadêmico, que já naquela época parecia ameaçado de extinção. Eu sabia que sua vida fora repleta de andanças e aventuras, independente de seus dois casamentos — o primeiro, com uma encantadora e qualificadíssima figura de dinastia similar à sua; o outro, com uma famosa atriz do Deutsches Theater de Max Reinhardt[9] em Berlim. Quando nos conhecemos, havia uma relação muito próxima entre ele e uma russa branca, belíssima e de aparência poética, que eu conhecera em Bratislava, e que, acredito, estava a caminho de Kövecses.*

Na noite em que cheguei, Sari serviu o jantar numa mesa de abrir na biblioteca. Quando o retirou, voltamos para as poltronas e para os livros com nossos copos de conhaque e conversamos até quase uma da manhã, sem atentar ao relógio que batia meia-noite em algum lugar da casa.**,[10]

---

*   Casaram-se pouco depois.

** Mais tarde, soube que o herói epônimo (embora não o enredo) dos dois volumes do romance Christian Wahnschaffe de Wassermann — World's Illusion, na tradução para o inglês — era baseado no Barão Pips quando jovem, e corri para lê-lo. Escrito antes da Primeira Guerra Mundial, é um livro extraordinário; um tanto empolado e muito melodramático. O herói é um jovem de origem patrícia, aparência arrebatadora, talento brilhante e muito rico. Por idealismo e sob a influência de alguma orientação filosófica não claramente indicada, ele pouco a pouco deixa de lado todos os seus amigos, dinheiro e bens, de maneira a viver uma vida de pobreza franciscana e sem qualquer mundanismo, entre os pobres, os criminosos e as prostitutas de uma grande cidade. Existe um toque de similitude, acho eu; exceto que a figura santificada da ficção não tem aquela chispa do humor de seu protótipo vivo.

◆ ◆ ◆ ◆

OS DIAS PASSADOS em Kövecses foram de grande prazer e um marco relevante em minha vida. O prazer é fácil de entender – o Barão Pips se dispunha a esbanjar gentileza e charme e toda sua erudição, sabedoria mundana, reminiscências e bom humor em alguém com um terço de sua idade –, mas a relevância do marco é algo mais complexo. Ouvir de alguém muito mais velho que eu que não deveria tratá-lo por 'senhor' pode ter tido algo a ver. Foi como ser investido com a *toga virilis*. Eu parecia gozar do melhor de todos os mundos. A atmosfera de Kövecses foi o ápice de uma mudança que vinha ocorrendo desde que eu saíra da Inglaterra. No passado, chegava sempre em qualquer novo ambiente carregando uma trilha de malfeitos e desastres. Agora, esta sequência havia se rompido. Em algum ponto entre Dogger Bank e Hoek da Holanda, rompeu-se o elo; e, pelo último quarto de ano não houvera regras a quebrar exceto as que eu mesmo elegera. As coisas estavam entrando nos eixos! Não é de espantar que eu encarasse a vida com alegria.

É difícil imaginar alguém menos didático do que meu anfitrião. E, no entanto, sem qualquer esforço, exerceu sobre mim uma influência libertadora e civilizadora similar à que emana de mestres excepcionalmente talentosos: orientadores cujo tato, discernimento, humor e originalidade limpam o ar e o preenchem com novo oxigênio. Ele fazia lembrar um aristocrata *whig* bem viajado – um amigo de Voltaire e Diderot, talvez – que, depois de gozar e exaurir as intrigas e frivolidades de meia dúzia de cortes europeias, havia se retirado para seus livros em algum condado remoto e recoberto de matas.

Não me cansava de ouvir falar das frivolidades da vida na Europa Central, e era devido à minha curiosidade, e não por sua escolha, que frequentemente ele levava suas reminiscências por estes caminhos mundanos. No começo do século, passara vários anos na Inglaterra e lembrava-se daqueles longínquos tempos com todos os seus cintilantes detalhes ainda intactos: comemorações, regatas, competições, festas e noites de verão quando um jovem solteiro tinha a oportunidade de ir a diversos bailes. "Frequentemente, eu o fazia", disse ele, "o que me parece hoje tão extraordinário que mal consigo imaginar. Noite após noite, voltando para a casa de meu primo em plena luz do dia. Quase amanhecendo, eu me lembro, de ter visto um rebanho de ovelhas saindo de Knightsbridge e entrando no parque pelo Albert Gate". Lembrava-se, para meu deleite, de anedotas sobre Eduardo VII, Mrs. Keppel, Lily Langtry, Rosebery, Balfour, Sir Ernest Cassel e Ellen Terry, e rememorava as conversas da jovem Mrs. Asquith. Os nomes dos irmãos Benson, de Anthony Hope e Frank Schuster[11] vinham à tona – mas ligados a quê? Já me esqueci. O diário redescoberto leva a culpa por esta profusão de nomes.

Enquanto ele falava, a Europa elegante da virada do século se levantava à minha frente qual emanação de absurdo e cativante esplendor. Soberanos e estadistas confabulavam numa neblina cor-de-rosa e cinza-pombo. Embaixadores, procônsules e vice-reis, cintilantes em suas condecorações, pavoneavam-se em colóquios. O cenário era repleto de uniformes em escarlate e azul da cor do céu; estava carregado, acima de tudo, de mulheres luminosas quase sobrenaturais. Em Rotten Row ou no Bois de Boulogne ou no Prater ou nos Jardins da Vila Borghese, seguidas por criados com chapéus ornamentados, elas cavalgavam a meio galope por entre as sombras deslizantes de folhagens e uma onda de cartolas que se levantavam à sua passagem. Sob chapéus que mais pareciam íbis retorcidas, eram figuras de sonho rodopiando ao longo de alamedas de choupos podados, acompanhadas por um séquito de botas com peito do pé recoberto em tecido. À noite, com tiaras que refletiam candelabros nas cores do arco-íris, seus pescoços de cisne, apertados em cilindros de pérolas, giravam por entre uma nuvem de suspiros ao som de *Fledermaus* e *Lily of Laguna*. Paris, disse ele, fora deslumbrante num estilo diferente e ainda mais complexo. "Mais ou menos como aqui", continuou, apontando o livro a seu lado. "Quando lá estive pela primeira vez, ainda se recuperava do caso Dreyfus." Contou-me que ouvia os mais velhos, tal como eu agora fazia com ele, que descreviam uma França anterior, do Segundo Império, da Guerra Franco-Prussiana e do sítio de Paris.

"O kaiser e o Pequeno Willy me parecem, sem dúvida alguma, terríveis", escrevi em meu diário, "embora o Barão Pips os trate com imparcialidade". Conversamos sobre o círculo do Von Moltke e o escândalo de Eulenburg com seus extravagantes paralelos com o de Wilde.[12] Ele havia visitado a Alemanha com frequência, mas a ideia do novo regime envenenava sua lembrança do país. "Não é só uma questão racial", disse ele, "embora evidentemente isto conte". Tinha muitos amigos alemães, mas poucas amizades haviam sobrevivido às recentes mudanças. Como poderiam? Era como se toda uma civilização se encaminhasse para o caos, levando o mundo consigo. Falávamos muito destes temas e, certa vez, tarde da noite, ao caminharmos para nossos quartos, ele parou no corredor e disse: "Sinto que deveria sair pelo mundo tal como um Dom Quixote", e adicionou com um riso triste, "mas é claro que não vou fazer nada disso".

A Áustria era uma rica fonte de reminiscências. As figuras familiares de Francisco José e da Imperatriz Elizabete conduziram à Pauline Metternich, à Frau Schratt, à tragédia de Mayerling, aos axiomas de Taaffe, e às desventuras de Bay Middleton.[13] Uma mitologia inteira se desdobrou e fiquei feliz que Viena tivesse se tornado, recentemente, em minha cabeça, um pano de fundo real tanto para estas sombras quanto para as mais novas *dramatis personae* às quais, de maneira indireta, eu estava sendo apresentado: Hofmannsthal, Schnitzler, Kokoschka, Musil e Freud e uma galáxia de compositores cuja importância eu, de fato, só cheguei a absorver anos mais tarde. (Desejaria ter ido à ópera! Seria entrar em um desconhecido campo de delícias uma década mais cedo do que o fiz.) Holderlin, Rilke, Stefan George e Hofmannsthal, pelo que me lembro, eram os poetas que o barão baixara das prateleiras quando lhe perguntei como soavam. Ao falar de Lewis Caroll e Lear e poesia de *nonsense* em geral, ele me apresentou a Christian Morgenstern.* Desenvolvi, de imediato, uma paixão pelos personagens de seus poemas e pelo mundo vago e alucinatório nos quais habitam: um mundo em que arquitetos sem princípios roubam e fogem com espaços vazios por entre as hastes de uma grade; onde criaturas inclassificáveis, seguidas de seus filhos, entram em cena sobre seus múltiplos narizes; e onde as pernas de dois rapazes, lado a lado no frio, começam a congelar, uma delas em centígrados, e a outra em fahrenheit... Num dos poemas, um inventor, depois de construir um órgão de cheirar, compõe música para ele – tercinas musicais de eucaliptos, tubérculos e flores alpinas são seguidas por scherzos de heléboros; e,

---

* Morreu em 1914.

mais tarde, o mesmo inventor cria uma gigantesca armadilha de vime para a qual, tocando um violino, atrai um camundongo, para poder soltá-lo na solidão de uma floresta distante. Terra dos sonhos.

◆ ◆ ◆ ◆

ESTÁVAMOS SENTADOS EM frente da casa, à sombra de dois antigos e enormes álamos, e o Barão Pips, ilustrando a desenfreada frequência de palavras francesas nas conversas austríacas anteriores à guerra, me contou que, quando menino, numa festa nos jardins de Bad Ischl, ouviu o imperador dizer a uma princesa Dietrichstein: "*Das is ja incroyable, Fürstin! Ihr Wagen scheint ganz introuvable zu sein*".* Um ambiente similar foi cenário de outra história. Frederico Augusto, último rei da Saxônia, homem gordo, tranquilo e de proverbial bom temperamento, detestava todas as funções da corte e especialmente, no verão, a festa nos jardins de Dresden. Certa vez, à tarde, após ter cumprido seus deveres e derretendo com a onda de calor, já se retirava para tomar algo fresco em seu gabinete quando viu, do outro lado do parque, sob uma árvore, dois velhos e obscuros professores que havia esquecido de cumprimentar. Chateado com a possibilidade de ofendê-los, caminhou laboriosamente até a dupla, e, cansado, apertou-lhes as mãos. As tarefas da tarde, no entanto, haviam sido excessivas. O rei conseguiu nada mais do que resmungar: "*Na, ihr beide*" ("Bem, vocês dois"), e cambalear de volta ao palácio.**

Eu adorava estas histórias. Enquanto caminhávamos pelas matas num dos extremos da propriedade, uma outra surgiu, induzida por uma menção a Frederico, o Grande. Como nunca a li ou ouvi em qualquer outro lugar, fica aqui o registro.

Tendo tomado conhecimento de que um de seus oficiais lutara com grande bravura, o rei recomendou que recebesse imediatamente como

---

*   "É *incroyable*, Princesa! Sua carruagem parece ser *introuvable*."

**   Abdicou em 1919.

ondecoração a Cruz *Pour le Mérite*, que ele acabava de criar, equivalente prussiano da V.C..[14] A fita foi logo enviada. Poucos dias mais tarde, quando o oficial apareceu no quartel general do rei com despachos, Frederico examinou seu pescoço e lhe perguntou por que não estava usando sua condecoração. Um terrível engano ocorrera, explicou o oficial. A honraria tinha sido dada a um primo, do mesmo regimento e com igual nome e patente. Um olhar de crescente desgosto passou pelo rosto do rei, e quando o rapaz terminou, colocou-se de pé e o expulsou, berrando: *"Weg! Geh' weg! Du hast kein Glück!"* ("Fora! Vá embora! Você é um azarado!").

"Talvez haja falado em francês", disse o Barão Pips, depois de uma pausa. "Detestava falar alemão."

◆ ◆ ◆ ◆

ESTAS CAMINHADAS NOS levavam longe. Todos os sinais de inverno haviam desaparecido; e a neve, com eles, exceto por alguma linha branca que se esvaía aqui e ali sob uma cerca viva ou a sotavento de uma parede que o sol nunca alcançava. Fora isto, a estação dera um salto em direção à primavera. A grama, recuperada da esguia palidez de seu primeiro reemergir, estava de um verde brilhante, e as margens e as raízes das árvores estavam espessas de violetas selvagens. Lagartos verdes, apenas acordados de seu invernal torpor, corriam elétricos e paravam, petrificados, em posturas alertas. Os capões de aveleiras e os olmos e os álamos e os salgueiros e as choupos ao longo dos riachos soltavam, todos eles, folhas novas. O branco universal havia desaparecido e uma Europa não vista assomava à superfície. As dezenas de cotovias e as aves migrantes que retornavam me fizeram lembrar que, por quase um quarto de ano, praticamente não vira quaisquer pássaros exceto gralhas, corvos e pegas, e um ocasional pisco-de-peito-ruivo ou uma carriça. Havia lavandiscas irrequietas; e o chilrear que acompanha a construção e o reparo de ninhos beirava a algazarra. Os trabalhadores nos campos levantavam bonés de lã e chapéus pretos em amigáveis saudações e o Barão Pips retornava, acenando seu velho chapéu de feltro verde, de copa contornada por um cordão, com uma ritual resposta em eslovaco ou húngaro. O Váh,* rio largo e rápido, formava um dos limites da propriedade e se prolongava duzentas milhas em direção nordeste, até perto da fronteira polonesa. Suas margens eram dotadas de altos aterros para proteger do perigo de inundações quando as montanhas Tatra se descongelavam. O clima havia mudado tanto que podíamos deitar na grama, conversando e fumando cigarros, e tomando sol como camaleões, debaixo de um céu limpo de nuvens, olhando a água fluir em seu caminho até o Danúbio. Certa tarde, fomos atrás de coelhos, carregando armas tão bem proporcionadas que pareciam leves como plumas – "relíquias de um esplendor passado", disse o Barão Pips no hall de entrada, enchendo os bolsos com cartuchos. Retornamos através de uma imensa concentração de tocas, quando a tarde já começava a descer. Os coelhos corriam para lá e para cá, sentando-se em grupos e sombreando os campos. Embora estivesse carregando três deles, comentei que pareciam tão alegres e decorativos que era pena abatê-los. Passado um breve momento, ouvi o Barão Pips rir de leve e perguntei o porquê. Respondeu: "Você parece o Conde Sternberg". Um nobre austríaco, muito velho e meio simplório, explicou. Na hora de sua morte, seu confessor lhe advertiu que havia chegado o momento de tudo dizer. O conde, depois de perscrutar seus miolos por algum tempo, declarou que não se lembrava de mais nada que pudesse revelar. "Vamos, Conde!", o padre replicou. "O senhor deve ter cometido *alguns* pecados na vida. Pense de novo." Depois de um longo e perplexo silêncio, o conde, um tanto relutante, balbuciou: "*Habe Hasen geschossen*" ("Matei algumas lebres"). E expirou.

Logo depois do sol se pôr, flutuaram por nós seis ou sete balsas, destinadas ao Danúbio e aos Bálcãs. Os troncos haviam sido derrubados nas florestas eslovacas, amarrados formando a embarcação, e, em seguida, carregados com toras, ordenadamente, em pilhas entrecruzadas. Uma cabana havia sido construída na popa de cada balsa, e as fogueiras para as refeições dos balseiros lançavam reflexos vermelhos no rio. Os lenhadores, em botas de couro que chegavam aos joelhos, eram apenas silhuetas na luz desfalecida. Acenando seus chapéus de pele, desejaram-nos boa noite ao passar.

---

* *Waag*, em alemão; *Vag*, em magiar.

Retribuímos o cumprimento e o Barão Pips gritou: "Deus os trouxe". Exceto pelas fogueiras e seus reflexos, as balsas já haviam se derretido na escuridão quando deslizaram para fora de nossa vista entre as árvores distantes.

Apesar do desentendimento temporário com Proust, eu tinha prazer em ouvir as passagens lidas pelo Barão Pips, especialmente quando estas o sensibilizavam; por exemplo, as opiniões de Charlus ao cruzar Paris durante um ataque aéreo. Certa noite, encontrei um tesouro de livros infantis e os levei para a cama. Havia os dois *Alice*, vários *Coloured Fairy Books*, *Struwwelpeter* no original, nunca antes visto por mim, e os dísticos ilustrados de Wilhelm Busch: *Max und Moritz*, *Hans Huckebein* e assim por diante. Havia muitos em francês: Becassine, lembro-me bem, e os inúmeros livros da *Bibliothèque Rose*. Todos estes livros levavam escritos, em grafia infantil, os nomes 'Minka' e 'Alix', e aqui e ali as mesmas mãos haviam pincelado ousados volteios de aquarela dentro dos contornos das ilustrações preto e branco. Pertenciam às duas belas filhas* do primeiro casamento de meu anfitrião, com as quais me havia familiarizado devido às fotografias sobre a escrivaninha da biblioteca. Só muito mais tarde e muito depois da guerra, quando nos encontramos na França e ficamos amigos, é que viria a descobrir que eu tinha uma estranha ligação com estas moças – o vício de dizer as coisas de trás para frente. É um hábito que começa, suspeito eu, quando se aprende a ler, com a visão de palavras como 'ETEPAT' no amarfanhado tapete do piso do banheiro, e depois, ao olhar de dentro de restaurantes e cafés, através de suas vidraças, e conseguir decifrar 'EFAC' e 'ETNARUATSER'. De inicio, formam-se palavras únicas, depois frases inteiras, e mais tarde, quando já se consegue dizê-las rapidamente, fazendo com que soem como uma desconhecida língua estrangeira, esta capacidade inútil vira uma obsessão. Quando eu esgotava o material para recitar em minhas caminhadas, frequentemente me via, quase sem o perceber, a dizer a *Ode a um Rouxinol*[15] desta maneira perversa:

> *Uem otiep iód; mu onos onasni erbos mim*
> *Asep, omoc es ue em essevit odacixotni*

---

* Minka Strauss e Alix de Rothschild.

Ed oipó uo onenev euq ue essevros éta o mif,
Áh mu ós otunim, e sópa on Setel em odamsiba

e assim por diante. Para os iniciados, estas asserções têm uma beleza misteriosa e extraterrena. "Adeus! Adeus! Eu sigo em breve a tua via" vira: "Sueda! Sueda! Ue ogis me everb a aut aiv". E a transposição de "Em meio à sombra verde e ao musgo dos lugares" é: "Me oiem à arbmos edrev e oa ogsum sod seragul". Parece quase superar o original em matéria de mistérios silvestres.

❖ ❖ ❖ ❖

MESMO SEM A recuperação do diário, eu teria sido capaz de me lembrar da maior parte dos detalhes destes dias, mas não de todos. Meu presente de despedida, um volume de bolso de Hölderlin, teria sobrevivido ao esquecimento, tal como a velha cigarreira de couro cheia de charutos Regalia Media; mas já não seria este o caso das latinhas de duas onças de tabaco* Capstan para cachimbo que o Barão Pips havia encontrado num armário da cozinha; nem o conteúdo do farnel que Sari preparou. O nome dela teria permanecido, mas não o de Anna, a velha arrumadeira, embora me lembre claramente de seu rosto.

O Barão Pips me acompanhou pelo campo até o limite da pequena vila de Kissuijfalu, onde nos despedimos. Virei para trás quando lá cheguei. Ele acenou ao ver que eu havia tomado o caminho certo, e aí se voltou e desapareceu em meio a suas matas, com o *spaniel* lhe seguindo em trote.

"Pips Schey?", disse algum parente por casamento, anos mais tarde em Paris. "Que homem charmoso! Uma companhia mágica! E muito bonitão. Mas nunca fez coisa alguma, não é mesmo?" Bem, no meu caso, fez sim, como já sugeri enfaticamente. Embora nunca mais houvéssemos nos en-

---

* O diário fala muito em fumar charuto ou cachimbo; havia me esquecido deste último. Acho que ambos eram símbolos, um tanto autoconscientes, de emancipação e maturidade. Nestas páginas, parece que estou sempre "pitando pensativo" ou "apreciando tranquilamente um cachimbo".

contrado, mantivemos uma correspondência por muitos anos. Casou-se pouco depois, e, quando as coisas começaram a caminhar mal na Áustria e na Tchecoslováquia, deixaram Kövecses e se estabeleceram em Ascona, na margem ocidental do Lago Maggiore, logo ao norte da fronteira suíço-italiana. Morreu em 1957 na Normandia, na casa de campo de sua filha mais nova – na realidade, a cerca de vinte milhas de Cabourg, a mais forte das candidatas à proustiana cidade de Balbec. A coincidência completa um fortuito percurso literário em minha cabeça. Eu pensava no Barão Pips com frequência, e ainda o faço.

♦ ♦ ♦ ♦

EU ANDAVA TÃO animado por aqueles dias que até mesmo a vaga consideração de como, porventura, eu a ele tivesse impressionado nem de longe diminuía minha euforia: precoce, imaturo, inquieto, volúvel, inclinado a se mostrar, talvez um livresco alienado... nada disto parecia importar a mínima. Minha viagem havia tomado uma nova dimensão e o futuro estava carregado de promessas.

CAPÍTULO II

AS MARCAS[1] DA HUNGRIA

※ ※ ※

Esta euforia me empurrou por toda a planície de Kissuijfalu até o vilarejo de Nové Zamky – Érsekujvár, em húngaro, e Neuhäusl, em alemão, – aonde cheguei poucas horas depois de escurecer. Não resisto a deixar que o diário tome a frente, por poucos parágrafos que sejam:

> ....Atraído por um tilintar musical, cheguei a este café. Gente do vilarejo está sentada, conversando, gritando e jogando bilhar e *skat*,[2] batendo, desafiantes, as cartas na mesa. O barulho na sala é ensurdecedor e, de vez em quando, os mais idosos, tentando ler o jornal, gritam pedindo silêncio. Por algum tempo, todos murmuram, até que o barulho volta ao nível anterior; as mesmas barbas grisalhas reclamam novamente, *e poi da capo*. Uma garota muito bonita, muito arrumada, está sentada por detrás de uma mesa com chocolates e estranhos bolos húngaros. Tem feições ligeiramente mongólicas, com maçãs do rosto altas que forçam para cima os cantos de seus enormes olhos azuis. Tem a boca no formato de um coração, macia e pintada de vermelho vivo e seu vestido de veludo preto é tão apertado que parece prestes a arrebentar. O cabelo preto-azulado cai sobre sua testa numa franja, e ela olha continuamente na minha direção. Não consigo entender muito bem o que se passa. Quando tiro os olhos do diário, ela me encara e logo, afetando timidez, vira para o lado. Vou ficar por aqui um tempinho mais, antes de procurar uma cama.

Köbölkut, 29 de março

Ontem à noite, não passou muito tempo até que o garçom trouxesse um pedacinho de papel no qual estava escrito a palavra 'Mancsi' com o endereço de uma rua próxima. Fiquei um tanto perplexo, mas o garçom (que, como muitos por lá, falava alemão bastante bem) disse que Mancsi era boa gente: eu estaria interessado em conversar com ela? Aí, entendi e, agradecendo, disse que achava que não. Em seguida, vi que conversavam, ambos me olhando; e, pelo resto da noite, ela não se virou mais em minha direção, mas passou a lançar olhares para um modesto negociante, ou talvez fosse um representante comercial, que jogava bilhar. Estava um pouco triste e me sentindo um desastrado, sem saber bem o porquê. Um camarada tocava violino acompanhado pela esposa ao piano e, como falava algum inglês, sentou para papear e tomar conhaque. Sugeriu que eu não me envolvesse com a Mancsi; ela já havia estado com todo mundo em Nové Zamky, com *quicumque vult*.[3] Mas, caso eu estivesse a caminho de Budapeste, aconselhou uma visita à Maison Frieda em Kepiva utca, onde, em suas floreadas palavras, qualquer um, por cinco *pengös*, pode ser um galante cavaleiro. Encontro este tipo de abordagem com frequência, desde os acenos vindos das janelas do Schlossberg e do *maitre* do Astoria* perguntando ao Hans e a mim qual das moças seria de nossa preferência. Os húngaros são perspicazes e diretos nestas questões. Gosto deles. O violinista, depois de uma conversa com o proprietário, me disse que, pelo equivalente a um *shilling*, eu poderia dormir num quarto sobre o café. Foi o que fiz, partindo cedo hoje pela manhã.

Cruzei uma ponte sobre o extremo de um comprido e pantanoso lago – parte do Rio Nitra – e suaves colinas começaram a se elevar. Encontrei três camponeses e nos fizemos companhia ao passar pelas vilas de Bajc e Perbete e, por volta de meio-dia, nos estabelecemos sob uma mata de aveleiras à beira de um imenso campo. Partilha-

---

* Clube noturno de Bratislava.

mos o resto do almoço que, ontem, Sari havia colocado em minha mochila – uma deliciosa galinha assada, inteira, o sonho de um andarilho –, e eles me ofereceram grossas fatias de pão com bacon condimentado com páprica; e depois tragamos charutos como se fôssemos barões.

O velho se chamava Ferenc. Contou, num alemão sofrível, as dificuldades passadas pelos húngaros por aqui. Simpatizo muito com sua história. Deve ser terrível ver seu país ser dividido, e ficar do lado errado da fronteira. O Tratado de Trianon[4] parece ter sido um grande erro, pois todos os habitantes locais, embora húngaros, são agora, forçosamente, cidadãos tchecos. As crianças têm que aprender tchecoslovaco; as autoridades têm a esperança de, em duas gerações, fazer delas fervorosos cidadãos. Os húngaros detestam os tchecos e, pelas mesmas razões, também os romenos – por alguma razão, se ressentem menos dos sérvios –, e desejam recuperar todo o território que perderam. Aliás, isto explica o porquê da Hungria ser uma monarquia, embora governada por um regente. O rei, montado a cavalo, recebe a velha coroa de Santo Estêvão, fazendo um sagrado juramento de manter intactas as antigas fronteiras húngaras; o que leva todos os vizinhos do país a encararem a monarquia com suspeição. Tentaram roubar o diadema da igreja onde ocorrem as coroações em Budapeste, mas é impossível chegar perto dela sem ser eletrocutado. O velho me contou que os Habsburgo não são muito populares por aqui, já que sempre consideraram os magiares como rebeldes. Que problema terrível!

Sob um chapéu de abas largas e copa chata, inclinado de maneira displicente, o velho tinha um rosto bronzeado, riscado como madeira velha; sua tez, tensamente esticada sobre as maçãs da face, formava um leque de rugas nos cantos dos olhos. Parecia um pele--vermelha, exceto pelo bigode negro que saltava sobre uma haste de cachimbo, fina, comprida, feita de bambu ou de junco e envolta em latão. Vestia botas lustrosas que cobriam os joelhos, as quais, como sanfonas, dobravam-se amolecidas na altura dos tornozelos, e eram similares tanto às de sua esposa quanto às de sua filha. Os lenços de seda vermelha amarrados sob os queixos de ambas faziam com que parecessem figuras saídas de um balé russo, especialmente a filha que era arrebatadora. Seu colete, mangas, saia e avental eram de cores diferentes; e tinha olhos azuis e cabelos presos numa trança frouxa e grossa. Eles a tratavam de Irinka, um lindo nome, apelido de Irene.

Mal nos despedimos, um rapaz de óculos numa bicicleta me ultrapassou, desmontou e, com um cumprimento em eslovaco – "*Dobar den*", acho eu, em lugar de "*jo nápot kívánok*" –, perguntou para onde eu ia.[*,5] Passou a caminhar a meu lado. Era professor e discursou sobre as passadas misérias da Eslováquia. As vilas locais são, de fato, húngaras, porém, mais ao norte, são integralmente eslovacas até chegarem à fronteira da Polônia. Eles estiveram sob o domínio magiar por mil anos, sempre tratados como raça inferior, e, quando qualquer eslovaco tinha sucesso na vida, era imediatamente seduzido por um convite para integrar a nobreza magiar de menor grau – evaporando-se assim toda a liderança local. Crianças eslovacas eram costumeiramente retiradas de seus pais e educadas como magiares. Até mesmo quando lutavam contra os austríacos em defesa de sua nacionalidade e língua, os húngaros sempre oprimiram e buscaram tornar magiares seus súditos eslovacos. O professor também não parecia gostar muito dos tchecos, embora isto tivesse a ver com ressentimentos de outro tipo. Parece que os tchecos veem os eslovacos como caipiras irredimíveis, enquanto aos olhos dos eslovacos, os tchecos são mandões, burocratas, pequenos burgueses que obtêm vantagens injustas oriundas de sua proximidade com o governo em Praga. O professor era do norte da Eslováquia, onde boa parte da população é protestante – em parte, graças aos hussitas, em parte, graças à propagação da Reforma pelo Leste Eu-

---

* Graças à minha ignorância de ambas as línguas locais, daqui em diante todas as conversas foram em alemão, a menos que indicado o contrário.

ropeu. Eu não tinha a menor ideia disto. Na Idade das Trevas, era impossível dizer se os eslavos do norte adotariam o catolicismo ou a ortodoxia. Facilmente, poderiam ter optado pela última, graças à influência proselitista dos Santos Cirilo e Metódio – os missionários bizantinos que inventaram a escrita cirílica e que traduziram as sagradas escrituras para o eslavônio antigo.[6] Quando perguntei por que isto não havia acontecido, riu e disse: "Os desgraçados dos magiares apareceram!". A ligação com os ortodoxos foi cortada, e os tchecos e eslovacos ficaram com Roma e o Ocidente.

Quando chegou ao ponto em que deveria seguir sua variante da estrada, ele me convidou para ficar em sua vila, mas eu precisava tocar adiante. E pedalou em frente com um aceno de despedida. Um homem gentil.

Santos Cirilo e Metódio, cujos nomes são tão inseparáveis quanto Swan é de Edgar,[7] gozam ainda de muito prestígio nestas partes. Em *As Aventuras do Bom Soldado Švejk*, a conduta peculiar do herói o faz ser internado, por um tempo, no asilo de loucos de Praga, onde é rodeado por megalomaníacos delirantes. "Lá, qualquer um pode se fazer passar por Deus Todo Poderoso", disse ele, "ou pela Virgem Maria, o Papa, o Rei da Inglaterra, Sua Majestade Imperial ou São Venceslau... Um deles, para conseguir o dobro de suas rações, fez-se passar pelos Santos Cirilo e Metódio ao mesmo tempo".

◆ ◆ ◆

OS CAMINHOS SECOS haviam recoberto de poeira branca minhas botas e perneiras. O céu vazio estava azul claro como um ovo de pássaro e, pela primeira vez, eu caminhava em mangas de camisa. Mas cada vez mais lentamente: um cravo numa de minhas botas havia se rebelado. Quando começou a escurecer, cheguei mancando a Köbölkut, uma vila caiada e coberta de sapê. Muita gente se aglomerava na rua e, quando entraram na igreja, eu os acompanhei e me espremi em meio à congregação que se encontrava de pé.

Todas as mulheres usavam lenços amarrados sob o queixo. Os homens, calçados com botas até a altura dos joelhos, ou em mocassins de couro cru com jarreteiras cruzadas até metade de suas canelas, tinham nas mãos chapéus largos de feltro ou cones de lã. Jogadas sobre os ombros de alguns pastores, viam-se capas brancas pesadas, de um tecido duro de lã, de feitura doméstica. Apesar do calor e do aperto, um deles estava embrulhado num casaco de couro cru de ovelha, de coloração opaca, com o pelo voltado para fora, chegando até o piso de pedra. A rusticidade parecia ter se alastrado sobre tudo nas últimas cem milhas. Os rostos tinham aspecto áspero e não domesticado: eram camponeses, gente da roça até a medula.

Velas espetadas num candelabro triangular iluminavam estas máscaras rústicas e, por detrás delas, povoavam a nave com uma multidão de sombras. Numa pausa do cantochão, um dos círios foi apagado. Percebi, de repente, que era Quinta-Feira Santa. Cantavam-se as *Tenebrae*.[8] Os versos dos salmos penitenciais respondiam, através do coro, uns aos outros, e as lentas recapitulações e refraseados dos responsórios contavam a história da traição. A atmosfera era tão envolvente que parecia que os sombrios eventos estavam tendo lugar naquela noite mesmo. As palavras cantadas se arrastavam, passo a passo, através das fases do drama. De vez em quando, uma vela a mais era retirada do braço do candelabro triangular e apagada. Estava escuro como breu do lado de fora e, com o apagar de cada chama, as sombras no interior ficavam mais próximas. Acentuavam o *chiaroscuro* destes mal-acabados rostos rurais e o brilho extasiado de incontáveis olhos; e a igreja, à medida que ficava mais quente, enchia-se com o odor de cera derretida e pele de carneiro e coalhada e suor e respiração em massa. Havia um resquício de incenso velho ao fundo, e um fedor de chamuscado quando os pavios, apagados um após o outro, expiravam em fios ascendentes de fumaça. "*Seniores populi consilium fecerunt*", cantavam as vozes, "*ut Jesum dolo tenerent et occiderent*";[9] e surgiu uma visão de malvados e maliciosos anciãos sussurrando pelos cantos por entre gengivas desdentadas, suas barbas sacudindo, ao conspirarem traição e assassinato. "*Cum gladiis et fustibus exierunt tamquam ad latronem...*"[10] Nas faces mal iluminadas e nos olhos cintilantes, algo emprestava uma sinistra urgência a estas palavras. Invocavam sombras quentes e escuras sob um muro da cidade e gritos roucos do populacho pronto para o linchamento; havia um faiscar de lampiões, um atropelo de tolos no íngreme bosque das oliveiras e as sombras enlouquecidas e rodopiantes de tochas entre troncos de árvores: uma rixa, palavras, golpes, um clarão, luzes caídas e pisoteadas, um traje agarrado, alguém a fugir sob os ramos. Por um momento, nós – a congregação – nos tornamos os toscos personagens que carregavam as lâminas e os bastões. Feitos rápidos e hediondos se sucediam na encosta coberta de árvores e plena de incertezas. Impressão de uma fração de segundo! Quando a última das velas foi retirada, já estava tão escuro que mal se identificava qualquer feição. A sensação da troca de papéis havia evaporado; e saímos em massa para a poeira da rua. As luzes começaram a brilhar nas janelas da vila e a sugestão de uma lua ascendente apareceu do outro lado da planície.

◆ ◆ ◆ ◆

PROCUREI POR UM celeiro para passar a noite e por um sapateiro – ou, mais apropriado linguisticamente, por um ferreiro – que recolocasse o cravo de minha bota. Mas como 'kovács' – 'ferreiro' – é, tal como em inglês,[11] o mais comum dos sobrenomes húngaros, deu-se logo uma confusão: qual Kovács? János? Zoltán? Imre? Géza? Por fim, alguém no vão de uma porta disse: "*Was wollen Sie?*". Era um padeiro judeu ruivo que, não só martelou o cravo, como também me abrigou pela noite. "Fizemos uma cama de palha e cobertores sobre o piso de pedra na escuridão da padaria", registra meu diário, "e aqui estou eu, escrevendo esta nota à luz de velas. Quinta-Feira Santa, em alemão, é '*Gründonnerstag*', ou 'Quinta-Feira Verde'. Por que será? Sexta-Feira Santa é '*Karfreitag*'".

Na manhã seguinte, conversamos do lado de fora da loja, tomando sol. Aproveitamos o banco que ficava sob uma árvore. Meu anfitrião vinha de uma vila nos Cárpatos onde um bom número de judeus, inclusive sua família, eram hassídicos, seita surgida há dois séculos, do outro lado da cordilheira, na província de Podólia – então, russa; e, mais tarde, polonesa. A seita representava um rompimento com o escolasticismo talmúdico e um mergulho no pensamento místico – a Nuvem da Ignorância versus a Árvore do Conhecimento; e a crença dos hassídicos numa espécie de presença divina que tudo engloba (conceito mais familiar aos cristãos do que aos judeus) foi condenada pelos ortodoxos, em particular por um famoso erudito, rabino da cidade lituana de Vilna. A seita se multiplicou, apesar de sua heterodoxia e do anátema declarado pelos *gueonim*.[12] Prosperou especialmente em Podólia, Volínia e na Ucrânia e logo começou a se espalhar a partir destas províncias planas e assoladas por cossacos, descobrindo um atalho através das montanhas, em direção ao sul. O padeiro, com seu rosto roliço, sagaz, animado, sob o cabelo cor de cenoura, não era um zelote. Disse a ele que gostava de ler a Bíblia. "Eu também", respondeu; e aí, com um sorriso, complementou: "Em especial a primeira parte". Passou-se mais do que um par de segundos até que eu o entendesse.

A igreja havia perdido seu mistério tenebroso. Mas, ao final da missa, o prédio estava impregnado por uma poderosa aura de extinção, de vazio e de símbolos encobertos. Espalhava-se pela vila e sobre os campos ao redor. Eu a sentia mesmo depois de Köbölkut haver desaparecido no horizonte. A atmosfera de desolação atinge muito além do alcance do badalar de um sino.

Ao pé das colinas baixas, sulcos na terra, cobertos pelas plumas das nascentes lâminas de trigo, distanciavam-se simétricos sob o voo de dezenas de cotovias. A trilha perambulava através de fazendas caiadas e pátios de casas senhoriais atarracadas e, mais adiante, através de capões de mato cobertos de violetas e prímulas. Riachos se desenvolviam sob os galhos dos salgueiros, diminuindo e expandindo novamente em piscinas cobertas com agrião, lentilha d'água e gigantescas calêndulas. A estação dos girinos havia passado e as folhas das ninfeas serviam de balsas para sapinhos. Num impulso gregário, o estridente coro parava de súbito por alguns segundos e logo atacava de novo, e meu avanço fazia com que uma massa de sapos saltasse em trajetórias semicirculares acompanhadas de *tchibuns*, enquanto garças plainavam a pouca altura e se assentavam atentas, equilibradas sob uma só perna, entre os juncos. Numa das margens com tufos de carriços e caniços entre brejos musguentos, um rebanho de ovelhas dedicava-se a rasgar a grama bruta e porcos pretos fuçavam atrás de bolotas do ano anterior. Um pastor fumava, deitado sob um carvalho com uma roupa de pele de ovelha, e, por milhas de distância, não havia mais ninguém, a não ser espantalhos. Uma raposa trotou através de uma clareira na mata. O calor reinante havia me deixado outra vez em mangas de camisa e eu estava ficando tão marrom quanto uma peça de mobília. Por volta de quatro da tarde, cheguei à pequena vila de Karva. O caminho terminava ao pé de um talude e, depois de escalá-lo, novamente, muito antes do que eu esperava, lá em baixo fluía o Danúbio.

Perto do talude, onde caniços e epilóbios cresciam densamente, sentia-se um odor gasoso de água estagnada; mas, em meio à corrente, suas ondulações e pregas mostravam um fluxo veloz. As planuras, ampliadas a partir de Bratislava, com desvios e charcos e meandros e ilhas, haviam capitulado ao avanço envolvente das montanhas, algumas milhas rio acima. Todos os afluentes dispersos haviam se juntado; e o solo, mais alto na margem em que eu estava, tinha, como correspondente no lado húngaro, as ondulações da Floresta de Bakony; e, por fim, eu me encontrava cara a cara com a Hungria. Estava à distancia de não mais do que a largura de um rio. Por algumas milhas, ele fluía sem desvio por entre uma escolta de matas refletidas, escorrendo, em ambas as direções, na distância, tal qual um infinito Champs Elysées aquático.

Parti à sombra das folhas movimentadas dos álamos e, antes de chegar muito longe, três vilarinhos a cavalo trotaram, rio acima, em minha direção – um deles em folgadas roupas brancas e os outros em preto – com um indócil potro castanho a acompanhá-los. Quando emparelhamos, trocamos cumprimentos, seus três chapéus elevando-se num triplo floreio. Eu já sabia a resposta à pergunta de praxe, sempre feita no início das conversas – "De onde vem você?". "*Angolorszàgbol!*" ("Inglaterra-da!" O magiar é uma língua de sufixos.) E para a próxima pergunta – "Para onde vai?" – a resposta, igualmente, vinha na ponta da língua: "*Konstantinópolybá!*" ("Constantinopla-para"). Riram tolerantes. Não tinham a mais leve noção de onde ficava quaisquer dos dois sítios. Em mímica, dando aos pulsos uma rotação de caráter interrogatório, perguntei aonde iam. "*Komárombá!*", responderam. Aí, eretos como boliches em suas selas, entregaram-me aos cuidados de Deus e, em conjunto, mais uma vez, levantaram seus chapéus. Tocando seus cavalos, dirigiram-se a Komárom num lento e estiloso meio galope, levantando uma comprida nuvem de poeira ao longo do caminho de sirga. O potro, tomado de surpresa, galopou aflito, buscando juntar-se a eles, até que os quatro ficaram fora de vista, rio acima. Quisera ter um chapéu para erguer. Estes cumprimentos húngaros eram magnificamente cerimoniosos, com certo elemento de fidalguia. (Komárom, algumas milhas rio acima, era uma antiga cidade na embocadura do Váh. Chegava ao Danúbio cerca de trinta milhas ao sul do ponto onde o Barão Pips e eu havíamos visto as balsas passarem flutuando. Ali, havia uma ponte sobre o rio e famosas fortificações, que, em 1848, foram defendidas pelos húngaros, por ocasião de um demorado assédio austríaco.)

Numa aldeia ribeirinha chamada Čenke,* o último sinal de moradia humana, amontoados de gralhas em algazarra se juntavam para a noite. Daí para frente, a sensação de isolamento e solidão se acentuava a cada passo. Ficava mais escuro também, mas não esfriava: embora fosse o fim de março, o ar estava tão cálido e tão parado como numa tarde de verão. O tempo dos sapos havia chegado. Cada passo, novamente, liberava dezenas de parábolas irregulares e de água espadanada. As revoadas de aves aquáticas pareciam o detonar de espingardas na primavera, soltando uma rajada de tiros através da água. Era um mundo de escamas e de palmípedes e penas e bigodes molhados. Centenas de novos ninhos se juntavam aos velhos no úmido labirinto verde e, daqui a pouco, haveria milhares de ovos e, logo após, incontáveis asas.

---

* Tal como vários outros toponímicos neste e no capítulo anterior, o nome é parte de uma súbita onda de detalhes oriundos do diário redescoberto; e, como em muitos outros casos, não consigo localizá-lo no mapa. Um dos presentes de despedida do Barão Pips foi um conjunto de grandes mapas do pré-guerra, feito por Freytags em Viena – que infelizmente se desintegrou faz muito tempo – e é possível que este nome tenha sido tomado de um deles, ou de uma placa sinalizadora no local. Como os mapas foram publicados em 1910, todos levavam as velhas denominações e mostravam as fronteiras austro-húngaras. No entanto, Čenke parecia eslovaco, com seu diacrítico sobre o 'c', dando-lhe um som de 'tch'. A forma húngara do mesmo som seria 'Csénké'.

O significado das mensagens gêmeas, originadas na temperatura e na imensidão selvagem, levou ainda algum tempo para se impor. Compreendi, então, subitamente exultante, que a minha primeira e ansiada noite ao ar livre chegara. Deparei com uma clareira forrada de folhas entre troncos de salgueiro, a aproximadamente três jardas da água, e depois de uma refeição dos restos provenientes, ainda, de Kövecses, de uma recém-obtida forma de pão do meu amigo judeu e do agrião de um riacho, apoiei uma vela numa pedra para completar o diário. Queimou sem qualquer tremor. Então, tendo a mochila como travesseiro, deitei-me olhando o céu, fumando, embrulhado em meu casacão, caso o frio chegasse mais tarde.

O céu havia mudado. Orion reinara sem desafios por todo o inverno, lampejando, como se fosse um losango de fragmentos de gelo. Estava agora já muito abaixo, a ocidente, liderando um séquito de constelações em declínio, havendo perdido parte de seu brilho invernal. Sua extremidade mais baixa ficava cada vez mais apagada em meio ao vapor e à poeira que, em geral, pairam na linha do horizonte; em pouco tempo, as Plêiades seguiam estas famosas estrelas em seu caminho descendente. Na outra margem, todas as árvores e caniços e taboas e o rio e as montanhas cintilavam, insubstanciais, à luz das estrelas. O movimento irrequieto de galinhas-d'água, galeões, ratos--do-campo e ratos-d'água nadando de peito através dos caules ficou menos frequente e, a mais ou menos cada meio minuto, dois abetouros – um deles bem próximo e o outro, talvez, à distância de uma milha – soavam através daquele vago mundo anfíbio: eram os mais solitários dos abafados gritos, ouvidos claramente acima dos estridentes altos e baixos dos milhões de sapos. Esta infinita população, esticando-se, por léguas, rio acima e abaixo, fez com que a noite parecesse incansavelmente viva e plena de expectativa. Fiquei deitado, imerso num destes prolongados momentos de enlevo que se espalham por esta viagem como asteriscos. Um pouco mais e eu sentia que teria subido como um foguete. A noção de que eu havia caminhado mil e duzentas milhas a partir de Roterdã me enchia de um legítimo sentimento de haver logrado algo. Mas por que o fato de que ninguém sabia onde eu estava gerava essa sensação tão grande de triunfo – como se eu houvesse fugido de cães de caça ou de coribantes em agressivo delírio? Era sempre assim.

O embaçamento destas constelações em queda não decorria apenas da presença de vapores a encobrir o horizonte. Uma palidez rival se espalhava no outro extremo do céu, e muito rapidamente. Por detrás de um perfil tremulante de colinas, surgia a orla de um segmento lunar vermelho-sangue. Expandiu-se até seu pleno diâmetro e então decresceu; e quando a circunferência estava cheia, desprendeu-se uma imensa lua carmesim. Virou laranja e depois amarelo ao subir; e foi esmaecendo até que toda a coloração desapareceu, deixando que alçasse voo com o frio e imaterial esplendor da prata. Durante a última hora de caminhada, o crepúsculo e a escuridão haviam mascarado o comportamento das colinas. A lua revelava, agora, que elas haviam retrocedido uma vez mais e deixado o Danúbio pronto para se soltar. Passara uma semana do equinócio da primavera e faltavam apenas algumas horas para a lua cheia, e como este é um dos poucos trechos onde o rio flui para leste, o rastro do reflexo da lua ficava em seu meio, onde a corrente corria mais rápido, estremecendo e brilhando como mercúrio. Os recifes, os bancos de areia, as ilhas e os desenredados meandros de água, até então escondidos, ficaram todos às claras. Extensões de charco se espalhavam em ambas as margens e, quando suas superfícies eram rompidas por vegetação rasteira ou carriço ou árvores, brilhavam como fragmentos de espelhos defeituosos. Tudo mudava. A luz levemente ensombrecida lançava um feitiço de ilusão mineral. Os juncos e as íris se transformavam em metal afilado; as folhagens dos álamos eram como moedas sem peso; a leveza dos laminados tinha se apoderado das matas. Esta radiância glacial tornava níveis e distâncias enganosamente indefinidos e me senti rodeado por uma ficção sem dimensão e sem materialidade, e mais pálida a cada segundo. Enquanto a luz procurava por mais e mais superfícies líquidas onde se refletir, o céu, onde a lua agora navegava em direção a seu zênite, parecia haver se tornado uma vastidão de pó prateado, fino demais para que se pudessem discernir seus grãos. O silêncio transcendia as notas dos abetouros e a diligência dos sapos. A quietude e o infinito se ligavam num sentimento de tensão que, tinha certeza, pressagiava horas de observação embevecida. Mas eu estava errado. Em pouco tempo, meus olhos se fechavam, encobertos por uma maré rasante de sono.

◆ ◆ ◆ ◆

RETOMO O DIÁRIO.

"*Co tady děláte?*"[13] – acordei sobressaltado, com alguém me sacudindo pelo colarinho e gritando. Assim que despertei por completo, identifiquei dois homens uniformizados. Um deles trazia, dependurada no cinto, uma daquelas velhas lanternas sinalizadoras e me mantinha sob a mira de um rifle cuja baioneta quase tocava meu peito. Sem entender nada, perguntei o que estava acontecendo; mas não falavam alemão e só umas poucas palavras de húngaro, criando um impasse. Fizeram com que me levantasse e seguisse pela trilha, um deles segurando meu braço num golpe de jiu-jitsu, enquanto o outro, com o rifle dependurado sobre o ombro, portava, agora, uma enorme pistola automática. Era uma cena meio cômica, resultado de algum erro, em algum lugar. Sempre que eu tentava falar algo, mandavam que eu calasse a boca, o que fiz, pelo menos por algum tempo. Logo, ao estilo do soldado Švejk, nossa procissão chegou a uma cabana de madeira onde me fizeram sentar, ainda sob a mira do rifle. O dono da pistola tinha um bigode eriçado; olhava para mim com olhos injetados de sangue e biliosos, enquanto o outro começou a me vasculhar da cabeça aos pés. Esvaziou cada um de meus bolsos e fez com que tirasse minhas perneiras e botas. A coisa ficava cada vez mais misteriosa. Graças à lâmpada da cabana, vi que vestiam o uniforme cinza da guarda de fronteira, o mesmo que eu havia visto logo antes de entrar em Bratislava. Quando terminou de me examinar, desamarrou as cordas de minha mochila e a virou de cabeça para baixo; despejou tudo no chão, formando um monte desordenado. Aí, começou a desdobrar, ou a abrir e examinar, cada um dos objetos, sentindo o bolso dos meus pijamas e olhando a parte traseira dos livros, até mesmo deste pobre diário. O processo todo se alongou por algum tempo, até que, por fim, percebendo que nada havia que lhe pudesse interessar, ele se ajoelhou novamente no chão, que agora estava coalhado dos meus esquadrinhados pertences, e coçou a cabeça confuso e perplexo. O homem da pistola também estava menos agressivo e os dois conversavam, meio desalentados, lançando, de quando em vez, olhares de dúvida em minha direção. Um deles pegou meu passaporte, o único objeto pelo qual não haviam se interessado durante a busca. Quando ficou claro que eu era inglês, houve uma considerável mudança de atitude. O homem do bigode baixou sua automática e me ofereceu um cigarro. Estávamos fumando havia alguns minutos quando apareceu um terceiro guarda de fronteira, um gordo que falava alemão. Perguntou o que eu andava fazendo por ali. Respondi que estava numa viagem pela Europa, a pé. Olhou várias vezes para a fotografia do passaporte, para mim, e de novo para o passaporte, perguntou minha idade e que eu tinha dezenove anos. Subitamente, tomou uma decisão: bateu a mão com força sobre a mesa e deu uma gargalhada. Os outros também se animaram. Explicou que eu havia sido confundido com um notório contrabandista de sacarina chamado Černy Josef (José, o Negro, ou Fekete Jozi, na margem magiar) que fazia seus negócios a partir de Čenke, cruzando o Danúbio em direção à Hungria; os impostos sobre a sacarina são tão altos por lá que passou a ser uma maneira fácil de se fazer um bom dinheiro. Imediatamente pensei no pobre Konrad! É fato que ele havia me prometido que só participaria dos aspectos comerciais das transações que planejava.* Aparentemente José, o Negro, esconde-se entre as árvores e os caniços neste trecho deserto do rio, até que, em meio à escuridão, surja um barco, a partir do outro lado, para apanhá-lo; naturalmente, foi uma surpresa e tanto tê-lo capturado – ou alguém que se assemelhava a ele – numa noite de lua cheia; o problema era que José tinha mais de cinquenta anos... Todos rimos

---

* Como sabemos de um capítulo anterior, tudo correu muito bem com Konrad. Mas este *imbroglio* às margens do Danúbio me deixou preocupado com seu destino por algum tempo mais.

e os dois homens se desculparam pelo tratamento brusco. Ao final, disseram que me arrumariam onde ficar. Eu bem que teria preferido dormir ao relento, mas não quis ser indelicado. Andamos uma ou duas milhas região adentro através de prados molhados e, quando a lua já começava a baixar, chegamos a uma pequena fazenda. Neste momento, estou no estábulo, sobre uma macia camada de palha, com uma lamparina de querosene, registrando as aventuras da noite antes que delas me esqueça.

O dia seguinte
Os fazendeiros eram da Silésia. Ele era grande e robusto e ela muito bonita, com cabelos de um negro retinto. Uma lontra empalhada figurava na parede – muitas se abrigam nas margens do Danúbio. Prepararam um belo desjejum, com café e pão preto e dois ovos cozidos e um pedaço de queijo branco curado, salpicado com páprica vermelha e um gole de *barack*.[14] Também, num embrulho, algo para comer no caminho. Começo a me sentir como Elias,[15] alimentado pelos corvos.

    O orvalho cobria a grama e uma névoa fina mantinha um véu sobre o rio, mas logo ambos se foram. A trilha continuava a seguir por um talude coberto de capim que servia de barreira contra inundações. Eu via, por milhas afora, todo o cenário da noite passada: estranho e inacreditável quando primeiro o encontrei, calmo e belo agora, meio parecido com aquelas matas e pôlderes avistados a partir da estrada que corria sobre um dique na Holanda. Álamos, salgueiros e choupos protegiam a trilha e os galhos entrecruzados sombreavam o caminho – uma bênção, já que foi o dia mais quente do ano. Não encontrei ninguém, até que me deparei com uns garotos ciganos que passam o tempo caçando doninhas, arminhos, ratos, camundongos-do-campo e outros animais humildes. A maneira como dão conta do recado é muito pouco esportiva. No campo, acham os esconderijos dos animais, jogam um balde d'água no mais alto deles, fazendo com que, meio afogados, os bichos saiam a passo rápido pelos acessos mais baixos, onde os meninos os pegam, torcendo seus pescoços. Quando passei, eles abanavam punhados de pequenos cadáveres, patéticos e sujos, querendo que eu os comprasse, já que os comem e esperam que você faça o mesmo – comem seja lá o que for. O Barão Pips me disse que quando o pessoal de sua fazenda enterra um cavalo, morto de velhice ou de doença, os ciganos não esperam muito para desenterrá-lo e comê-lo no meio da noite...

◆ ◆ ◆ ◆

DEU-SE UMA CALMARIA no ar. Com as lâmpadas apagadas, os santuários vazios e o bater de sinos distantes sobre os campos, o Sábado de Aleluia impunha um feitiço cataléptico e de suspense. Era o tempo das tumbas cerradas e das sentinelas adormecidas com o Protagonista do drama da semana nas profundezas a perturbar o Inferno... Não havia sequer um pescador no rio, nenhum camponês nas terras, nada, a não ser aqueles pequenos caçadores de ratos-do-campo e lavandiscas de rabo agitado, os pássaros aquáticos, os agrupamentos de cotovias e sapos, cujo estável coaxar diurno, embora universal, parecia mais suave do que o *croac-croac* à luz da lua cheia da noite anterior. Uma vareta atirada na água podia silenciar todo um acre por vários segundos. A poeira salpicada e a penugem que girava sobre a corrente evocavam o alto verão. Comi o pão e o queijo do lado sombreado de uma meda de feno e caí no sono. (Por aqui, as medas são cônicas, engenhosamente montadas sobre uma estaca central; e quando a maior parte do feno já foi cortada para alimentar os animais, suas sombras fazem crer que obeliscos desalinhados foram erguidos sobre o campo.) Acordei mais tarde do que pretendia. As matas, cheias de gralhas e pombas-do-mato, cobriam a grama com longas sombras. Bebi de um riacho, espadanei água no rosto e me arrumei. A civilização estava logo à frente.

Ao longe, na outra margem, eu via meu destino; crescia de tamanho continuamente desde que a vislumbrara pela primeira vez naquela manhã. Um penhasco assomava sobre uma comprida extensão do rio e nesta saliência se empoleirava um templo que fazia lembrar São Pedro em

Roma. Um leve círculo de pilares suspendia ao céu um domo reluzente. Era dramático, misterioso, tão improvável quanto uma miragem, e tão inconfundível quanto um marco que é visto por muitas milhas através de um deserto líquido e sólido. A Basílica de Esztergom, sabia eu, era a catedral metropolitana de toda a Hungria, a maior edificação religiosa no reino e a sede arquiepiscopal do cardeal-príncipe-arcebispo: o equivalente húngaro de Rheims, Canterbury, Toledo, Armagh e da velha Cracóvia. Embora espetacular e esplêndida, a basílica não é velha: pouco naquela parte da Hungria escapara da devastação dos tártaros e dos turcos; depois da Reconquista,[16] foi preciso tudo recomeçar. Mas a cidade – Strigonium, em latim medieval,[17] e Gran, em alemão – é uma das mais antigas do país. Desde que Santo Estêvão – o primeiro rei apostólico da Hungria cristã, descendente dos conquistadores Árpáds – nasceu e foi coroado em Esztergom, a história vem aqui se acumulando e se entrelaçando com o mito. Da trilha em que me encontrava, a basílica era o único edifício visível. Os mosteiros, as igrejas, os palácios e as bibliotecas que estão encrustados na pequena e íngreme cidade estavam todos escondidos. O imenso volume, com campanários gêmeos encimados por cúpulas, anel de pilares e um grande domo furtacor, pairava sobre a água, as matas e os charcos, suspensa por um turbilhão de asas incansáveis, como se fosse uma cidade celestial numa pintura.

◆ ◆ ◆ ◆

O AR ESTAVA prenhe de sugestões e sinais. Havia um leve agito e um zunido ao longo do rio, similares ao *clap-clap* rápido de uma tesoura de barbeiro antes de dar início ao corte. Eram o deslizar e os volteios de andorinhas que acabavam de chegar. Enquanto eu caminhava, uma curva no rio reconfigurava a paisagem, revelando alguns dos telhados de Esztergom e colocando a basílica em novo ângulo, como se ela estivesse num pivô. A cadeia de montanhas da Floresta de Bakony, ondulante e coberta de matas, havia se deslocado para o norte a partir do coração da Transdanúbia; e o promontório correspondente na margem norte – um dos últimos sopés das Montanhas Matra, cujas extremidades opostas retrocedem na ponta nordeste da Hungria – avançava sobre a água abaixo da cidadezinha de Parkan. Os dois promontórios, procurando um pelo outro, reduziam o errante aguaceiro, novamente, a um fluxo mais estreito e mais rápido e, sobre a agitação abaixo, projetavam uma ponte de ferro. De início um emaranhado, a estrutura ficava mais sólida à medida que a distância diminuía. (Vinte milhas a leste desta ponte, o Danúbio encontra um dos sítios mais importantes de sua corrida: volteando o último promontório da Floresta de Bakony e dirigindo-se ao sul pela primeira vez em sua viagem, serpenteia através de Budapeste como um fio passando por uma conta, e se joga através do mapa da Europa, na vertical, por cento e oitenta milhas, cortando a Hungria em duas metades exatas. Então, reforçado pelo Drava, vira a leste novamente, invade a Iugoslávia, engole o Sava sob as ameias de Belgrado, e avança imperturbável até atacar as Portas de Ferro.)

Ao fim de uma hora, eu havia subido um caminho pelo penhasco, entrando na rua principal de Parkan. Um pouco mais tarde, meu passaporte foi carimbado no posto fronteiriço no lado tchecoslovaco da ponte. A barreira vermelho, branco e verde do posto no outro extremo marcava o começo da Hungria. Tardei em meio à ponte, pensativo, suspenso no ar que a ninguém pertencia.

◆ ◆ ◆ ◆

ABAIXO, A ALVENARIA dos piers soltava oscilantes tranças de elódeas, quais as de Ofélia, na corrente. Rio acima, a água rompia o reflexo azul-turquesa de um céu repleto de desgrenhadas nuvens cirros. Fios cor-de-rosa e carmesim se dispersavam em movimentos conflituosos, para depois se congelarem num turbilhão imóvel; estranho, já que o dia não tivera sequer um sopro de vento. Andorinhas continuavam deslizando pelo ar e uma garça voou de um lado a outro do rio, de mata a mata. Diversos pássaros grandes e misteriosos flutuavam a grande altura; de início pensei que também fossem garças, mas, em lugar de guardar seus pescoços encurvados entre os ombros, mantinham-nos esticados, e eram brancos. Eram maiores e mais delgados e menos apressados do que cisnes: suas asas abertas pouco se moviam ao negociarem as correntes de ar. Havia uma dúzia deles, com uma plumagem branca como a neve, exceto pelas penas de voo, que eram pretas e corriam ao longo do intradorso de suas asas, como uma fita senatorial de luto. Eram cegonhas! Quando circularam mais baixo, os longos bicos e as pernas que trilhavam na esteira de suas turbulências mostravam um vermelho qual cera de lacre. Ao meu lado, um velho pastor encostado na balaustrada também as observava. Quando algumas destas grandes aves voaram mais baixo ainda, a corrente de ar de suas plumas varreu nossos rostos voltados para cima e o pastor, sorrindo, disse algo em magiar: "*Nét, góbyuk!*". Não tinha um só dente na boca. Dois pássaros plainaram rio acima. Um deles desceu sobre uma meda de feno, debatendo-se para se reequilibrar. O segundo aterrissou no prado abaixo – e, à medida que recolhia suas asas, transformou-se numa bobina branca, com perna de pau e bico laqueados em vermelho – e caminhou para a beira d'água. Os outros, no ínterim, se postaram nos telhados das duas pequenas cidades que se situavam nas cabeceiras da ponte, avançando ao longo dos mesmos com passos desajeitados, a inspecionar os ninhos desgrenhados que pesavam sobre diversas chaminés. Dois deles, desafiando até os sinos que ali soavam, tentavam aterrissar nos campanários da catedral – lembrando-se de estadias anteriores, sabiam que constituíam ameaças inócuas. Os sinos estavam estrangulados com o emaranhado de ramos do ano anterior.

    Tocando em meu braço, o pastor apontou para algo a jusante e a leste em meio à escuridão das sombras, muito acima do rio e apenas discernível através do céu que empalidecia. De um lado a outro do horizonte, estendia-se uma multidão de cegonhas formando uma grossa linha branca; ora esgarçada, ora embolada, tendendo para o cinza, mas salpicada de manchas cor-de-rosa pelo sol poente; variando na largura, à medida que alguns errantes fragmentos, aqui e ali, saíam de formação ou se reconfiguravam; e agitada por um movimento que fazia crer que toda sua extensão revolvesse em torno de um único fio. Subindo pela África ao longo do Nilo, elas haviam seguido a costa da Palestina e da Ásia Menor e entrado na Europa pelo Bósforo. Aí, perseverando ao longo das margens do Mar Negro até o delta do Danúbio, reorientaram seu voo seguindo aquela estrada brilhante até que chegaram à grande curva, algumas milhas a jusante. Abandonando o rio, sua jornada agora seguia um viés duplo, para oeste e para norte; talvez, dirigindo-se à Polônia, e largando vários de seus contingentes pelas centenas de abrigos dos quais se lembravam. Olhávamos maravilhados. Passou muito tempo até que a retaguarda daquela grande procissão celeste desaparecesse ao norte. Antes do cair da noite, toda esta armada, como uma gigantesca borrasca de neve, iria baixar sobre uma mata ou se estabelecer sobre uma aldeia eslovaca – surpreendendo e deliciando os moradores, já que as cegonhas são pássaros de bom agouro; ganhariam o ar, uma vez mais, à primeira luz da manhã. (Seis meses e centenas de milhas mais tarde, parei nas encostas meridionais da Cordilheira dos Bálcãs, e vi a mesma massa migratória em sentido contrário. Elas se dirigiam ao Mar Negro, retraçando sua viagem de primavera de modo a passar o inverno além do Saara.)

Muita coisa acontecia: no ar e no céu, no rio e em suas margens; quase demais. Estava determinado a me demorar por ali, suspenso no vazio, deixando mais alguns milhares de toneladas de correnteza passar sob as vigas, antes de percorrer as poucas jardas que faltavam até chegar à Hungria. Era como se eu estivesse no camarote real, do lado oposto às múltiplas *dramatis personae*, enquanto a cortina subia.

Um sino solitário – precursor dos repiques e escalas que, mais tarde, dariam acrobáticos saltos sob a luz do luar – se fizera acompanhar de vários outros; mas suas notas convocatórias não apressaram o vai e vem que ocorria debaixo das árvores, embora a multidão, caminhando e socializando por toda a frente do rio, mostrasse certa tendência a se desviar em direção a uma estrada que levava morro acima. Havia centenas de camponeses de vilas vizinhas. Os homens, em sua maioria, vestiam preto e branco, mas uma figura corpulenta, em uniforme de músico de banda, batalhava por entre a multidão recurvado sob um grande tambor, enquanto os raios de sol em declive atingiam um trombone aqui e um fagote acolá e três colegas equipados com trompas que se dirigiam na mesma direção. As roupas das mulheres e das meninas, com saias de muitas pregas e corpetes e aventais e lenços multicoloridos, eram avivadas, aqui e ali, por amontoados de laços e painéis de bordado, rígidos e brilhantes, nas mangas fofas. Como de hábito, as cores mais brilhantes se mostravam no cintilado e agito das mulheres ciganas: violeta e magenta e laranja e amarelo e verde gritante. As tonalidades apareciam salpicadas como nas guirlandas florais de um templo indiano, interrompidas e espalhadas entre as inflorescências europeias, mais discretas. Não haveria, pelo resto desta viagem, um só agrupamento de gente do povo em que não estivessem presentes. Um urso pardo sentava-se nas tábuas de uma rústica carroça do lado de fora de uma estalagem como se estivesse pronto para tomar as rédeas em mãos; o domador de pele escura subiu ao seu lado, e foram embora. Deslocando-se furtiva por entre a multidão e as carroças das aldeias e as charretes de pôneis e os grupos de cavaleiros, uma charanga anacrônica parou, despejou duas freiras e uma tropa de escolares e, buzinando, saiu vagarosamente de cena. Tão fáceis de identificar quanto pegas, um trio de dominicanos altos, com seus chapéus clericais de marcas brancas e pretas, reunia-se debaixo de uma castanheira.

Mas foi um grupo de esplêndidas figuras, deambulando e parando ao longo da calçada do cais, que captava a vista e a prendia. Vestiam coletes de seda pesada – ou ocasionalmente de veludo – escuros, suntuosos e de tons variados, presos com botões blasonados do tamanho de avelãs douradas e acabamentos de pele marrom nos punhos e na garganta e sobre os ombros. Alguns vestiam sobre-túnicas que desciam até os joelhos, igualmente terminadas em pele e abertas na frente com alamares e cadarços dourados; outros as usavam jogadas sobre as costas com cuidadoso abandono, ou inclinadas sobre um dos ombros como oscilantes dólmãs. Culotes apertados, enrijecidos por bordados, terminavam em botas hessianas negras, escarlate, azuis ou verde-rifle; guarnições douradas davam acabamento a seus topos recortados e esporas também douradas estavam presas aos calcanhares. Um ou dois deles traziam correntes de ouro ou prata em volta do pescoço e todos vestiam *kalpacks* feitos de pele escura ou clara. Tinham formato similar aos *busbies* dos hussardos;[18] ficavam inclinados sobre as testas, em ângulos desafiadores, emplumados com penachos brancos ou com penas de garça que explodiam de fivelas ornadas, como um jorro de vapor. Suas cimitarras, quase semicirculares, eram protegidas em veludo verde ou azul ou cor de ameixa, encrustadas em ouro e adornadas com pedraria em intervalos ao longo das bainhas; eram levadas de forma despreocupada sob seus braços ou na dobra de seus cotovelos ou, quando parados, com as pontas tocando o piso, suas mãos levemente descansadas nas empunhaduras em cruz. O esplendor de príncipes lendários marcava estes nobres; e, excetuando um deles, quase esférico, ousadamente vestido com um *kalpack* de pele branca e botas tão escarlate quanto suas bochechas, os demais ostentavam toda sua bravura com competente desenvoltura: caminhando, futricando, olhando para seus relógios, inclinando-se sobre suas cimitarras e parando com uma perna ereta e a outra encurvada, lembrando Meredith.[19] Enquanto falava e assentia com a cabeça, o monóculo de um dândi alto refletiu o pôr do sol em pontos e traços como se fosse código Morse. Uma carruagem parou, três congêneres similarmente vestidos desceram e deu-se um cerimonioso descobrir-se de cabeças, levantando-se peles de urso e plumas de garça, ao qual juntou-se o gentil bater de calcanhares. Permaneceu dentro da carruagem – talvez por incapacitado – um velho de aspecto magnífico; seu queixo, coberto por uma barba branca, descansava em mãos cruzadas sobre a curvatura em osso de uma bengala de málaca. Sua cimitarra repousava sobre os joelhos enquanto ele se inclinava para frente, conversando e rindo. A energia e humor de seu rosto de cabelos brancos fazia lembrar Victor Hugo. Fora a pele marrom e a corrente de ouro em volta de seus ombros e uma ordem honorífica junto ao pescoço, vestia-se inteiramente de preto, mais magnífico ainda em sua sobriedade. ("Faria um louco de você" – os versos subitamente reapareceram depois de anos de esquecimento – "ver Esterhazy/enfeitado de pedras, da peruca/às botas de diamante."*,[20] Sim, de fato.) Lentamente, este grupo de notáveis, com a carruagem e seu passageiro de barbas brancas seguindo ao lado a passo de caminhada, circulou rio acima, sob o brilho de cequim dos álamos.

Logo atrás de mim, moças em vestimentas coloridas atravessavam a ponte, correndo animadamente, todas carregando ramos de ninfeas, narcisos e violetas e aquelas enormes calêndulas que crescem nos riachos. Acenei quando passaram e uma delas, virando, lançou uma sucessão de

---

* *Ingoldsby Legends*.

bem-humorados dátilos sobre seu ombro. Se os húngaros não fossem monoteístas, a Ressurreição que se aproximava poderia ter sido seguida pela ascensão de Adônis e Proserpina.

◆ ◆ ◆ ◆

PARECIA IMPOSSÍVEL DEIXAR O sítio onde estava parado e mergulhar na Hungria. Encontro agora a mesma dificuldade: uma relutância momentânea em colocar as mãos neste fragmento específico do futuro; não por medo, mas porque, ao alcance das mãos e ainda intacto, este futuro parecia, e ainda parece, tão repleto de maravilhosas promessas. Enquanto isso, lá em baixo, o rio carregava o passado imediato; eu permanecia suspenso no espaço, entre os dois.

Mas hoje, com a clarividência dada pelo tempo, posso afastar o momento fatídico e juntar os dados que as próximas horas revelariam... Porque agora eu sei o que vinha ocorrendo. Vejo os cidadãos de Esztergom colocando velas no parapeito de suas janelas – as quais, mais tarde, agregadas aos círios nas mãos de uma miríade de observadores camponeses, envolveriam a procissão com uma floresta cintilante; e espreitando a basílica, consigo flutuar por dentro dela e ao longo da sequência de folhas de acanto e através do entrecruzamento das sombras em meia-tinta até a ampla sacristia onde a sucessão de armários e as fileiras de arcazes foram esvaziados de sedas e brocados, todos já desdobrados, e de objetos sagrados e vasilhas. As mitras são abertas com um estalo, as vestes sacerdotais estendidas, as luvas recobertas de joias e o pálio aprestado, candelabros e ostensórios e báculos preparados. O vazio sob o domo evoca Pannini – e aqui, em paliçadas altas em meio à escuridão, estão espetadas descoloridas braçadas de velas novas, ainda apagadas. Um tapete se desenrola, ascendendo os degraus rasos sob o dossel do arcebispo, enquanto, no sótão, a sede dos sineiros aumenta.

No pátio que serve ao estábulo do palácio arquiepiscopal, à meia encosta, os postilhões e cavalariços, em botas e *busbies*, tagarelam e resmungam usando inoportunas blasfêmias. Ferraduras irrequietas tiram fagulhas das pedras. Dos quatro tordilhos do cardeal, o que deve situar-se mais atrás é recuado, com uma sacudidela da crina e de sua pluma, por entre as hastes, enquanto as correias são fixadas. Um serviçal de bochechas rosadas e estatura baixa, quase metade dos demais postilhões, mas igualmente adornado de plumas e alamares, lustra o puxador de prata da porta pela última vez e, em seguida, passa um pano sobre o painel em verniz onde um chapéu pintado em escarlate encima um brasão no qual figura uma mitra e uma coroa entre pirâmides de cinco filas de borlas; e bate a porta.

Nas paredes dentro do palácio, neste ínterim, o sombrio Jeremias, de Duccio, e os eremitas de bochechas secas e os doutores, de Crivelli, vão se apagando em suas molduras; e o mesmo se dá com as Virgens com Menino, de Matteo di Giovanni, e as Natividades, de Giovanni di Paolo. A entronizada Madona, de Taddeo Gaddi, e a Assunção de Madalena, de Lorenzo di Credi, perdem seu lustro, e os grupos sagrados, de Siena e Florença e Veneza e Umbria, e das Marcas e dos Países Baixos e da Espanha, estão todos à beira da dissolução. A ambiguidade se espalha! Uma donzela lombarda fundiu-se a um unicórnio que ela aperta em seus braços avermelhados; e, numa dezena de Martírios, o brilho do gesso das auréolas sobreviverá aos santos que as portam. Num conluio envolvente, as Tentações e Crucificações, da Escola do Danúbio, já absorveram as sombras que estão a se agrupar ao longo do vale. A noite se aproxima. Talvez venham a sucumbir por último as visões da Transilvânia, de Thomas de Kolozsvár – cavaleiros e bispos e Santo Egídio, à sombra de azinhos, protegendo de um arqueiro sua corsa de estimação.

Os demais pavimentos estão agitados, plenos de expectativas. Os funcionários vão e vêm, olhares ansiosos sobre os relógios que batem nos enormes cômodos, ouvidos atentos aos sinos da catedral, um olhar em direção aos estábulos; mas no coração de tudo, na figura de Monsenhor Seredy, o predecessor imediato do Cardeal Mindszenty,[21] reina uma calma imperturbável. Uma presença em escarlate é adivinhada, rosto bem humorado, num solidéu vermelho, a mão anelada sobre uma mesa, e ao lado um barrete vermelho, incandescente na escuridão. Sobre seus ombros, em lugar do rendado habitual, um manto de pele branca é decorado com arminho; uma tradição antiga faz do primaz da Hungria tanto príncipe temporal quanto arcebispo e príncipe da igreja. No entorno de sua cadeira, as rígidas e largas dobras de sua *cappa magna* cobrem o desenho do tapete com jardas e mais jardas de seda calandrada, cor de gerânio. Seu capelão e caudatário, com o *pince-nez* cintilando, todo punhos de renda e pomo de Adão, agita-se atenciosamente ao seu lado. À mão, paira um jovem recém-designado como sua escolta pessoal — ansioso, com seu cabelo cuidadosamente escovado, e meticulosamente vestido no escuro esplendor de uma figura importante. Um chapéu de pele e pluma descansa sobre a dobra de seu braço; enluvada, uma das mãos segura uma cimitarra com bainha de veludo preto em seu ponto de equilíbrio. Aconteça o que for no desdobrar da longa noite pela frente, ele está determinado a manter suas esporas e a ponta de sua espada longe daquele oceano de seda vermelha... Ainda há tempo para um discreto cigarro no outro extremo do cômodo... As castanheiras do arcebispo abriram um milhar de leques sob as janelas altas, cada um pronto para ser marcado por uma flecha rosa ou branca antes do fim do mês. Uma coruja pia! Para além dos álamos e do cais vazio, o emaranhado de pontes toma conta do Danúbio e alguém ainda se demora por lá. Mais além ainda, tudo fica escuro. A montante ainda é dia e o rio brilha, amplo e pálido, enquanto vaga para oeste através da insubstancial folhagem verde e prata. Como se respondessem ao repique mais urgente dos sinos, as vozes dos sapos de repente se elevam.

◆ ◆ ◆

TAMBÉM EU OUVI a mudança nos sinos e o coaxar dos sapos e a nota da coruja solitária. Mas começava a ficar escuro demais para se divisar uma figura, e muito menos um fósforo que se acendesse, nas janelas do arcebispado. Um pouco antes, o pôr do sol as tingira como se o palácio estivesse em chamas. Agora, o enxofre, o açafrão, o rosa brilhante e o carmesim haviam abandonado as vidraças, esvaindo-se também dos cirros, amarfanhados e imóveis, que elas haviam refletido. Já o rio, mais claro em contraste com a sombria fusão das matas, ganhara um tom leitoso. Uma radiância verde jade permanecia no céu. O próprio ar, os galhos, as taboas, o epilóbio e os juncos mantiveram-se por um tempo antes de se dissolverem nas sombras que tudo unificavam, sob uma luz vernal, maravilhosa como a inflorescência de uma ameixa-caranguejeira. Rente à água e quase imaterial por este momento luminoso, uma garça navegava rio acima, detectável apenas por seu barulho e pelos anéis, escuros e de lenta dissolução, que as pontas de suas penas deixavam na água. Uma fusão de sombras estava em curso e, logo, apenas o tom mais leve do rio sobreviveria. A jusante, no escuro, neste momento, não havia sugestão da lua cheia que mais tarde transformaria a cena. Ninguém mais estava na ponte e os poucos que restavam no cais apressavam-se todos na mesma direção. Uma nota mais atraente do campanário me libertou, por fim, da balaustrada, e corri a segui-los. Não queria chegar atrasado.

A SER CONTINUADO

Facsímile das páginas 976 e 977 do *Green Diary* de Patrick Leigh Fermor. Aqui ele relata o episódio em que é confundido com um contrabandista, transcrito ipsis literis no Capítulo 11. (Fonte: Arquivos de Patrick Leigh Fermor, da National Library of Scotland)

COMENTÁRIO: TRADUZINDO FERMOR

Por que traduzir Patrick Leigh Fermor? Que relevância poderá ter, hoje, para um público brasileiro, este texto centrado na década de 1930, numa Europa que, em breve, sob vários aspectos, deixaria de existir?

Com sua alegria de viver, sua curiosidade sem limites, Fermor nos restitui o direito de sermos amadores cultos. Tem interesse pelo mundo natural, a história, as artes. Obcecado por tudo saber sobre seu entorno, faz uso dos sentidos, empolga-se com novas descobertas, parte para analogias e metáforas, cria grandes teses a partir de detalhes, especula livre de amarras formais. Por vezes verborrágico, atropelando-se no seu entusiasmo, sempre criativo, Fermor nos incentiva a olhar o mundo e interpretá-lo por conta própria. Compartilha sua sólida formação clássica, faz ensaios brilhantes, sem academicismos, sobre temas diversos. Convida-nos a saber mais, a completar seus relatos, a desvendar suas misteriosas referências. Este é seu método. Seu texto celebra o prazer do aprendizado e a herança cultural europeia.

Um *Tempo de Dádivas* nos remete a um mundo material que estava prestes a morrer. Fora do circuito turístico e do alcance de esforços protecionistas, onde encontrar hoje a paisagem de castelos, albergues, banhados e florestas? Os tamancos, os *brogues*, os chapéus, as roupas coloridas de ciganos e nobres húngaros? Fermor, hábil criador de ambiente e clima, nos brinda com imagens e vinhetas de antanho: caronas em barcaças, celebrações religiosas, noitadas em bares ou à beira da lareira. Importam? Para muitos, seu relato terá o sabor de uma prazerosa reminiscência do 'velho' mundo – com um insuspeitado toque de Proust. Para outros, será um convite a conhecer um mundo 'novo', um tempo passado, sim, mas relevante por estar repleto de contradições atuais – resquícios de brilho antigo de nações, povos e famílias em transição, ao lado de crescente intolerância, minorias ressentidas, fronteiras contestadas.

Fermor é uma *people person*: gosta de gente. Fascinado pela genealogia das casas europeias, aprecia o bem viver das famílias nobres e cultas que o recebem; mas igualmente participa com entusiasmo e à vontade do mundo de embarcadiços, estalajadeiros, andarilhos, camponeses, sacerdotes, estudantes, expatriados. Pobres e ricos, jovens e velhos, homens e mulheres, do campo e da cidade – todos lhe interessam. Fala com estranhos, com ou sem apresentação. Aprende suas línguas.

Ao mesmo tempo, olha para si. Sem internet ou celular, perde-se no mundo, sozinho, comunicando-se com seus familiares através de uma esporádica carta. Quer se redescobrir. Muitos anos depois, já aos sessenta anos, Fermor nos fala da experiência transformadora que foi seu percurso pela Europa, refletindo sobre acertos e desventuras da juventude, sobre episódios passados na guerra em que vem a se fazer herói, e nos brindando com um relato que informa, diverte, encanta e emociona. Tornou-se, merecidamente, um clássico.

◆ ◆ ◆ ◆

TRADUZI-LO É UM desafio e um prazer. Fermor adora parágrafos longos e frases convolutas. Utiliza uma pontuação não convencional, inconsistente e, por vezes, confusa. Escreve como se falasse empolgado, emendando palavras e orações, esquecendo-se do leitor. Daí os "e isso e aquilo e aquilo outro e mais aquilo", tudo num fôlego só. Escreve mal? Não, de forma alguma. Sua escrita é brilhante e as transgressões formais são deliberadas ou pouco importam. Como tradutores, procuramos dar ao leitor o gosto de suas 'manias' ou 'idiossincrasias'; mas afastamo-nos do original, sem nada omitir, quando nos pareceu que o leitor ficaria confuso ou quando pareceria que desconhecemos nossa própria língua.

Fermor, com abundância, cita ou faz referência a textos, peças teatrais, pinturas, autores, artistas, personagens, eventos e lugares cuja relevância, muitas vezes, escapará ao leitor dos dias de hoje ou mais apressado. Procuramos oferecer aos mais curiosos indicações do que tratam tais citações e referências, através das notas detalhadas, capítulo a capítulo, que se seguem.

O texto faz um sem número de referências à flora e à fauna europeias. Muitas vezes endêmicas, nem sempre encontra-se um correspondente exato, em português, para as espécies citadas. Utilizamos vários glossários especializados e, sempre que possível, fez-se uma contra-checagem a partir da taxonomia em latim, lembrando, no entanto, que houve considerável reclassificação de famílias e espécies nas últimas décadas.

Fermor adora palavras, gosta de detalhes, frequentemente introduz termos pouco usuais e usa múltiplas línguas. Utiliza não só palavras que vem a conhecer ao longo do caminho – em alemão, tcheco, eslovaco e húngaro –, como também palavras e expressões em francês, italiano, latim e mais. Aquilo que o autor apresenta em língua estrangeira permanece no corpo do texto como tal, ou seja, não o traduzimos; quando o próprio autor o traduz para o inglês em nota de rodapé, vertemos o texto para o português. Nas notas detalhadas que se seguem, oferecemos algumas traduções livres ou apresentamos indicação resumida do que tratam alguns dos trechos não traduzidos pelo autor.

Cabe destacar, por fim, que optamos por não colocar em maiúsculas os substantivos em alemão que ocorrem isolados em meio a frases do texto traduzido. Nomes de capitais e grandes cidades são apresentados em português; cidades e localidades menores, tal como as nomeia o autor. Abordagem similar foi adotada em relação a acidentes geográficos. Sítios urbanos (ruas, praças, prédios, bairros) na Inglaterra foram mantidos em inglês; sítios urbanos em outros países aparecem como utilizados pelo autor: foram traduzidos quando apresentados em inglês; quando em língua estrangeira – em geral, alemão –, assim também figuram na versão traduzida. Nomes de personagens históricos são dados em português; nomes de escritores, pintores, cientistas, atores, cantores, etc na forma que nos pareceu ser mais usual.

MV Serra
Maria Teresa Fernandes Serra

NOTAS DOS TRADUTORES

INTRODUÇÃO

1   Referência aos *wandering scholars* da Idade Média: religiosos, estudantes e poetas errantes, como Abelardo, Fortunato e outros.

CARTA INTRODUTÓRIA A XAN FIELDING

1   Contos para jovens baseados na mitologia grega, de Charles Kingsley (1819-1875), clérigo, professor, escritor e reformador social inglês.
2   Peças teatrais ou musicais que estiveram em cartaz em Londres na segunda década do século XX.
3   Referência ao protagonista de *Little Lord Fauntleroy*, primeiro romance infantil da escritora anglo-americana Frances Hodgson Burnett (1849-1924); e possivelmente também ao cartunista Charles Addams (1912-1988), criador dos personagens da Família Addams no final da década de 1930.
4   PLF se refere aqui, a um tempo, a William Shakesperare e a Thomas Hardy, posto que *"Under the greenwood tree"* é o primeiro verso de uma canção da peça *Como Gostais*, de Shakespeare, que Hardy toma emprestado como título de seu segundo romance, de 1872.
5   Tecido verde que teve sua origem na cidade de Lincoln na Idade Média; citado nas histórias sobre Robin Hood e seu bando e em outros relatos sobre a mesma época.

6   "Faça o que quiser": expressão cunhada por Charles Rabelais (1474-1553), para descrever os hábitos e estilo de vida na Abadia de Thélème em *Gargantua e Pantagruel*.
7   Arthur Rackham (1867-1939), inglês, ilustrador de livros, dentre os quais histórias infantis, como os contos dos Irmãos Grimm e *Alice no País das Maravilhas*, e aqueles em que Richard Wagner relata as lendas dos nibelungos.
8   *Fellow of the Royal Society*: membro da mais antiga academia científica em existência, estabelecida em 1633 em Londres.
9   Calças masculinas largas e curtas, parando pouco abaixo dos joelhos.
10 Exames de ingresso ao equivalente do antigo curso ginasial, exigidos por escolas de primeira linha na Inglaterra.
11 No Reino Unido, corresponde não a uma escola pública, mas a um estabelecimento de ensino particular, independente, exclusivo e elitista.
12 Deuses do paganismo anglo-saxão.
13 Dark Entry: passagem, objeto de numerosas lendas, que dá entrada ao conjunto de prédios da King's School, Canterbury, fundada em 597 D.C. e tida como o mais antigo estabelecimento de ensino em funcionamento ininterrupto no mundo.
14 Romance de Michael Arlen (1895-1956), autor inglês de origem armênia, que alcançou grande popularidade na década de 1920.
15 Série de 12 volumes, cada um com capa de cor diferente da outra, reunindo contos para crianças, publicados entre 1889 e 1910 por Alfred Lang (1844-1912), escritor e crítico literário escocês.
16 Personagem de *Decline and Fall*, primeiro romance de Evelyn Waugh (1903-1966), Grimes havia sido expulso da escola, conseguindo, porém, uma carta de recomendação que lhe facilitou reabilitar-se posteriormente.
17 Academia militar do Exército Britânico, localizada em Camberley, Berkshire, desde 1812.
18 Geração de jovens adultos ingleses, hedonista, aristocrática, que teve seu auge na década de 1920, sob o impacto da Primeira Guerra Mundial. Também conhecidos como '*Bright Young Things*'.

19 Pintores britânicos ou anglo-americanos, atuantes nas últimas décadas do século XIX e primeiras décadas do século XX.
20 Romance de Charles Reade (1814-1884), publicado em 1861, sobre as andanças de um jovem escriba e ilustrador por vários países da Europa no século XV.
21 Referência a John Lambton (1792-1840), estadista inglês e administrador colonial, que, ao ser perguntado qual seria a renda anual adequada a um cavalheiro inglês, respondeu que "umas 40 mil libras dariam para um homem se virar bastante bem". A valores atuais, seriam umas quatro milhões de libras.
22 Robert Byron (1905-1941), autor inglês de livros de viagem, historiador e crítico de arte, mais conhecido pelo clássico O Caminho de Oxiana, pubicado em 1937, no qual relata sua viagem de dez meses pelo Oriente Médio, realizada no mesmo período em que PLF está cruzando a Europa. Antes de 1933, PLF teria tido acesso aos seis livros em que Byron, a partir de 1926, registra suas viagens à Grécia, Oriente Médio, Índia e Rússia.

CAPÍTULO 1

1 Monument to the Great Fire of London, coluna em formato dórico, erguida entre 1671 e 1677, próximo ao local onde teve início o incêndio devastador de 1666. Tal como a Catedral de Saint Paul, é de autoria do arquiteto Christopher Wren.
2 Referência ao poema lírico *Dover Beach*, de Matthew Arnold (1822-1888), publicado em 1867, embora escrito possivelmente quinze anos antes, quando ali passou sua lua de mel. Arnold fala à sua noiva sobre "*the grating roar of pebbles*" ("o rugido áspero dos seixos") a que PLF alude neste capítulo.
3 Sequência de locais de grande interesse histórico na velha Londres. Southwark (bairro onde se encontra o Globe Theatre) e Blackfriars (referência ao casaco negro dos frades dominicanos instalados no local) são bairros no lado sul do Tâmisa. Saint Catherine's Wharf (ou

Docks), do lado norte do rio, é parte do imenso complexo portuário de Londres. Execution Docks era sítio de execução de piratas e malfeitores cujos crimes haviam se dado nos mares. Wapping Old Stairs são as múltiplas escadarias que permitem alcançar praias de seixos e áreas sob efeito de marés junto às muralhas de proteção da face norte do rio, no velho bairro de Wapping. Por fim, PLF assinala um dos mais antigos e conhecidos pubs londrinos, possivelmente do século XVI, renomeado várias vezes, e que, no início do século XX, passa a se chamar The Prospect of Whitby.

4   Áreas pantanosas, de ocupação secular, em ambas as margens do Tâmisa. Ligadas entre si mais pelo rio do que por terra, vieram a constituir um imenso complexo de docas, estaleiros e indústrias. Passam, nas últimas décadas, por forte processo de renovação urbana, estando o novo centro comercial e de serviços de Londres, Canary Wharf, situado na Isle of Dogs.

5   Linha do soneto nº 31 da coletânea de 191 poemas intitulada *Les Regrets*, de Joachin Du Bellay (1522-1560). Em tradução livre: "Repleto de experiência e sabedoria".

6   Convocado pela Igreja Reformada Holandesa de Dort (e contando com a presença de convidados de outros países), o Sínodo de Dordrecht reuniu-se de 1618 a 1619 para dirimir questões doutrinárias. As teses finais do Sínodo de Dort ficaram conhecidas como os Cinco Pontos do Calvinismo.

7   Caminhos utilizados para rebocar embarcações ao longo de canais.

CAPÍTULO 2

1   Canção escrita em 1929 por Horst Wessel (1907-1930), líder nazista em Berlim, que se tornou hino do partido entre 1930 e 1945, e da Alemanha nazista de 1933 a 1945, ao lado do mais tradicional *Deutschlandlied*, hino nacional da Alemanha adotado em 1922. Hoje, letra e melodia são banidas na Alemanha.

2   Corporação estabelecida pela República de Weimar em 1931, visando mitigar os efeitos do desemprego durante a Grande Depressão. Provia

serviços para obras civis e projetos agrícolas. Foi absorvida pelo Ministério do Trabalho quando Hitler ascendeu ao poder em 1933, e passou a priorizar obras de caráter militar.

3 Último Imperador da Alemanha e Rei da Prússia, neto de Guilherme I por parte de pai e da Rainha Vitória, da Inglaterra, por parte de mãe. Abdicou em novembro de 1918, exilando-se na Holanda, onde morreu em 1941.

4 Coletânea de contos e poemas de Joseph Conrad, Arthur Conan Doyle, John Galsworthy e outros renomados escritores da época, cuja venda ajudava a financiar hospitais para convalescença de feridos da Primeira Guerra Mundial.

5 Personagem bigodudo, criado em 1914-15 pelo cartunista Bruce Bairnsfather, Old Bill era integrante da infantaria da Força Expedicionária Britânica. Tornou-se popular durante a Primeira Guerra Mundial, quando suas estórias eram tidas como capazes de elevar o moral das tropas.

6 *Hassgesang gegen England*: poema de Ernst Lissauer (1882-1937), judeu alemão, autor da frase "*Gott strafe England*" ("Que Deus puna a Inglaterra"), que se tornou um *slogan* usado pelo Exército Alemão durante a Primeira Guerra Mundial.

7 "Agora meu, em breve deste outro, e depois sabe-se lá de quem." PLF não cita fonte para o texto em latim, sendo presumivelmente de sua própria autoria ou, quem sabe, algo rabiscado em suas carteiras escolares.

8 Nome do sino da Catedral de Canterbury, cidade onde se situa a King's School, que PLF frequentara.

9 "Nenhuma sorte!"

10 Príncipes-eleitores, membros do colégio que, a partir do século XIII, passou a eleger o Rei dos Romanos que seria coroado pelo Papa como Imperador do Sacro Império Romano. Com apenas uma exceção, todos os imperadores 'eleitos' foram Habsburgo, sendo a sucessão por membros da família apenas ratificada pelos eleitores.

11 Protagonista do longo poema de George Gordon, mais conhecido como Lord Byron (1788-1824), que narra sua peregrinação pelo sul da Europa. Inteligente, educado, perceptivo, sedutor e um tanto rebelde, Childe Harold se tornou o protótipo do herói romântico.

12 O primeiro título é o do livro de J.B. Priestley, de 1929. O segundo, livro de reminiscências, é do sueco Axel Munthe (1857-1949), escrito em inglês e primeiro publicado na Inglaterra, também em 1929, tornando-se um *bestseller* e sendo traduzido para várias línguas.
13 Designativo genérico dado aos soldados do Exército Britânico, utilizado desde o século XIX, mas popularizado a partir da Primeira Guerra Mundial.
14 Personagem ficcional de *Les silences du Colonel Bramble*, primeiro romance de André Maurois, publicado em 1920 e baseado em sua experiência no Exército Francês como intérprete e oficial de *liaison* com o Exército Britânico durante a Primeira Guerra Mundial.
15 Versão curta da saudação "*Gesegnete Mahlzeit*" ou, literalmente, "Abençoada refeição".
16 Famosas 'estrelas' das décadas de 1920 e 1930. Anny Ondra: atriz tcheca, esposa de Max Schmeling; Lilian Harvey: atriz e cantora anglo-germânica; Brigitte Helm: atriz alemã, estrela de *Metropolis*, de Fritz Lang; Marlene Dietrich, atriz e cantora alemã.
17 Boxeador alemão que derrotou o campeão mundial norte-americano Joe Louis em 1936. Louis tornou a vencer Schmelling em 1938, mantendo o título mundial até 1948.
18 Sankt Pauli: distrito de Hamburgo que concentra bares, restaurantes, teatros, vida noturna e prostituição; Reeperbahn: sua rua principal.
19 Referência a uma das lendas do Rei Artur e dos Cavaleiros da Távola Redonda.
20 "Você não volta?"
21 Deuses do paganismo anglo-saxão, germânico e nórdico. Odin, deus supremo, é o mesmo Woden já mencionado na *Carta Introdutória*; Thor é seu filho, deus do trovão e da guerra; Loki, é seu irmão e rival.
22 Na nota de rodapé, PLF se refere a Robert Southey (1774-1843), poeta, historiador e ensaísta inglês. De sua obra fazem parte uma *History of Brazil* e o conhecido conto infantil *Cachinhos Dourados e os Três Ursos*.

CAPÍTULO 3

1   Boné típico dos escoceses do século XIX.
2   Clube da elite estudantil da Universidade de Oxford.
3   Modalidade tradicional de esgrima praticada por corporações estudantis sobretudo na Alemanha, Áustria e Suíça. Não se tratava de esporte ou de duelo; pretendia a formação de caráter.
4   Regime republicano que prevaleceu na Inglaterra, Escócia e Irlanda no período de 1649 a 1660, em seguida à Guerra Civil e à decapitação de Carlos I, irmão de Elizabete. O período é, alternativamente, chamado de 'Interregno', uma vez que Carlos II é restaurado ao trono em 1660, reservando-se o termo 'Commonwealth' (ou usando 'Protectorate') para designar os anos em que Oliver Cromwell (1599-1658) esteve no poder como Lord Protector (1653-1658).
5   Versos do poema de John Donne (1573-1631), Um Noturno para o Dia de Santa Lúcia. Celebrada atualmente em 13 de dezembro, a festa de Santa Lúcia ou Santa Luzia antes coincidia com o solstício do inverno (por volta de 21 de dezembro).
6   Referência ao romance cômico de P.G. Wodehouse (1881-1975), publicado na Inglaterra em 1923, quarto e último de uma série sobre Psmith, jornalista. A ação se passa em Londres e no Castelo de Blandings.
7   Jogo de salão em que os participantes desenham, sucessivamente, partes de uma figura humana, sem ver o que foi desenhado antes.
8   Movimento nas artes plásticas (e na poesia), da segunda década do século XX, que, tendo raízes no Cubismo e no Futurismo, promovia a abstração e uma simplificação angulosa na pintura e na escultura. Baseado em Londres, mas com participantes de diversas nacionalidades, teve curta duração, em grande parte devido à eclosão da Primeira Guerra Mundial.
9   PLF possivelmente está se referindo ao chamado 'Butzen', um beijo tradicionalmente dado na face ou nos lábios de qualquer participante do Carnaval de Colônia.
10   Figura da mitologia clássica, a Siringe, ninfa conhecida por sua castidade, era perseguida por Pan.

11 Versinhos curtos, humorísticos, às vezes grosseiros e, em geral, de *nonsense*. Têm cinco linhas em rima aabba; os 'a' em trímetro e os 'b' em dímetro.
12 Ode no. I.9 de Horácio; em tradução livre:
    Veja como se eleva Soracte,
    Brilhante em meio à neve;
    O frio pesa sobre a floresta
    E os rios se enrigecem, gelados.
13 Em livre tradução: "Fiquemos ainda assim, assim em eterno feriado". Verso de um poema contrastando a brevidade do amor carnal com o prazer duradouro do carinho.
14 Referência à rua de Londres, localizada no Soho, que concentrava grande número de antiquários na virada do século XIX para o XX. O termo 'prosa de Wardoor Street' refere-se ao uso de palavras quase obsoletas.
15 Alusão aos últimos versos de uma das *Odes* de Horácio, em que descreve a postura de Regulus, cônsul romano, feito prisioneiro após fragorosa derrota frente aos cartagineses; a caminho da morte, age como se estivesse indo para locais de tranquilidade, clima ameno e bons ares.
16 Referência ao discurso do rei a suas tropas antes de continuar o assédio à cidade portuária francesa, em *Henrique V*, de Shakespeare (Ato 3, Cena 1).
17 Referência a episódio da *Eneida* de Virgílio.
18 Referência ao poema *Horatius at the Bridge*, de Thomas Babington, Lord Macaulay (1800–1859).
19 "*Calme, calme, reste calme!*": linha do poema *Palma*, de Paul Valéry, primeiro publicado em 1919.
20 Celeiros em que se guardavam 'tythes', ou seja, a décima parte da produção rural a ser dedicada à igreja, prática comum no norte europeu durante a Idade Média.
21 PLF aqui cita várias inscrições habituais encontradas em sinos, descrevendo suas funções: "Choro os mortos, afasto os raios, conclamo os vivos, dissipo tempestades, canto a paz após a luta".

22 Lansquenês: soldados mercenários reunidos primeiramente por Maximiliano I no final do século XV e que vieram a se envolver nas campanhas militares do século XVI, com frequência lutando para ambos os lados; em tradução literal, significa 'servidor do território ou do país'.
23 Referência a Balinghem, localidade em que, em junho de 1520, Henrique VIII, da Inglaterra, e Francisco I, da França, se reuniram durante cerca de duas semanas. Hoje em território francês, o chamado 'Field of the Cloth of Gold', à época, fazia parte da Inglaterra.
24 A expressão se origina numa frase atribuída a Henrique IV: "Se Deus me guardar, garantirei que nenhum camponês de meu reino deixará de ter uma galinha em sua panela no domingo".

CAPÍTULO 4

1 *Viagem de inverno*: título do ciclo de canções para voz e piano de Franz Schubert (1797-1828), com base em 24 poemas de Wilhelm Müller (1794-1827).
2 Correio central.
3 Referência à peça de Shakespeare, *Love's Labour Lost*.
4 Chapéu de abas curtas e coroa afundada.
5 Referência ao que, em alemão, seriam os 'Knöedeln', bolinhos de massa à base de farinha, batata ou pão, em geral servidos em sopas ou ensopados na Europa Central, Leste Europeu e Escandinávia.
6 Tribo de gigantes canibais na mitologia grega.
7 Tipo de obuseiro utilizado pelos alemães contra Liège, frequentemente confundido com o canhão Kaiser, de longo alcance, criado para bombardear Paris na Primeira Guerra Mundial.
8 'Noite e névoa': alusão a um dos atributos (a invisibilidade) do *Tarnhelm*, capacete fabricado por Mime, na ópera *Das Rheingold*, de Richard Wagner. Trata-se também da denominação da campanha movida por Hitler contra ativistas políticos e membros da resistência nos territórios ocupados pelos alemães na década de 1940.

9   Tecido confeccionado com lã de ovelha, impermeável, típico das jaquetas tradicionais austríacas.
10 Cabrito-antílope (*Rupicapra*) dos Alpes, Pirineus e outras montanhas europeias.
11 Referência ao poema épico, anônimo, escrito entre os séculos VIII e XI, em inglês; misturando fantasia e realidade, narra episódios passados no século V na Escandinávia, tendo Boewulf como herói.
12 Quartel general da polícia.
13 Bandos rebeldes que operavam nos Bálcãs no período final do Império Otomano, enfrentando os turcos, em busca de maior autonomia para a Macedônia. Com diferentes vieses, mas fortes vínculos com interesses pró-búlgaros, continuaram ativos na região no período entre-guerras e até o final da Segunda Guerra Mundial.
14 Abertura numa passadiço em balanço através da qual se podiam jogar pedras ou óleo quente nos atacantes.
15 Prefeitura.
16 Hamlet, Ato 3, Cena 1, tradução de Bárbara Heliodora em *William Shakespeare: Teatro Completo* (Nova Aguilar, 2016).

> *Será mais nobre suportar na mente*
> *As flechadas da trágica fortuna,*
> *Ou tomar armas contra um mar de escolhos*
> *E, enfrentando-os, vencer? Morrer — dormir, ...*

17 Ibidem.
18 Primeiro Arcebispo de Canterbury (? – 604), romano, beneditino; não deve ser confundido com Santo Agostinho de Hipona (354-430).
19 Dois irmãos germânicos, mercenários de Vortigeno, rei dos bretões, que participaram da primeira invasão anglo-saxã das Ilhas Britânicas no século V; supostos descendentes de Woden, são citados nos textos clássicos da história britânica desde o século VIII.
20 Nome pelo qual ficou conhecido o autor anônimo de dez poemas em latim ('*carmina*' ou '*cantos*'), escritos em meados do século XII, alguns dos quais foram incorporados ao manuscrito *Carmina Burana* (Cantos

de Beuern, ou de Benediktenbeuern), compreendendo 254 poemas e textos dramáticos dos séculos XI ao XIII.

21 Trecho de um poema anônimo do século XIII, em que as duras condições invernais são superadas pela paixão do autor por sua amada. Os trechos citados por PLF correspondem às descrições do ambiente: as árvores sem folhas, os campos secos, o sol fugidio, a neve diurna e o silêncio da noite, e tudo em torno gélido. Figura na coleção de versos medievais, traduzidos para o inglês por Helen Waddell (1884-1965), poetisa e teatróloga irlandesa.

22 Pfaffenbichl: pastor padeiro, em tradução literal: Marwang: não identificamos o porquê do espanto.

23 Ver a nota 11 sobre as public schools inglesas na Carta Introdutória.

24 Toynbee (1916-1981), filho do historiador Arnold Toynbee, comunista, escritor de novelas experimentais; Romilly (1918-1941), aristocrata, socialista e anti-fascista.

25 Referência ao circuito automobilístico, Glorious Goodwood, aberto em 1948 em Chichester, também notabilizado pelo desfile de moda, com especial destaque para os chapéus.

26 Referência a Michael Arlen (nome adotado pelo armênio Dikran Louyoumdjian), autor de grande sucesso na década de 1920 na Inglaterra. Abordava a sociedade grã-fina de maneira satírica e num estilo coloquial, com tons exaltados e exóticos, que veio a ser conhecido como 'arlenesco'. Arlen é também referido por PLF na Carta Introdutória. Ver nota 14.

27 Presume-se que PLF aqui esteja se referindo a uma discussão entre sua mãe, que residia em Londres, e seu pai, que vivia em Simla, então conhecida como a capital de verão da Índia britânica.

28 John Leach (1817-1864), prolífico ilustrador e colaborador assíduo da revista Punch e de Robert Smith Surtees (1805-1864), editor e romancista, dedicado a temas relacionados a esportes rurais.

29 Alusão à delegacia de polícia que existia nesta pequena rua de Westminster em Londres.

30 Referência aos regimentos do Exército Britânico que servem como a guarda do monarca, em Windsor e em Londres, mais conhecidos por suas funções cerimoniais.
31 Espingarda de cano longo, cabo curvo, simples, barata, frequentemente feita à mão, usada comumente na Índia britânica, na Ásia Central e no Oriente Médio.
32 Personagem familiar nas primeiras histórias de Rudyard Kipling passadas na Índia; conhecido por ser um mestre do disfarce.
33 Chukkah: um dos tempos de uma partida de polo. Grande Jogo: a intensa rivalidade entre o Império Britânico e o Russo ao longo do século XIX; implicava, para os britânicos, estender sua influência pela Ásia Central de modo a proteger a Índia, sua 'Joia da Coroa'.
34 Inadimplentes: um dos toques de corneta padrão do Exército Britânico.
35 Cidade do condado de Hampshire, sede do mais tradicional campo de treinamento do Exército Britânico.
36 Referência a Lytton Strachey (1880-1932), biógrafo, crítico literário e figura de destaque do chamado 'Bloomsbury Group', círculo de escritores, artistas, economistas e filósofos, atuante em Londres nas primeiras décadas do século XX.
37 Ensaio de Cyril Connolly (1903-1974), crítico literário inglês, que integra a coletânea citada por PLF na nota de pé de página. O título é uma paródia do título do romance Where Angels Fear to Tread, de E.M. Foster (1879-1970).
38 Referência ao Evangelho segundo Mateus 13:4.
39 Oxford Union Society, clube de dabates fundado em 1823 na Universiadade de Oxford.
40 Parafraseando Shakespeare em Henrique V, Ato 3, Cena 1 ("Antes de Harfleur").
41 Com a Segunda Guerra Mundial, Berchstengaden veio a notabilizar-se como sítio do 'Ninho da Águia', refúgio alpino de Adolf Hitler.

CAPÍTULO 5

1. Henry Maximilian Beerbohm (1872-1956), ensaísta, crítico literário e caricaturista inglês.
2. Citação encontrada em tratados ingleses do século XIX sobre o direito de propriedade, heranças e transmissão de títulos de nobreza, denominadas 'dignities'.
3. Sapato ou bota de salto baixo, de múltiplas peças de couro, com perfurações acompanhando as costuras.
4. Ver nota 5 da Carta Introdutória'.
5. Referência a Joseph Addison (1672-1719), ensaísta e poeta inglês, fundador e principal editor do jornal The Spectator.
6. Peça de Edmond Rostand (1868-1918) baseada na vida de Napoleão II, na qual o papel do protagonista foi primeiro representado por Sarah Bernhardt em 1900.
7. Referência a poemas, respectivamente, de John Keats (1795-1823) e de Rainer Maria Rilke (1875-1926). O primeiro, um poema épico escrito em 1818-19, foi abandonado, retrabalhado sob o título The Fall of Hyperion: A Dream, e por fim publicado, postumamente e ainda incompleto, em 1856; o segundo, um poema de caráter místico, escrito ao longo de uma década e publicado em 1923, sendo logo reconhecido como a mais importante obra do autor.
8. Personagem de Persuasão, último romance de Jane Austen (1775-1817); apesar de acometido de grandes dificuldades financeiras, vivia obcecado por títulos de nobreza e pelo gozo dos prazeres a ela associados.
9. Em tradução literal: espírito nobre. Na crença popular e em celebrações religiosas da antiga Grécia, um espírito protetor de pomares e plantações de grãos; acompanhava indivíduos, assegurando-lhes boa sorte, saúde e sabedoria, uma espécie de anjo da guarda.
10. Mais conhecida como Sissi, a Imperatriz Elizabete era obcecada por sua aparência, mantendo sempre seu peso abaixo de 50 quilos, através de exercício e rigorosa dieta. Acentuava sua minúscula cintura, de menos de 50 centímetros, por meio de cintas de couro ou, até mesmo, fazendo-se ser costurada, literalmente, dentro de suas roupas.

11 Três divindades da mitologia romana: Vertumnus, deus das estações, dos jardins e pomares; Pales, deus (ou deusa) de pastores, rebanhos e gado; e Pomona, deusa dos pomares e dos bosques.

12 Referência a William Cobbett (1763-1835), fazendeiro, radical político e jornalista inglês, fundador do periódico *Cobbett's Political Register*, que circulou semanalmente de 1800 até sua morte.

13 Em Samuel 4:21, é dito que o nome de Ichabod, ou seja, 'o inglório', é uma referência à glória perdida de Israel, pois ele nasce no dia em que a Arca da Aliança é capturada pelos filisteus.

14 "Os outros fazem a guerra; tu, feliz Áustria, casas." Frase atribuída a Matias Corvinus (1443-1490), Rei da Hungria e da Croácia.

15 Unidade do Exército Britânico composta por voluntários, atuante na defesa do território nacional durante a Segunda Guerra Mundial.

16 Engelbert Dollfuss (1892-1934), Primeiro Ministro da Áustria, que em 1933 fechou o Parlamento e baniu o Partido Nazista, tornando-se ditador; foi assassinado num golpe de estado nazista em julho do ano seguinte.

17 Viagem de turismo que, ao longo do século XIX passou a ser usual entre europeus cultos ou abastados; tendo, de início, foco predominante na Itália, com a expansão das estradas de ferro, veio a cobrir outros países.

18 Apesar do termo designar, em geral, um tecido de algodão fino, delicado e claro, é, por vezes, usado para designar sedas ou lãs leves. É nesta última acepção que o termo parece ser usado por PLF, tendo em vista o vestuário dos retratos a que alude.

19 Prazer ante o sofrimento alheio; sadismo.

20 Referência ao ensaio *Les Grünewald du Musée de Colmar*, em *Trois Primitifs*, de J.K. Huysmans (1848-1907), publicado em 1905.

21 Poema de Skelton, citado na nota**, de rodapé, em tradução livre:

> *Tristemente tratado,*
> *Por ti, homem*
> *Meu sangue foi derramado.*
> *Não há como negar:*
> *Meu corpo azul, enfraquecido,*
> *Tristemente tratado.*

22   Personificação do inverno na cultura popular nórdica e anglo-saxã.
23   Caçador chefe ou veterano.
24   Cerimônia de iniciação praticada sobretudo na caça à raposa entre os ingleses, em que se pintava o rosto do novato com o sangue de sua primeira vítima.
25   Ameríndios que habitavam os Estados Unidos e o Canadá.
26   Virgílio, *Éclogas* no. 1. Em livre tradução:
     E agora sai fumaça de telhados ao longe
     E as sombras das montanhas se alongam
27   Senhores ou chefes.
28   Período das 'Migrações Populacionais', sob a ótica alemã, e das 'Invasões Bárbaras', sob a ótica dos romanos e da Europa Meridional; em ambos os casos, os termos se referem aos grandes deslocamentos de povos germânicos e eslavos, entre outros, ocorridos na metade do primeiro milênio D.C..

CAPÍTULO 6

1   Cidade Imperial.
2   Referência à comédia musical de Ralph Benatzky, Robert Stoltz e outros, primeiro encenada em Berlim em 1930, e levada em seguida com grande sucesso para Londres, Paris e Nova York. Suas canções evocam imagens de uma Áustria idílica e melíflua.
3   Antiga galera romana de cinco fileiras de remos de cada lado.
4   O polímata estaria aqui parafraseando *"Go West, young man!"*, expressão frequente nos Estados Unidos na segunda metade do século XIX; pregava a expansão rumo ao Pacífico.
5   Edgar Wallace (1875-1932), prolífico escritor inglês, autor de romances, contos e peças de teatro, inclusive do argumento original do filme *King Kong*, que deixou inacabado. Era conhecido pelo uso de uma enorme piteira.
6   Referência a *Childe Roland to the Dark Tower Came*, poema de Robert Browning (1812-1889). O personagem, jovem nobre, candidato a cavaleiro,

sai à procura da Torre Negra, enfrentando, a caminho, dificuldades sobretudo imaginadas; ao final, chegando a seu destino, solitário, toca um berrante. Browning toma o título emprestado de um verso do pequeno poema de Shakespeare em *Rei Lear*, Ato 3, Cena 4. Ambos se inspiram na Canção de Rolando, do século XI.

7 Mais notório membro da fracassada tentativa por parte de um grupo de católicos de explodir o Parlamento inglês em 1605. Fawkes é em geral representado com bigode e uma pequena barbicha triangular ou vertical.

CAPÍTULO 7

1 Referência à litogravura que integra a coleção de caricaturas *Galerie pour Rire*, de Gustave Doré (1832-1883).
2 Romance de Robert Erskine Childers, de 1903, em que a ação se passa na Ilhas Frísias. Considerado por alguns como o primeiro romance de espionagem moderno.
3 Referência a personagens de *Oliver Twist*, de Charles Dickens: o primeiro, Fagin, receptador de objetos roubados por pivetes; o segundo, esperto e malicioso ladrão de rua, de nome John ou Jack Dawkins, apelidado de 'Artful *Dodger*', ou seja, 'Malandro Engenhoso', em tradução literal, ou 'Raposa' na tradução de Eduardo Lima Castro (Irmãos Pongetti Editores, 1944).
4 Personagem de um monstro num poema *nonsense* de Lewis Carroll.
5 Filé de carne de porco acompanhado de batatas assadas.
6 Referência à Cena 3, Ato 3, de *Conto de Inverno*, em que um velho pastor encontra o bebê Perdita, deixada pelo cortesão Antígono na Boêmia, a pedido da Rainha Hermione, mãe da criança. O pastor se dirige a seu filho, dizendo crer que, através deste achado, a fortuna lhe sorri. De fato, cria Perdita e enriquece ao longo do tempo. No Capítulo 6, PLF faz um resumo da peça.
7 Referência ao nome de Deus mais frequentemente usado na Torá e em outros textos religiosos hebraicos – YHWH.

8   Atores cinematográficos famosos da década de 1930.
9   Tradicional baile a fantasia de Londres.
10 Outro baile a fantasia londrino que, no período entre as duas guerras, tornou-se notório por atrair um público homosexual e transexual.
11 Personagem de *David Copperfield*, de Charles Dickens. Sempre às voltas com dificuldades financeiras, era conhecido por sempre manifestar-se confiante de que algo de bom estava por surgir.
12 Referência novamente ao discurso do rei antes do ataque ao porto francês, em *Henrique V*, de Shakespeare. Ver nota 16 do Capítulo 3.
13 Personagem fanfarrão e gastador do romance *Mr. Sponge's Sporting Tours*, de Robert Smith Surtees (1805-1884), editor e romancista. Ver nota 28 do Capítulo 4.
14 Designativo de uma cortesã, em alusão a suas vestimentas vistosas. Konrad terá encontrado o termo em *Henrique IV Parte II*, de Shakespeare.
15 PLF se refere aqui a uma *carpet bag*, sacola de viagem que passou a ser muito utilizada a partir de meados do século XIX; era confeccionada a partir de tapetes ou tapeçarias, sendo leve em comparação com a alternativa – o baú.
16 Expressão encontrada em *Eclesiastes*, exortando a que se pratiquem bons atos, que serão recompensados no devido tempo.
17 Dr. Dollfuss não passava de 1,50 metro de altura, sendo objeto de frequentes piadas e apelidos satíricos, como 'Millimetternich' e 'Jóquei'.
18 Ambas são academias militares francesas de longa tradição.
19 Romance autobiográfico de Robert Musil (1880-1942), retratando a experiência de um grupo de alunos numa academia militar austríaca no início do século XX.
20 James Brudenell, 7º Conde de Cardigan, que comandou a carga da Brigada Ligeira na batalha de Balaclava na Guerra da Crimeia (1853 a 1856); e Príncipe Radziwill, aristocrata polonês, que lutava do lado russo.
21 Do século XIV a pouco depois da Segunda Guerra Mundial, Lipizza fez parte de Trieste, municipalidade italiana vizinha à Iugoslávia. Atualmente se denomina Lipica e situa-se na Eslovênia. A criação de Lipizzaners na região se iniciou no século XVI, com animais trazidos da Espanha.

22 Introduzida na década de 1910 pelos atores bailarinos Vernon and Irene Castle, esta modalidade de valsa incorporava pequenas paradas e era executada em compasso rápido.

23 O título 'Rex Catholicisimus', ou 'O Mais Católico Rei' ou a 'Mais Católica Majestade', foi dado pelo Papa Alexandre VI aos soberanos da Espanha em 1493.

24 Referência ao Patella vulgata, molusco que se agarra a pedras.

25 Carlos V de Lorena (1643-1690), cunhado do Imperador Leopoldo I, promovido a 'Generalissimo' e comandante das forças do Sacro Império Romano pouco antes da batalha de Kahlenburg, que pôs fim ao cerco de Viena; nos anos seguintes, comandou uma série de vitórias sobre os turcos que resultaram na tomada de boa parte da Hungria.

26 João III Sobieski (1629-1696), Rei da Polônia e Grão Duque da Lituânia; notabilizou-se como comandante das forças aliadas – polonesas, dos Habsburgo e do Sacro Império Romano –, levando-as à vitória sobre os turcos na batalha de Kahlenburg. O Papa Inocente XI conferiu-lhe o título de 'Salvador da Cristandade'.

27 Notar que estes versos fequentemente são tidos como sendo o epitáfio do teólogo Martim von Biberach, morto em 1498. Martim Lutero teria contestado o tom do poema, propondo uma paráfrase que o inverte.

28 Poema de Adriano, imperador romano. Em tradução livre:
    Pequena alma, encantadora viajante,
    Hóspede e parceira de meu corpo,
    E agora, para onde vais?
    A algum lugar sem cor, duro e árido
    Onde não mais farás tuas estrepolias.

CAPÍTULO 8

1 Petronell cresceu sobre as ruínas de Carnuntum, acampamento do exército romano, que virou capital da província da Panônia Superior, no século I.

2 Este eco é descrito por PLF no Capítulo 6.

3 Arquitetos e escultores, representantes destacados do Barroco austríaco e alemão, atuantes no século XVII e XVIII, durante o período dos Habsburgo, para os quais projetaram palácios, igrejas e outros edifícios.
4 Referência ao 'Volkerwanderungen', o período das 'Migrações Populacionais', sobre as quais PLF conversara com o polímata. Ver menção no Capítulo 5 e detalhes no Capítulo 6.
5 Possível referência a Ravana, o mítico rei dos demônios de Lanka na mitologia hindu. Representando a essência mesma do mal, assumia qualquer forma. Foi derrotado por Rama, o sétimo avatar de Vishnu.
6 O poema épico persa, *Shahnameh*, de Ferdowski de Tours (século X), conta a trágica história de heroicos pai e filho, Rostam e Sohrab. O tema é retomado por Matthew Arnold em poema de 1853, *Rustum and Sohrab*, fonte provável da referência de PLF.
7 'Restaurante'.
8 Bebida destilada tradicional da Hungria e de parte da Áustria, feita de ameixa, abricó, maçã, pera ou cereja.
9 'Taberna'.
10 Tributo que era pago aos vikings para evitar que a terra fosse saqueada e devastada.
11 PLF aqui usou o termo '*hedgehog*' ('ouriço' ou 'porco-espinho'), que em linguagem militar corresponde a uma cerca de proteção em arame, com suportes de ferro, madeira ou concreto (em português, chamada de 'cavalo de pau').
12 Salmo 114 ("Quando Israel saiu do Egito"), musicado por inúmeros compositores, dentre os quais Josquin Desprez (1450?-1521), William Byrd (1539?-1623) e Antonio Vivaldi (1678-1741).
13 Estilo arquitetônico e decorativo também conhecido como '*Restoration Style*', associado ao reinado de Carlos II, de 1660 a 1685, quando, com a restauração da monarquia inglesa, volta também maior opulência, com influências holandesas e francesas, em substituição à austeridade que prevaleceu durante o *Commonwealth* de Cromwell.
14 Também chamado de Xerxes I ou Ataxerxes I, como no *Midrash de Ester Rabá*.

15 Referência a líderes políticos ou militares, respectivamente, da Tchecoslováquia, Hungria e Áustria, de antes da Segunda Guerra Mundial.
16 'Nostalgia da lama': expressão cunhada por Émile Augier (1820-1889), poeta e teatrólogo francês, em *Le Mariage d'Olympe*; veio a designar a atração pela degradação, a depravação, o baixo mundo e a valorização de um estilo de vida ou cultura 'inferior', atrasada ou pobre.
17 Estepe, em húngaro.

CAPÍTULO 9

1 Haupt von Pappenheim (1594-1632) e Rupert da Renânia (1619-1682) foram generais que lutaram contra forças protestantes – o primeiro na Guerra dos Trinta Anos; o segundo na Guerra Civil inglesa. Ambos perderam as batalhas mencionadas (Lützen e Marston Moor). Rupert e Cromwell, seu oponente, sobreviveram; Pappenheim e Gustavo Adolfo, adversários, pereceram no campo de batalha na Alemanha.
2 No ritual católico, hoje em desuso, era o ofício celebrado à nona hora depois do amanhecer, em geral ocorrendo às três da tarde.
3 Personagens de contos de fadas e versos para crianças da tradição inglesa, com registros escritos a partir do século XVIII.
4 *Bom Rei Venceslau*, conhecida canção natalina inglesa, conta a história de um rei que, em meio ao inverno inclemente, deixa o palácio para levar alimento e lenha para uma família pobre.
5 Tribunal supremo, judicial e executivo, do Sacro Império Romano, instituído em 1501 por Maximiliano I.
6 Em *Alice Através do Espelho*, de Lewis Carroll, os personagens Tweedledum e Tweedledee lêem para Alice um poemeto, *A Morsa e o Carpinteiro*, onde as duas figuras-título jantam ostras, as quais haviam convidado para passear pela praia.
7 Publicação da *Royal Society of Prevention of Cruelty to Animals*, da Inglaterra, editada desde 1869.
8 São múltiplas e muito antigas as narrativas sobre o Golem – ser

inacabado, imperfeito e inanimado que aparece no Velho Testamento. Evocam a noção de que, por mais sábios e poderosos que sejam os humanos, suas criaturas jamais superarão as criações do Senhor. O Golem de Praga teria sido construído em barro pelo Rabino Löw (1520?-1609), e dotado de poderes mágicos que protegeriam o gueto da cidade de ataques durante o reinado de Rodolfo II (1552-1612). PLF aqui alude indiretamente também a Karel Capek (1890-1938), teatrólogo tcheco, autor de uma peça de 1921 cujo enredo muito se assemelha à história do Golem e na qual cunha a expressão 'robô'.

9 Lolardo: designação depreciativa de pessoas seguidoras de John Wycliffe (1320-1384). Teólogo, professor e tradutor da Bíblia para o inglês, Wycliffe foi líder do movimento político e religioso que advogava a reforma da Igreja Católica, o poder de leigos devotos de executar os mesmos sacramentos que os padres, a pobreza apostólica e a taxação das propriedades da igreja na Inglaterra.

10 João Lucembursky (1296-1346), Conde de Luxemburgo, Rei da Boêmia e da Polônia. Filho mais velho de Henrique VII, Imperador do Sacro Império Romano, francês de nascimento e educação, casou-se com Elizabete, da dinastia Premsyl, irmã de Venceslau III, da Boêmia. Pouco aceito pelo nobreza tcheca, voltou à França e aliou-se ao Rei Felipe VI, lutando ao seu lado e liderando o exército francês e de seus aliados de Gênova e Majorca. Foram derrotados por forças inglesas, gaulesas e do Sacro Império Romano numa das três grandes vitórias da Inglaterra (sendo Poitiers e Agincourt as duas outras) durante a Guerra dos Trinta Anos.

11 As plumas eram, de fato, usadas no escudo de Eduardo de Woodstock, o Príncipe Negro (1330–1376), filho mais velho de Eduardo III; supôs--se durante aquele tempo, sem aparente fundamento, que os dizeres – uma contração do alemão: "Eu sirvo" – teriam sido tomados de João da Boêmia, após a batalha de Crécy, em que este ultimo é derrotado. Plumas e moto figuram na insígnia do Príncipe de Gales pelo menos desde os tempos de Artur, filho de Henrique VII, no século XV.

12 Cortesão, poeta, soldado inglês (1554-1586), figura proeminente da era elizabetana; já citado no Capítulo 7, em que PLF se refere ao texto de

Sidney, *Defense of Poesie*, sobre sua passagem por Viena e sua visita à Escola Espanhola de Equitação.

13 Mr. *William Shakespeare's Comedies, Histories, & Tragedies*, de 1623, primeira edição do conjunto de peças do teatrólogo, a que os estudiosos se referem como 'First Folio'. Contendo 36 peças, foi dedicada a William e Philip Herbert, filhos de Lord Pembroke.

14 As expressões 'Cocanha', 'Cockayne' ou 'Cocaigne' designam uma terra imaginária de abundância, luxo e ócio; e 'Cloud-cuckoo land' se refere ao local imaginário onde viveriam as pessoas acometidas de um otimismo desmesurado e irrealista.

CAPÍTULO 10

1 Denominação dos eslavos muçulmanos que habitam a Bulgária, o nordeste da Grécia e o noroeste da Turquia.

2 Em países anglofônicos, mede-se a altura dos cavalos em *hands*, ou seja, palmos.

3 Linha do poema *The Blessed Damozel*, do inglês pré-rafaelita Dante Gabriel Rossetti (1828-1882).

4 Linha do poema *Locksley Hall*, de Alfred Lord Tennyson (1809 -1892).

5 Valises *gladstone*: maletas, em geral, de couro, com estrutura rígida e fechos metálicos; chapéus-coco cinza eram, em geral, usados por cavalariços.

6 Expressão frequentemente utilizada para indicar um lugar em que se pode estar inteiramente à vontade, fazendo o que se quiser. Um dos primeiros usos da expressão aparece na peça *She Stoops to Conquer*, de Oliver Goldsmith, escritor irlandês (1728-1774).

7 O período eduardiano corresponde ao reinado de Eduardo VII, de 1901 a 1910; deu sequência à era vitoriana e se caracterizou pela opulência.

8 Charles Haas (1833-1902) era um mundano parisiense, judeu de poucos recursos, para o qual, no entanto, todos os círculos da cidade se abriam. Teria servido como uma das fontes de inspiração para o personagem de

Charles Swann em À *Procura do Tempo Perdido*. George D. Painter (1914-2005), inglês, é autor de uma das mais conhecidas biografias de Proust.

9   Max Reinhart (1873-1843), austríaco, havia adquirido o Deutsches Theater em Berlim em 1906. Tornou-se um grande inovador do teatro europeu; emigrou para os Estados Unidos quando do *Anschluss*, em 1938, vindo a estabelecer-se em Hollywood e notabilizando-se como diretor e produtor de teatro e sobretudo de filmes.

10 Na nota**, de rodapé, PLF refere-se a Jakob Wasserman (1873-1934), talvez mais conhecido por dois outros romances, *Caspar Hauser* (1908) e *O Processo Maurizius* (1928). Desconhecemos tradução de *Christian Wahnschaffe* para o português.

11 Personagens do período eduardiano: Alice Keppel, amante de Eduardo VII; Lillie Langtry, atriz e produtora teatral de grande beleza; Lord Rosebery, político liberal; Arthur Balfour, político conservador e primeiro ministro; Ernest Cassel, comerciante, banqueiro e capitalista; Ellen Terry, considerada a maior interprete de Shakespeare à época; Mrs. Asquith, esposa de H.H. Asquith, primeiro ministro liberal. Os irmãos Benson e Anthony Hope eram romancistas e figuras do mundo literário; Frank Schuster, mecenas, em especial da música. Era o mundo dos romances de Proust.

12 Personagens e eventos do mundo germânico no começo do século XX: Moltke, jurista alemão, era membro do grupo de resistência de Kreislau, que se opunha a Hitler; o escândalo de Eulenberg refere-se a uma série de reportagens jornalísticas e ações nos tribunais envolvendo personagens da aristocracia, acusadas de homossexualidade, dos quais se traça paralelo com o incidente inglês de Oscar Wilde.

13 Personagens e eventos ligados à Áustria no começo do século XX: Pauline Metternich, mulher da alta sociedade, conhecida por haver participado de um duelo em *topless*; Frau Schratt, atriz muito popular na Áustria, confidente do Imperador Francisco José. A tragédia de Mayerling se refere ao assassinato-suicídio do príncipe herdeiro austríaco, Rodolfo, e da Baronesa Maria, sua amante. Os axiomas de Taaffe são possível referência às declarações feitas pelo primeiro

ministro, Conde Taaffe, sobre o episódio de Mayerling, qualificando-o como morte por "aneurisma do coração". Bay Middleton, capitão do Exército Britânico, reputado cavaleiro e namorador, acompanhou a Imperatriz Elizabete da Áustria em excursões a cavalo, por ocasião de sua visita à Grã-Bretanha.

14 *Victoria Cross*: estabelecida em 1857, é a mais alta condecoração militar inglesa.
15 Poema de John Keats. Inversão de texto baseada na tradução de Augusto Campos em *Linguaviagem* (São Paulo: Companhia das Letras, 1987).

CAPÍTULO 11

1 O termo 'marcas' é aqui usado no sentido de 'região de fronteira', como encontrado na Grã-Bretanha, Itália, Alemanha, Hungria e outros países da Europa.
2 Jogo de cartas para três pessoas, concebido no início do século XIX e que se tornou muito popular nas regiões de idioma alemão.
3 "Quem quer que queira [salvar-se]": são as primeiras palavras do Credo Atanasiano, subscrito pelas igrejas cristãs ocidentais.
4 Tratado de paz que pôs fim, formalmente, à Primeira Guerra Mundial; também conhecido como Tratado de Versalhes, foi assinado em 4 de junho de 1920, entre as cinco forças aliadas e doze forças associadas, de um lado, e a Hungria, do outro. Redefiniu as fronteiras da Hungria que ficou reduzida a cerca de um terço da área e da população que tinha antes da guerra (correspondente à metade húngara do Império Austro-Húngaro). Os principais beneficiários desta redefinição foram a Romênia, a República da Tchecoslováquia e a Iugoslávia.
5 "Bom dia", em eslovaco e em húngaro.
6 O eslavônio antigo, ou eslavônio litúrgico, é tido como a mais antiga língua eslava atestada; baseada no dialeto tessálico, do norte da Grécia, ainda hoje é usado em ritos de algumas igrejas católicas e ortodoxas do Leste Europeu.
7 Referência à Swan & Edgar Ltd, loja de departamentos estabelecida no começo do século XIX e localizada em Piccadilly Circus.

8   Ritual dos últimos dias da Semana Santa, em que as velas no interior da igreja são gradativamente apagadas ao som de leituras e cantos.
9   "Os anciãos do povo fizeram um conselho e discutiram como prender e matar Jesus."
10 "Saíram com espadas e bastões, como para enfrentar um ladrão."
11 'Smith', ou seja, 'ferreiro' em inglês, é o sobrenome, muito usual, a que PLF alude.
12 Título dos dirigentes das academias talmúdicas dos séculos VI a XI; concedido também, em caráter honorífico, a rabinos eminentes durante o mesmo período.
13 "O que você faz aqui?"
14 Bebida destilada, um tipo de *pálinka* feito de abricó. Ver nota 8 do Capítulo 8.
15 O *Livro de Reis* relata que Deus instruiu ao Profeta Elias que se escondesse no deserto durante uma seca, sem se preocupar com o alimento, pois este lhe seria trazido por corvos.
16 Reconquista de Buda em 1686 pelas forças do Sacro Império Romano e seus aliados cristãos, após ocupação por parte do Império Otomano durante cerca de 150 anos. Em seguida, foram liberadas Esztergom e Vác. Ver o Capítulo 7, em que PLF fala sobre o cerco de Viena de 1683.
17 Derivado do esloveno antigo 'Striegnut', designando 'ponto de vigia'.
18 Chapéus militares, altos, de pele, usados por hussardos no século XIX e mais conhecidos por serem adotados pela Guarda da Rainha da Inglaterra.
19 Referência a George Meredith, poeta e novelista inglês (1828-1909).
20 Versos de Richard Barham (1788-1845), clérigo, romancista, poeta e humorista inglês, mais conhecido pelo pseudônimo Thomas Ingoldsby, sob o qual registrou mitos, lendas e histórias de fantasmas na coletânea a que PLF se refere na nota de rodapé.
21 József Mindszenty (1892-1975), cardeal e líder da Igreja Católica na Hungria de 1945 a 1973. Destacado opositor dos regimes do Leste Europeu no pós-guerra, foi condenado à prisão perpétua em 1948, sua liberação tornando-se uma *cause celèbre* internacional.

ÍNDICE REMISSIVO

A

- Aggsbach Markt, Áustria, 188
- Aggstein, Áustria, 185
- Alarico, 186
- Alberti, Leon Battista, 161n
- Alemanha: Ano Novo, 72-3; associações estudantis, 69-70; bebedeiras e comilanças, 50-1, 106-12; campos e florestas, 120-4; cantorias e canções, 40, 42-3, 55-6, 64, 79-80, 107; carona de barcaça, 54-60; carona de caminhão, 91-2; cristianização, 122; estadia em abrigos públicos, 48-9, 119; Festa dos Três Reis Magos, 78-80; glórias passadas, 116; hospitalidade, 47; interiores de estalagens, 41-3, 52-4, 68, 125-7; interiores de residências, 54, 74-6, 83; Natal, 50, 62, 64-6; vilarejos, 119, 125
- alfabeto hebraico, 255n, 280
- *Almanaque de Gotha*, 147, 234
- Alpes, 10, 18, 83, 85, 95, 100, 138, 140, 155
- Altdorfer, Albrecht, 154-5, 160-2, 269
- Ana da Boêmia, Rainha da Inglaterra, 282
- Ana Stuart, Rainha da Grã-Brenha, 71
- Andernach, Alemanha, 59
- Annie (estudante de Stuttgart), 78-85
- Arcimboldo, Giuseppe, 279
- Arco-Valley, Graf (Nando), 117, 141
- Ardagger, Áustria, 163
- aristocracia e títulos da Europa Central, 172-4
- Arnold, Dr. (prefeito de Bruchsal), 74-5, 119
- Árpád, dinastia, 249-50, 319
- Arquipoeta: *Carmina Burana*, 143
- arquitetura das cidades alemãs pré-barrocas, 99-100
- artistas de teatro, cinema e rádio da década de 1930, 215
- Aslanovic Bey, Dr. Murad, 215
- Aspern, batalha de, Áustria, 244
- Átila, 55n, 249
- Atos, Monte, 19, 21, 286

- Augsburgo, Alemanha, 98-9, 155, 161, 251
- Ausônio, 61
- Áustria: ambiente e distúrbios políticos, 150, 201-3, 225-6, 240; Anschluss, 203; campos e florestas, 162-3, 165-7, 179-80; cantorias e canções, 176-7; carona de caminhão, 200-1; estadia em castelos 141-4, 196-8; estadia em celeiros, 140-1, 210; estalagens, 125-7, 176-7, 168-9; glórias passadas, 142, 146-8, 173-4, 214, 236-7; Heimwehr, 150, 202-3, 225; ninhal de Eferding, 151; visita a abadias, 153, 160, 169, 180-4, 194-5; ver também Viena, Áustria
- ávaros, 95, 244, 248-9

B
- Bad Godesberg, Alemanha, 58
- Bajc, Tchecoslováquia, 304
- Bálcãs, 18, 165, 186, 231, 248, 254-5, 261, 299, 322
- Baviera: discussão política, 134-6; linguagem e comportamento, 125-7
- Beaufort, Cardeal Henrique, Bispo de Winchester, 281
- Beethoven, Ludwig van, 215, 279
- Berchtesgaden, Alemanha, 138
- Bingen, Alemanha, 63-5, 67
- Blenheim (Hochstadt), Alemanha, 97
- Blondel (menestrel), 193
- Boécio, 189
- Boêmia; batalhas, 244, 270; entrada do autor, 263-4; confrontos entre eslavos e teutões, 276; em Shakespeare, 178-9, 281-3; vínculos com a Inglaterra, 71, 281-3; ver também Floresta da Boêmia
- Bonn, Alemanha, 56
- Boppard, Alemanha, 63
- Brahe, Tycho, 278
- Bratislava (Pressburgo ou Pozony), Tchecoslováquia: bairro judaico, 253-5; cafés, restaurantes e tabernas, 247, 251, 254; chegada do autor, 245-7; ciganos, 252-3; estadia com Hans, 247, 259; glórias passadas, 247-8; panorama a partir do Schlossberg, 259-61; prostitutas do Schlossberg, 256-8
- Bright Young People, 16
- Brno, Tchecoslováquia, 190, 194n, 263-4
- Brock, Major (do Exército da Salvação em Viena), 204-5
- Bruchsal, Alemanha, 73-4, 85, 201
- Brueghel, Pieter, 29, 55, 162-3, 165, 169
- Brunelleschi, Filippo, 161n
- Budapeste, 214n, 223, 304-5, 320
- Bulgária, 117, 255n
- búlgaros, 249
- Burgenland, 261
- Byron, George Gordon, Lord, 52, 86
- Byron, Robert, 19, 21

C

- Campion, Edmund, 282n
- *Canção dos Nibelungos, A*, 67, 111, 169, 177, 185
- Canterbury (Cantuária), 12, 14, 127, 319
- Carlos Magno, Sacro Imperador Romano, 297-8, 306
- Carlos V, Sacro Imperador Romano, 101, 104, 154, 173, 237, 241
- Carlos de Lorena, 238
- Carlos Magno; Sacro Imperador Romano, 44, 58-9, 95, 102, 168, 173
- Carlos, (último) Imperador da Áustria, 175
- Cárpatos 18, 231, 241, 248-9, 260-1, 287, 309
- Casanova, Giacomo, 279n
- Cassiodoro, 189
- castelos: na Alemanha, 47, 58-9, 62, 71, 73-4, 102, 118; na Áustria, 141, 163-4, 168, 171, 175, 177, 185, 192, 194, 196, 242n, 264; na Holanda, 30, 36; na Tchecoslováquia, 245, 256, 259, 267-9, 269, 287-8, 291
- castelo arquetípico, 145-8
- Cavaleiros Teutônicos, 60, 102, 115, 173
- Čenke, Tchecoslováquia, 312, 316
- César, Júlio, 58
- ciganos, 151, 252-3, 289, 317-8
- Coblenz, Alemanha, 59-62
- Colônia, Alemanha, 19, 44, 49, 50, 52, 54-5, 265, 276
- Commonwealth, 71, 236
- comunismo, 128, 133
- contrabando de sacarina, 221, 224, 316
- Contrarreforma, 103, 153, 233, 272
- Corporação Laboral (Arbeitsdients), 43
- Cranach, Lucas, 103, 154-5
- Creta, batalha de, 229
- Cruzada, Terceira, 164, 192

D

- Danúbio, Rio: primeiro avistado pelo autor, 92, 97; A *Canção dos Nibelungos*, 169, 177, 184-5; comparado com o Reno, 164; contrabando de sacarina, 221, 316; curso, 97, 151, 166, 285, 311, 314, 319-20, 327-8; eco de Dürnstein, 194, 246; em Bratislava, 260-1; em Melk, 183-4; em Ulm, 92, 95; limite entre a Hungria e a Áustria, 245; movimentos migratórios, 186-8, 248-9; peixes, 169-70; pontes, 92, 98, 152, 160, 163, 191, 245, 260, 265, 320, 327; recifes e corredeiras, 164; revoada de cegonhas, 320-2; tráfego de barcaças, 164-6, 194, 245-6; visão dos ribeirinhos sobre o rio, 169-71, 174-5
- Debate da Oxford Union 'pelo Rei e pela Pátria', 135-6
- Dee, John, 279
- Descartes, René, 270n
- Deutsch-Altenburg, castelo de, Áustria, 244

> Dollfuss, Dr. Engelbert, 150, 203, 225-6
> Dordrecht (Dort), Holanda, 30-1
> *Drang*, 248
> Drava, Rio, 320
> duelos na Alemanha (*Mensur*), 69-70
> Dürer, Albrecht, 103, 154-5, 161, 241
> Dürnstein, Áustria, 162, 192, 194, 196, 246
> Düsseldorf, Alemanha, 47, 49

E
> Eferding, Áustria, 150, 171
> Ehrenbreitstein, fortaleza de, Alemanha, 59
> Eigendorf, Áustria, 140
> Eisenstadt, Tchecoslováquia, 261
> eleitores, 58, 71, 173, 283
> Elizabete, Imperatriz da Áustria (Sissi), 296
> Elizabete, Rainha da Boêmia (Rainha do Inverno), 71, 178, 267, 280
> Elizabete I, Rainha da Grã-Bretanha, 24, 103, 234
> Enns, Rio, 163, 174
> Escola do Danúbio (de pintura), 155-60, 326
> Escola Espanhola de Equitação, Viena, 235-6
> Estilos de arquitetura e de interiores: Barroco, 74, 103, 116, 122, 141,145,150,153,175, 181, 233, 273, 284; Gótico, 27, 62, 106, 233, 266-7;

Rococó, 181-4, 233
> eslavos, 248-9, 261, 276, 283, 307, 347
> eslovacos, 214, 248-50, 257, 306-7
> Esztergom, Hungria, 285, 319, 325
> Eszterházy, 261
> Europa Central (*Mitteleuropa*): aristocracia, 142, 172-4, 285, 292; história, 95, 186, 214, 250
> Europa, vida na virada do século XIX para o XX, 294-8
> Exército da Salvação (*Heilsarmee*), 202, 209, 215, 222

F
> Felipe I (o Belo), Rei de Castela, 236
> Fermor, Sir Lewis Leigh (pai do autor), 6, 10, 114, 224
> Fermor, Muriel Aileen (nascida Ambler; mãe do autor), 6-7, 9-10, 19-20, 85
> Fermor, Vanessa (posteriormente Fenton; irmã do autor), 6-8, 19
> Fey, Major Emil, 225-6
> Fielding, Xan, 5
> *Flautista de Hamelin, O*, 63n
> Floresta de Bakony, 311, 319-20
> Floresta da Boêmia, 151, 178, 275
> Floresta Negra, 32, 52, 55, 68, 78, 85, 95, 286
> Frankenburg, Áustria, 140
> Francisco José, Imperador Austro-Húngaro, 142, 146n, 147, 149, 215, 296

- Frederico I (Barbarossa), Sacro Imperador Romano, 55, 164, 193n
- Frederico II (o Grande), Rei da Prússia 41, 297-8
- Frederico II (o *Stupor Mundi*), Sacro Imperador Romano, 173, 193n
- Frederico Augusto, Rei da Saxônia, 297
- Frigund (região mítica), 59
- fronteiras nacionais atravessadas pelo autor: Holanda-Alemanha, 37-8; Alemanha-Áustria, 138-9; Áustria-Tchecoslováquia, 245; Tchecoslováquia-Hungria, 320

G

- Gainer, Donald St. Clair, 114, 116
- Genserico, 187
- Goch, Alemanha, 39
- godos, 186, 189, 244
- Goebbels, Joseph, 40
- Goering, Hermann, 40
- Goethe, Johann Wolfgang von: *Erlkonig*, 69, 231, 148
- Goodman, Lawrence, 16
- Göppingen, Alemanha, 85
- Gorinchem, Holanda, 31-32, 57
- Göttweig, Abadia de, Áustria, 194-5, 237
- Grande Planície Húngara, 231, 249
- Greene, Robert: *Pandosto*, 283
- Grein, Áustria, 164, 179
- Grünewald, Matthias, 154-5, 158
- Guerra dos Camponeses, 159
- Guerra dos Trinta Anos, 60, 71, 95-6, 103-4, 159, 197, 265, 270, 272, 278-9, 279n
- Guerra Mundial, Primeira: capela memorial da Abadia de Ulm, 98; reconfiguração de fronteiras, 269-70, 305-6; Tratado de Trianon (ou de Versalhes), 305; visão dos alemães sobre os ingleses e franceses, 53, 72, 134-6; visão dos ingleses sobre os alemães, 44-7
- Guerra Mundial, Segunda: papel esperado da Inglaterra na visão de alemães, 134-6; participação do autor, 5, 88-9, 229
- Guilherme I, Kaiser da Alemanha, 60, 138
- Guilherme II, Kaiser da Alemanha, 45, 295
- Gustavo Adolfo, Rei da Suécia, 96, 265

H

- Habsburgo, dinastia dos, 146n, 171, 173, 193n, 197, 214, 231, 236, 247, 270, 272, 274, 278, 283, 305
- Hainburg, Áustria, 244
- Hale, Robin Forbes-Robertson, 227
- Hans, Cavaleiro de Ybbs, 172, 267
- Hans (estudante de Colônia), 52-4
- Hašek, Jaroslav: *Aventuras do Bom Soldado Švejk*, 259, 277, 307, 315
- Hatto, Arcebispo de Mainz, 63n

- Hayan (judeu sefardita cabalista), 280
- Haydn, Josef, 215, 261
- Heidelberg, Alemanha: estadia com os Spengel, 69-73; hostilidade com o autor, 72-3; interior das estalagens, 68-70; Portão de Elizabete, 71; rosacruzes, 71n, 280; ruínas do palácio, 71; ver também duelos na Alemanha
- Hengist e Horsa, 122, 187, 208
- Henrique VI Hohenstaufen, 193n
- Herbert, George, 3, 18, 86
- Heydte, Barão (Einer) von der, 228-9, 230n
- Hitler, Adolf: fotos, 40, 175, 215; opiniões populares, 39-41, 53, 56, 72, 136-138; supressão de duelos, 70n
- Hohenaschau, Alemanha, 118
- Hohenstaufen, dinastia dos, 84, 95, 213
- Holanda: arquitetura, 30, 33-4; barcaças, 30-1; estadia em delegacia de polícia, 31-2; estadia em estalagens, 31; interiores de casas, 34; paisagem de diques e canais, 32, 36; patinação no gelo, 29; rios, 27, 32-3, 36; Zuyder Zee, 36
- Holbein, Hans, 103, 154-5
- Holbein, Hans, pai, 99
- Hoek da Holanda, 20, 26, 294
- Horácio, 20, 88-9, 118
- Huber, Wolf, 156
- Hübner, Sra. (viúva do chefe dos correios de Mitter Arnsdorf), 189-91
- Hungria: aproximação do autor, 311, 318-20, 322, 325, 328; Basílica de Esztergom, 319, 325; palco de batalhas, 244; *A Canção dos Nibelungos*, 169, 177; contrabando de sacarina, 221, 316; convergência de fronteiras, 245; movimentos migratórios, 187; palácio arquiepiscopal, 325-7; questões fronteiriças, 261, 283, 305-7
- hunos, 95, 111, 186, 244, 249
- Huysmans, Joris Karl, 158

I

- idioma alemão: aprendido pelo autor, 43, 52, 68-9, 76, 85, 110, 112, 117, 135, 229, 306, 309; diálogo com outros, 49, 51, 53, 68-9, 72, 77-8, 92, 94, 135, 137-8, 143, 189-90, 200, 211-2
- idioma eslavo, 246, 248, 254, 289, 299, 306, 312n
- idioma húngaro (magiar), 246, 251, 253-4, 286-91, 299, 303, 311, 315, 321, 332
- idioma ídiche e hebraico, 215, 254, 255n, 280
- idioma tcheco, 216, 245, 248, 266, 274, 305
- Ilhas Frísias, 207, 217
- Índia, 6, 19, 114, 131, 224
- Irmãos Koshka (acrobatas em Viena), 216, 221

- Isabela de França, Rainha da Inglaterra, 282n

J
- Jehuda ben Bezabel, rabino, 280-1
- jesuítas, 191, 228, 272, 282n
- Joana (a Louca), Rainha de Castela, 197, 236
- João III Sobieski, Rei da Polônia, 238
- João Lucembursky, Rei da Boêmia, 281
- João Sem Terra, Rei da Inglaterra, 173, 192
- Jones, Inigo, 71n, 267
- Jorge I, Rei da Grã-Bretanha, 71
- Jorge V, Rei da Grã-Bretanha, 113
- judeus: na Alemanha, 72, 135; na Áustria, 214; em Bratislava, 253-5; na Eslováquia, 285; na Grécia, 256; na Hungria, 309-10; em Praga, 280-1
- Juventude Hitlerista, 39

K
- Kafka, Franz, 265
- Karl (livreiro de Colônia), 52
- Karva, Tchecoslováquia, 311
- Keats, John, 86
- Kepler, Johannes, 278-9
- Kevelaer, Alemanha, 43-4
- King's School, Canterbury, 12, 127
- Kissuijfalu, Tchecoslováquia, 301, 303
- Köbölkut, Tchecoslováquia, 304, 307, 310
- Konrad (frísio em Viena), 207-14, 217, 220-5, 241, 316
- Kövecsespuszta, Tchecoslováquia, 287-91, 293-4, 302, 313
- Krefeld, Alemanha, 47
- Krems, Áustria, 176, 191, 195
- K.u.K, 142, 176, 215, 228

L
- lansquenês, 100-4, 158, 237, 241, 269
- Lee (americana em Viena), 228, 241
- Leopoldo, Duque da Áustria, 192-3
- Linz, Áustria, 142, 152-3, 201-2, 275
- Liphart-Ratshoff: Arvid, 116; Karl, 115-6; Barão Rheinhard von, 115-8, 141, 196
- Lipizzaner (cavalos), 235-6
- Lise (estudante de Stuttgart), 78-85
- Liszt, Franz, 261
- Londres: moradias do autor, 9-10, 16-7; preparação da viagem do autor, 19-21; despedida e embarque do autor, 23-4; paisagem do Tâmisa, 25; vida na década de 1930, 129-34; vida na virada do século XIX, 143, 294
- Lorelei, 64
- Lotário, 59
- Ludwigstorff, Graf, 244; Maritschi, 244
- Lutero, Martim, 67, 103, 155

M

- Maas (Meuse), Rio, 27, 32-3, 77
- MacNeice, Louis, 3, 65n
- Mar Negro, 18, 95, 170, 178, 231, 244, 321-2
- McIver, Ailsa, 232
- magiares, 244, 249-50, 261, 305-7
- Maidling im Tal, Áustria, 195
- Mainz, Alemanha, 63n, 67, 255
- Mann, Thomas, 47
- Mannheim, Alemanha, 67
- Mantegna, Andrea, 155, 160
- Marchfeld (região), 244, 260-1
- Marco Aurélio (Antonino), Imperador Romano, 243
- marcomanos, 174, 186-8, 243
- Maria (filha do estalajadeiro de Persenbeug), 169-171
- Maria Teresa, Imperatriz da Áustria, 103, 164, 228, 261
- Mauseturm, 63n
- Mautern, Áustria, 191
- Mauthausen, Áustria, 163, 175
- Maximiliano I, Sacro Imperador Romano (o 'Último dos Cavaleiros'), 31, 100-1, 104, 154, 161, 241-2, 269
- Maximiliano II, Sacro Imperador Romano, 234-5
- Maximiliano da Baviera, 96, 270n
- Melk, Abadia de, Áustria, 180-4, 194, 237
- Memling, Hans, 99
- Mensur – ver duelos na Alemanha
- Merwede, Rio, 31-2
- Metternich, Príncipe Clemens, 60, 214n, 248
- Mitter Arnsdorf, Áustria, 189
- Morávia, 214n, 249, 251, 261, 264
- Morgenstern, Christian, 296
- Morville, Hugo de, 193n
- Mosela, Rio, 60-1, 85, 278
- Mühlacker, Alemanha, 77
- Munique: bebedeira, 109, 111-12; estadia no abrigo de jovens, 105; estadia com os Liphart-Ratshoff, 115-18; hofbräuhaus, 106-11; roubo de pertences do autor, 112-4; visita ao consulado britânico, 113-5

N

- Napoleão I (Bonaparte), Imperador da França, 59, 97, 195, 235. 244
- Nazismo: manifestações de rua, 40-1, 106, 137; opinião popular na Alemanha, 53, 134-5, 125-6, 137-8; na Áustria, 150, 201-3, 225-6, 229, 230n; vestuário e apetrechos do partido, 39, 137
- Neckar, Rio, 68, 72, 79, 84
- Newcastle, William Cavendish, Duque de, 236
- nibelungos, 177; A Canção dos Nibelungos, 67, 111, 169, 177, 185
- Nietzsche, Friedrich, 53
- Nijmegen, Holanda, 36

- nobreza, ver aristocracia
- Noorwede, Rio, 32
- Nové Zamky, Tchecoslováquia, 303-4

O
- Oberlahnstein, Alemanha, 62
- Odoacro, 188
- Ogilvie-Grant, Mark, 21
- Oppenheim, Alemanha, 67
- Oxford, Inglaterra, 69, 128, 135, 141
- Oxford Books of Verse: English, 20; Latin, 89

P
- Painter, George, 292
- Palatinado, 71, 96
- Pappenheim, Haupt zu (Pappi), 264
- Parkan, Tchecoslováquia, 285, 320
- Parry-Jones, Basset, 228, 234, 241
- Passau, Áustria, 151
- Paul (sapateiro de Maidling im Tal), 195-6
- Payne, Peter, 281
- Perbete, Tchecoslováquia, 304
- Perg, Áustria, 163
- Persenbeug, Áustria, 168
- Peter (embarcadiço), 51, 55-6, 59
- Petronell, Áustria, 243
- Petrônio, 3, 20, 89, 258
- Pforzheim, Alemanha, 75, 77
- pintores: alemães e austríacos, 154-62, 325; holandeses e flamengos, 28, 34-5, 155, 160-1, ver também Brueghel; italianos, 34-5, 154-5, 157, 160, 326
- Pöchlarn, Áustria, 177
- poemas e canções em alemão, 40, 42-3, 55, 61-2, 64, 70, 72, 79-80, 107, 137, 148, 166, 176-7, 242
- poesia e teatro recitados pelo autor ao caminhar, 85-91, 121-2
- polímata (companheiro de estalagem de Persenbeug), 170-1, 175, 177, 185-9, 192, 208
- Portas de Ferro, 261, 320
- Pozony – 246, 289; ver também Bratislava, Tchecoslováquia
- Praga, Tchecoslováquia: 264, 270-4, 277-8; astrônomos e alquimistas, 278-80; bibliotecas, 271; Catedral de São Vito, 265-6; citadela Hradčany, 266; como expressão da Mitteleuropa, 276; conflitos religiosos, 273; defenestração, 269-70; Escadaria Equestre, 267; estadia com os Ziegler, 264-5, 284; glórias passadas, 274; Golem, 221; gueto judaico, 280-1; Igreja de São Jorge, 266-7; pontes, 274-5, 277, 284; Salão de Homenagens, 268-9; sob o Império Habsburgo, 234n, 272, 274, 278-9
- Premsyl, dinastia dos, 274, 281
- Pressburgo – 245-6, 287-8, 290; ver também Bratislava, Tchecoslováquia
- Prideaux, Denis, 16-7, 19
- Príncipe Negro, 12, 172, 281-2

> Proust, Marcel, 291-2, 300, 322, 330, 355
> Pugliano, Ion Pietro, 233-4

Q
> quados, 174, 186-8, 243

R
> Rabelais, Charles, 103
> Rackham, Arthur, 10
> Reforma, 70, 103, 306
> Regensburgo (Ratisbona), Áustria, 155, 160, 170
> Renânia, 48, 53, 137
> Reno, Rio: carona em barcaça, 50, 52, 55-60; castelos, 58; comparado ao Danúbio, 164; curso, 32, 57, 64, 68, 95, 155; em Coblenz, 59-60; em Colônia, 54; em Düsseldorf, 47; Lorelei, 64; movimentos migratórios, 254; Natal, 65; penhascos, 63-4; Santa Úrsula, 55n; tráfego de barcaças, 47, 56-7
> Ricardo I (Coração de Leão), Rei da Inglaterra, 192-3, 239
> Ricardo da Cornuália, Rei dos Romanos, 173
> Ried, Áustria, 140
> Riedau, Áustria, 141
> Riedering, Alemanha, 119
> Rijn (Reno), Rio, 32
> Rilke, Rainer Maria, 265, 296
> Rodolfo II, Sacro Imperador Romano, 278-9, 282-3
> Roehm, Ernst, 40
> Romênia, 261, 286, 292
> Rômulo Augusto, Imperador Romano, 188
> rosacruzes, 71n, 280
> Rosenheim, Alemanha, 118
> Roterdã, Holanda, 27-8, 230, 313
> Röttau, Alemanha, 119
> Rüdesheim, Alemanha, 64-5
> rúgios, 188
> Ruhr (região), 44, 49
> Ruprecht, Príncipe da Baviera, 126

S
> Sacro Império Romano: títulos e governantes, 102, 173, 193n, 237
> Salsham Hall, em Salsham-le Sallows, Suffolk, 8
> Salzach, Rio, 139
> Salzburgo, Áustria, 139-40, 143, 153
> Samorin, Tchecoslováquia, 288, 290
> Sankt Martin, castelo de, Áustria, 117, 141
> Santa Úrsula, 55
> Santo Agostinho, (primeiro) Arcebispo de Canterbury, (Cantuária), 122
> Santo Estêvão, 66, 250, 315, 319
> São Bonifácio, 67, 122
> São Cirilo, 307
> São Floriano, Abadia de, Áustria, 153, 160, 169, 174, 237

- São João Nepomuceno, 191, 257, 275, 277
- São Metódio, 307
- São Tomás Becket, 12, 193n
- São Venceslau, 257, 266, 274, 307
- São Vilibrardo, 209
- São Vilfredo de York, 208, 224
- Schey von Koromla, Barão Philipp (Pips), 285, 291-302, 312, 318
- Schirach, Baldur von, 40
- Schönbühel, castelo de, Áustria, 185
- Schubert, Franz, 69, 114, 148, 175
- Scott-Madden, Gilbert e Phyllis, 11
- Seilern, Condes, 149, 185
- Senec, Tchecoslováquia, 288, 290
- seqüestro do General Heinrich Kreipe, 88-9
- Sered, Tchecoslováquia, 290
- Seredy, Monsenhor, 326
- Shakespeare, William: conhecimento da Boêmia, 281-3; Conto de Inverno, 178, 208, 213, 281, 283; First Folio, 282; Hamlet, 52, 117, 121; Henrique V, 86, 182n; Henrique VI, 281; A Tempestade, 178; Trabalhos de Amor Perdidos, 178; A Megera Domada, 226; Macbeth, 178; Noite de Reis, 178; Sonhos de uma Noite de Verão, 86; Titus Andronicus, 208; Vênus e Adônis, 214; tradução alemã de Hamlet, 52, 117, 121
- Sidney, Sir Philip, 233-5, 282; Defense of Poesie, 233
- Skelton, John, 159
- Sliedrecht, Holanda, 31
- Söllhuben, Alemanha, 119
- Spengel: Fritz, 70-4; Herr e Frau (estalajadeiros de Heidelberg), 69, 73
- Spires, Alemanha, 68, 74
- Stadthouder Willem (navio holandês), 24, 49
- Starhemberg, Ernst Rüdiger, Príncipe, 150, 238
- Starhemberg, Rüdiger von, 150, 225-6
- Stein, Áustria, 191
- Stewart, Beatrice, 17, 21
- Stewart, I.Mc.D.G.: The Struggle for Crete, 230n
- Stolzenfels, Alemanha, 62
- Strauss, Johann, filho, 148, 201, 239
- Stuttgart, Alemanha: 77-8, 100; estadia em casa de Annie, 79-82, 85, 100; festas, 78-80, 82-4
- Suábia, 61, 79, 81, 85, 89n, 90, 92, 105, 156, 161, 193n, 273
- Suíça (férias do autor com o pai), 10

T
- Talbot-Rice, David, 21
- Tchecoslováquia: contrabando de sacarina, 221, 316; convergência de fronteiras, 245; encontro com camponeses húngaros, 305-6; encontro com professor eslovaco, 306-7; estadia com padeiro judeu, 309-10; estadia com fazendeiros,

317; estadia em castelo, 243; divisão
do mundo eslavo, 249-50; grandes
migrações, 248-50; noite ao ar
livre, 312-4; prisão por guardas
de fronteira, 314-7; questões
fronteiriças, 249-50, 259, 305-7;
Semana Santa, 307-9, 318
> Teodorico, Rei dos Ostrogodos, 189
> Thomas de Kolozsvár, 326
> Thurn, Conde, 269-70
> Thuroczy, Gerti von, 285
> Tiel, Holanda, 33, 36
> Tirol (região), 100. 138, 140, 154, 165, 241, 261
> Tratzberg, castelo de, Áustria, 242n
> Traunstein, Alemanha, 138
> Trudi (camponesa austríaca), 200-1, 205, 213, 241
> turcos: sítio de Viena, 238-9; espalhando-se pela Europa, 247

U
> Uli (embarcadiço), 51, 55-6, 58-60
> Ulm, Alemanha: Abadia de, 93, 97-8; arquitetura, 93-4; encontro com o Danúbio, 92, 95; *Kaiserstadt*, 94; mercado, 93; palco de batalhas, 95, 195; panorama visto da abadia, 95

V
> Váh (Waag), Rio, 299, 312
> Valente, Imperador Romano, 186
> Van der Weyden, Rogier, 155
> vândalos, 187-8
> Varo, Quintílio, 59
> Venceslau I, Rei da Boêmia, *ver* São Nicolau
> Venceslau IV, Rei da Boêmia, 275
> Vestfália, Alemanha, 38-9, 43-4
> Vestfália, Tratado ou Paz de, 96, 197
> vestimentas austríacas, 143, 234; de ciganas, 290, 313; húngaras, 322-4; teutônicas, 100-1
> vida acadêmica do autor, 8-9, 11-16, 127-8
> Viena, Áustria: ambiente e distúrbios políticos, 201-3, 225-6, 240; arquitetura, ruas e praças, 209-10, 217, 231-3; Carnaval, 219, 227; Catedral de Santo Estêvão, 209, 233, 239; chegada do autor, 201, 204; despedida do autor, 240-1; Escola Espanhola de Equitação, 235-6; estadia em casa de amigos, 226-7; estadia no Exército da Salvação, 204-6, 209, 222; ganhando a vida como desenhista, 210-20; interiores de apartamentos, 214-6, 218-20; glórias passadas, 214n; Konsularakademie, 228; sitiada pelos turcos, 238-40
> vinhedos na Alemanha, 60, 62, 64; na Áustria, 185, 192
> Vltava (Moldau), Rio, 274-5

W

- Waal (Reno), Rio, 32
- Wachau (região), Áustria, 184, 194, 246
- Wagner, Richard, 109, 169
- Wagram, Áustria, 244
- Waldstein, família, 279n
- Wallenstein, Albrecht von, Príncipe de Sagan, 279
- Wassermann, Jakob: *Christian Wahnschaffe*, 293n
- Watts, Alan, 13
- Wedgwood, C.V.: *Thirty Years War*, 279n
- Wellesz, Egon, 256
- Werfenstein, castelo de, Áustria, 164, 179
- Wittelsbach, dinastia de, 96, 126
- Wodehouse, P.G.: *Leave it to Psmith*, 74
- Wolfsthal, Áustria, 245, 260
- Worms, Alemanha, 67
- Wotton, Edward, 234-5, 282
- Württemberg, Alemanha, 77

Y

- Ybbs, Áustria, 172, 175-6, 267
- Yuste, Mosteiro de, Espanha, 237

Z

- Zaltbommel, Holanda, 33
- Zatzikhoven, Ulrich von, 193n
- Zevi, Sabbatai, 280
- Ziegler: Hans, 246-8, 259, 263-6, 266, 269, 277-8, 284; Heinz, 264-5, 281, 283-4; Paul, 264, 284
- Zuyder Zee, 36

Este livro foi composto em
Joanna Nova Regular 10/15 e títulos
em Mostra Nuova, impresso na gráfica
Rotaplan em papel Pólen Soft 80/m².